R+F Gabe

Unter den Dächern von
GIESING

Unter den Dächern von
GIESING

Politik und Alltag 1918–1945

Beiträge zur Geschichte Giesings und Harlachings von der Revolution
bis zum Ende des Zweiten Weltkriegs von
Hildegard Adam, Herbert Dandl, Manfred Döbereiner, Thomas
Guttmann, Willi Hanseder, Andreas Heusler, Alexander Markus Klotz,
Franz Peter, Bärbl Pöhlmann

Herausgegeben von Thomas Guttmann
unter Mitarbeit von Hildegard Adam

1993

BUCHENDORFER VERLAG

Gesamtredaktion: Hildegard Adam

Titelbild: Herbergen in der Loh (Privatfoto)

Die Deutsche Bibliothek – CIP-Einheitsaufnahme

Unter den Dächern von Giesing: Politik und Alltag 1918–1945; Beiträge zur Geschichte Giesings und Harlachings von der Revolution bis zum Ende des Zweiten Weltkriegs / von Hildegard Adam ... Hrsg. von Thomas Guttmann unter Mitarb. von Hildegard Adam. – München: Buchendorfer Verl., 1993
  ISBN 3-927984-21-3
NE: Adam, Hildegard; Guttmann, Thomas [Hrsg.]

Produktion: Tillmann Roeder, München
Satz: Uhl+Massopust, Aalen
Reproduktion: Longo, Frangart
Druck und Bindung: Jos. C. Huber KG., Dießen
Printed in Germany

ISBN 3-927984-21-3

Der Herausgeber dankt im Namen des Vorstands des »Vereins Freunde Giesings« herzlichst den vielen Giesinger und Harlachinger Bürgerinnen und Bürgern, die bereitwillig über ihre persönlichen Erfahrungen und Erlebnisse in dieser Zeit Auskunft gaben. Sie haben auf diese Weise viel dazu beigetragen, daß etwas von der Atmosphäre und der Stimmung dieser Jahre eingefangen und beschrieben werden konnte. Ein besonderer Dank gilt auch allen, die ihre Privatfotos für dieses Buch zur Verfügung stellten, und insbesondere Herrn Günter Dieffenbach vom Geschichtsarbeitskreis des »Vereins Freunde Giesings«, der uns nicht nur dessen reichhaltige Fotobestände zugänglich gemacht hat, sondern auch sonst bereitwillig mit Rat und Tat zur Seite stand. Darüber hinaus gilt unser Dank den Mitarbeitern der staatlichen, kommunalen und privaten Archive, insbesondere des Münchner Stadtarchivs, für ihr Engagement bei den Recherchen und der Bereitstellung von weiterem Fotomaterial. Zugleich dankt der Vorstand des »Vereins Freunde Giesings« allen Geschäftsleuten und Firmen, die mit ihren Spenden zum Gelingen dieses Buch- und Ausstellungsprojektes beigetragen haben. Ohne die finanzielle Unterstützung des Münchner Kulturreferats hätte dieses Buch nicht erscheinen können. Last but not least dankt das Autorenteam Frau Maxi Stampf und Herrn Tillmann Roeder vom Buchendorfer Verlag für die bewährte gute Zusammenarbeit bei der Herstellung dieses Buches.

Das Autorenteam dankt folgenden Spendern für ihre finanzielle Unterstützung:
  Bauverein Giesing, Achim Bender, Buchhandlung am Wettersteinplatz, Firma Hermann Demuth, Trauerhilfe Denk, Schuhhaus Felzmann, Giesinger Fotoladen, Gaststätte Gartenstadt, Dr. Klaus Hahnzog, Bäckerei Lehner, Kraemer'sche Kunstmühle KG, Firma Nußstein, Paulaner-Salvator-Thomasbräu AG, Weinkellerei Saffer, SPD-Ortsverein Altgiesing, SPD-Ortsverein Harlaching.

Inhalt

Thomas Guttmann

Vorwort

Seit 1988 beschäftigen sich Historiker, Lehrer und ein Architekt im Rahmen des »Vereins Freunde Giesings e. V.«, der sich die Förderung des kulturellen Lebens in diesem Münchner Stadtteil zur Aufgabe gemacht hat, ehrenamtlich mit der Erforschung und Darstellung der Geschichte Giesings und Harlachings. Das Ziel unseres Arbeitskreises ist es, nach wissenschaftlichen Kriterien erarbeitete Beiträge zu verschiedenen Aspekten der historischen Entwicklung dieser Stadtviertel einem möglichst breiten Publikum in einer allgemein verständlichen Darstellungsweise anzubieten. Der Erfolg der ersten Publikation des Autorenteams zeigt, daß diese Grundüberlegung richtig war: Der 1990 anläßlich der 1200-Jahr-Feier Giesings erschienene Band »Giesing – Vom Dorf zum Stadtteil« fand eine unerwartet positive Resonanz bei der Bevölkerung und in der Presse. Bereits bei den Vorarbeiten dazu war deutlich geworden, daß der überaus wichtige Zeitraum von 1918 bis 1945 wegen der Fülle des Materials keineswegs ausreichend behandelt werden konnte. Deshalb wurde der Entschluß gefaßt, der historischen Entwicklung in den ereignisreichen Jahrzehnten zwischen der Niederschlagung der Revolution, dem Aufstieg und der Realität des Nationalsozialismus und dem Zweiten Weltkrieg eine eigene Publikation zu widmen. Sie liegt hiermit vor.

Mit diesem Buch konnte zugleich eine weitere Zielsetzung verwirklicht werden: Die Geschichte Giesings und Harlachings sollte nicht nur auf der Grundlage von Archivmaterialien oder anderen Dokumenten rekonstruiert werden, vielmehr sollten ehemalige Bewohner dieser Viertel zur Sprache kommen, die diese Zeit bewußt miterlebt und bisweilen miterlitten haben. Vieles aus den über vierzig Interviews und Befragungen, die der

Herausgeber in den letzten Jahren mit Zeitzeugen aus Giesing und Harlaching privat oder im Rahmen eines Gesprächskreises zur Stadtteilgeschichte an der Münchner Volkshochschule geführt hat, ist in die Beiträge eingeflossen.

Die 18 Artikel dieses Bandes lassen sich thematisch vier übergeordneten Themenbereichen zuteilen. Einen ersten Schwerpunkt bildet die Entwicklung der politischen Gruppierungen und Parteien in Giesing nach der blutigen Niederschlagung der Revolution im Mai 1919 bis zur Machtergreifung Hitlers im Jahr 1933. Dabei stehen vor allem die wechselvolle Geschichte der Giesinger NSDAP und ihre oft gewaltsamen Auseinandersetzungen mit dem Gegner von links im Vordergrund. Die Darstellung wird noch plastisch ergänzt durch ein Porträt des Giesinger »Schriftstellers« und ehemaligen Freikorpskämpfers Hans Zöberlein, der 1922 auf eigene Faust die Giesinger Ortsgruppe der NSDAP gegründet hatte. Sein vorrangiges Ziel war es, die verhaßte »rote Hochburg« zu »schleifen«. Dem stehen in einem anschließenden Beitrag die schlimmen Erlebnisse eines ehemaligen Sektionsführers der SPD in Neuharlaching gegenüber, der nach der Machtübernahme der Nationalsozialisten ständig mit Hausdurchsuchungen, Drohungen und Nachstellungen durch die SA und die Gestapo konfrontiert war.

Das hiermit bereits angeschnittene Thema Verfolgung und Widerstand bildet einen weiteren Schwerpunkt des Buches. Ein zentraler Beitrag berichtet beispielsweise von den Untergrundaktivitäten verschiedener Mitglieder der verbotenen KPD bis zur vollständigen Zerschlagung der Gruppe durch die Gestapo sowie vom Widerstand von Sozialdemokraten gegen das NS-Regime, bei dem der ehemalige Sektionsführer der

Giesinger SPD, Gottlieb Branz, eine wichtige Rolle spielte. In diesem Beitrag wird zugleich an das Schicksal von zwei Giesingern erinnert, die während des Zweiten Weltkrieges unter Einsatz ihres Lebens in Giesing und Harlaching Tausende von regimefeindlichen Flugblättern verteilt haben.

Die nächsten Beiträge sind den Leidtragenden und Opfern der Nazidiktatur gewidmet. Dabei geht es beispielsweise um das Schicksal einer Giesingerin, die von ihren Arbeitskolleginnen wegen einer abfälligen Bemerkung über Hitler angezeigt und wenig später zu einer langjährigen Gefängnisstrafe verurteilt worden ist. Ein weiteres trauriges Kapitel der Giesinger Geschichte ist der unterschiedliche Leidensweg jüdischer Geschäftsleute aus dem Viertel, die entweder rechtzeitig emigrieren konnten oder in einem Vernichtungslager umkamen. Zur Sprache kommen ebenso die harten und teilweise unmenschlichen Lebens- und Arbeitsbedingungen von ausländischen Zwangsarbeitern. Tagsüber waren diese bis zu zwölf Stunden in verschiedenen Giesinger Rüstungsbetrieben eingesetzt. Ihre arbeitsfreie Zeit mußten sie – oft über Jahre hinweg – in primitiv ausgestatteten Barackenlagern verbringen. Einige von ihnen gehörten zu den fast 1200 Menschen, die während der NS-Zeit in der Giesinger Haftanstalt Stadelheim hingerichtet worden sind. An die Haftbedingungen in diesem Gefängnis, vor allem aber an die letzten Stunden der Todeskandidaten, zu denen auch Mitglieder der studentischen Widerstandsgruppe »Weiße Rose« zählten, erinnert ein eigener Beitrag.

Der nächste Themenkreis ist dem Verhältnis von katholischer Kirche und NS-Staat gewidmet. Dabei kommen die vielfältigen Einschränkungen der kirchlichen Jugendarbeit und Schikanen der NS-Behörden im Bereich der Seelsorge ebenso zur Sprache wie das vergebliche Ringen der Kirche und vieler betroffener Eltern aus Harlaching um die Beibehaltung der Bekenntnisschule, welche die Nationalsozialisten in eine konfessionsübergreifende Deutsche Gemeinschaftsschule umwandeln wollten.

Eine Darstellung über Planung und künstlerische Ausgestaltung der Pfarrkirche »Königin des Friedens« von Robert Vorhoelzer, die neben dem Postamt an der Tegernseer Landstraße zu den bedeutendsten Bauwerken des 20. Jahrhunderts in Obergiesing zählt, gehört bereits zu einem weiteren Themenkreis. Er beschäftigt sich mit der Stadt- und Verkehrsplanung für Giesing und Harlaching sowie mit drei großen Siedlungsprojekten in diesen Stadtvierteln. Im einzelnen sind dies die Ende der 20er Jahre fertiggestellte und Mitte der 30er Jahre erweiterte Walchenseesiedlung, die zusammen mit der Flachbausiedlung Am Hohen Weg in Harlaching als wichtige Beispiele für den in den 20er Jahren entstehenden kommunalen Wohnungsbau gelten. Noch heute können diese Siedlungen Tausenden von Bewohnern kostengünstigen Wohnraum von hoher baulicher Qualität bieten. Das gleiche gilt für die Reichskleinsiedlung Am Perlacher Forst. Mit diesem Siedlungsprojekt wurde auf dem Höhepunkt der Wirtschaftskrise Anfang der 30er Jahre von seiten des Staates und der Stadt München der erfolgreiche Versuch gemacht, wenigstens einen Bruchteil des riesigen Arbeitslosenheeres zu beschäftigen, indem man ausgesuchte Arbeitslose ihre eigenen Kleinhäuser selbst errichten ließ.

Ein letzter Themenkreis ist dem Alltag während der NS-Zeit gewidmet. Neben einer Darstellung des Vereinslebens und der wichtigsten Giesinger Wirtschaften als Zentren des gesellschaftlichen Lebens geht es hier – basierend auf Zeitzeugeninterviews – nicht nur um die unterschiedlichen Erfahrungen von Giesinger Jugendlichen in der Hitlerjugend, sondern auch um die meist schlimmen Erlebnisse mit überzeugten Anhängern des Naziregimes.

Herbert Dandl

Zwischen Räterepublik und Nazidiktatur
oder: Wie Giesing unter die Nationalsozialisten fiel

»Aber am furchtbarsten raste der Kampf im roten Giesing, wo das Korps Epp am 2. Mai eingerückt ist. Da kracht es aus den Fenstern, aus den Dachluken und aus den Kellerlöchern. Da hämmert von der Mariahilfkirche das MG. Da tun Frauen Winkerdienste für die roten Schützen, da schießt man mit zerfleischendem Dum-Dum auf deutsche Brüder, da muß Artillerie eingesetzt werden ge- *gen einzelne feuer- und todspeiende Dächer, und ihre Einschläge fallen in den Giesinger Kirchturm und in das Pfarrhaus. [...] Rechts und links an die Häuserwände gedrückt arbeiten sich die Soldaten vor. ›Straße frei – Fenster zu!‹ und wenn sie an manch stillen Stellen vorbei sind, oder auch an Stellen, wo man sie mit dem Ruf: ›Hoch Epp!‹ empfangen hat, dann schiebt sich leise aus dem*

Einheiten des Freikorps Epp, das am 2. und 3. Mai 1919 in Giesing die Rote Armee niederkämpfte, auf der Wittelsbacher Brücke (Reich, Vom 9. November).

Keller das tückische Gewehr und streckt hinterrücks einen Kameraden nieder. Da brechen sie in die Häuser, durchsuchen die Wohnungen, die Keller, die Böden. Reihenweise schleift man die roten Schützen auf die Straße – stellt sie an die Wand. Und dumpf bricht sich das Krachen der Erschießungssalven an den Mauern.« [1]

So schilderten die Sieger 1934 das tragische Ende jener historischen Episode des Jahres 1919, die nicht nur tiefe Spuren in der Geschichte Bayerns hinterließ, sondern auch die politische Entwicklung Giesings in den Jahren der Weimarer Republik maßgeblich prägte. Begonnen hatte alles im November 1918. In einer völlig unblutigen Revolution – kaum jemand hatte das Wort, geschweige denn eine Waffe zur Verteidigung der bayerischen Monarchie erhoben – war in der Nacht vom 7. zum 8. November 1918 das altersschwache, abgewirtschaftete Regime beseitigt worden. Der in den folgenden Monaten eskalierende Kampf um die künftige Staatsform mündete im April 1919 in die groteske Situation, daß Bayern zur gleichen Zeit parlamentarische Demokratie und anarchistische sowie sozialistische Räterepublik war. Die vom Landtag gewählte parlamentarische Regierung unter dem SPD-Ministerpräsidenten Hoffmann versuchte von Bamberg aus ihren Einfluß geltend zu machen. In München regierte ein »Zentralrat« die Räterepublik Bayern, die allerdings über Oberbayern kaum hinausreichte.

Die entscheidende Wende nahm der Konflikt um die Staats- und Gesellschaftsform Bayerns, als sich die Bamberger Regierung entschloß, ihre Positionen mit Hilfe der bewaffneten Macht durchzusetzen. Während sie reguläre Reichswehreinheiten und illegale Söldnertruppen, sogenannte »Freikorps«, nach München in Marsch setzte, stellten die Räterepublikaner in der Landeshauptstadt zur Verteidigung der »revolutionären Errungenschaften« eine »Rote Armee« zusammen, deren »Rote Garden« sich insbesondere aus Bewohnern der Münchner Arbeiterviertel rekrutierten: Haidhausen, Westend und vor allem Giesing. Hier läßt sich die Existenz einer solchen Einheit sogar dokumentarisch nachweisen. Die Giesinger »Rote Garde. Abteilung: Bergbräu« umfaßte am 29. April 1919 exakt 232 Mann.

Das einleitende Zitat läßt schon ahnen, welches Schicksal dieser »Armee« beschieden war. Am 2. und 3. Mai 1919 besetzten die »weißen« Regierungstruppen nach erbitterten Straßen- und Häuserkämpfen Giesing wie ein feindliches Gebiet. Die Rätezeit, die Maikämpfe und vor allem die nachfolgende »Säuberung« des Viertels, von den Söldnertruppen in einen mörderischen Feldzug gegen die linke Opposition umfunktioniert, hatten die Giesinger Bevölkerung in zwei einander unversöhnlich gegenüberstehende Lager gespalten. Der einen Seite, dem konservativen Bürgertum, sprach sicherlich der in der Edelweißstraße wohnende Stadtrat Max Gerstl aus dem Herzen, als er sich für diese »Befreiungsaktion« bedankte: »Heißer, inniger Dank all den tapferen Befreiern, den Rettern Münchens und des Bayernlandes! Ihre Opfer, die sie gebracht, dürfen nie vergessen werden!« [2] Opfer nannte er aber nur die 82 in München gefallenen Soldaten der Freikorps, die mindestens 625 toten Zivilisten und Rotarmisten, unter ihnen besonders viele Giesinger und auch einige Giesingerinnen, fand er nicht der Erwähnung wert.

Die andere Seite, insbesondere die Giesinger Arbeiterschaft, machte ihrer Erbitterung über das brutale Vorgehen des Militärs zunächst bei den Wahlen Luft. Nur vier Wochen nach den Maiereignissen servierte die Giesinger Bevölkerung den Sozialdemokraten die Quittung für deren mißlungenes Bündnis mit den Kräften der Vergangenheit. Bei der Kommunalwahl im Juni 1919 erreichten die Sozialdemokraten hier in ihrer einstigen Hochburg – bei der Landtagswahl nur ein halbes Jahr vorher hatten sie noch fast 60 % der Stimmen erhalten – lediglich dürftige 18 %! Verloren gingen die Stimmen aber nicht nach rechts, sondern an die links von der SPD stehende *Unabhängige Sozialdemokratische Partei* (USP), die ihren Stimmenanteil mehr als versechsfachte:

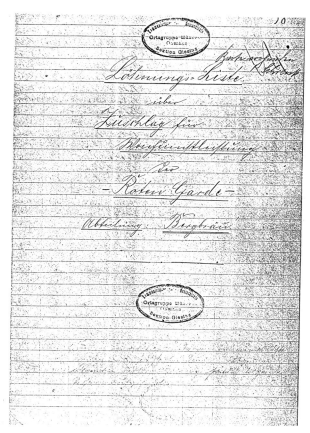

»Löhnungs=Liste über Zuschlag für Wachdienst-
leistung der – Roten Garde – Abteilung: Bergbräu.
29. April 1919.« *Die Liste enthält die Namen von 232
Soldaten der Roten Armee Giesings. Jedem von ihnen
wurden für Wachdienst am 26. und 27. April 1919
5,40 Reichsmark ausbezahlt (Staatsarchiv München).*

Statt von 7,1 %, wie im Januar, wurde die soziali-
stisch-revolutionäre USP nun von sage und
schreibe 45,4 % der Giesinger Wahlberechtigten
gewählt! Vorderhand dominierte die USP das
politische Leben in der Giesinger Öffentlichkeit.
Am 17. August 1919 etwa lud sie »alle soziali-
stisch denkenden Männer und Frauen Münchens« in die »Waldrestauration Altstadelheim«
ein zu einem »Volks-Fest mit Tanz, Glückshafen,
Taubenstechen und Kegelscheiben.« Der Erlös
sollte »den Hinterbliebenen der gefallenen Revo-
lutionäre« zufallen.

»Schlagen wir jeden Hund tot«

Dagegen schlug in Bayern das politische Pendel
nach dem grausam beendeten Räteexperiment
heftig nach rechts aus. Um künftig linksradikalen
Umsturzversuchen vorzubeugen, förderte die
bayerische Regierung unter dem SPD-Ministerpräsidenten Hoffmann die Entstehung antirepu-
blikanischer paramilitärischer Verbände, die sogenannten Einwohnerwehren. Innerhalb weniger
Monate verwandelte sich der »Freistaat« in eine
von konservativ-klerikalen und militärisch-reak-
tionären Kräften beherrschte »Ordnungszelle«,
in ein Refugium für rechtsradikale Republik-
feinde. Militär und Einwohnerwehren leiteten aus
ihrem Sieg über die »rote Gefahr« das Recht ab,
die Politik in Bayern zu bestimmen. Nur ein Jahr
nach der Niederschlagung der Räterepublik
wurde die SPD von eben den Kräften – Ironie der
Geschichte! – aus der bayerischen Regierung
gedrängt, mit denen sie sich 1919 zum Kampf
gegen die Räte verbündet hatte. Bei der von der
politischen Rechten 1920 erzwungenen Landtagswahl triumphierten fast überall in Bayern
Konservative und Reaktionäre. Stärkste politische Kraft Bayerns, die auch den Ministerpräsidenten stellte, wurde die 1918 gegründete, kon-
servativ-klerikale *Bayerische Volkspartei* (BVP).
In jenen Tagen wagte sich auch die kurz vorher in
München gegründete NSDAP, Sammelbecken
nationalistisch-antisemitischer Zirkel, erstmals
mit größeren Veranstaltungen an die Öffentlichkeit.

In Giesing war von alledem zunächst noch
wenig zu spüren. Hier konnten die linken Parteien ihren Stimmenanteil gegenüber 1919 sogar
noch vergrößern: SPD (23 %), USP (30,2 %) und
die erstmals an Wahlen teilnehmende KPD
(9,6 %) sammelten zusammen fast 63 % der abgegebenen gültigen Stimmen.[3] Unübersehbar ist
dabei die Tendenz zur Radikalisierung der politischen Linken, denn die Stimmengewinne kamen
vor allem der revolutionär-antiparlamentarischen
KPD zugute.

Die SPD, Bayerns einzige demokratische und republikanische Partei, die ohne Wenn und Aber auf dem Boden der Weimarer Verfassung stand, konnte sich in Giesing nur noch auf ein knappes Viertel der wählenden Bevölkerung stützen, in Bayern gar nur noch auf rund 18 %. Eine Ursache für den Wahlsieg der politischen Rechten war der Konflikt um die von den Alliierten geforderte Auflösung der Einwohnerwehren. Immer häufiger kam es in diesem Zusammenhang in München zu politisch motivierten Mordanschlägen. Der ultrarechte Polizeipräsident Münchens, Ernst Pöhner – bis Juni 1919 war er Direktor des Gefängnisses Stadelheim gewesen – deckte die Täter so offensichtlich, daß sich die Polizeidirektion den Vorwurf einhandelte, »Mörderzentrale« der Rechtsradikalen zu sein. Einer der politischen Morde jener Zeit machte einmal mehr den Ostfriedhof zum Schauplatz einer politischen Demonstration.

In die Mordhetze gegen die Befürworter der Auflösung der Einwohnerwehren hatte auch der in Bayern so geschätzte Dichter Ludwig Thoma mit seinen Leitartikeln im *Miesbacher Anzeiger* eingestimmt. Am 3. Juni 1921 drohte er unverblümt: »Oder schlagen wir jeden Hund tot, der das arme Vaterland in neues Verderben stürzen will? [...] Wenn solche Leute, wie der Gareis, frech werden und im Parlamente selbst mit Umsturz drohen, dann wissen sie, daß sie eine Schar von Lumpen hinter sich haben. Aber, das soll geschworen sein, sie sollen eine andere Suppe ausfressen müssen, wie im Mai 1919.« Dieser Ankündigung folgte die Tat auf dem Fuße. Am 9. Juni 1921 erschossen rechtsradikale Mörder, Angehörige eben jener Einwohnerwehren, den Landtagsabgeordneten und Vorsitzenden der USP-Fraktion, Karl Gareis, der zu den vehementesten Kritikern der Einwohnerwehren gehört hatte. Als Protest dagegen riefen die sozialistischen Parteien in Bayern am 10. Juni zu einem dreitägigen Generalstreik auf, »als die entschlossene Kampfansage gegen ein überfaules Staatsregime«[4].

Der für den 13. Juni angekündigte Trauerzug für Karl Gareis von der Theresienwiese zum Ostfriedhof, von den linken Parteien als machtvolle Demonstration gegen den Rechtsruck in Bayern geplant, wurde von Polizeipräsident Pöhner prompt verboten. Da sich aber mehr als 20 000 Menschen am Umzug beteiligten, konnte die Polizei den Marsch durch die Straßen Giesings nicht verhindern. Obwohl die Ordnungskräfte als Ersatz wenigstens das Verteilen von Flugblättern rigoros zu unterbinden versuchten, unter anderem wurden deswegen auch zwei Gewerkschaftler aus Giesing festgenommen, verlief die Demonstration relativ friedlich. Noch, muß man hinzufügen, denn seit dem Mai 1919 war das politische Klima in diesem Stadtteil vergiftet. Wie nachhaltig, unterstreichen eindrucksvoll die noch jahrelang in den Akten der Polizei und Staatsanwaltschaft auftauchenden Denunziationen, jemand sei in der Rätezeit auf der linken Seite aktiv gewesen. Zwei Beispiele mögen dies illustrieren:

Zwei Jahre nach der Ausrufung der Räterepublik, am 9. April 1921, meldete die Schuhmacherschefrau Karoline K. aus der Humboldtstraße der Polizei, sie habe heute auf der Straße den ihr bekannten Lackierer Heinrich Moser aus der Pilgersheimer Straße wiedergesehen, der am 2. Mai 1919 mit einem Revolver bewaffnet an der Ecke Pilgersheimer-/Humboldtstraße »auf die Regierungstruppen lauerte«; geschossen habe er ihres Wissens jedoch nicht. Schon damals habe sie sich sehr bemüht, ihn seiner Strafe zuzuführen. Als sie nämlich seinerzeit gegen drei Uhr nachmittags erfahren habe, daß Moser verwundet worden sei, habe sie ihn selbst gesucht und auch Erfolg gehabt: »Durch telefonische Anfragen in Krankenhäusern konnte der Beschuldigte im Krankenhaus rechts der Isar ausfindig gemacht werden. Ich meldete hierauf den ganzen Sachverhalt dem damaligen Standgericht im Marianum, Humboldtstraße 2.« Zusammen mit zwei Soldaten habe sie Moser am 2. Mai 1919 sofort aus der Klinik holen wollen, »da dieser erschossen werden sollte«. Aber der Arzt habe sich damals

Karl Gareis, Landtagsabgeordneter der USP, war am 10. Juni 1923 von Rechtsradikalen ermordet worden. Mit diesem Trauerzug von der Theresienwiese über den Nockherberg zum Ostfriedhof protestierten die Arbeiterparteien am 13. 6. 1921 gegen die wachsende Zahl rechtsradikaler Mordaktionen in Bayern (Verlag Knut Becker).

strikt geweigert, den Verletzten herauszugeben. Moser, dem die Standhaftigkeit eines unbekannten Arztes 1919 das Leben gerettet hatte, wurde aufgrund dieser Anzeige 1921 festgenommen und am 28. April wegen des Vorwurfs, »am 2. 5. 19 nach Regierungstruppen ausgespäht zu haben«[5], zu vier Monaten Gefängnis verurteilt.

Auch ein anderer Vorfall, zwei Jahre später aktenkundig geworden, wirft ein bezeichnendes Licht auf die politischen Verhältnisse in Giesing. Am 28. 8. 1923 [!] berichtete der Kaminkehrer Christian F. aus der Tegernseer Landstraße der Giesinger Polizei: »Am 8. August 1923 kam ich in den Vormittagsstunden bei Ausübung meines Berufs in die Wohnung einer am Edlingerplatz 2 wohnenden Familie. Bei dieser Gelegenheit sah ich auf dem Tisch und Boden ungefähr 40–50

Stück rote Flaggenstoffstreifen liegen. [...] Ich habe mich für die roten Streifen interessiert. [...] Nun fragte ich, solche Armbinden hat man doch während der Revolution getragen. Daraufhin wurde mir erwidert ›Die Hakenkreuzler haben auch solche‹. [...] Diese meine Beobachtung habe ich am nächsten Tag einem Kriminalisten des 17. Bez. an der Tegernseer Landstraße mitgeteilt, da ich glaubte, es könnte ein politischer Akt in Vorbereitung sein. [...] Gelegentlich der Verfolgung der ganzen Angelegenheit bitte ich um Geheimhaltung meines Namens.«[6] Die Ermittlungen der Polizei ergaben schließlich, daß die denunzierte Familie einen Auftrag für die Kleider- und Trachtenfabrik Lustig ausgeführt und in Heimarbeit ca. 3500 rote Armbinden für die Maifeier der Münchner SPD genäht hatte.

13

In Zusammenhang mit einem Strafprozeß, auf den noch einzugehen sein wird, faßte 1923 Michael K., Bäckermeister aus der Edelweißstraße, die damalige Situation in Giesing folgendermaßen in Worte: »Vor der Räterepublik hatte ich keinerlei Klagen, insoweit, daß mein Geschäft verschrien oder daß gegen mich Gehässigkeiten bestehen würden. Erst während der Rätezeit, als die Regierungstruppen einzogen und bei mir, weil sie sonst keinen Platz fanden, Quartier bezogen, bestehen diese Reibereien von links eingestellter Seite. Während der Zeit, in der meine Söhne bei der NSDAP sind, besteht gegen mein Geschäft eine gewisse Mißachtung.«[7] Ks. persönliche Erfahrung bestätigt, daß sich in der Giesinger Bevölkerung nach den Maiereignissen von 1919 eine tiefe Kluft aufgetan hatte, die offenbar den Nährboden bildete, auf dem sich in diesem Viertel die rechtsradikale NSDAP als neue politische Kraft etablieren konnte.

Den Grundstein für diese Entwicklung hatten, damals noch unbeachtet, die einrückenden Freikorps gelegt. So sah dies auch der »Sieger von Giesing«, Franz Ritter von Epp, der im Mai 1919 mit seinen Truppen Giesing besetzt hatte. Daran erinnerte er anläßlich der Enthüllung des »Freikorpsdenkmals« am Giesinger Berg am 3. Mai 1942: »In den Freikorpskämpfern waren, diesen selbst noch unbewußt, schon Kräfte lebendig, die dem Wachsen lebenserneuernder, gestaltender Gedanken ersten Boden geschaffen haben. Es war nicht von ungefähr, daß Soldaten des Weltkrieges und jugendliche Streiter aus allen deutschen Gauen gemeinsam jene Stadt erobert haben, die bald darauf zur Wiege der Freiheitsbewegung der NSDAP geworden ist. Viele Marschierer von Freikorps waren später Marschierer des 9. November 1923.«[8] Jetzt, in den ersten Krisenjahren der jungen Weimarer Republik, begann sich diese neue politische Kraft auch in Giesing immer lautstarker und gewalttätiger bemerkbar zu machen.

»Angriff auf die Hochburg«

Zunächst hatte auch hier die BVP die konservativ und national Gesinnten gesammelt. Während der ganzen Weimarer Jahre konnte sie sich im Stimmbezirk Giesing/Harlaching auf einen Stimmenanteil zwischen 20 und 30 % stützen; ihre Hochburg war Harlaching. Von hier aus organisierte sie Veranstaltungen, in denen sie vor allem auf der Klaviatur nationaler Emotionen spielte, wie die folgende Einladung deutlich zeigt: Die BVP »Bezirk Harlaching« appellierte an alle »treudeutsch und gut bayerisch gesinnten Kreise«, am 18. Dezember 1922 zu einer »Vaterländischen Kundgebung im großen Saale des ›Loherwirt‹, Giesingerberg 5, [...] in Massen zu erscheinen«.

Im festgefügten Weltbild der BVP stand der Feind zwar ausschließlich links, doch seit einiger Zeit mußte auch die Giesinger BVP mehr und mehr mit jenem Konkurrenten rechnen, der nationalistische Töne wesentlich aggressiver anzuschlagen verstand als sie: mit der NSDAP. Schon 1922 war in Giesing eine eigene Sektion der Nationalsozialisten entstanden, zunächst von der Öffentlichkeit nahezu unbemerkt. Aber das sollte sich schon bald grundlegend ändern.

Zentrale Figur beim Aufbau der örtlichen NSDAP-Gruppe war der Wahlgiesinger Hans Zöberlein. 1919 bereits als Freischärler Epps an den Straßenkämpfen in Giesing beteiligt, hatte er sich 1921 im Hause seiner Schwiegereltern in der Wendelsteinstraße 2 niedergelassen. In dem im Berliner Document Center liegenden »SA-Führer-Fragebogen« bezeichnet sich Zöberlein selbst als »Gründer und Führer der alten Sektion Au – Giesing« der NSDAP. Greifbare Dokumente über die Entstehung der Giesinger NSDAP gibt es heute kaum mehr. Aber in seinem 1937 erschienenen autobiographischen Roman *Der Befehl des Gewissens*, in dem sich Zöberlein in der Figur des Hans Krafft selbst ein »Denkmal« setzte, geht er ausführlich auf diesen Vorgang ein. In seiner Eitelkeit, den eigenen Anteil am Aufstieg des Nationalsozialismus' in München ins rechte Licht

Hans Zöberlein (ganz rechts, sitzend) mit der Giesinger SA im Juni 1923 auf Propagandafahrt in Weßling (Reich, Vom 9. November)

zu rücken, gestaltete Zöberlein sein alter ego Hans Krafft in vielen Details nach Daten aus der eigenen Biographie und baute historische Ereignisse aus der Frühgeschichte der Münchner NSDAP in sein Werk ein. Gewiß, dieser sogenannte Roman ist geschrieben aus der Sicht des Jahres 1937 und diktiert vom Hochgefühl des Siegers über die ehemaligen Widersacher. Doch sieht man ab von Pathos und nationalsozialistischer Rhetorik und rückt die historischen Daten gerade, kann man sich ein gutes Bild davon verschaffen, wie sich die Gründung der Giesinger NSDAP zugetragen haben mag. Lassen wir also Zöberlein in einer Zitatcollage aus seinem Buch selbst erzählen, wie er jene Anfangsjahre der Hitlerbewegung in Giesing erlebt hat.[9]

Wie Zöberlein läßt sich Hans Krafft Ende 1921 in jenem Stadtteil Münchens nieder, in dem er 1919 als Freikorpssoldat kämpfte: »Hans erzählte, daß er ausgerechnet in jener Straße wohne, wo er im Mai neunzehn mit den Roten sich herumschoß. [...] Hier in der Straße sind mir damals im Mai neunzehn die Augen aufgegangen. Das sind jetzt bald drei Jahre her. [...] Mir scheint es kein Zufall, daß ich jetzt wieder am gleichen Fleck gelandet bin.« Anfang 1922 schließt sich Krafft/Zöberlein der NSDAP an, sieht sich aber in seinem Viertel »unter achtzigtausend Einwohnern, von denen mehr als zwei Drittel Marxisten waren und der Rest hinter der Fahne Schwarz-Finster-Ganzdunkel nachlief«, als Nazi völlig isoliert. Erst als Krafft/Zöberlein zufällig zur »Sturmabteilung der NSDAP« stößt, der militärisch organisierten Schlägertruppe der Partei, besser bekannt unter dem Kürzel SA, findet er dort auch drei Gleichgesinnte aus Giesing: »Sie bringen Krafft vor sein Haus und versprechen, daß sie sich jetzt möglichst immer vorher bei ihm treffen wollen, wenn sie ausrücken müssen.«

Bald darauf eröffnet er diesen dreien seinen Plan, hier eine Gliederung der NSDAP aufzubauen: »Bisher ist ja nichts geschehen in diesem Stadtteil. In den weniger roten Bezirken stehen schon Sektionen der Partei. Grad unseren Wohnbereich halte ich für den wichtigsten der ganzen Stadt. Das muß die Roten ins Mark treffen, wenn hier was unternommen wird. Und drum muß etwas getan werden.« Aber seine drei »Volksgenossen« sind skeptisch: »Ausgerechnet in der roten Hochburg? Wir vier Manderl da? O mei! Der Hans kennt ja unsere Kavaliere und Barone vom Vorstadtadel nicht. Daß du jetzt gar so versessen bist auf das Gschwerl in diesem Glasscherbenviertel?« »Weil wir sonst bald wieder aufgeben müssen, was wir wollen. Vier SA-Männer und vielleicht noch ein Dutzend stillverborgene Mitglieder, die sich nicht 'raustrauen unter achtzigtausend Einwohnern, können sich nicht einfach halten. Entweder mehr werden oder wieder aufhören.«

Doch der »Angriff auf die Hochburg« kommt zunächst nicht voran, von »mehr werden« kann nicht die Rede sein: »Mehrere Wochen vergingen, und sie waren noch immer dieselben vier Mann.« So beschränken sie sich in der ersten Zeit darauf, ihre »roten« Kontrahenten durch Hakenkreuzschmierereien zu provozieren. Als nach und nach doch drei Neue den Weg zu ihnen finden, »ein Bäckerssohn, ein Angestellter und ein Metzgergeselle«, wird Krafft »zum Führer der Gruppe ernannt«. Aber Krafft/Zöberlein geht dies alles viel zu langsam. Sein spontaner Entschluß vom Mai 1922: »Ich frage jetzt gar nimmer lang, ich gründe einfach eine Sektion der Partei in unserem Stadtviertel«, scheitert aber kläglich, weil ihm die »roten Wirte« in Giesing kein Versammlungslokal zur Verfügung stellen wollen.

Jetzt wendet sich Hans Krafft mit der Bitte direkt an Hitler, mit dessen Erlaubnis in Giesing eine Sektion der NSDAP gründen zu dürfen, denn die Partei brauche »Sturmtrupps, wie wir einen bilden wollen in unserem Stadtteil, und wenn dabei unsere ganze Vorstadt auf den Kopf gestellt werden muß. [...] Und kein roter oder schwarzer Teufel kann uns dann aufhalten, wenn in die rote Münchner Hochburg Bresche um Bresche gerannt wird. Was uns erwartet, wird Kampf und Blut und Opfer sein. Aber das kümmert uns nicht.« Glaubt man Krafft/Zöberlein, ist dies die Geburtsstunde der Giesinger NSDAP, denn Hitler erteilt nun höchstpersönlich den Auftrag zur »Gründung einer Sektion im Herzen des roten Lagers« und fügt hinzu: »Ich komme dann einmal unverhofft und schaue mir die neue Sektion an.«

Ob diese Inspektion in Wirklichkeit jemals stattgefunden hat, ist nicht überliefert, aber Hitler hat sich in dieser Zeit der Sektionsgründung tatsächlich für vier Wochen in Giesing aufgehalten, wenn auch höchst unfreiwillig. Im Sommer 1922 mußte er nämlich in Stadelheim vier Wochen einer dreimonatigen Gefängnisstrafe absitzen, zu der er wegen Landfriedensbruch verurteilt worden war, weil die NSDAP eine Versammlung des Bayernbundes gewaltsam gesprengt hatte. Ein Detail am Rande charakterisiert sowohl die politischen Zustände jener Zeit als auch die Mentalität des Delinquenten. Hitler fand offenbar nichts dabei, seine Strafe bewaffnet anzutreten: Jedenfalls verzeichnete der Gefängnisbeamte am 27. Juni 1922 im Asservatenbuch neben den üblichen persönlichen Dingen auch »1 Messer« und »1 Revolver m[it] 16 Schuß!«[10] Vielleicht war es dieser Gefängnisaufenthalt, der Hitlers Meinung über die Giesinger Bevölkerung so nachhaltig prägte, daß er sich ihrer noch 1942 nur mit Abscheu erinnern mochte: »Der widerwärtige italienische Typ – [...] – den haben wir auch. Wenn ich denke, Wien-Ottakring, München-Giesing, Berlin-Pankow! Vergleiche ich den unangenehmen südlichen Typ mit den unangenehmen Typen bei uns, so ist schwer zu sagen, welcher unsympathischer ist.«[11]

Während Hitler also in Stadelheim seine Gefängnisstrafe verbüßt, prüft Krafft/Zöberlein die Mitgliederlisten der Münchner NSDAP und lädt die versprengten Giesinger Nazis zur Gründungsversammlung ins Parteilokal der Nachbarsektion: »Ganze dreißig an der Zahl, von denen genau die Hälfte erschien zur Gründung.« Auf Befehl Hitlers zum Sektionsführer ernannt, macht sich Hans Krafft unverzüglich daran, eine im wahrsten Sinne des Wortes schlagkräftige SA-Truppe aufzubauen, mit der er nun Giesing im Sturm nehmen will.

»Bilder der Verelendung«

Das Vorbild für Zöberleins Methode lieferte Mussolini. Er eilte 1922 in Italien mit seiner Taktik, die Straßen in den Arbeitervierteln der Städte zu erobern, von Erfolg zu Erfolg. Als Hitler diese Strategie am 14./15. Oktober 1922 beim »Deutschen Tag« in Coburg, wo Sozialdemokraten und Kommunisten die Mehrheit hatten, erstmals in größerem Stile erprobte, waren Hans Zöberlein, alias Hans Krafft, und seine Giesinger SA natürlich mit von der Partie: »Endlich am Nachmittag ist Coburg erreicht. [...] Die Hundertschaften treten an, die Fahnen werden entrollt und mit klingendem Spiel in Coburg eingerückt. [...] Natürlich lacht die ganze Hundertschaft. Aber dieses Lachen wird als eine Provokation von der umstehenden Meute gedeutet. Wie sie jetzt herandrängt! Vorne dran lauter verhurte, liederliche Weibsbilder, denen der Geifer aus den verzerrten Mäulern rinnt, die Augen verdreht und die Finger zu Krallen gespreizt. Und dahinter brüllen und pfeifen die Reihen der wutschäumenden Proletarier mit geschwungenen Fäusten und Schlaginstrumenten.« Wilhelm Hoegner, in den fünfziger Jahren bayerischer Ministerpräsident der SPD, schildert das damalige Vorgehen der NSDAP natürlich ganz anders: »Beim sogenannten Deutschen Tag in Coburg im Oktober 1922 trat der gewalttätige Zug dieser Bewegung zum ersten Male auch für die breitere

Die Traditionsfahne der 9. SA-Hundertschaft Au-Giesing. Martin Molitor aus der Tegernseer Landstraße 70 hatte sie entworfen, als die Giesinger im Oktober 1922 am Propagandamarsch in Coburg teilnahmen. Die Fahne wurde 1945 vergraben und nicht mehr wiedergefunden (Reich, Vom 9. November).

Öffentlichkeit deutlich hervor. Die Nationalsozialisten [...] gingen mit Stahlruten, Knütteln und Schlagringen gegen die Zuschauer vor, veranstalteten Menschenjagden auf friedliche Arbeiter und übten einen Tag ein wahres Schreckensregiment aus.«[12]

Diese Episode wird hier erwähnt, weil sie erklärt, warum in der Folgezeit gerade Giesing das bevorzugte Ziel gewalttätiger Aktionen der Nationalsozialisten gewesen ist. Getreu der Parole seines Helden Hans Krafft: »Wir greifen an! Immer wieder! – Bis diese rote Hochburg fällt«, organisierte Zöberlein die gewaltsame »Eroberung« Giesings. Erfolg versprachen sich die Nationalsozialisten von dieser Taktik auch deshalb, weil im Laufe des Jahres 1922 und vor allem ab 1923 die wirtschaftliche Not in München immer offensichtlicher wurde.

Abteilung der Giesinger SA bei einem Umzug der NSDAP in München. Dritter von rechts, in Zivil und mit Hut: Hans Zöberlein (Wilhelm, Haidhausen).

Hier ist nicht der Ort, die Ursachen der damaligen Wirtschaftskrise zu behandeln, auf das Ausmaß der Not muß aber kurz eingegangen werden, weil sie entscheidend zur politischen Radikalisierung in Giesing beigetragen hat. Der Münchner BVP-Stadtrat Michael Gasteiger machte 1923 mit einem dramatischen Appell, *Die Not in München*, auf die katastrophale Lage der Bevölkerung aufmerksam. Vieles von dem, was er in seiner Broschüre vortrug, traf auf Giesing, als einem der ärmsten Viertel Münchens, in besonderem Maße zu: »Nicht in den Hauptstraßen und Vergnügungsstätten, aber in den Vorstädten und großen Mietshäusern begegnen wir den Bildern der Verelendung und des Niedergangs. [...] Das menschliche Elend, das aus der Wohnungsnot resultiert, schreit zum Himmel! Alle Schäden, die als Folge schlechtbefriedigter Wohnungsbedürfnisse, aus engen und dumpfen, aus feuchten und reparaturbedürftigen, aus überfüllten und infolge der Enge noch mangelhaft möblierten Wohnun-

gen für die Allgemeinheit und den einzelnen davon Betroffenen entstehen, müssen in München von Tausenden bis auf die Neige ausgekostet werden. [...] Die Pferdewärtereheleute B., Wendelsteinstraße, bewohnen mit sieben Kindern beiderlei Geschlechts von 7–13 Jahren zwei Räume. Ein Kind ist tuberkulös. [...] Der sechsköpfigen Familie des Maschinenformers L., Walchenseeplatz, steht nur ein Raum zur Verfügung.«[13] Verschärft wurde diese Notsituation noch durch die wachsende Arbeitslosigkeit und eine immer schneller galoppierende Inflation; die Löhne konnten mit der Preiserhöhung längst nicht mehr Schritt halten.

Der 1911 in Untergiesing geborene Hugo Jakusch erinnert sich genau an die Not jener Jahre: »Wir haben damals in der Schönstraße gewohnt, im dritten Stock. Wir waren sieben Kinder, und wir haben nur eine kleine Küche gehabt und ein kleines Schlafzimmer und ein Klo, und da haben wir praktisch zu neunt, neun Personen, gewohnt.

SPD. Arbeitsgemeinschaft Süd-Ost
Sektionen Au und Giesing

Dienstag den 30. August 1921, abends ½8 Uhr,
im **Salvatorkeller**, Hochstraße

Oeffentliche Volks-Versammlung

Tagesordnung:

**Sind Weimarer Reichsverfassung und Berliner Regierung
schuld an der Teuerung? // Gibt es einen Ausweg?**

Referent: Landtagsabgeordneter **Hans Dill**

Freie Aussprache

Konsumenten, Männer und Frauen des schaffenden Volkes! Seit Wochen wird in
unehrlicher, aber geschickter Weise die Schuld an der jetzigen Teuerung der republikanischen
Reichsverfassung und der Berliner Regierung zugeschoben. Man will durch dieses Manöver
das Augenmerk von den wahren Ursachen der Teuerung ablenken, das Volk betören, um es
schließlich zu bestimmten politischen Zwecken mißbrauchen zu können.

Unser Abgeordneter Dill wird in dieser Versammlung auf die wahren wirtschaftlichen
und politischen Ursachen der Teuerung eingehen und die Frage erörtern, ob und wie es aus
dieser Not einen Ausweg gibt.

Erscheint deshalb in Massen!   **Der Einberufer.**

Druck von G. Birk & Co. m. b. H., München.

Flugblatt der SPD-Sektionen Au und Giesing 1921 (Privatbesitz).

[...] Mein Vater war ein Schreiner, der hat gearbeitet damals in Putzbrunn draußen, der mußte jeden Tag diese Strecke zu Fuß marschieren. Und die Lebensverhältnisse waren dermaßen schlecht, wenn wir nicht so gute Freunde gehabt hätten von den Sozialdemokraten, wir wären praktisch verhungert.«[14]

Zunehmend sah sich die Sozialdemokratie von allen Seiten in die Rolle des Verursachers dieses Elends gedrängt. Die rechten Kreise nützten die Wirtschaftskrise zur Untermauerung ihrer These, die SPD trage mit ihrem »Dolchstoß der Revolution von 1918« die Hauptschuld an Kriegsniederlage und Wirtschaftskrise, die KPD sah im wirt-schaftlichen Elend den Beweis für den Verrat der SPD an der Arbeiterklasse. Öffentliche Auftritte der Sozialdemokraten trugen deshalb in diesen Jahren meist defensiven Charakter. Mit dem hier abgedruckten Flugblatt lud die »SPD, Arbeitsgemeinschaft Süd-Ost, Sektionen Au und Giesing« zu einer dafür typischen Veranstaltung ein: Am 30. August 1921 fand im »Salvatorkeller« eine »Öffentliche Volks-Versammlung« statt zu dem Thema: »Sind Weimarer Reichsverfassung und Berliner Regierung schuld an der Teuerung? Gibt es einen Ausweg?«

Doch in der sich zuspitzenden Konfrontation zwischen Links und Rechts fanden die Argumente der SPD immer seltener Gehör, immer öfter wurden statt dessen die Meinungsverschiedenheiten handgreiflich auf den Straßen ausgetragen, was immer deutlichere und bald auch blutige Spuren in den Akten der Ermittlungsbehörden hinterließ.

»Gefahr von Zusammenstößen«

Den militärisch organisierten Einheiten der Nazi-SA, die ihre Mitglieder anfangs überwiegend aus ehemaligen Frontsoldaten rekrutierte – siehe Hans Zöberlein –, hatte die Sozialdemokratie zunächst nichts entgegenzusetzen. Als aber NS-Störtrupps immer häufiger in SPD-Versammlungen auftauchten, wurde im Sommer 1922 ein Ordnungsdienst eingerichtet, der den Schutz öffentlicher SPD-Veranstaltungen übernehmen sollte. Diese *Sicherheits-Abteilung des sozialdemokratischen Vereins München*, ebenfalls kurz S. A. oder auch »Auer-Garde« (nach dem damaligen SPD-Vorsitzenden Erhard Auer) genannt, hatte das Münchner Stadtgebiet in sieben Einsatzbezirke aufgeteilt; »Gefechtsbasis des Bezirkes Giesing/Au« war der Salvatorkeller. In der Öffentlichkeit trat sie auf unter einer schwarz-rot-goldenen Fahne mit dem eingestickten Wahlspruch: »Keine Gewalt der Willkür, alle Gewalt dem Recht, alles Recht dem Volke!«

Eine Bewaffnung war für die Auer-Garde laut Organisationsstatut nicht vorgesehen, doch ein Beispiel aus Giesing zeigt, daß auch gegenteilige Bestrebungen im Gange waren. Am 8. November 1922 erschien der Fabrikportier Johann O. auf der Polizeistation in der Tegernseer Landstraße 189 und zeigte dort an, die Betriebsräte in seiner Firma, der *Beißbarth'schen Autofabrik*, Tegernseer Landstraße 210, hätten in einer Betriebsversammlung am Tag zuvor zur Bildung einer »bewaffneten Arbeiterwehr« aufgefordert. Die Versammlungsleiter, der Dreher Max Bosl aus der Sommerstraße und der Schlosser Ernst Kapp aus der Schäftlarnstraße, hätten angekündigt, die Waffen würden von der Gewerkschaft ausgege-

ben. Der »Mitteiler« gab aber auch an, der Appell habe nur ein geringes Echo gefunden, denn in die ausgelegten Namenslisten hätten sich von 296 anwesenden Arbeitern lediglich zehn eingetragen.[15] Die übrigen wollten sich nicht mehr bewaffnen lassen, zu frisch waren offenbar noch die Erinnerungen an den blutigen Mai 1919.

Natürlich rüstete auch die Giesinger KPD zum Kampf gegen die politischen Gegner. *Rote Wehr* nannte sie ihre Selbstschutzorganisation, die Ende 1922 in der Öffentlichkeit immer häufiger in militärischem Habitus auftrat. Während das Giesinger Bürgertum gleiches Verhalten von den Nazis zu tolerieren bereit war, häuften sich dagegen Anfang 1923 Anzeigen gegen die Kommunisten. Einmal wurde die Polizei von honorigen Giesinger Bürgern gegen exerzierende Kommunistengruppen zur Wiese an der Agilolfingerschule geschickt, ein anderes Mal sollte sie in Obergiesing für Ruhe und Ordnung sorgen. Offenbar wirkte hier immer noch das Rätetrauma von 1919 nach, die Angst vor einem erneuten Umsturz von links.

Aufgrund zahlreicher Anzeigen aus der Bevölkerung beauftragte die Polizeidirektion die Giesinger Schutzpolizei, die »kommunistischen Übungen« zu beobachten.

Im April 1923 meldete Wachtmeister Joseph Kraus von der Schutzmannschaft für den 17. Bezirk an die Direktion: »Auf Grund eigener Wahrnehmung bringe ich folgendes zur Anzeige: Am 25. 4. 1923 abends um 7.30 sammelten sich am Martinsplatz gegenüber der Aussegnungshalle ungefähr 40 Angehörige der Kommunistischen Partei unter Führung des ehemal. Chefarztes der Roten Armee Dr. Rudolf Schollenbruch, wohnt Rainthalerstr. 9/II, und marschierten sodann geschlossen im Gleichschritt zum Fasanerieweg. An der dortigen Bahnunterführung machte die Abteilung Halt und exerzierte nach militärischen Kommandos. Es wurden Wendungen, Schwarmübungen, Freiübungen und Laufschritt kommandiert. Die Abt. war in Gruppen eingeteilt und hatte jede für sich einen Gruppenführer, genau

Ende 1922 häuften sich die Propagandamärsche politischer Parteien durch Giesing. Am 28. 1. 1923 zog die Giesinger SA mit Standarte und Fahne durchs Viertel. Die Aufnahme entstand in der Hochstraße (Reich, Vom 9. November).

wie beim Militär. Diese Übung dauerte von 8 bis 9 Uhr abends.«[16]

Doch blieb es naturgemäß nicht beim Exerzieren. Immer häufiger spannten die Parteien ihre Muskeln, und um die Gegner mit Drohgebärden einzuschüchtern, führten sie ihre »Truppen« in der Öffentlichkeit vor. Dies nahm um die Jahreswende 1922/23 solche Ausmaße an, daß sich Polizeikommissar Prebeck von der Polizeistation in der Tegernseer Landstraße 70 am 26. 2. 1923 genötigt sah, seine Besorgnis darüber der Münchner Polizeidirektion mitzuteilen: »Der Umzug in geschlossenen Zügen durch Obergiesing nimmt in letzter Zeit zu und somit auch die Gefahr von Zusammenstößen zwischen den pol. Parteien. So sind z. B. am Sonntag, den 18. II. 23 folg. Züge durch Giesing marschiert. Um 6½ Uhr abends marschierten drei Sturmtrupps (Hundertschaften) der Nationalsozialisten mit 4 Fahnen durch

Obergiesing. Jede Hundertschaft marschierte extra. Später marschierten 6 Tambours. Gegen 7 Uhr marschierten geschlossen mit Fahne die jugendl. Kommunisten (ca. 100 Personen, Männer und Frauen) durch Obergiesing. Zu gleicher Zeit marschierten kleinere Trupps Jungbayern durch Giesing. Sämtliche Trupps sangen Partei- bzw. Vaterlandslieder. So habe ich aus einem Lied der Nationalsoz. gehört: Der Tag der Abrechnung wird bald kommen. Daß solche Lieder in der Hochburg des Kommunismus, in Obergiesing, reizen, ist selbstverständlich.«[17]

Wie richtig Kommissar Prebeck die Lage eingeschätzt hatte, belegen die Polizeiakten aus jener Zeit nur zu deutlich. Wo auf beiden Seiten so massiv aufgerüstet und gedroht wird, können Zusammenstöße nicht ausbleiben. Gegenseitiges Auflauern, Bedrohungen mit Waffen aller Art, blutige Schlägereien und viele andere Arten der

21

Aggression zwischen den Mitgliedern der verschiedenen Parteien waren im Frühjahr 1923 in Giesing an der Tagesordnung. Den Hintergrund dafür bildeten die Zuspitzung der politischen Krise, ausgelöst durch die Besetzung des Ruhrgebietes durch französische Truppen, und die damit in Zusammenhang stehende neuerliche Verschärfung der wirtschaftlichen Not. Der Versuch Hitlers, diese Staatskrise am 1. Mai 1923 zu einem ersten Griff nach der Macht zu nutzen, brachte auch Giesing in die Schlagzeilen der Münchner Presse.

Schießerei in der Edelweißstraße

Hitler hatte sich entschlossen, die Probe aufs Exempel zu wagen. In einem Machtkampf mit den linken Parteien wollte er 1923 die Maifeiern der Arbeiterbewegung notfalls mit Gewalt zerschlagen und hoffte, mit dieser Aktion eine nationale Woge auslösen zu können, die ihn nach Berlin an die Macht tragen sollte. Zu den Männern, die bei diesen Ereignissen eine Rolle spielten, gehörte auch der Giesinger Hans Zöberlein. Selbstverständlich geht er in seinem schon erwähnten Bekenntnisroman auf die Vorgänge dieser Tage ausführlich ein. Aber hier ist man zur Rekonstruktion des Geschehens nicht auf Zöberleins manipulierte Darstellung angewiesen. Dem *Politischen Nachrichtendienst* (P.N.D.) der Politischen Polizei Münchens war es nämlich gelungen, in viele Gliederungen der NSDAP Spitzel einzuschleusen, die ihrer Dienststelle regelmäßig berichteten. Auch in Zöberleins SA-Abteilung arbeitete an jenem 1. Mai ein V-Mann des P.N.D., dessen Bericht der folgenden Schilderung der Ereignisse zugrunde liegt.[18]

Zöberlein hatte seine 9. Hundertschaft der SA am 30. April 1923 mit »den roten Alarmzetteln zusammengerufen«. Mit »5 Infantriegewehren, einigen Maschinenpistolen und jeder Mann [mit] irgendeine[r] Waffe (alles Privateigentum)« ausgerüstet, zog die Abteilung gegen 2 Uhr morgens zum Oberwiesenfeld, wo sich die nationalistischen Kampfverbände sammeln wollten, um von dort aus geschlossen gegen die Maifeier auf der Theresienwiese vorzugehen. »Gegen 5 Uhr morgens begann die Aufstellung sämtlicher Sturmabteilungen; wir marschierten in die Infantriekaserne, wo wir bewaffnet wurden. Ein jeder Mann bekam ein Gewehr und 30–40 scharfe Patronen, jede Hundertschaft ein Maschinengewehr, schweres oder leichtes.« Doch zur Enttäuschung der Nazis fand der Bürgerkrieg an diesem Tag nicht statt. Knapp zwanzig Jahre später erinnerte sich Hitler noch immer mit Bedauern: »Es tat sich nichts. Auch aus dem übrigen Deutschland kamen keine Revolutions-Nachrichten [...] Nun habe ich Leute vorgeschickt, die Roten zu provozieren. Die haben sich aber auf nichts eingelassen. Es wird zehn Uhr, elf Uhr, das ganze Reich blieb in Ruhe. Ich stand mit meinen Waffen da, erst beim Rückmarsch in der Leopoldstraße kamen uns zehn oder zwölf rote Musikanten vollständig harmlos entgegen. Die haben wir zusammengeschlagen.«[19] Der erwähnte Spitzelbericht bestätigt im wesentlichen Hitlers Erinnerung: »Um 12 Uhr mittags erschien Hitler und hielt eine kurze Ansprache. [...] Zum Schluß sagte Hitler noch, daß nun kein Mann den Kopf hängen lassen soll, [...] unser Tag wird wohl schon in allernächster Zeit kommen. [...] Wir marschierten sodann in die Stadt, hier kam es tatsächlich zu einem Zusammenstoß mit Kommunisten. [...] Dies alles geschah von unseren Leuten mit einem solchen Geschrei, daß man meinen könnte, wir hätten alle Roten erschlagen, es fielen sogar zwei Schüsse. Hitler war bei diesem Kampfe anwesend und befand sich inmitten seiner Truppe.«

Gegen 16 Uhr erreichte die frustrierte Giesinger SA-Einheit wieder den Salvatorkeller und löste sich dort in einzelne Trupps auf. Als Zöberlein anschließend provozierend mit »ungefähr 15 Mann Nationalsozialisten mit entfalteter großer Hackenkreuzfahne durch mehrere Straßen in Obergiesing«[20] marschierte, kam es auch hier zu einer Schlägerei mit Giesinger Sozialisten. Diesmal zogen aber die Nazis den kürzeren, Zöberlein

Die Giesinger SA mit ihrer Fahne (rechts) beim ersten Parteitag der NSDAP am 28. Januar 1923 auf dem Münchner Marsfeld (Reich, Vom 9. November).

wurde sogar durch einen Messerstich am Kopf verletzt. In seinem sogenannten »Roman« liest sich dieser Zwischenfall so: »Heute am Weltfeiertag war natürlich Hochbetrieb in der Vorstadt, rote und schwarzrotgelbe Fahnen hingen aus den Fenstern, und die Genossen paradierten gruppenweise aneinander vorüber, stolz die rote Nelke oder das rote Papierröserl am Rockaufschlag. Da sieht [Krafft] ein Stück voraus in der Straße plötzlich einen Kameraden, von einem Haufen Roter umstellt. Im Nu ist er drüben und treibt mit blanken Fäusten den Knäuel auseinander. Kaum hat er aber wieder einige Schritte zurückgemacht, da stürmt um die Ecke ein neuer Haufen Roter. Auf seinen harten Schädel prasselt es wieder einmal nur so von Schlägen. Er will gerade eine Wendung machen, um durchzubrechen, da sieht er über sich ein Messer blitzen und kann gerade noch den Kopf zur Seite bringen, daß die Klinge von seinem Schädel abgleitet.«[21]

Diesen 1. Mai hatte sich der SA-Aktivist mit Sicherheit ganz anders vorgestellt. Statt im Triumphzug Berlin zuzustreben, mußte er zu Hause seine Blessuren pflegen. Eine schändliche Niederlage und für ihn wohl Grund genug, an den Giesinger Linken endlich ein Exempel zu statuieren. Als Angriffsziel wählte Hans Zöberlein eine Gruppe der *Sozialistischen Arbeiterjugend*, die sich am Abend des 3. Mai im Gasthaus *Zur Alpspitze* in der Edelweißstraße 10 treffen wollte. Dieses Operationsziel war deshalb so hervorragend geeignet, weil schräg gegenüber, im Wohn- und Geschäftshaus jenes Bäckermeisters Michael K., von dem wir eingangs schon erzählten, daß er seit der Rätezeit in Giesing einen schweren Stand hatte, regelmäßig die Giesinger Nationalsozialisten zusammenkamen. Seit sich seine beiden älteren Söhne, damals 19 und 21 Jahre alt, offen zu Zöberlins NSDAP bekannten, war das Verhältnis zu den Linken im Viertel gar in offene

Feindschaft umgeschlagen. Sein Haus war in den letzten Monaten zur rechten Zeit mit Hakenkreuzen beschmiert worden, oder »Arbeiterdichter« hatten auf dem Gehsteig vor der Bäckerei Kostproben ihres Talents gegeben: »Kauf keinen Wecken beim Hakenkreuzbäcken!«

So hatten sich also an jenem fraglichen Abend 20 bis 25 »Parteigenossen« im Hause des Bäckermeisters eingefunden, um, wie dieser später der Polizei erklärte, sein Hab und Gut vor »linksradikalen Elementen« zu schützen. Wer letztlich mit den Handgreiflichkeiten begonnen hatte, konnte oder wollte die Polizei im nachhinein nicht mehr feststellen. Tatsache ist aber, daß sich gegen 21 Uhr in der Edelweißstraße und am Bergsteig eine Schlägerei und Schießerei von solchen Ausmaßen entwickelte, daß Kommissar Prebeck, der ja eben vor einer ähnlichen Entwicklung gewarnt hatte, noch in der Nacht in hellster Aufregung telefonisch die Polizeidirektion alarmierte: »Soeben gegen ½10 Uhr fand vor dem Gasthaus Münsterer, Edelweißstr. 10, ein Zusammenstoß zwischen Nationalsozialisten und Sozialdemokraten statt, wobei ca. 15–20 Schüsse gefallen sind. Die sozialdemokr. Jugendgruppe hielt in diesem Gasthaus heute eine Versammlung, die nach bekannt gewordenem Gerücht von den Nationalsozialisten gesprengt werden sollte. Die Nationalsozialisten, welche von der Paulanerbrauerei – Salvatorkeller, wo sie Versammlung hatten, in Stärke einer Hundertschaft angerückt kamen, zogen nach ca. ½-stündigem Gefecht gegen den Giesinger Berg herunter ab. Soviel bekannt, wurde ein Sozialist, [der siebzehnjährige] Wittenzeller Max, Holzstr. 1 verwundet und zwar erhielt er einen Steckschuß in den Oberschenkel. Die Menschenansammlung in Stärke von 1000–2000 Personen wurde mit Hilfe der Schutzm.[annschaft] für den 18. Bezirk nach und nach zerstreut.«[22]

Der von der Münchner Presse stark beachtete Zwischenfall zog umfangreiche polizeiliche Ermittlungen nach sich. Nach der Befragung von 49 Zeugen, unter ihnen war auch Hans Zöberlein, konnten als Pistolenschützen zweifelsfrei die beiden Söhne K.s ermittelt werden, zumal ihr Vater selbst einräumte, daß seine »Söhne mit ihren Kameraden in Abwehr des Angriffs mit Pistolen bewaffnet vor das Haus gingen und dort in Abwehraktion traten, indem der eine meiner Söhne einen Schreckschuß abgab und der andere zur Abwehr die Pistole den Angreifern vorhielt.« Offenbar glaubte die Staatsanwaltschaft die Version, das Anwesen K.s sei bedroht gewesen, denn nicht die Bäckerssöhne wurden angeklagt, sondern acht andere Giesinger Nazis: Karl Keidler (Kaufmann und Sohn eines Giesinger Kriminalbeamten), Lorenz Darchinger (Versicherungsangestellter), Hans Molitor (Brauereibeamter), Martin Molitor (Technischer Zeichner), Johann Niederreiter (Aufseher), Theodor Poschet (Mechaniker), Georg Ziegler (Bankbeamter) und Lorenz Steimer (Versicherungsbeamter). Nebenbei bemerkt: Die Berufe zeigen deutlich, wie wenig Anklang die NSDAP damals unter Giesinger Arbeitern fand.

Für einige der Angeklagten bedeutete dieser Prozeß eine wichtige Etappe in ihrer NS-Karriere. Martin Molitor etwa, Jahrgang 1899, in der Tegernseer Landstraße 70 ansässig, brachte es in der Partei zum gefragten Zeichner, der sich mit martialischen NS-Motiven und Führerportraits unter den Münchner Nazis großer Beliebtheit erfreute. Oder der Untergiesinger Lorenz Steimer, 1903 in der Freibadstraße geboren, der später zur Giesinger Parteiprominenz gehörte. Laut »Führer-Fragebogen« war er am 10. 1. 1922 in NSDAP und SA eingetreten und rückte im Laufe der Jahre bis zum Standartenführer auf. In der Rubrik »Verwundungen im Dienst« heißt es in seinem Fragebogen: »Stichwunden – Kopfverletzungen«. Vom Dezember 1925 an arbeitete der Untergiesinger hauptamtlich als Funktionär in der Reichsleitung der NSDAP und brachte es in der Reichszeugmeisterei an der Tegernseer Landstraße bis zum Hauptstellenleiter. Am 31. 1. 1943 schied er auf eigenen Wunsch aus dem Dienst der Partei aus, »um sich in der Privatwirtschaft eine selbständige Existenz zu gründen«, indem er »eine arisierte Fabrik in Prag« übernahm.[23]

24

Das Urteil im »Edelweißstraßen-Prozeß« vom 19. 9. 1923 wurde für die Giesinger Nazis zum Triumph. Steimer und fünf seiner Mitangeklagten wurden freigesprochen, lediglich Darchinger und Ziegler erhielten wegen Körperverletzung und Tragens verbotener Waffen Geldstrafen, die aber wegen der galoppierenden Hochinflation lächerlich gering ausfielen. Dieses Urteil mußten Zöberlein und seine Spießgesellen geradezu als Ermunterung auffassen, mit ihrer brachialen Methode politischer Agitation fortzufahren. Doch zunächst versuchten sie sich beim Staatsstreich Hitlers in der Rolle von Hochverrätern.

»Feindliches Gebiet«

Herbstanfang 1923. In Bayern und im Reich überschlugen sich die Ereignisse: Der Kampf gegen die französische Besetzung des Ruhrgebiets mußte von der deutschen Regierung abgebrochen werden, die Inflation erreichte astronomische Dimensionen. Anfang November kostete ein Pfund Brot 80 Milliarden Mark, wollte man sich am 9. November über die dramatischen Ereignisse im Bürgerbräukeller informieren, mußte man für die *Münchner Neuesten Nachrichten* 10 Milliarden Reichsmark hinblättern. In Bayern war die Regierungsgewalt dem in der Verfassung nicht vorgesehenen Generalstaatskommissar Gustav von Kahr übertragen worden. Ausgestattet mit autoritären Vollmachten verhängte Kahr den Ausnahmezu-

stand über das Land und verbot die linken Selbstschutzorganisationen, unter anderem auch die Auer-Garde der SPD. Dagegen konnten sich die rechten vaterländischen Organisationen ungeniert zu Kampfbünden zusammenschließen und um Hitler scharen, der immer unverhüllter einen »Marsch auf Berlin« proklamierte, um die Reichsregierung der »Novemberverbrecher und Ruhrverräter« zu stürzen. Ihren Höhepunkt erreichte die innenpolitische Krise in jener Nacht vom 8. zum 9. November 1923 mit dem Ereignis, das als *Hitlerputsch* in die Geschichte eingegangen ist.

Nach dem Staatsstreich am Abend des 8. November, der mit einem Schuß Hitlers in die Decke des Bürgerbräukellers am Rosenheimer Berg begonnen hatte, schickten die Putschisten bewaffnete Einheiten aus, um strategisch wichtige Punkte Münchens zu besetzen. Auch Giesing war das Ziel solcher Operationen. Wenn überhaupt mit Widerstand von links gerechnet wurde, dann erwartete man ihn offenbar aus diesem »prosozialistischen Stadtviertel«, das den Nationalsozialisten als »feindliches Gebiet«[24] galt. Daß diese Befürchtung völlig unbegründet war, zeigte der weitere Verlauf der Ereignisse. Zu keiner Zeit kam in jenen entscheidenden Stunden von linker Seite ein Versuch, Hitler am Griff nach der Macht zu hindern. Paralysiert sahen die Sozialdemokraten sogar zu, wie ein Stoßtrupp der SA die Redaktionsräume der *Münchener Post* verwüstete.

Der Staatsdienstanwärter Hans Angerer, der sich freiwillig für den Dienst in Hitlers Putschtruppen meldete, berichtete bei einer späteren Vernehmung über seinen Einsatz in der Nacht zum 9. November: »Es ging schließlich zum Bürgerbräukeller. Dort um ½1 Uhr angekommen, ruhten die Truppen bis 4 Uhr morgens im Saal. Es wurden hierauf Gewehre und Munition gefaßt und um 6 Uhr nach Giesing abmarschiert. Dienst: Patrouillengehen in der Umgebung der Giesingerkirche.« In diesem Gebiet hatten sowohl die Obergiesinger Sozialdemokraten als auch die Kommunisten ihre Versammlungslokale.

Natürlich wurde auch Untergiesing von den Nazis besetzt: In der Agilolfingerschule waren 150 bewaffnete Aufständische mit ihrem Stab stationiert, und im Marianum an der Humboldtstraße warteten etwa 300 Putschisten – vergeblich – auf ihren Einsatzbefehl. Nachdem sich das Scheitern des Staatsstreichs abzeichnete, marschierte die Besatzung des Marianums am Nachmittag des 9. Novembers gegen 15 Uhr bewaffnet und in Formation unbehelligt durch die Humboldtstaße, über die Bergstraße und die Grünwalder Straße in den Perlacher Forst und kehrte bald darauf – noch immer in Formation, aber unbewaffnet – wieder in die Innenstadt zurück. Die Polizei, die dem Treiben der Umstürzler vorher tatenlos zugesehen hatte, berichtete an die Polizeidirektion: »Da anzunehmen war, daß dieser wieder zurückgekehrte waffenlose Trupp die Waffen irgendwo im Perlacher Forst versteckt hatte, wurde am nächsten Tag Suche gehalten und dabei in einem Dickicht ein Waffenlager gefunden, im ganzen 293 Inf.Gewehre, 2 M.G., viele Munition und Ausrüstungsgegenstände.«

Auch der Bruder des späteren NS-Bürgermeisters Münchens, Otto Fiehler, war in der Putschnacht zusammen mit sechs Bewaffneten in Untergiesing unterwegs. Im Auftrag Görings hatten sie Plakate anzuschlagen, auf denen alle »Volksfeinde« mit der Todesstrafe bedroht wurden. Zwei Giesingern wäre eine Begegnung mit diesem Trupp beinahe zum Verhängnis geworden. Am Morgen des 9. November, es war ein Freitag, gegen acht Uhr hörte Fiehler an der Eisenbahnunterführung in der Pilgersheimer Straße zufällig, wie der Katechet der Heilig-Kreuz-Kirche, Johann Canis, dem Polizeikommissar Otto Freiesleben vom 18. Bezirk (Untergiesing) gegenüber abschätzig bemerkte, die Situation sei heute genauso wie anno 1918, nur seien diesmal eben die Rechten die Übeltäter. Sofort stürzte der Nazi auf ihn zu, um ihn, gemäß der Ankündigung auf dem Plakat, einem Standgericht zur Hinrichtung zu übergeben. Als sich Freiesleben für die nationale Gesinnung Canis' verbürgte und erklärte, dieser

sei auf dem Wege in die Pfarrhofschule zum Religionsunterricht, ließ Fiehler zwar Canis laufen, erklärte stattdessen aber den Polizeikommissar für verhaftet. Auf den Einwand Freieslebens, er habe dazu kein Recht, erklärte Fiehler arrogant: »Die Polizei hat heute überhaupt nichts mehr zu sagen. Die Macht liegt in unseren Händen«, und ließ den Polizisten von vier SA-Männern zum Bürgerbräukeller abführen. Aber dort war man gerade mit den Vorbereitungen für die »Machtergreifung« so beschäftigt, daß zur Aburteilung eines kleinen Polizeikommissars keine Zeit blieb. Freiesleben kehrte deshalb kurzerhand zur Polizeistation in der Humboldtstraße 38 zurück und nahm am späten Vormittag des 9. November pflichtschuldig seine dienstliche Routine wieder auf.

Etwa zur selben Zeit ließ Hitler am Bürgerbräukeller rund 2500 Bewaffnete, unter ihnen natürlich seine treuen Gefolgsleute aus Giesing, zum »Marsch auf Berlin« antreten. Exakt zehn Jahre später stiftete Hitler für die Teilnehmer an diesem Umsturzversuch den sogenannten »Blutorden«, der an rund 1500 »alte Kämpfer« verliehen wurde. Aus dem »Verzeichnis der Blutordensträger«[25] erfahren wir, daß mindestens 30 Giesinger aktiv am Hitlerputsch teilgenommen haben: Unter ihnen natürlich Hans Zöberlein (Blutorden Nr. 97) sowie die uns schon bekannten Hans Molitor (Nr. 689), Martin Molitor (Nr. 690) und Lorenz Steimer (Nr. 704). Der 1884 geborene Schreinermeister Ludwig Daub (Nr. 860) aus der Gietlstraße 12, NSDAP-Mitglied Nr. 789 und später Führer der Giesinger Hitlerjugend [!], marschierte damals ebenso mit wie die Brüder Keimel (Nr. 679 und 680) aus der Deisenhofener Straße und der blutjunge, 1906 geborene Untergiesinger Georg Trimpel (Nr. 706), nachmaliger Dr. jur. und Kreisgerichtsvorsitzender. Schließlich finden wir in dieser Liste auch den Steinbildhauer und Steinmetz Max Zankl (Blutorden Nr. 708) aus der St.-Martin-Straße 44. Seine NS-Laufbahn führte ihn laut »Personalfragebogen« in die oberen Ränge der

Ludwig Daub, der anfangs in der Gietlstraße 12 und später in der Berchtesgadener Str. 43 wohnte, war Gefolgschaftsführer der Hitlerjugend München-Ost und Ortsgruppenwalter der Giesinger Arbeitsfront (Berlin Document Center).

örtlichen Gliederungen. In der SA brachte er es bis zum Standartenführer der Leibstandarte Hitlers, in der Giesinger NSDAP war er zuletzt Ortsgruppenleiter.

Weil Zankl neben Zöberlein und Steimer einer der wichtigsten Giesinger Nazis war, soll er sich hier mit einem Auszug aus seinem 1936 verfaßten Lebenslauf selbst vorstellen. Wir zitieren aber auch deshalb aus diesem Dokument, weil es einen einzigartigen Blick in das Selbstverständnis dieser Nazis der ersten Stunde gewährt: »Vier Jahre Fronterlebnis haben an mir mehr vollendet als alle Hochschulen der Welt nicht fertiggebracht hätten. [...] Da die rote Meute ernstlich daran ging, das Leben in Deutschland nach ihrem Sinne zu gestalten, sah mich das Frühjahr 1919 auf der Seite der Frontkämpfer in den Straßen Münchens. [...]

Im März 1922 trat ich als erster meines Berufes in Deutschland der Sturmabteilung der NSDAP bei. Nun begann für mich der schwerste Teil meines Lebens. Geächtet von den Schwarzen, gehaßt von den Roten, in allen Zeitungen hämisch herumgezogen, begann der Kampf um das rote Giesing. Mehrmals verletzt erlebte ich den 9. November 1923. Mit vielen Fanatikern die 9te Hunderschaft Au-Giesing weiterführend, erwarteten wir die Freiheit unseres Führes. [...] Der Boykott gegen mein Geschäft zwang mich, das Geschäft zu schließen, um als Erdarbeiter vier Monate lang beim Bahnbau mit vielen meiner Kameraden als verfemte Arbeitergruppe unser Leben zu fristen. Bei der Erschlagung Hirschmanns schwer verletzt, und in verschiedenen Saal- und Straßenschlachten mehrmals dasselbe erlebend in leichterer Form, konnte ich 1933 die Befreiung miterleben. [Danach] übernahm ich die Führung der Innung der Steinmetzmeister und Steinbildhauermeister, München-Oberbayern. [...] Mit diesen konnte ich nun die Bauten: Haus der Deutschen Kunst, Führer- und Verwaltungsbau, Königsplatz, Ludwigsbrücke, Glaspalast-Anlagen, Rathausdurchbruch, Reichszeugmeisterei und jetzt wieder das Luftkreiskommando V durchführen und so mein Münchner Handwerk zu nie gesehener Blüte bringen. 1933 wurde ich in den Stadtrat berufen und 1934 übernahm ich auf Veranlassung der Handwerkskammer sämtliche Innungen des Bezirksamtes München. Auf meine und meiner Kameraden Veranlassung [entstanden] die Wochenschrift ›Der SA-Mann‹, die Reichszeugmeistereien, die SA-Versicherung; der Adolf-Hitler-Pokal, der Mutschmann-Pokal und das SA-Zivilabzeichen sind von mir entworfen und ausgeführt.«[26].

Aber zurück ins Jahr 1923. Bekanntlich endete Hitlers »Marsch auf Berlin« bereits am Odeonsplatz in einer wilden Schießerei mit der Landespolizei. 21 Tote blieben auf dem Kampfplatz zurück: vier Polizisten, 15 Nationalsozialisten und zwei unbeteiligte Passanten, beide zufällig aus Untergiesing: Johann Karr, Kaufmann aus der Schönstraße 124, und der Oberkellner Karl Kuhn, der in der Pilgersheimer Straße 25 zu Hause gewesen war. Kuhn setzten die Nationalsozialisten später fälschlicherweise auf ihre »Verlustliste«, die, tonnenschwer in Erz gegossen, 1933 als »Mahnmal« an der Feldherrnhalle aufgestellt wurde.

Am Rande sei vermerkt: Sowohl an der Aufstellung als auch an der Zerstörung der Bronzetafel waren Giesinger beteiligt. Als am 3. Juni 1945 acht Münchner, unter ihnen der 1928 in Giesing geborene Elektroingenieur Winfried Pöllner, dieses Symbol der NS-Herrschaft vom Sockel stürzten, entdeckten sie im Fundament einen Hohlraum, in dem neben leeren Sardinenbüchsen und Zigarettenschachteln unter anderem ein ziemlich unansehnliches Exemplar von Hitlers *Mein Kampf*, ein goldenes Parteiabzeichen und in einer verkorkten Weinflasche auch ein »Grundsteindokument« lagen. Zwar ist das Original dieser »Urkunde« verschollen, aber Pöllner hatte sich damals den Text notiert: »Urkunde vom 27. Oktober 1933, das Jahr des Heils. Adolf Hitler, unser Volkskanzler und Führer, ließ das Denkmal zur ewigen Erinnerung an die Schmachregierung von Kahr errichten. Dieser Hanswurst ließ am 9. November 1923 auf die junge Hitlergarde schießen. Kameraden fielen – es gab etliche Tote –, aber den Geist trafen sie nicht – die verblödeten Bonzen – welche mit aufgeweichten Semmeln im Gehirn regieren wollten. Hitler führt uns weiter! Unsere Generation hat nichts Schönes gehabt. Bis 1933 – 20 Jahre Schwindel und Betrug! Und wo sind die Verantwortungsvollen? Haßt immer die Juden – der ist Euer größter Feind! Die Verfertiger dieses Denkmals: Steinmetze: Michael Zankl, St.-Martin-Straße 44, Fritz Krause, Orleanstraße 1, Max Vogl, St.-Martin-Straße 38. – 1933 –. Wir drei haben auch den Grundstein zum neuen Glaspalast gelegt.«[27]

So schließt sich also der Kreis. Zankl junior errichtete damals das Denkmal für jenes Ereignis, an dem der Senior exakt zehn Jahre vorher aktiv teilgenommen hatte.

»Nach bestem Wissen und Gewissen«

In den Tagen nach dem Umsturzversuch wurden vier der 21 Toten des mißlungenen Staatsstreichs mit erheblichem Propagandaaufwand der NSDAP im Ostfriedhof beigesetzt. Unter ihnen auch der von einer verirrten Kugel zufällig getötete Giesinger Karl Kuhn. Seiner Witwe und seinen beiden Kindern räumten die Nazis nach der Machtübernahme den Status von »Hinterbliebenen eines Märtyrers der NS-Bewegung« ein. Kuhns Leiche wurde wie die der anderen drei im Ostfriedhof Beigesetzten am 9. November 1935 in die »Ehrentempel« am Königsplatz umgebettet, und im Juli 1945 brachte man Kuhns sterbliche Überreste wieder nach Obergiesing zurück.

Durch diese gescheiterte »Machtergreifung« Hitlers schien die »Bewegung« gestoppt, ihre wichtigsten Führungspersönlichkeiten saßen in Haft, NSDAP und SA sowie andere nationalistische Kampfverbände waren noch am 9. November 1923 von der Regierung Kahr verboten worden, zudem sorgte auch die Währungsreform vom 15. November 1923 für wirtschaftliche Besserung und innenpolitische Entspannung.

Aber schon der Hochverratsprozeß gegen Hitler und Konsorten im Frühjahr 1924 machte deutlich, daß die Nationalsozialisten wohl eine Schlacht, nicht aber den Krieg um die Vernichtung der Weimarer Republik verloren hatten. Zwar verurteilte das Volksgericht für den Landgerichtsbezirk München I am 1. April [!] 1924 Hitler und einen Teil seiner Komplizen zu fünf Jahren Festungshaft, von denen Hitler lediglich dreizehn Monate absitzen mußte, doch in der Urteilsbegründung legte das Gericht dar, daß das Ziel der Umstürzler, die »Republik der Novemberverbrecher« zu beseitigen, aller Ehren wert gewesen sei: »Auch das Gericht ist zu der Überzeugung gelangt, daß die Angeklagten bei ihrem Tun von rein vaterländischem Geiste und dem edelsten selbstlosen Willen geleitet waren. Alle Angeklagten [...] glaubten nach bestem Wissen

Auf der Bronzetafel an der Feldherrnhalle fälschlich als sogenannter Blutzeuge der Bewegung »verewigt«: Karl Kuhn, Oberkellner aus Giesing. Im Sockel des Mahnmals fand sich folgender Hinweis: »Die Verfertiger dieses Denkmals: Steinmetze: Michael Zankl, St.-Martin-Straße 44, Fritz Krause, Orleansstraße 1, Max Vogl, St.-Martin-Straße 38.« (Stadtarchiv München).

und Gewissen, daß sie zur Rettung des Vaterlandes handeln müßten und daß [...] der Hochverrat [!] von 1918 durch eine befreiende Tat wieder wettgemacht werden müßte«.[28] Die politische Wirkung dieses Fehlurteils konnte nur verheerend sein, denn alle nationalistischen Feinde der demokratischen Republik mußten es als Aufforderung verstehen, ihren Kampf gegen die parlamentarische Demokratie mit dem Segen der Justiz verstärkt fortzusetzen.

So ähnlich hatten dies offenbar auch die bayerischen Wählerinnen und Wähler verstanden, denn bei der Landtagwahl am 6.4.1924 wurde der rechtsradikale *Völkische Block*, der statt der verbotenen NSDAP kandidierte, mit fast 33 % Stimmenanteil stärkste Partei in Bayern. Alle übrigen Gruppierungen blieben unter 20 %: BVP 19,8 %, SPD 17,1 % und KPD 15,9 %. Insbesondere die BVP – schließlich war sie es gewesen, die für die Niederschlagung des Hitlerputsches gesorgt hatte – war von diesem Debakel so geschockt, daß sie sich zur Kommunalwahl in München im Dezember 1924 mit anderen nationalkonservativen Gruppen zu einer *Nationalen Wahlgemeinschaft* (NWG) zusammenschloß. Mit Erfolg. Am 6.12. 1924 wurden in München für die NWG 41,3 % der gültigen Stimmen abgegeben, die SPD kam auf 25,4 % und auf die KPD entfielen 10,1 % der Stimmen.

In Giesing sah die Situation kaum anders aus. SPD (36,1 %) und KPD (17,4 %) konnten zwar noch die Mehrheit der Stimmen auf sich vereinigen, aber die NWG durfte ihren Stimmenanteil von 32,8 % im »roten« Giesing durchaus als Erfolg ansehen. Am erfolgreichsten war die NWG im Wahlbezirk um die Grünwalder Straße, wo sie über 56 % der Stimmen erhielt. Die direkten Nachfolgeorganisationen der verbotenen NSDAP in München, die *Nationalsozialisten* und die *Nationalsozialistische Freiheitsbewegung Großdeutschland*, konnten in Giesing zusammengenommen rund 9 % und in ganz München etwa 12 % der Stimmen sammeln.[29] Auf dieses Potential stützte sich Hitler, als er, am 20. De-

zember 1924 aus der Festungshaft in Landsberg am Lech entlassen, Anfang 1925 die Münchner NSDAP neu aufbaute. Die akribischen Spitzelberichte des P.N.D. der Münchner Politischen Polizei eröffnen interessante Einblicke in diesen Vorgang. Hier ist nicht die Gelegenheit, die Entwicklung der Münchner SA ab 1925 umfassend darzustellen, in der gebotenen Kürze muß aber darauf eingegangen werden, denn »unser« Hans Zöberlein spielte darin eine nicht unbedeutende Rolle.

Ab Februar 1925 trat die NSDAP in München wieder mit Massenversammlungen an die Öffentlichkeit, und ab 1925 begann sie auch die Tradition der »Propagandamärsche« durch die Arbeiterviertel neu zu beleben. Bevorzugtes Operationsziel war dabei nach wie vor Giesing. Selbstverständlich konnte die hiesige kleine SA-Gruppe solche Aktionen nicht alleine durchführen, dazu brauchte sie vor allem die Unterstützung der Sektion Schwabing, die über die mitgliedstärkste SA-Einheit Münchens verfügte. Hans Zöberlein war deshalb z.B. am 8. September 1926 beim »Appell der 2. Kompanie der SA Schwabing (NSDAP) im Rest. Fäustlegarten«, um einen dieser Umzüge durch Giesing zu organisieren: »Schon vor Beginn des Appells wurde unter den Anwesenden der Propagandamarsch am Sonntag (12.9.26) eifrigst besprochen. [...] Den Giesingern müsse gezeigt werden, daß die SA noch lebe. [...] Am Sonntag Vorm. 10 Uhr erfolgt dann der Abmarsch vom Bürgerbräu. [...] Der Marschweg müsse aus begreiflichen Gründen geheimgehalten werden und werde erst im Bürgerbräu beim Abmarsch bekannt gegeben. [Man] könne nur sagen, daß rechts der Isar durch die rötesten Viertel marschiert werde. Es wird mit einer Teilnahme von 700 Mann gerechnet und [es] sollen etwa 300 Mann SA von auswärts kommen.«[30]

Solche Propagandamärsche sollten vor allem nach außen den Eindruck erwecken, München sei noch immer die »Hauptstadt der Bewegung.« In Wahrheit scheint sich aber in der Münchner NSDAP nach 1923 zunächst überhaupt nichts

Spitzelbericht für die Bayerische Politische Polizei über Aktivitäten der Giesinger SA im Oktober 1925 (Staatsarchiv München).

mehr bewegt zu haben. Interpretiert man die Spitzelberichte des P. N. D richtig, muß man zu dem Schluß kommen, NSDAP und SA standen Ende 1927 in München am Rande des personellen und finanziellen Ruins. In kaum einem der Berichte des P. N. D. über SA- oder NSDAP-Versammlungen in dieser Zeit fehlt der Hinweis: »Obwohl jeder schriftlich geladen wurde, war der Besuch schlecht«, und oft enden die Spitzelprotokolle wie jenes vom 13. 12. 1927 mit der Bemerkung: »Eine längere Debatte ergab sich noch über die Finanzierung der SA. Von der Parteileitung ist nichts zu holen, weil kein Geld da ist und nur Schulden.«

Als Hans Zöberlein am 19. November 1925 seine Mannen von der »9. Kompagnie der NSDAP, Sektion Au-Giesing«, im *Gasthaus Dollacker* am Bereiteranger zusammenrief, um über die Frage zu referieren, »wie es mit der SA eigentlich bestellt sei«, erschienen »13 Personen«. Ihnen hielt Zöberlein laut P. N. D.-Bericht Nr. 522 vor: »Aktivität sei beinahe ein Fremdwort geworden; innerhalb der SA hat sich doch in der letzten Zeit überhaupt nichts mehr gerührt. Nach außen hin muß es den Anschein erwecken, daß die SA entweder schläft, oder überhaupt nicht mehr am Leben ist, kurzum, die SA der NSDAP wird von den anderen Parteien als unbedeutend bewertet. Zöberlein wünscht deshalb, daß die Aktivität wieder auf die Höhe kommt.«

Das wünschten natürlich alle Nationalsozialisten, aber in der Frage, wie dies zu erreichen sei, war die Münchner SA in jener Zeit heillos zerstritten. Offenbar gab es in der SA eine starke Gruppe, der die Erfahrungen von 1923 zur Mäßigung rieten. Hauptmann Dressler stellte am 21. Juli 1926 die neue Linie der SA vor: »Militärische Übungen sind verboten, ebenso das Tragen von Waffen. Provokationen jeder Art anläßlich von Aufzügen etc. sind zu unterlassen, um der Regierung keinen Anlaß zum Einschreiten zu geben. Solche Anlässe bringen der Partei nur Schaden. Vorläufige Aufgabe der SA ist, Mitglieder zu werben, den Kameradschaftsgeist zu pflegen und die Partei wo nötig zu unterstützen.« Die Münchner SA-Leitung vertrat ganz offensichtlich die Ansicht, »es dürfe der Bayer. Volkspartei kein Anlaß zu einem neuen Redeverbot oder gar einer Auflösung der Partei gegeben werden. Ein nochmaliges Verbot der NSDAP München könne sich die Partei nicht leisten.« Vielmehr solle man sich doch die erfolgreiche Arbeit »der SA in Norddeutschland und im Ruhrgebiet« als Beispiel nehmen.

Dieses »friedliche« Image mit der Tendenz zum legalen Vorgehen scheint aber insbesondere den »alten Kämpfern« äußerst mißfallen zu haben. Sie waren vielmehr der Meinung, man solle doch einfach im Stile des Herbstes 1923 fortfahren. In SA-Versammlungen waren Wortmeldungen wie die folgende jedenfalls keine Seltenheit: »Seit 1923 sei die SA-München nicht mehr an die Öffentlichkeit getreten. [...] Wenn die SA zur Zeit auch keine Gewehre habe, so verfügen die Anhänger doch über starke Fäuste, mit denen man genauso die Schädel der Gegner einschlagen kann. Die Toten der Feldherrnhalle vom Jahre 1923 sind noch in heiliger Erinnerung. Bei nochmaliger Wiederholung einer solchen Aktion müssen für jeden gefallenen Kameraden Hunderte von Schädeln eingeschlagen werden. Erst wenn es einmal so weit ist, dann wird Hitler in Berlin einziehen und das deutsche Reich von dem jüdischen Joch befreien können.« Wer die Parteitruppe ändern wolle, »schlage mit seinem Pazifismus die ganze SA kaputt. Nur mit Aktivismus

könne das Ziel ereicht werden. Mit Feigheit werde die Straße nie erobert und der Sieg nie errungen werden. Außerdem hat man hier nicht nur einem Gegner gegenüberzutreten, sondern einem noch viel gefährlicheren, dem Schwarzen«.

Diese mit allen Listen und Tücken geführte Auseinandersetzung um die Strategie der Münchner SA führte Ende des Jahres 1927 zu einer wachsenden Zahl von Parteiaustritten und Ausschlüssen. Der P. N. D. meldete über die Entwicklung der SA an die Polizeidirektion: »Der Trupp Haidhausen ist aufgelöst. Die noch vorhandenen Leute werden dem Trupp Au-Giesing und Innere Stadt eingegliedert.« Dieser neu formierte SA-Trupp Au-Giesing-Haidhausen unter »Truppführer« Max Zankl und dessen Stellvertreter Lorenz Steimer umfaßte laut einer »namentliche[n] Liste« zum Jahresende 1927 gerade noch 20 Mann.[31] Besorgte Mitglieder forderten deshalb, »daß es Zeit werde, Hitler über die tatsächliche Lage in der SA und der Partei zu unterrichten. Wenn es noch lange so weitergehe, dann gehe die SA und die Partei kaputt«. Da 1928 Reichstags- und Landtagswahlen anstanden, befahl Hitler Ende 1927 dem Vorsitzenden des Untersuchungs- und Schlichtungsausschusses der NSDAP, Major a. D. Walter Buch, den lähmenden Streit schnellstens beizulegen. Am 3. Januar 1928 meldete der V-Mann des P. N. D., die Führung der Münchner SA-Standarte sei neu besetzt worden: »Mit der Führung der Standarte wurde Zöberlein betraut. Buch sprach zum Schluß den Wunsch aus, daß es Zöberlein gelingen möge, die SA-München bis zu den Wahlen schlagfertig zu machen, damit diese ein Erfolg für die NSDAP werden. [...] Zum Sturmführer des Sturm 5 wurde Zankl ernannt, bisher Truppführer von Au-Giesing. Als Truppführer Au-Giesing wurde Steimer bestimmt, bisher Stellvertreter.«[32] Damit stand fest, wie die SA den Kampf um die politische Macht zu führen gedachte, denn zu den »Tauben«, die zur Mäßigung rieten, war Zöberlein nun gewiß nicht zu rechnen, das wissen wir bereits.

»Körperverletzung mit Todesfolge«

Mit Zöberlein hatten sich in der Münchner SA wieder jene Schlagetots durchgesetzt, die eine gummiknüttelbewehrte Faust allemal für das beste aller Argumente hielten. Diese Entwicklung war nicht unwesentlich beeinflußt worden von einem Ereignis, dessen Schauplatz Giesing war, und das den »Schriftsteller« Zöberlein zu den entlarvenden Reimen inspirierte: »Laßt nur die Spießer zetern / Die Jugend tät' verrohn / Das Vaterland erretten / Wir nicht durch guten Ton / Und fällt durch rote Tücke / Ein Freund im Siegeslauf / Zehn springen in die Lücke / Den Geist hält keiner auf.«[33] Was war geschehen?

Am 25. Mai 1927 hatte Hitler die Münchner SA um 20.30 Uhr zu einem Generalappell in den *Hirschbräukeller* in der Bayerstraße geladen, um die organisationsinternen Streitereien höchstpersönlich zu schlichten. Aber noch ehe die Versammlung begonnen hatte, sorgte laut P. N. D.-Bericht eine Meldung für helle Aufregung: »Kurz nach 8 Uhr kam die Nachricht, daß ein Teil der SA-Giesing auf dem Weg zum Hirschbräukeller von Reichsbannerleuten überfallen wurde.« Diese Nachricht veranlaßte Hitler am Ende seiner fast zwei Stunden dauernden Philippika gegen die »Meuterer« in der Münchner SA zu der Feststellung: »Auch in München fängt der Kampf schon langsam an. Heute wurde bereits eine Abteilung von 30facher Übermacht überfallen. In der nächsten Zeit kann es öfter hart auf hart gehen und [er] wünsche nur, daß diese roten Banditen einmal versuchen würden, eine unserer Versammlungen zu sprengen. Aber dann jeder mit voller Kraft darauf. Es tue ihm fast leid, nicht selbst auch einmal richtig verhauen zu werden, damit jeder sieht, daß er auch SA-Mann ist und seine Fäuste zu bedienen weiß. In diesem Sinne wollen wir uns gegenseitige Treue geloben.«[34]

Die beiden Giesinger Lokalmatadoren Zöberlein und Zankl, denen Hitler mit diesen Worten sicherlich aus der Seele sprach, hatten von der Rede allerdings nichts mitbekommen. Sie waren gegen 19.30 Uhr, zusammen mit sechs uniformierten SA-Männern in der Tegernseer Landstraße 45, wo Zöberlein seit 1925 wohnte, aufgebrochen, um an diesem »Generalappell« teilzunehmen. Als sie nun mit ihrer Traditionsfahne den Serpentinenweg am Giesinger Berg herunterkamen und die Humboldtstraße stadteinwärts marschieren wollten, stießen sie am *Primus-Palast*, Ecke Pilgersheimer Straße auf eine Gruppe junger Burschen, Kommunisten wie sich gleich herausstellte. Das übliche Wortgefecht zwischen den politischen Feinden, die einander bereits aus manchen Raufhändeln kannten, ging in eine handfeste Schlägerei über, nachdem der Untergiesinger Kommunist Karl Schott von einem Nationalsozialisten mit der Fahnenstange am Kopf verletzt worden war. Die nun fliehenden Nazis wurden von einer rasch wachsenden Zahl junger Männer durch die Humboldtstraße und über die

Das Kino »Primus-Palast« in der Humboldtstraße. Hier begann am 25. Mai 1927 gegen 19.30 Uhr die Schlägerei zwischen Nazis und Kommunisten, die mit dem Tod des SA-Mannes Georg Hirschmann endete (Archiv Verein F. G.).

Isarbrücke hinweg verfolgt, zwischendurch mehrfach eingeholt und verprügelt. Auch Hans Zöberlein und Max Zankl kamen dabei nicht ohne Blessuren davon. Doch diesmal nahm die Auseinandersetzung einen tragischeren Verlauf als sonst üblich. In der Gegend des Schyrenplatzes wurde der SA-Mann Georg Hirschmann von Karl Schott so schwer am Kopf verletzt, daß er am Tag darauf an den Folgen dieser Verletzung starb, ohne das Bewußtsein wiedererlangt zu haben. In Anwesenheit Hitlers wurde Hirschmann am 30. Mai mit Pomp im Ostfriedhof beigesetzt, und Zöberlein beschwerte sich tags darauf im *Völkischen Beobachter*, Giesinger hätten »mit widerlich verzerrten Gesichtern vor der Leiche gestanden und gelacht«.

Den Nationalsozialisten kam dieser Todesfall natürlich zupaß. Der *Völkische Beobachter* widmete der »Ermordung des Nationalsozialisten Hirschmann durch marxistische Mordgesellen« am 28. Mai 1927 die ganze Titelseite und drohte unverhohlen: »Wir betrauern in dem Verschiedenen einen neuen Märtyrer unserer nationalsozialistischen Idee. [...] Das Märtyerblut Georg Hirschmanns wird über die kommen, die es freventlich vergossen haben, aber auch über die, die die Macht dazu gehabt hätten, die Untat zu verhindern!«

So sah dies wohl auch der ermittelnde Staatsanwalt, denn angeklagt wurden ausschließlich Mitglieder linker Parteien. Vierzehn junge Männer im Alter zwischen 17 und 26 Jahren mußten sich im November 1927 wegen »eines Verbrechens des Landfriedensbruchs und eines Vergehens des Raufhandels«, Karl Schott aus der Pilgersheimer Straße zudem »wegen eines Verbrechens der Körperverletzung mit Todesfolge«[35] vor Gericht verantworten. Nach Anhörung von 39 Zeugen, die meisten von ihnen Nationalsozialisten, war auch das Große Schöffengericht in München von der Schuld der Angeklagten überzeugt und verhängte am 19. 11. 1927 insgesamt mehr als dreizehn Jahre Gefängnisstrafe. Davon trafen den 1909 geborenen, also noch minderjährigen Hilfsarbeiter

Schott als »Rädelsführer« allein vier Jahre. Sicher hatte sich für Schott nachteilig ausgewirkt, daß sein Vater Lorenz Schott bereits 1919 wegen Beteiligung an der Räterepublik zu 2 Jahren und 4 Monaten Gefängnis verurteilt worden war. Aber auch der noch um ein Jahr jüngere Otto Lindlbauer, Hilfsarbeiter aus der Humboldtstraße, mußte für eineinhalb Jahre hinter Gitter.

Ein drakonisches Urteil umso mehr, wenn man sich an den »Edelweißstraßen-Prozeß« erinnert. Während seinerzeit die wirklich Schuldigen gar nicht erst angeklagt wurden, gingen jetzt die Richter der ersten Instanz sogar über die mögliche Höchststrafe hinaus. Dies wurde zwar im Berufungsverfahren korrigiert, aber die am 19. 2. 1928 gegen Schott schließlich rechtskräftig verhängten zweieinhalb Jahre Gefängnis schöpften den Strafrahmen für Jugendliche voll aus!

Die sozialdemokratische *Münchener Post* befürchtete bereits nach der Entscheidung der ersten Instanz, die sie als »Klassenurteil« abqualifizierte, eine weitere Eskalation politischer Gewalttaten: »Wenn aber in Bayern die Justiz mit zweierlei Maß mißt, wenn die Terroristen gegen die von ihnen Mißhandelten als Zeugen auftreten können, wenn die Gewalttäter beschützt und ihre Opfer barbarisch betraft werden, wäre es da ein Wunder, wenn heißblütige junge Leute die Besinnung verlören und die Schranken der Disziplin durchbrechen, zumal ja die Hakenkreuzler [...] sich auch ferner als Herren der Straße aufspielen und weiterhin provozieren!«

Wie richtig die *Münchener Post* die Situation einschätzte, bestätigen eindrucksvoll die Berichte des P. N. D. Nur ein Beispiel: Am Donnerstag, dem 12. Januar 1928, waren vor dem *Primus-Palast* wieder einmal Kommunisten und Nazis aneinandergeraten. Standartenführer Zöberlein kritisierte in der »SA-Führerbesprechung« am 14. Januar 1928 das mangelnde Presseecho: »Zöberlein war sehr erregt darüber, daß die Sache noch nicht in der Presse behandelt wurde und machte auch Steimer, welcher an der Schlägerei beteiligt war, hierüber Vorwürfe. Jede derartige

Gelegenheit müsse in der Presse so hingestellt werden, als ob die SA-Leute überfallen worden seien, auch wenn der Fall umgekehrt gelagert ist, denn die Behörde lege viel Wert auf Pressefeststellungen.« Ergebnis: Am 17. 1. berichteten verschiedene Münchner Zeitungen über den Zwischenfall, und prompt, wie von Zöberlein vorhergesagt, forderte das Bayerische Innenministerium am 21. Januar die Polizeidirektion auf, in dieser Sache zu ermitteln. Erstaunlich, wie gut diese Art der »Öffentlichkeitsarbeit« funktionierte. Deshalb war Zöberlein auch sicherlich besorgt, als er im August 1928 feststellen mußte: »Die Rotfrontleute werden von ihren Führern von jeder Unachtsamkeit zurückgehalten«.

Den Nationalsozialisten war die positive Einstellung der Behörden ihnen gegenüber nicht entgangen. Kein Wunder, daß sich Zöberlein Ende Januar 1928 vor den Führern der Standarte I sehr optimistisch über die Zukunft der SA äußerte: »Heute könne man schon bemerken, daß sich die Herrschaften langsam die Schneid wieder abkaufen lassen. Auch die Polizei zeige sich sehr entgegenkommend im Gegensatz zu früher. Mit einigem Willen sei es möglich, daß die SA wie vor dem Jahre 1923 wieder das Straßenbild beherrsche. Das müsse kommen, wenn Erfolge erzielt werden sollen.«[36]

Um das gute Verhältnis zur Polizei nicht zu gefährden, sorgte Zöberlein in der Folgezeit durch »Gruppenführerkurse« für eine systematische Ausbildung der SA im Umgang mit den Beamten: »Hierauf hielt Standartenführer Zöberlein einen längeren Vortrag über das Verhalten gegenüber der Polizei. Er bemerkte eingangs, daß die SA geschaffen worden sei von dem Standpunkt aus, daß die Nationalsozialisten den Staat auf legalem Wege beseitigen wollen. [...] In der Hauptsache sei der Polizei stets höflich entgegenzutreten. [...] Außer Versammlungen haben sich die SA-Leute gegenüber der Polizei folgend zu verhalten: Nicht erwischen lassen, ganz gleich ob man schuldig ist oder nicht. Nicht ausfragen lassen. Möglichst Zeugen notieren und zwar

Werbepostkarte des »SA-Sturms München-Giesing«. Dritter von links Wilhelm Schmitt, der zwischen 1925 und 1930 Ortgruppenleiter der NSDAP Au-Giesing war (Verdunkeltes München).

größtenteils Unbeteiligte. Nicht provozieren lassen. [...] Im Anschluß hieran erzählte Zöberlein einige Beispiele aus den polizeilichen Vernehmungen vom 1. Mai 1923 und dem Hirschmannprozeß.«[37]

Es ist nicht das Verhalten der SA, das in diesem Zusammenhang in Erstaunen versetzt. Irritierend ist vielmehr, daß die zuständigen Behörden, durch den P. N. D. bestens über Strategie und Methoden der SA informiert, keine erkennbare Reaktionen zeigten. Stattdessen konnten die Nazis in München auch weiterhin ungestört mit allen Mitteln daran arbeiten, die Weimarer Demokratie zu vernichten. Dies läßt nur den Schluß zu, daß sich vor allem die leitenden Beamten in diesem Ziel mit den Nationalsozialisten weitgehend einig waren. Hier werden einmal mehr die weitreichenden fatalen Wirkungen des Hitler-Prozesses deutlich. Das Gericht hatte ja damals allen, die mit der Waffe in der Hand gegen die demokratische Republik vorgegangen waren, bescheinigt: Die Zerstörung dieses Staates sei eine »Ehrenpflicht«, und ein »edler« Zweck könne selbst noch so kriminelle Mittel heiligen. Wie sollte man unter diesen Voraussetzungen von Schreibtischtätern und Sympathisanten ein Unrechtsbewußtsein erwarten? Zudem stimmten große Teile des konservativen Bürgertums und der BVP mit den Nazis in ihrer Ablehnung all dessen überein, was jüdisch oder irgendwie links war. Man trat zwar der Rabaukentruppe Hitlers nicht selbst bei, zollte aber Beifall, wenn die SA gewaltsam gegen die »rote Gefahr« vorging. Zu tief saß den »braven« Bürgern noch immer der Schock der Räteherrschaft vom April 1919 in den Gliedern.

»Militärisch straff ausgerichtet«

Für die Landtags- und Reichstagswahl – beide Urnengänge fanden am 20. Mai 1928 statt – hatte Zöberlein in seiner »bescheidenen« Art angekündigt: »Bis zum Wahltag müsse die Bevölkerung Münchens glauben, daß nur die NSDAP die richtige Partei sei und das Braunhemd müsse am 20. Mai die Wahl in München beherrschen. [...] Die Wahl selbst werde zu einem ungeheurem Erfolg werden.«[38] Doch noch wuchsen den Nationalsozialisten die Bäume nicht in den Himmel, ihre hochgesteckten Erwartungen wurden bitter enttäuscht. Zwar hatte die Münchner NSDAP (ca. 10 % Stimmenanteil) die KPD (rund 8 %) überrundet, doch die SPD zeigte sich gegenüber 1924 deutlich erholt. Sie war in München als Folge der spürbar verbesserten wirtschaftlichen Situation mit über 32 % der abgegebenen Stimmen wieder stärkste Partei geworden. Das konnte keinesfalls im Sinne der NSDAP sein, daß gerade die Partei sich zu stabilisieren schien, die als einzige in Bayern die Weimarer Republik und deren Verfassung ohne Einschränkung bejahte.

Als sichtbaren Ausdruck ihrer Identifikation mit diesem Staat versuchte die SPD alle republikanischen Kräfte in einem Schutzbund zur Verteidigung der Weimarer Republik zu sammeln. Bereits im Februar 1924 war deshalb das *Reichsbanner Schwarz-Rot-Gold* als »Bund republikanischer Kriegsteilnehmer« gegründet worden, der vor allem den rechtsradikalen Kampfverbänden Paroli bieten, die Republik aber auch gegen ihre Feinde von links verteidigen sollte. Von dort drohte Gefahr vor allem durch den 1925 gegründeten *Roten Frontkämpferbund* der KPD, die ihrerseits die parlamentarische Demokratie mit allen Mitteln bekämpfte. Standquartier der Sektion Süd-Ost des Reichsbanners, zu der die Stadtviertel Au und Giesing gehörten, war die Gaststätte *Harmonie* des SPD-Stadtrats Hofmann am Mariahilfplatz.

Im Gegensatz zur NSDAP sind konkrete Aussagen über die Interna der linken Parteien und deren Kampfverbände nur begrenzt möglich; in den einschlägigen Akten finden sich lediglich spärliche Hinweise darauf. Offensichtlich gab es in den Gliederungen der Arbeiterbewegung, anders als in denen der NSDAP, kaum P. N. D.-Spitzel. Einige Aspekte können dennoch kurz beleuchtet werden.

Neben dem üblichen Verteilen von Flugzetteln und Kleben von Plakaten luden die Sozialdemokraten die Giesingerinnen und Giesinger regelmäßig zu »Volksfesten« ein. Vor Beginn des Festes trafen sich dann die Veranstalter üblicherweise am Giesinger Bahnhof, um anschließend mit Fahnen und Musik geschlossen zum Festplatz zu ziehen. Am 1. Mai war dies in der Regel die *Menterschwaige*, und der Beobachter vom P. N. D. konnte meist nur melden: »Das Fest verlief mit Tanz, Gesang und Volksbelustigungen. Politische Ansprachen wurden nicht gehalten.«[39] Daneben hatten die Mitglieder der Giesinger SPD-Sektionen natürlich die Aktionen der Sektion Süd-Ost des Reichsbanners zu unterstützen. Dies waren vorwiegend Umzüge oder sogenannte »Übungsmärsche« durch die Straßen des

Viertels. Die Zahl dieser Umzüge nahm mit der Verschärfung der politischen Konflikte in Giesing gegen Ende der zwanziger Jahre deutlich zu. Ansonsten scheinen sich die politischen Aktivitäten der Giesinger SPD nach 1923 zunächst auf ihre Sektionsversammlungen beschränkt zu haben. Die Obergiesinger Sozialdemokraten trafen sich im *Aignerhof* in der Aignerstraße, die Untergiesinger im *Pilgersheimergarten* in der Pilgersheimer Straße.

Aus: *Münchener Post* vom 6. Mai 1930.

Doch auch die SPD kämpfte Mitte der zwanziger Jahre mit enormen Schwierigkeiten, das jedenfalls meldete am 23. 10. 1925 ein V-Mann des P. N. D. an die Zentrale: »Die Sektionsversammlungen der SPD sind nach wie vor schlecht besucht, so daß bei allen Veranstaltungen immer wieder darauf hingewiesen werden muß, daß der Besuch der Parteiveranstaltungen Ehrenpflicht jedes Mitgliedes ist. [...] Die Austritte aus der Partei haben sich in letzter Zeit gemehrt. Die Ursache erblickt die Parteileitung einerseits in der zunehmenden Teilnahmslosigkeit der Mitglieder und in den schlechten wirtschaftlichen Verhältnissen, andererseits in der Propaganda, welche die KPD [...] macht.«[40] Wie sich die Mitgliederzahlen der SPD in einzelnen Stadtgebieten entwickelt haben, konnte nicht ermittelt werden. Man wird aber annehmen dürfen, daß die Entwicklung in Giesing ähnlich der der Münchner Sozialdemokratie verlaufen ist. Einer 1931 bei dem nachmaligen Oberbürgermeister Thomas Wimmer beschlagnahmten Liste zufolge hatte die Münchner SPD am 1. Oktober 1919 18 415 Mitglieder, am 1. Januar 1926 waren es nur noch 11 671 und bis zum 1. Januar 1930 stieg die Mitgliederzahl wieder auf 14 093.[41] In Giesing könnte der Zuwachs in dieser Zeit prozentual sogar noch stärker gewesen sein, denn in der *Münchener Post* war am 6. Mai 1930 zu lesen, daß in Obergiesing eine zweite SPD-Sektion gegründet worden sei: »Die neue Sektion hielt jüngst ihre gutbesuchte Gründungsversammlung ab, in der Genosse Gründl nochmal kurz die Notwendigkeit der Neueinteilung begründete. Stetes Anwachsen der Mitgliedsziffern und große Neubautätigkeit in unserem Stadtviertel machen dies notwendig.« Die Sektion Obergiesing I wählte einstimmig Gottlieb Branz zu ihrem Vorsitzenden, Sektion Obergiesing II übertrug diese Funktion an Alois Gründl, der schon vor der Teilung Vorsitzender gewesen war.«

Noch spärlicher als über die SPD sind die Informationen über die Giesinger KPD. In Obergiesing trafen sich die Kommunisten zu ihren Sektionsabenden vor allem im Gasthaus *Kriegerheim* in der Unteren Grasstraße, das Stammlokal der Kommunistischen Jugend war die *Hohenwart* in der Gietlstraße, die Untergiesinger versammelten sich anfangs im *Wintergarten* in der Winterstraße, mehr und mehr wurde aber die Gaststätte *Zur Falkenwand* in der Dollmannstraße zu ihrem Hauptquartier. Selbstverständlich versuchten auch die Kommunisten die öffentliche Meinung durch Klebezettel-, Flugblatt- und Plakataktionen zu beeinflussen, versprachen sich aber von handgreiflichen Auseinandersetzungen mit den politischen Gegnern, vor allem mit den Nazis, mehr Publizität für ihre Ideale.

Wie alle anderen Parteien hatte auch die KPD in den ruhigeren Jahren der Weimarer Republik mit Mitgliederschwund zu kämpfen. Erst gegen Ende der zwanziger Jahre sorgten vor allem die zahlreichen Eintritte junger Menschen bei der KPD wieder für eine positive Mitgliederbilanz. Die typische KPD-Karriere scheint damals in einem sozialdemokratischen Elternhaus begonnen zu haben und führte über die *Sozialistische Arbeiterjugend* (SAJ) der SPD zum *Kommunisti-*

37

schen Jugendverband Deuschlands (KJVD). Die Lebensgeschichte des Giesinger Kommunisten Emil Meier (geb. 1909) aus der Tegernseer Landstraße 69 spiegelt diese Entwicklung wider. Am 16. Januar 1945 schilderte Meier in einem Verhör bei der Gestapo seine politische Karriere so: »Der SAJ gehörte ich von 1923 an etwa 1½ bis 2 Jahre an. Trotzdem mich die bei dieser Organisation üblichen Wanderungen ansprachen, konnten mich aber hauptsächlich die dort durchgeführten rhytmischen [!] Übungen und Tänze [...] nicht befriedigen. Dazu kam, daß sich unter den übrigen Lehrlingen bei der Firma Ballin, die großenteils dem KJVD angehörten, eine Strömung gegen mich wegen meiner Zugehörigkeit zur SAJ bemerkbar machte, [...] sodaß ich zuletzt dem Drängen dieser Kameraden nachgab und ohne Wissen meiner Eltern etwa 1926 ebenfalls dem KJVD beitrat. In diesem Entschluß wurde ich dadurch bestärkt, daß die KJVD im Gegensatz zum SAJ uniformiert und überhaupt mehr militärisch straff ausgerichtet war. [...] Nachdem im Jahre 1926 oder 1927 die KJVD in Obergiesing ziemlich sich verlaufen hatte, sodaß praktisch von einer solchen Organisation nicht mehr gesprochen werden konnte, beteiligte ich mich gemeinsam mit dem von der SAJ zur KJVD übergetretenen Steinmetz Josef Gilsberger und dem Schreiner Hugo Jakusch an dem Wiederaufbau einer Ortsgruppe dieser Organisation, der uns in Obergiesing nach kurzer Zeit so gut gelang, daß ein Teil der Mitglieder aus Zweckmäßigkeitsgründen an die Ortsgruppe Untergiesing abgezweigt werden mußte.«[42] Wie wichtig dabei das Milieu und die Freundschaftsbeziehungen waren, bestätigt auch der von Meier genannte Hugo Jakusch: »Ich war vorher in der SAJ und beim Reichsbanner. Wie der Panzerkreuzer A gebaut worden ist, wo die SPD dafür gestimmt hat [im August 1928], bin ich ausgetreten, und ich bin zur KJVD. [...] Die Jungen, weil wir alle eigentlich befreundet waren in der Schule und miteinander aufgewachsen sind, sind alle zu uns gekommen. Wir waren so eine starke Gruppe, nur in der Peißenberg-

straße allein waren wir 50 Leute, nur von einer Straße.«[43]

Kommunistische Hochburg im Münchner Süden war von Anfang an Untergiesing. Hier konnte die KPD ihre Mitgliederzahlen zu Beginn der dreißiger Jahre sogar noch erheblich steigern, wie Mitgliederlisten der *Roten Hilfe*, einer Unterorganisation der KPD, die sich der Unterstützung politischer Gefangener widmete, belegen. Die »Rote Hilfe – Ortsgruppe Obergiesing« verzeichnete im Juli 1930 144 zahlende Mitglieder, ein Jahr später waren es gerade 150. Die »Ortsgruppe Au-Untergiesing« hatte 1930 243 Genossinnen und Genossen in ihrer Kartei, im Juni 1931 waren es dann bereits 297.[44] Weil nahezu alle Mitglieder der Roten Hilfe zugleich in der KPD aktiv waren, spiegeln diese Zahlen in etwa den Personalstand der Giesinger KPD wieder, und wie wir gesehen haben, gehörten die meisten von ihnen der jüngeren Generation an. Vielleicht erklärt dies, warum die kommunistsiche *Neue Zeitung* noch am 6. Februar 1933 die politische Lage so völlig falsch beurteilen konnte: »Der gestrige Tag bewies, daß Giesing und Haidhausen rot sind und rot bleiben.«

»Giesing soll zittern«

Doch noch schreiben wir das Jahr 1929. Die Giesinger NSDAP hatte zwar seit kurzem mit dem *Giesinger Weinbauern* in der Weinbauernstraße ein eigenes Versammlungslokal, aber den Spitzelberichten des P. N. D. zufolge, war die Lage hier wie in der gesamten Münchner Partei immer noch äußerst prekär. Deshalb versuchte die Reichsleitung im Frühjahr 1929 den Mitglieder- und Geldmangel der SA als Kampf- und Propagandatruppe der Partei durch eine Organisationsreform zu beheben: »Die Münchener SA bildete bisher die Standarte I. Ab 1. März wurden aus der Standarte I 2 Standarten, nämlich die Standarte I und III gebildet. Führer der Standarte I ist Zöberlein, Führer der Standarte III ist Hauptmann v. Saal. [...] Durch die Teilung der

Kommunalwahlkampf 1929: Am Mittwoch, dem 4. Dezember 1929, kam es in der Untergiesinger Falkenstraße zu einer blutigen Schlägerei zwischen Nazis und Kommunisten. Mit diesem Flugblatt versuchte die KPD in den Tagen danach in Giesing ihre Anhänger zu mobilisieren (Privatbesitz).

Münchener SA in 2 Standarten verspricht man sich einen größeren Zugang zur SA. [. . .] Aufgabe werde sein, die Münchner SA so auszubauen und auf den Stand zu bringen, wie es München als Hauptstützpunkt der NSDAP erfordere. Im Verhältnis zur Einwohnerzahl und der großen Propagandaarbeit sei die Münchner SA zahlenmäßig sehr gering.«[45] Die Kommunalwahl im Dezember 1929 sollte nach Ansicht der SA-Führung den Beweis für die positiven Auswirkungen dieser Neuorganisation liefern.

Den Kommunalwahlkampf führten die Nationalsozialisten mit letztem Einsatz, um den maroden inneren Zustand der Partei endlich durch einen spektakulären äußeren Erfolg zu überwinden. Als Höhepunkt der Propagandaaktionen wurde für den 3. Dezember 1929 Hitlers Multiauftritt als Versammlungsredner in 20 Münchner Sälen geplant, und großsprecherisch kündigten die Veranstalter mehr als 30 000 Besucher an. Tatsächlich kamen jedoch kaum 7000, im großen Saal des Salvatorkellers am Nockherberg verloren

sich weniger als 200 Zuhörer. Sogar den Nazis wohlgesonnene Zeitungen erschienen tags darauf mit der Schlagzeile: »Versammlungsfiasko«. Die Gelegenheit also für Hans Zöberlein, auf seine »bewährte« Weise in den Kommunalwahlkampf einzugreifen.

Nach wochenlangem Geplänkel und wechselseitigen Provokationen hatte sich die Lage in Giesing ohnehin bereits so zugespitzt, daß es nach der Versammlungspleite der Nazis beinahe zwangsläufig zum Eklat kommen mußte. Am Abend des 4. Dezember wurde Zöberlein am Schyrenplatz von einigen Kommunisten mit der Bemerkung der Weg verlegt: »Raus aus Giesing! Giesing ist der Wedding von München«! Da dieser aber offenbar niemals einem Streit aus dem Wege ging, entwickelte sich rasch eine handfeste Rauferei. Erst eine stark blutende Gesichtswunde bewog den alten SA-Haudegen zum Rückzug über die Wittelsbacher Brücke, um in der Baldestraße bei einem Parteigenossen Zuflucht zu suchen. Nachdem ihn dieser notdürftig verpflastert

39

hatte, trommelten die beiden über 50 SA-Leute zusammen, um die Scharte wieder auszuwetzen. Angriffsziel war die Gaststätte *Zur Falkenwand*, das bekannte Stammlokal der Giesinger Kommunisten. Über die folgende Straßenschlacht verfaßten die Beamten der Polizeistation in der Humboldtstraße einen fünfseitigen Bericht, in dem sie in 10 Punkten detailliert die Ereignisse dieser Nacht schildern und am Ende zu dem Schluß kommen: »Nach all dem besteht kein Zweifel, daß Zöberlein mit seinem Sturmtrupp planmäßig gegen die ›Falkenwand‹ vorgegangen ist. Das beweist auch der Ausspruch eines namentlich nicht festgestellten Teilnehmers an dieser nationalsozialistischen Aktion: ›Dieses Lokal (Falkenwand) gehört in ganz kurzer Zeit uns; dafür garantieren wir!‹ Hätte die Schutzpolizei nicht in umsichtiger [. . .] Weise durchgegriffen, so hätten die Nationalsozialisten eine schwere Niederlage erlitten und wären Blutopfer unvermeidlich gewesen.«[46]

Aufgrund dieses Berichts sah sich die Staatsanwaltschaft gezwungen, Hans Zöberlein und zwei seiner Komplizen wegen Landfriedensbruchs, eines Vergehens gegen das Schußwaffengesetz und Widerstands gegen die Staatsgewalt anzuklagen. Nachdem in der Verhandlung am Dienstag, dem 20. Mai 1930, einige Belastungszeugen aufgetreten waren, klärte der Hauptangeklagte Zöberlein das Gericht über die »wahren« Vorgänge in jener Nacht auf. Nach seiner schweren Verletzung habe er die Männer mobilisiert, um sich von ihnen sicher nach Hause geleiten zu lassen. Dabei, so erklärte der Obergiesinger dreist, hätten sie sich aber in Untergiesing verlaufen. Ganz zufällig seien sie dabei zum Edlingerplatz gekommen, »wo sie sofort von den Kommunisten, die mit Messern, Latten, Stangen, Gabeln bewaffnet aus der Gastwirtschaft herausstürzten, angefallen« worden seien. Doch die 50 tapferen Nationalsozialisten, bewaffnet mit einem [!] Gummiknüppel, hätten so heldenmütigen Widerstand geleistet, daß die feigen Kommunisten in die Gaststätte zurückfliehen mußten. Von dort, so berich-

Hans Zöberlein 1931: Die Narbe am linken Jochbein zog er sich bei der Auseinandersetzung mit Giesinger Kommunisten am 4. Dezember 1929 an der Wittelsbacher Brücke zu (Süddeutscher Verlag Bilderdienst).

tete der wackere SA-Führer weiter, hätten die Kommunisten mit gefährlichen Gegenständen nach seinen Männern geworfen, und es habe ihn große Mühe gekostet, »die Erstürmung des Lokals durch die erbitterte SA« zu verhindern.

Der ob dieser Wahrheitsliebe zu Tränen gerührte Staatsanwalt beantragte daraufhin selbst »Freisprechung der Nationalsozialisten, da ihre Schilderung der Vorkommnisse mehr Wahrscheinlichkeit für sich habe, zumindest aber das Ergebnis der Beweisaufnahme ein zweifelhaftes sei.« Das Gericht war ebenfalls davon überzeugt und sprach die Nationalsozialisten frei. Eigentlich erübrigt sich hier jeder Kommentar, aber natürlich wüßte man nur zu gerne, was die Polizisten, die damals die Streitenden getrennt und den Ermittlungsbericht verfaßt hatten, zu diesem Urteil sagten.

Die Kommunalwahl vom 8. Dezember bescherte der NSDAP zwar die Genugtuung, mit 15,4 % Stimmenanteil nach SPD (32,9 %) und

BVP (24,3 %) drittstärkste Kraft im Rathaus geworden zu sein und die KPD (6,4 %) weit überrundet zu haben, doch war dies immer noch nicht das Ergebnis, das sie herbeisehnte. In Giesing lag die KPD mit 11,3 % der abgegebenen Stimmen noch vor den Nazis, die hier auf 9 % kamen, mit 45,2 % hatten die Giesinger Sozialdemokraten weiter Boden gut machen können, und die BVP blieb mit 21,9‰ Zustimmung nur knapp unter dem Münchner Durchschnitt.[47]

Doch das Jahr 1930 sollte für die NSDAP tatsächlich die Wende bringen. Mit dem Rücktritt der sozialdemokratisch geführten Reichsregierung im März 1930 endete die demokratische Periode der Weimarer Republik. In Verkennung der politischen Stimmung war für den September 1930 die Neuwahl des Reichstages angesetzt worden, erneut also ein Wahlkampf, der den Nationalsozialisten Gelegenheit gab, sich auf den Straßen zu profilieren. Schon im Januar 1930 hatte der P. N. D. gemeldet, Gauleiter Wagner habe vor der SA betont, »daß München wieder eine nationalsozialistische Hochburg werden müsse. Wagner stütze sich dabei hauptsächlich auf die SA. Ab Mitte Februar werde die SA wieder jeden Sonntag Dienst haben; es werden hauptsächlich Umzüge in München stattfinden und dabei die ausgesprochenen Arbeiterviertel bearbeitet.«[48]

Während die NSDAP also mit ihren genehmigten Umzügen das politische Klima in der Stadt ständig anheizte, verbot die Polizeidirektion der SPD, Plakate mit der »staatsgefährdenden« Ankündigung zu kleben: »Wie alle Jahre, so hält auch heuer die Sozialdemokratische Partei am ersten schönen Maisonntag auf dem Gesamtareal der Waldrestauration Menterschwaige ihr Maifest ab.« Der Rechtsverstoß war hier so offensichtlich, daß am 5. Mai sogar das Innenministerium die Polizeidirektion maßregelte, »dafür zu sorgen, daß bei der in Betracht kommenden Beamtenschaft bessere Rechtskenntnisse Platz greifen. Es ist peinlich, wenn einer Behörde von der Bedeutung der Polizeidirektion solche Fehler unterlaufen.«[49]

Als der zwielichtige SA-Mann Horst Wessel, der am 23. 2. 1930 in Berlin ebenfalls bei einer Schlägerei den Tod gefunden hatte, von Goebbels zum nationalsozialistischen »Märtyrer« stilisiert wurde, erinnerte sich auch die Münchner NSDAP ihres 1927 umgekommenen Mitglieds Georg Hirschmann und beschloß, dessen Tod gleichfalls propagandistisch zu nutzen. Der Giesinger SA-Sturm 9 erhielt die Erlaubnis, den Namen *Hirschmann-Sturm* zu tragen. Am Sonntag, dem 1. Juni 1930, hatte der tote Giesinger »Blutzeuge der Bewegung« im Reichstagswahlkampf unter dem Motto »Hirschmann heißt die Parole« seinen ersten großen Auftritt: »Nationalsozialisten Münchens! Heraus zur Massendemonstration! Hirschmann ruft Euch! Das rote Au-Giesing und Haidhausen soll [!] zittern unter dem Marschtritt unserer SA-Kolonnen [!], soll sehen, wie der Nationalsozialismus seine gefallenen Helden ehrt.« Der *Völkische Beobachter* berichtete über diese Propagandaschau am 4. 6. 1930: »Und als sich der lange Zug in Bewegung setzte in die düsteren Straßen mit kleinen Häusern und Mietskasernen, da wehte voraus die umflorte Fahne des Sturms 9, dem Hirschmann angehört hatte. Fast 2000 Braunhemden waren es, die dort dem roten Viertel zeigten, daß wir nichts vergessen haben. [...] Eine Demonstration also! Jawohl eine Demonstration, die sich absolut nicht auf die Trauer, auf das Gedenken des Toten beschränkte, sondern die auch im Zeichen des zukunftsfrohen, Sieg verheißenden Vorwärtsschreitens des Nationalsozialismus stand.« Am 2. Juni hatte die NSDAP alle »Giesinger! Auer! Hand- und Kopfarbeiter« in den Salvatorkeller geladen, wo Gauleiter Wagner zu dem Thema sprach: »Wer sind die Arbeitermörder?« Laut P. N. D.-Bericht sagte Wagner vor etwa 500 Personen: »Zweck des Aufmarsches sei gewesen, [...] der Arbeiterbevölkerung im Osten Münchens zu zeigen, wie die Nationalsozialisten langsam aber sicher dem Siege entgegenschreiten. Die Veranstaltung sei ein voller Erfolg gewesen.«[50] Die sozialdemokratische *Münchener Post* beur-

Mit falschem Datum – Hirschmann wurde am 25. Mai 1927 verletzt und starb am Tag darauf – und fehlerhaftem Deutsch blies der Völkische Beobachter am 31. Mai 1930 zum Sturm auf Giesing.

teilte das Hirschmann-Spektakel naturgemäß ganz anders: »Aus ganz Südbayern wurden Leute, auch mit Lastautos, zur Teilnahme herangeholt. Es mögen tausend Braunhemden gewesen sein, die unter starkem polizeilichen Schutz durch die Claude-Lorrain- und Humboldtstraße zu einer Wiese zogen, wo der Hakenkreuzführer Wagner seine Hetzrede hielt. Dann zog man zum Ostfriedhof. [...] Die Bevölkerung Giesings verhielt sich dem Aufzug gegenüber zurückhaltend und brachte einem Umzug der Gebirgstrachtenvereine, der um die gleiche Zeit in der Au war, mehr Interesse entgegen. Die Veranstalter der Maskerade mußten wohl selbst einsehen, daß die Arbeiterschaft in Au und Giesing auf ihre Provokationen nicht reagiert.«

Wie erfolgreich die Nazis bei der Reichstagswahl im September 1930 in Giesing waren, kann anhand konkreter Zahlen nicht überprüft werden, denn die Ergebnisse aus den einzelnen Wahllokalen liegen nicht vor. In ganz München erhielt die NSDAP jedenfalls 21,8 % der Stimmen und war damit fast gleichstark wie die BVP mit 22,9 %. Für die SPD entschieden sich 28,6 %, und die KPD erreichte 10,1 % der abgegebenen gültigen Stimmen. Die Sensation dieser Wahl war aber der erdrutschartige Erfolg der NSDAP im Reichsgebiet. Nach der Wahl von 1928 hatten sich ganze 12 Nazis im Reichstag verloren, 1930 stellte die NSDAP mit 107 Abgeordneten die zweitstärkste Fraktion! In einzelnen Städten Bayerns hatten die Nationalsozialisten wahre Kantersiege gelandet, z. B. wählten in Coburg, das in unseren Ausführungen bereits eine Rolle spielte, 47 % braun. Offensichtlich waren die Dämme gebrochen und die Nationalsozialisten in Wählerschichten vorgedrungen, die ihnen bisher verschlossen schienen. Damit setzte auch ein nicht zu unterschätzender Mitläufereffekt ein, der selbst in traditionell »roten« Vierteln wie Giesing zu einer Erosion des Wählerpotentials der Arbeiterparteien führen mußte.

1. Juni 1930: Hirschmann-Propagandamarsch der Münchner SA vom Schyrenplatz über den Giesinger Berg zum Ostfriedhof, wo am Grabe Georg Hirschmanns ein Kranz niedergelegt wurde (Hauptstaatsarchiv München).

»Schützt das rote Giesing«

Aber nicht überlegene Strategie oder effiziente Organisation hatte den Nazis die lang ersehnten Erfolge beschert, vielmehr trieben ihnen die wirtschaftliche Katastrophe und das politische Chaos Anfang der dreißiger Jahre Mitglieder und Wähler in Scharen zu. Das Versagen von Demokratie und Parlamentarismus in dieser existentiellen Krise rechtfertigte in den Augen vieler die ätzende Kritik der Nationalsozialisten am »System«. Gleichzeitig erschienen die Nazis als die einzigen, die für keine der bisherigen Katastrophen, sei es Kriegsniederlage 1918 oder Revolutionschaos 1919, sei es Inflation 1923 oder jetzt die Massenarbeitslosigkeit, verantwortlich zeichneten. Im Gegenteil. Die NSDAP bot den verunsicherten und von Zukunftsängsten geplagten Deutschen mit Linken und Juden sogar noch Sündenböcke an und versprach deren Bestrafung. Die Krise wurde so zum besten Wahlhelfer für die NSDAP, und die großen Erfolge des Jahres 1930 ermunterten sie natürlich, ihren »Kampf gegen das System« verstärkt fortzusetzen.

Da sich im Laufe des Jahres 1931 im ganzen Deutschen Reich und damit auch in Giesing die Zusammenstöße zwischen den politischen Kontrahenten häuften, versuchte die Reichsregierung, öffentliche Versammlungen, Aufmärsche und das Tragen von Parteiuniformen mit Hilfe von »Notverordnungen zur Bekämpfung politischer Ausschreitungen« zu unterbinden, zeitweise waren sogar SA und SS verboten. Die Wochenberichte der Münchner Polizeidirektion an das Bayerische Innenministerium[51] belegen einmal mehr, wie einseitig die bayerischen Behörden diese Normen in die Praxis umsetzten. Verboten wurden fast ausschließlich Veranstaltungen der linken Parteien, während nahezu alle Versammlungen der NSDAP genehmigt werden konnten, weil – so lautete die Standardbegründung – aus ihnen »heraus Störungen der öffentlichen Ordnung und Sicherheit nicht zu besorgen waren«.

43

	Reichstagswahl 6. 11. 1932	SPD	KPD	BVP	DNVP	NSDAP
1	Winterstraße	19,9	39,8	13,5	2,1	22,4
2	Feldmüller- siedlung	33,6	24,8	24,2	1,4	13,6
3	Grünwalder Straße	6,1	3,0	39,5	18,1	28,9
4	Untergiesing	25,7	34,3	19,7	2,2	15,9
5	Obergiesing	27,2	30,7	19,2	2,1	18,1
6	Harlaching	23,7	13,9	23,3	7,9	28,3
7	Giesing	26,2	29,6	20,0	3,0	18,8
8	München	20,6	19,7	24,9	6,7	24,9
9	Bayern	16,4	10,3	28,3	4,8	30,5
10	Deutsches Reich	20,4	16,9	*	8,3	33,1

(Quelle: Stadtarchiv München, Wahlamt 108)

Erläuterungen

1. Die Parteien

An der Wahl beteiligte sich eine Vielzahl von Parteien, in die Tabelle wurden nur die Ergebnisse der fünf wichtigsten Parteien aufgenommen: Sozialdemokraten (SPD), Kommunisten (KPD), Bayerische Volkspartei (BVP), Deutschnationale Volkspartei (DNVP) und Nationalsozialisten (NSDAP).

2. Die Zeilen 1–3

dokumentieren die Ergebnisse aus je einem Stimmbezirk (= Wahllokal) der drei charakteristischen Wohnquartiere Giesings:

■ **Winterstraße** (Untergiesing) = Winter-, Cannabich-, Kühbach- und Pilgersheimer Straße (1315 abgegebene gültige Stimmen): Herbergen und Mietwohnungen in Wohnblocks; Arbeiter;

■ **Feldmüllersiedlung** (Obergiesing) = Aigner-, Gietl-, Hefner- und Untere Grasstraße (1008): Mietwohnungen und kleine Vorstadthäuser; Arbeiter, Angestellte und Kleingewerbetreibende (Kleinbürgertum);

■ **Grünwalder Straße** (Harlaching) = Gebiet zwischen Grünwalder Straße, Isarhochufer, Wettersteinplatz und Menterschwaige (886): überwiegend Villenbebauung; höhere Angestellte und Beamte, Unternehmer.

3. Die Zeilen 4–7

geben die Ergebnisse für die Giesinger Wohnquartiere und für den Stadtteil Giesing/Harlaching wieder.

4. Die Zeilen 8–10

liefern Vergleichszahlen für München, Bayern und das Deutsche Reich.

* Die Spalte für die BVP bleibt auf Reichsebene leer, weil diese Partei nur in Bayern kandidierte.

Doch trotz aller Verbote wurde vor allem im Superwahljahr 1932 mit zwei Reichspräsidentenwahlgängen, zwei Reichstagswahlen und einer Landtagswahl das Wort »Wahlkampf« so wörtlich genommen, daß sich in den Polizeiakten die Vermerke über Schlägereien zwischen den Mitgliedern der radikalen Parteien in Giesing geradezu häufen. Auf die zahllosen Gewalttaten muß hier im Detail nicht mehr eingegangen werden, das Wahlergebnis vom 6. 11. 1932 gibt die politischen Verhältnisse in Giesing deutlich wieder.

Diese Zahlen belegen eindrucksvoll, daß die katastrophale wirtschaftliche und politische Lage vor allem den radikalen Parteien, linken wie rechten, Stimmen zutrieb. Aber zur Macht verhalf diese Krise zwangsläufig den Nationalsozialisten, schließlich waren die deutschen Gerichte nicht müde geworden, ihnen »edelsten und selbstlosen Willen« zu bescheinigen und die braunen Gesetzesbrecher zu »Rettern des Vaterlandes« zu stilisieren. So gesehen ist die Ernennung Hitlers zum Reichskanzler am 30. 1. 1933 die logische Konsequenz konservativer Politik der

klammheimlichen Übereinstimmung mit vielen Inhalten des Nationalsozialismus und des undifferenzierten Kampfes gegen Links.

Um die Jahreswende 1932/33 war Giesing beinahe jeden Sonntag Ziel eines Aufmarsches der Münchner SA. Ein bereits am 24. Januar 1933 für Sonntag, den 5. Februar, von der Polizei genehmigter Propagandamarsch durch Giesing und Haidhausen hatte unversehens einen ganz neuen Sinn bekommen. Sechs Tage nach der Machtübergabe an Hitler traten SA und SS bei ihrem Triumphzug durch die Arbeiterviertel als Sieger und Träger der Staatsgewalt auf, die ihren Herrschaftsanspruch demonstrieren wollten. Verzweifelt versuchte die KPD mit Flugblättern und Zeitungsartikeln die Münchner Arbeiterschaft zur aktiven Gegenwehr zu mobilisieren: »Her-

Heraus! Schützt das rote Giesing!

Gegen die Naziprovokation am Sonntag morgen

Währenddem die Heldpolizei jede Versammlung der revolutionären Arbeiterschaft verbietet, jede Demonstration untersagt und tagtäglich Gummiknüppelattacken gegen die Werktätigen durchführt, hat sie den nationalsozialistischen Garden den Provokationsmarsch am Sonntag durch das rote Giesing genehmigt.

Die nationalsozialistischen Mordbanditen verkündeten selbst, daß sie mit der Arbeiterschaft des roten Giesings Abrechnung halten wollen. Die beabsichtigte Abrechnung besteht in nichts anderem, als in der Durchführung eines ungeheuerlichen Blutbades. Die Vorbereitungen der Nationalsozialisten, die Mobilisierung eines Sturmbannes in Uniform und eines zweiten in Zivil mit „entsprechender Ausrüstung", was nichts anderes heißen soll, als mit Waffen beweist dies.

Die Absichten der nationalsozialistischen Terrorgarden müssen verhindert werden

Die blutige Provokation darf nicht durchgeführt werden. Die Arbeiterschaft muß zur Selbsthilfe greifen und am Sonntag morgen beweisen, daß Giesing rot ist und rot bleibt.

Alle Arbeiter am Sonntag morgen heraus nach Giesing!

Alle Arbeiter, ob Sozialdemokraten, ob christliche, ob kommunistische oder indifferente müssen helfen, das rote Giesing gegen die Naziexpedition zu verteidigen. Das Gebot am Sonntag morgen ist: Rote Einheitsfront gegen den Naziterror, gegen die Blutabsichten der schwerindustriellen Söldnergarden.

Arbeiter in Giesing, heraus die roten Fahnen! Demonstriert gegen den Naziterror, gegen die ungeheuerliche Provokation! Demonstriert gegen das Kabinett der Volksfeinde, gegen Hitler-Hugenberg-Papen-Seldte.

Kämpft zur Verteidigung eueres Lebens, kämpft unter dem roten Sturmbanner gegen den Faschismus, für Freiheit und Sozialismus!

Dieser dramatische Appell kam zu spät. Vier Wochen später, am 9. März 1933, übernahm die NSDAP in Bayern endgültig die Macht. Damit war auch das Schicksal Giesings als Bastion der Arbeiterbewegung besiegelt (Neue Zeitung vom 3. Februar 1933).

aus! Schützt das rote Giesing! Gegen die Naziprovokation am Sonntag morgen. Alle Arbeiter am Sonntag heraus nach Giesing! Kämpft zur Verteidigung eures Lebens, kämpft unter dem roten Sturmbanner gegen den Faschismus, für Freiheit und Sozialismus!«[52] In Wahrheit ging es dabei aber nicht mehr um Giesing selbst. Der Ort war nur noch ein Symbol für den letzten Hort der Opposition. Den Nazis ging es darum, den Gegner auf seinem eigenen Territorium zu schlagen, und mit der Staatsgewalt im Rücken war diese Auseinandersetzung gewonnen, noch ehe sie begonnen hatte.

Die Polizei, jetzt offen auf seiten der neuen Herren, verbot natürlich die Gegendemonstrationen der Linken und schützte den Zug der rund 6000 Nazis mit starkem Aufgebot. Dennoch kam es am Rande des Aufmarsches zu zahlreichen Auseinandersetzungen zwischen Linken und Rechten, die sich gegen 9.45 Uhr vormittags an der Ecke Pilgersheimer Straße/Edlingerplatz zu einer wilden Schlägerei und Stecherei auswuchsen, bei der fast ausschließlich SA-Männer verletzt wurden. Vielleicht hat dies die kommunistische *Neue Zeitung* dazu verleitet, die »Schlacht in Giesing« am Tag darauf als Sieg zu interpretieren. Dagegen schien der sozialdemokratischen *Münchener Post* am 6. Februar bereits zu dämmern, daß der endgültige Sieg der Nazis nur noch eine Frage der Zeit war: »Die schwer bewaffneten Hakenkreuzler, die vielfach mit gezogener Pistole, von der Polizei unbehelligt, ja zum Teil verbeistandet [!], in den Straßen herumliefen, tobten wie Feinde im Land. [...] Bisher war bei

uns in München leidliche Ordnung und die Nazi-
haufen konnten sich nicht so mausig machen, wie
das aus anderen Teilen des Reiches gemeldet
wurde. Aber so weit kommt es, wenn sich die
Staatsautorität selbst die schwersten Blößen gibt
und provokatorische Aufmärsche der Naziban-
den in ausgesprochenen Arbeitervierteln von Polizei wegen genehmigt. [...] Die braunen Terror-
haufen maßten sich überall, wo sie auftraten – und
sie traten überall schwer bewaffnet auf – Polizei-
gewalt an, ohne daß ihnen entgegengetreten
wurde.«

Tatsächlich übernahm die NSDAP nur wenige
Wochen später, am 9. März 1933, sowohl im
Münchner Rathaus als auch im Bayerischen
Landtag endgültig die Macht und schaltete in den
folgenden Wochen die politische Opposition radikal aus. Max Zankl und Hans Zöberlein, von
der NSDAP als Ratsherren ins gleichgeschaltete
Rathaus entsandt, gingen daran, in Giesing Zeichen ihres Sieges zu setzen. Zunächst sorgten sie
dafür, daß bereits mit der zweiten Straßenum-
nennung nach der »Machtergreifung« in München in »ihrem« Stadtviertel eine Straße nach dem
SA-Raufbold Hirschmann benannt wurde. Am
23. Mai beschloß der Stadtrat, den Schyrenplatz
in *Georg-Hirschmann-Platz*[53] umzubenennen.
Die Hirschmann-Grabstätte im Ostfriedhof
wurde zum »Ehrengrab« erklärt, für dessen
Pflege die Stadt München zuständig war. Die
Giesinger SA hatte sich bereits im März das
Vereinsheim des TSV München Ost widerrecht-
lich angeeignet und zum *SA-Heim Georg Hirschmann* gemacht. Auch die Gaststätte *Kriegerheim*
in der Unteren Grasstraße, bis 1933 Treffpunkt
der Obergiesinger KPD, wurde von der SA besetzt. Ab 1937 hieß sie *Anton-Heigl-Heim*, und
vom 9. 6. 1938 an trug die Untere Grasstraße den
Namen *Alois-Jegg-Straße*. Anton Heigl und
Alois Jegg waren Gründungsmitglieder der SA
Au-Giesing gewesen.

Um die Spuren der Gegner in Giesing zu tilgen,
forderte Zöberlein am 22. Juni 1933 die Landeshauptstadt auf, das Grabmal Kurt Eisners, das

*Das Vereinsheim des TSV München-Ost in der St.-
Martin-Straße wurde im März 1933 in das »SA-Heim
Georg Hirschmann« umfunktioniert (Stadtarchiv
München).*

zugleich dem Gedenken der Toten der Revolution gewidmet war, aus dem Ostfriedhof entfernen zu lassen: »Kommt man in den Ostfriedhof,
so ist es seit Jahren ein Ärgernis für jeden guten
Deutschen und alten bayerischen Soldaten, wenn
er das Schandmal für Eisner, diesen Kubuswürfel
sieht. [...] Ich denke, es ist selbstverständliche
Anstandspflicht in der heutigen Zeit, daß man
ohne jede weitere Debatte die Entfernung des
Denkmals beschließt.«[54] So geschah es, und noch
am selben Tage wurde mit der Zerstörung der
Grabstätte begonnen. In satter Zufriedenheit
konnte die konservative *Münchener Zeitung* am
23. 6. 1933 feststellen: »Es verdient vermerkt zu

Nach neun Jahren Planungs- und Bauzeit wurde am 3. Mai 1942 am Giesinger Berg das Freikorpsdenkmal enthüllt (Stadtarchiv München).

werden, daß wohl noch zu keiner Zeit ein Stadtratsbeschluß so schnell durchgeführt wurde [. . .], der auch dem Willen des allergrößten Teils der Bevölkerung vollauf entspricht.«

Beflügelt vom Erfolg beantragte Hans Zöberlein am 11. September 1933 im Stadtrat, statt des Revolutionsdenkmals »ein Denkmal für die Befreiung Münchens vom Rätewahnsinn zu errichten. [. . .] Zur dauernden Erinnerung an die geschichtlich bedeutsamen Maitage und als Dank für das Opfer des Lebens [!] von über 200 Freikorpssoldaten soll in der Stadt München an hervorragender Stelle dieses Denkmal errichtet werden.«[55] Sicherlich war es ganz in seinem Sinne, als

das Kulturamt nach langwieriger Standortsuche 1937 folgenden Vorschlag unterbreitete: »Dann begab sich die Kommission zum Giesinger Berg, wo sich unmittelbar südlich der Giesinger Kirche am Westende der Hofmauer der neuen Silberhornschule ein außerordentlich passender Aufstellungsort fand. An der betreffenden Stelle befindet sich heute ein Relief (mit Schrifttafel) des Dichters Hermann von Schmid, zu der zwei Steintreppen hinaufführen. Das ganze ist aber künstlerisch und städtebaulich unbefriedigend und es wäre bestimmt kein Verlust für diese Gegend, wenn die Tafel dort entfernt und weniger exponiert an einem anderen Ort, etwa an der hohen Stützmauer unterhalb der Giesinger Kirche, angebracht würde. An seine Stelle könnte das Freikorpsdenkmal treten, das hier, wenn eine glückliche Lösung gefunden wird, sicherlich ungemein gut wirken wird. Das Denkmal paßt aus historischen Gründen in diesen Stadtteil zweifellos am besten. [...] Ministerialrat Gablonsky hat das Kulturamt dieser Tage wissen lassen, daß er Gelegenheit gehabt habe, mit dem Führer persönlich über die Platzwahl zu sprechen, der mit ihr völlig einverstanden ist.«[56] Mit der Ausführung wurde am 10. Juni 1937 der Münchner Bildhauer Ferdinand Liebermann beauftragt, doch es sollten weitere fünf Jahre ins Land gehen, ehe am 3. Mai 1942 die »glückliche Lösung«, ein zehn Meter hohes Monstrum, enthüllt werden konnte: ein im Halbrelief dargestellter nackter Freikorpssoldat, der symbolisch der Schlange der Revolution den Kopf zerdrückt. Der Giesinger Bevölkerung konnte das Denkmal nicht imponieren. Respektlos bezeichnete sie es als »nackerten Lackl«, dessen Blößen Giesinger Ministranten noch in der Nacht vor der feierlichen Enthüllung mit Teer beschmiert hatten. Und zur Einweihungsfeier waren die undankbaren Vorstädter in so geringer Zahl erschienen, daß ihnen der Münchner Mundartdichter Michl Ehbauer mit folgendem »Gedicht«, das er am Nachmittag des 3. Mai 1942 den Freikorpsveteranen vortrug, die Leviten lesen mußte:

»So mancher Marschteilnehmer hat sich heute
    gedacht:
wie schad, daß nicht die Sonne lacht.
Gewiß wär die Bevölkerung viel mehr vertreten,
und wenn sich die Giesinger mehr beteiligen
    täten,
so wär des sicher nur recht und billig.
Heut sind sie ja nicht mehr so eigenwillig,
denn der Luggi von Giesing ist im Stadtbild
    verschwunden,
der ›Baron von St. Adelheim‹ und solchene
    Kunden
habn ausgelebt und sind nicht mehr da,

doch wissen noch viele, was damals geschah.
Es ist so mancher ›Fexer‹ von dene:
der Kare, der Marte, der Xide, der Bene
hinweg vom alten Standpunkt der Väter,
sie san bei der Wehrmacht und verlässig ist jeder.
Uns war ja der Kampf von damals so arg
und jeden hat's packt bis ins innerste Mark,
weil ma auf Landsleut hat schiaß'n müass'n,
nur weil er die Mundart hat mißverstanden –
es warn zum Entsatz nicht nur Bayern
    vorhanden,
doch weil der Ritter Epp mit'n Freikorps ist
    kemma,
war München durch dees scho vui leichter zum
    nehma. [...]
Man hats nicht vergessen im Dritten Reich,
Am Giesinger Berg steht das Denkmal für Euch.
Der Oberbürgermeister hats heute enthüllt
und mit diesem Denkmal ist München gewillt,
die Kämpfer zu ehren, die Großes erfüllt.
Sie waren für den heutigen Kampf im Osten,
gewissermaßen der Vorspannposten. [...]
Wenn unsere Kameraden vom Feldzug
    heimkehren
und wenn sie in München das Denkmal sehen,
die Ostfeldzügler, die werden's verstehen;
denn dieses Steinbild mahnt ewig lange:
Kampf dem Bolschewismus, der giftigen Schlange!
Nun schaut auf uns das herrliche Werk,
das Freikorpsdenkmal am Giesinger Berg,
das unsere Taten verewigt hat –
wohlauf Kameraden, wir danken der Stadt,
die uns nach langem doch nicht vergessen.
Mit dem starken Dünnbier, des wo heut nix kost!
auf unseren Oberbürgermeister ein kräftiges
    Prost!
(Die letzten Worte gingen in einem von den Kameraden spontan angestimmten ›Ein Prosit der Gemütlichkeit‹ unter.)«[57]

Oberbürgermeister Karl Fiehler ließ dem Helden der Lyrik für diese Verse im Namen der »Hauptstadt der Bewegung« ein Honorar von 50

Reichsmark überweisen. Zum Glück war die Prognose Ehbauers, das »herrliche Werk« werde »ewig lange« am Giesinger Berg stehen, ebenso falsch wie sein Gedicht schlecht, denn der Schlangenbeschwörer überdauerte das »Tausendjährige Reich« lediglich drei Jahre, schon 1948 verschwand er sang- und klanglos wieder in der Versenkung.

Fußnoten

1 Frank, Epp, S. 88 f. (Zur Darstellung der Revolutions- und Rätezeit 1918/19 in Giesing s. Dandl, Rote Hochburg)
2 Gerstl, Räte-Republik, S. 130.
3 Stadtarchiv München, Wahlamt 31.
4 Vgl. Mehringer, Klassenbewegung, S. 137.
5 Staatsarchiv München, Staatsanwaltschaften 2756.
6 Staatsarchiv München, Polizeidirektion 6882.
7 Staatsarchiv München, Polizeidirektion 6702.
8 Stadtarchiv München, Bürgermeister und Rat 509.
9 Die folgenden Zitate, wenn nicht anders angegeben, aus: Zöberlein, Befehl, S. 674 ff.
10 Süddeutsche Zeitung vom 27. 6. 1992.
11 Hitler, Monologe, S. 246.
12 Hoegner, Außenseiter, S. 20.
13 Gasteiger, Not, S. 5 ff.
14 Bez, Zeitzeugen, S. 83.
15 Staatsarchiv München, Polizeidirektion 6879.
16 Staatsarchiv München, Polizeidirektion 6717.
17 Staatsarchiv München, Polizeidirektion 6882.
18 Staatsarchiv München, Polizeidirektion 6803.
19 Hitler, Monologe, S. 250.
20 Staatsarchiv München, Polizeidirektion 6702.
21 Zöberlein, Befehl, S. 913.
22 Staatsarchiv München, Polizeidirektion 6702.
23 Alle Daten zu Steimer: Berlin Document Center.
24 Staatsarchiv München, Polizeidirektion 6709 (dort auch die folgenden Zitate).
25 Berlin Document Center.
26 Alle Daten zu Zankl: Berlin Document Center.
27 Süddeutsche Zeitung vom 28./29. 12. 1991.
28 Zitiert nach Gritschneder, Bewährungsfrist, S. 92.
29 Stadtarchiv München, Wahlamt 34.
30 Staatsarchiv München, Polizeidirektion 6809 (dort auch die folgenden Zitate).
31 Berlin Document Center.
32 Staatsarchiv München, Polizeidirektion 6809.
33 Archiv des Verfassers.
34 Staatsarchiv München, Polizeidirektion 6809.
35 Staatsarchiv München, Polizeidirektion 6747.
36 Staatsarchiv München, Polizeidirektion 6809/6746.
37 Staatsarchiv München, Polizeidirektion 6810.
38 Staatsarchiv München, Polizeidirektion 6809.
39 Staatsarchiv München, Polizeidirektion 6883.
40 Staatsarchiv München, Polizeidirektion 6881.
41 Ebd.
42 Archiv der Gedenkstätte Dachau.
43 Bez, Zeitzeugen.
44 Mehringer, KPD, S. 49.
45 Staatsarchiv München, Polizeidirektion 6809.
46 Staatsarchiv München, Polizeidirektion 6893 (dort auch die folgenden Zitate).
47 Stadtarchiv München, Wahlamt 13.
48 Staatsarchiv München, Polizeidirektion 6809.
49 Staatsarchiv München, Polizeidirektion 6659.
50 Staatsarchiv München, Polizeidirektion 6741.
51 Staatsarchiv München.
52 Ebd.
53 Stadtarchiv München, Bürgermeister und Rat 1988.
54 Zitiert nach Herz, Revolution, S. 301.
55 Stadtarchiv München, Bürgermeister und Rat 509.
56 Ebd.
57 Ebd.

Thomas Guttmann

»Ich hab' noch nie Heil Hitler gesagt!«

Josef G. Schwenter, ehemaliger Sektionsführer der SPD in Neuharlaching, erinnert sich

Nur wenige Tage nach der »Verordnung des Reichspräsidenten zum Schutz von Volk und Staat«, mit der am 28. Februar 1933 die wichtigsten Grundrechte außer Kraft gesetzt wurden, begannen die Nationalsozialisten in der »Hauptstadt der Bewegung« mit ihren Gegnern auf der Linken – der Sozialdemokratie, der KPD und den Gewerkschaften – gewaltsam abzurechnen. Am 9. März 1933 besetzten und verwüsteten 700 Angehörige der SA das Gewerkschaftshaus an der Pestalozzistraße. Am gleichen Tag demolierte ein SA-Sturm aus Giesing die Redaktionsräume der sozialdemokratischen »Münchener Post« am Altheimer Eck. Am Morgen des nächsten Tages inhaftierte man zahlreiche bekannte Sozialdemokraten, darunter den Vorsitzenden der Münchner SPD, Thomas Wimmer. Drei Monate später wird schließlich die SPD reichsweit verboten. In diesem Zusammenhang erging am 28. Juni an alle Polizeidirektionen der Bayerischen Politischen Polizei folgender Befehl: »Am 30. Juni 1933 früh 7 Uhr sind sämtliche sozialdemokratischen Reichs- und Landtagsabgeordnete in Bayern, alle Kreis- und Bezirkstagsvertreter und Stadträte der SPD (nicht Gemeindevertreter) sowie alle diejenigen SPD-Funktionäre in Schutzhaft zu nehmen, die in der Partei oder im Reichsbanner eine führende Stellung eingenommen haben.«[1] Die Zahl der daraufhin in ganz Bayern verhafteten Sozialdemokraten wird auf 1000 bis 1500 Personen geschätzt.[2]

Als Sektionsführer der SPD in Neuharlaching hat Josef Schwenter damals die Ausschaltung seiner Partei durch die Nationalsozialisten am eigenen Leib erlebt. Der nachfolgende Erlebnisbericht beruht auf einem Interview, das der Autor mit ihm im Dezember 1991 geführt hat.

Josef Schwenter, 1898 im niederbayerischen Langenhettenbach geboren, kam noch vor der Jahrhundertwende mit seinen Eltern nach München. Dort wuchs er zusammen mit drei jüngeren Brüdern in dem traditionellen Arbeiterviertel Schwanthalerhöhe auf. Sein Vater arbeitete sich im Lauf der Jahre in der dort ansässigen Hackerbrauerei vom Schlosser zum Maschinenmeister hoch. Er gehörte den Sozialdemokraten und der Gewerkschaft bereits zu einem Zeitpunkt an, als diese Organisationen noch unter das 1878 erlassene sogenannte Sozialistengesetz fielen und somit verboten waren. Deshalb traf er sich – so erinnert sich Schwenter an die Erzählungen seines Vaters – bis zur Aufhebung des Verbots im Jahre 1890 regelmäßig mit den anderen Gewerkschaftsmitgliedern heimlich in einer Kiesgrube bei Landshut. Bei diesen illegalen Treffen mußten sie ständig vor der Polizei auf der Hut sein.

Das frühe Interesse Schwenters für die Sozialdemokratie wurde nicht nur durch die Eltern geweckt, sondern auch durch die frühe Lektüre der »Münchener Post«, die – so der Befragte – »der Vater abonniert gehabt hat. Die haben wir als Kinder schon gelesen. Und wir haben ja Zeitung lesen dürfen. Das hat's bei uns nicht gegeben wie woanders: ›Nimm ein Buch in d' Hand!‹ Und bei uns, da ist eben die Zeitung gelesen worden, sobald wir halt Lesen gekonnt haben.«

Nach dem Abschluß der Volksschule begann Herr Schwenter, der bereits 1913 in die sozialistische Arbeiterjugend eingetreten war, eine Opti-

Josef Schwenter im Jahr 1916 (Privatfoto).

kerlehre bei der Firma Rodenstock. Nach Beendigung der Lehre wurde er 1916 eingezogen, zum Artillerierechner ausgebildet und schließlich noch zwei Tage vor dem Waffenstillstand verwundet. Nach seiner Rückkehr aus der französischen Kriegsgefangenschaft wurde Schwenter 1919 aktives Mitglied der SPD im Münchner Westend; hier trug er Flugblätter aus und engagierte sich bei den Wahlkämpfen seiner Partei. Nach der Heirat im Jahr 1922 zog er schließlich mit seiner Frau für sieben Jahre nach Berg am Laim. Dort setzte er seine Arbeit für die Partei fort – sei es als Kassier oder als Austräger von Flugblättern. Außerdem engagierte er sich als Gewerkschaftsfunktionär, als Betriebsrat bei der Firma Rodenstock und als Bezirksführer beim

Konsumverein München-Sendling. Im Jahre 1929 erhielt Josef Schwenter von der Gemeinnützigen Wohnungsfürsorge A. G. (Gewofag) in einer gerade fertiggestellten Siedlung in Neuharlaching eine Wohnung an der Soyerhofstraße zugeteilt. Noch im gleichen Jahr gründete er dort eine eigene Sektion der SPD und übernahm das Amt des Schriftführers. Über seine Schwierigkeiten dabei und über den Wahlkampf vor 1933 berichtete er in dem Interview folgendes: »1929 hab' ich die Sektion da gegründet, ich hab' halt die Leut zusammengeklopft, die ich so gekannt hab'. Ich hab's ja echt suchen müssen, weil ich nicht gewußt hab', wo die gewohnt haben! Ich weiß bloß, der Schauer, der war damals Stadtrat, der war in der KPD gewesen; und dann war er bei uns. Der hat in der nächsten Nähe gewohnt, den hab' ich auch aufgesucht. Und da war hervorne eine Baracke vom Bau gestanden. Das war eine Wirtschaft; da haben wir dann unsere erste Versammlung gemacht. Damals war Gemeinderatswahl, 1929, im Dezember, glaub' ich, war's. Da haben wir Wahlarbeit gemacht. Unser Sektionsführer hat damals Blenninger geheißen, damals, bei der Gründung. Dann war der Rindfleisch Kassier, und ich war Schriftführer. (...) Der Sektionsführer, der Blenninger, das war ein alter Sozi. Der war schon pensioniert; der hat viel Zeit gehabt. Und wir haben halt Flugblätter verteilt. Wenn Wahl war, dann hat man früher Wahlplakate aufgestellt vor den Wahllokalen. Und die hat man am Wahltag vor sechs Uhr in der Früh nicht aufstellen dürfen. Die Plakate hab' ich schon einen Tag vorher im Keller drunten gehabt. Um vier Uhr in der Früh bin ich dann aufgestanden und hab' sie rausgerichtet. Um fünf Uhr sind dann die Leute (von der SPD, Anm. d. Verf.) gekommen und haben sie zum Wahllokal hingetragen. Wir haben zehn Meter von der Wahllokaltür weg stehen müssen! (...) Und wie's sechs geschlagen hat, ist jeder gerannt und hat geschaut, daß er an der Tür dort war. Das war die schönste Arbeit! Daß keiner von den anderen, den Schwarzen von der Bayerischen Volkspartei, vor dir war.

Da sind wir gerannt und haben dann geschaut, daß wir unsere Stellung haben halten können. Weil früher, da hat man ja die Wahlzettel nicht zugeschickt gekriegt oder im Wahllokal bekommen. Das sind so Zettel gewesen, so groß wie eine Visitenkarte, da stand der Kandidat drauf. Und die hat man dann den Wählern am Wahleingang gegeben. Mit denen habens' wählen können.« Während die SPD in Neuharlaching vor 1933 bei allen Wahlen ihre Kandidaten hatte durchbringen können, hatte es die Partei bei den Reichstagswahlen im März 1933 zugunsten der Nationalsozialisten nach Schwenters Worten regelrecht »runtergehauen«.

Wenige Wochen vor der Machtergreifung erklärte sich Schwenter bereit, das Amt des Sektionsführers zu übernehmen, weil es nach seinen Worten »sonst keiner mehr gemacht hat« und es zu diesem Zeitpunkt »schon ein bissel gefährlich« geworden war. In diesem Zusammenhang erinnert er sich noch an eine Aktion anläßlich der Reichstagswahlen im März 1933: »Wir haben im Jahr 1933 Flugblätter gedruckt mit meinem Namen. Und wir sind bei Nacht mit dem Auto rumgefahren und haben auf die Straßen geschrieben: ›Wählt die SPD!‹ Da sind wir um neun losgefahren und um drei, vier in der Früh wieder heimgekommen. Wir haben auch Holzhaufen angestrichen mit weißer Farbe – einen Maler haben wir dabei gehabt –, und so sind wir rumgefahren.«

Nach dem Verbot der SPD im Juni 1933 gehörten solche Aktivitäten wie auch die normale politische Arbeit in der Partei endgültig der Vergangenheit an. Zuvor hatten sich die Sektionsführer von Harlaching, von der Au und von Giesing aber noch einige Male heimlich[3] in der Auer Gastwirtschaft »Harmonie« getroffen, um über die politische Lage zu diskutieren. »Wir haben uns da getroffen und unsere Besprechungen abgehalten. Da haben wir schon Angst gehabt, es könnte wer kommen und uns sehen, und dann wären wir weg vom Fenster gewesen. Darum haben wir ein Schachbrett aufgestellt. Dann sagten die anderen:

›Ich kann ja gar nicht Schach spielen!‹ – ›Das macht nichts, ich stell's Euch schon hin, wie wenn's aussieht, daß ihr Schach spielt!‹ Ich hab's ja können.«

In den ersten Wochen und Monaten nach der Machtergreifung mußte Josef Schwenter nicht nur ständig mit seiner Verhaftung, sondern auch mit den Nachstellungen des Neuharlachinger Ortsgruppenleiters Max Sälzle und dessen SA-Sturm rechnen, die dem Sektionsführer seine Mitgliedschaft in der SPD »heimzahlen« wollten. Bereits wenige Tage nach den Märzwahlen war Sälzle schon einmal in die Wohnung eines Sozialdemokraten eingedrungen und hatte diesen verprügelt, da er am offenen Fenster zur Zither ein sozialdemokratisches Lied gesungen hatte. Auch einen weiteren Sozialdemokraten, der in der Naupliastraße wohnte, hatte der Ortsgruppenleiter mit seiner SA-Truppe bereits zusammengeschlagen. Nun wollte er noch mit dem verhaßten Sektionsführer der SPD abrechnen. Er hatte allerdings das Pech, daß Schwenter nicht zu Hause war; denn seine Frau war zuvor zu ihm in die Firma gekommen, um ihn zu warnen: ›Du, wir gehen heut' einmal nicht heim. Mir haben s' gedroht: ›Dich erschieß' ich noch!‹ Daraufhin sind wir nicht heimgegangen. Wir sind erst zu meinen Eltern. Drei Nächte sind wir umher gewandert. Und tatsächlich war die Partei da gewesen, der Sälzle mit seiner SA; die hätten mich rausgeholt.« Auf die Frage, was ihm dann womöglich passiert wäre, antwortete Herr Schwenter: »Schlagen wollt' er mich! (...) Weil ich doch der Sektionsführer war. Der hat ein paar geschlagen. Aber ich war nicht daheim. Wir waren bei meinen Eltern und dann die andere Nacht bei meiner Schwiegermutter. Und die dritte Nacht, da bin ich um zwölf zum Gründl Alois[3] gegangen; da haben wir dann Radio gehorcht. Und da hat der Hitler gesagt: ›Die Einzelaktionen haben aufzuhören!‹ Und dann sind wir heimgegangen bei der Nacht um eins. Und ich hab' erst mal meine Ruh' gehabt. Na, und dann sind die Hausdurchsuchungen losgegangen.«

Bis zum Jahre 1935 mußten Herr Schwenter und seine Frau insgesamt fünf Hausdurchsuchungen und Verhöre der Gestapo über sich ergehen lassen. In der Zeit zwischen diesen Besuchen der Gestapo war es für ihn »schon so, daß ich oft mitten in der Nacht wach geworden bin und gedacht hab' ›jetzt hat's geläutet‹!« Und dann war aber niemand da«.

Die erste Hausdurchsuchung, an die sich Schwenter noch sehr genau erinnern kann, fand an Allerheiligen des Jahres 1933 nachts um 23 Uhr statt: »Da sind sie gekommen. Wir sind gerade beim Abspülen gewesen, meine Frau und ich. Es war ja Allerheiligen. Dann sind s' gekommen. Die haben mir den ganzen Bücherschrank ausgeräumt, alles! Da sind s' zu dritt gekommen, einer von der Gestapo, dann einer von der Kriminalpolizei und nachher noch einer von der blauen Polizei. (...) Das war die heutige Münchner Polizei, die Schandis, da hat man gesagt, die blaue Polizei; heut' sind s' halt grün. Und die haben mir die ganze Wohnung durchsucht. Sogar in den Keller sind sie runtergegangen; der von der Politischen Polizei ist da runter und hat die Kohlen umgeschaufelt. Und ich hab' grad 30 Zentner Kohlen bekommen – da hätt' der nie was gefunden! Die hab' ich gerade ein paar Tage vorher gekriegt. Ich hab' mir nur gedacht, ›wenn die jetzt den Boden noch aufheben, das Linoleum, da finden s' Zeitungen, die ›Münchener Post‹! Die hab' ich da drunten gehabt. Die hab' ich nicht versteckt gehabt, sondern ich hab' damit den Boden ausgelegt, weil da so ein Buckel drinnen war.« Auf die Frage, was denn passiert wäre, wenn man die »Münchener Post« gefunden hätte, antwortete Herr Schwenter: »Ich weiß nicht, vielleicht hätten s' mich mitgenommen. Das ist nämlich leicht der Fall gewesen, wenn s' irgendwo eine Hausdurchsuchung gehalten und irgend etwas gefunden haben; dann haben s' einen gleich mitgenommen. Die sind nach Dachau gekommen. Die waren zuerst im Polizeipräsidium, eine Nacht oder zwei, und dann sind sie nach Dachau gekommen.«

Herr Schwenter hatte großes Glück, daß diese Hausdurchsuchung nicht mit seiner Einweisung in Dachau endete. In seiner Manteltasche hatte er nämlich das »Weißbuch« der SPD zur politischen Lage in Deutschland. Die Beamten übersahen es ebenso wie das Buch eines jüdischen Frauenarztes, das er unter den »Münchner Neuesten Nachrichten« auf seinem Schreibtisch liegen hatte.

Interessant ist auch die Schilderung des Verhörs, das unmittelbar nach der Hausdurchsuchung stattfand. Demnach war da »einer, der hat sofort alles gleich in die Maschine reingeschrieben. (...) Ich hab' ihm dann alles erzählt, so mit der SPD, und was ich für Funktionen gehabt hab'; und dann sagt er: ›Sind Sie schon bekehrt?‹ Dann sag' ich: ›Jetzt muß ich lachen!‹ Das war aber nicht zum Lachen. Ich hab' aber wirklich grinsen müssen. Sag' ich: ›Jetzt haben S' gehört, daß ich seit so und so lang schon SPD-Mitglied bin, und mein Vater auch, wie kann ich da schon bekehrt sein? Das gibt's ja gar nicht!‹ Und dann sagt er: ›Und unterschreiben Sie mir das auch?‹ ›Mein Gott, ich muß ja!‹ Dann hab' ich's halt unterschrieben, daß ich nicht bekehrt worden bin. Was anderes kann ich doch nicht. Meine Frau hat gesagt – die hat mich begleitet gehabt –, die sagt: ›Heil Hitler!‹ Und tut die Hand rauf. Und ich bin reingegangen und hab' gesagt: ›Grüß Gott!‹ Ich hab' noch nie ›Heil Hitler!‹ gesagt, und da bin ich heute stolz drauf!«

Allerdings war der Preis, den er für diesen »aufrechten Gang« zahlen mußte, sehr hoch. Er teilte zwar nicht das Schicksal vieler Münchner Sozialdemokraten, die – wie beispielsweise der Sektionsführer der Giesinger SPD, Alois Gründl – über Monate und Jahre im Konzentrationslager Dachau eingesperrt waren; dafür mußten er und seine Frau ständig mit der Angst vor einer Einlieferung in das KZ leben. Noch heute kennt Herr Schwenter die Namen derer, die ihn damals nach Dachau bringen wollten. Da war zum einen sein Nachbar, der unter ihm wohnte, und ihn im Jahr 1934 bei der Ortsgruppe und der Gewofag wegen angeblicher Ruhestörung denunzierte. Während es die Gestapo in diesem Fall bei einem kurzen Besuch bewenden ließ, kündigte ihm die Gewofag einige Monate nach dieser Anzeige die Wohnung. Ein ganzes Jahr – so Herr Schwenter – sei er damals »in der Luft gegangen«.[5] Nur mit viel Glück konnte er erreichen, daß die Kündigung wieder zurückgezogen wurde.

Außer vor diesem Nachbarn mußte er noch ständig vor seinem Vorgesetzten in der Firma Rodenstock, einem überzeugten Nationalsozialisten, auf der Hut sein: »Der Betriebsleiter Koch – der, der mich nach Dachau bringen wollte –, hat mich kurzarbeiten lassen. Ich fing um 6 Uhr früh an und konnte um 2 Uhr nachmittags wieder heimgehen. Samstags arbeitete ich nur von 6 Uhr bis 9 Uhr. Ich sagte zu ihm: ›Herr Koch, ich könnte doch die drei Stunden am Samstag unter der Woche reinarbeiten.‹ ›Seien Sie froh, daß sie noch nicht in Dachau sind!‹, gab er mir zur Antwort. Der alte Schlawiner kam manchmal zu mir an die Maschine und hat mir politische Witze erzählt. Ich hätte mich dazu äußern sollen. Aber ich meinte nur: ›Die wissen, wie sie es machen, mir ist es gleich.‹ Er wollte mich hereinlegen, aber darauf bin ich nicht reingefallen.« Denn Schwenter war zuvor von einem guten Freund gewarnt worden. Zugleich hatte er das Glück, daß sein Abteilungsleiter – ebenfalls ein überzeugter Nationalsozialist – die Denunziationen Kochs nicht an die Gestapo weiterleitete; dieser hatte Respekt vor ihm, weil er seine Aufforderung, in die NSDAP einzutreten, entschieden abgelehnt hatte: »›Herr Schwenter‹ – der hat mich ja gekannt und hat gewußt, was ich bin –, ›gehen Sie zur Partei, ich mache für Sie Bürge!‹ Dann hab' ich gesagt: ›Das geht nicht.‹ Ich hätte sogar die NSBO-Fahne tragen müssen. (...) ›Das geht nicht. Ich bin Sozialdemokrat!‹ Und dann am anderen Tag wieder: ›Ja, ich bin Sozialdemokrat! Und wenn ich dazu geh', dann schmeißt mich mein Vater daheim naus, weil das auch ein alter Sozi ist!‹ ›Respekt‹, hat er gesagt, ›Sie tät' ich mögen, Sie sind ein Mann, Sie kann ich brauchen!‹«

Josef Schwenter: Paßfoto aus dem Jahr 1945 (Privatfoto).

Während Josef Schwenter daraufhin vom Abteilungsleiter ungeachtet seiner Weltanschauung beruflich gefördert wurde, sah er sich in der Öffentlichkeit und speziell in der Nachbarschaft, wo ihn jeder als ehemaligen Sektionsführer kannte, in immer stärkerem Maße isoliert. Vor allem seine Frau litt darunter, ständig von den Nachbarn geschnitten zu werden. Kaum noch jemand wagte, das Ehepaar Schwenter auf der Straße beim Einkaufen zu grüßen oder sich gar mit ihnen zu unterhalten. Statt dessen kam es öfters zu unangenehmen Begegnungen, wie beispielsweise der folgenden: »Ich bin einmal mit meiner Frau die Kastanienstraße runtergegangen. Da stehen da vier Buben beieinander, einer von der Nachbarschaft, zwei Häuser weg von mir. Und der grüßt mich recht höflich; das war ein netter Bursch. Dann sagt einer: ›Wenn'st den roten Hund noch einmal grüßt, dann kriegst eine Schelln von mir!‹ Und ausgespien haben s' auch vor mir, Kinder und Erwachsene. (...) Viele haben sich gefürchtet. Ich hab' zum Beispiel den Wimmer oft getroffen während der Nazizeit, weil der um dieselbe Zeit heimgefahren ist mit dem Radl wie ich. Ich hab' halt dann den Wimmer gegrüßt und mich mit ihm unterhalten. Später hat er dann zu mir gesagt: ›Das vergeß' ich Dir nicht!

Viele sind vor mir ausgewichen, haben mich nicht grüßen getraut.‹ (...) Ich bin auch zum Wimmer in die Wohnung gegangen. Ich hab' mich vor niemandem gefürchtet. (...) Da ist einmal einer von Dachau heimgekommen; und meine Frau ist mit ihm hierher, und ich hab' ihm gleich was gebracht, Eier und Mehl, daß die Frau was backen kann. Das hat ein Verwandter von meiner Frau erfahren, und da sagt er: ›Das tät' ich nicht! Wo Du doch so schwer angeschrieben bist. Daß Du mit den Leuten verkehrst!‹ Sag' ich: ›Warum? Ich bin doch allerweil noch der gleiche.‹ Ich hab' mich einfach nicht geändert in der Zeit.«

Fußnoten

1 Staatsarchiv München, LRA 58083.
2 Mehringer, Sozialdemokratie, S. 346.
3 Derartige Zusammenkünfte fielen unter das Versammlungsverbot.
4 Alois Gründl war der Sektionsführer der SPD von Giesing.
5 Dieser Vorfall kommt ausführlich in dem Beitrag »›Da denk' ich heut' noch mit Schaudern dran!‹ Alltag unterm Hakenkreuz« in dieser Publikation zur Sprache.

Zöberlein
Wegmarken einer Giesinger Nazikarriere

Penzberg, Samstag, 7. August 1948, vormittags 9.30 Uhr. Nach einem knapp zweimonatigen Prozeß verurteilt Landgerichtsdirektor Strasser den Angeklagten »Zöberlein, Hans, geboren am 1. 9. 1895 in Nürnberg, Sohn von Leonhard und Katharina Zöberlein, Schriftsteller aus München, seit 10. 5. 1947 in Untersuchungshaft, wegen dreier Verbrechen des Mordes und eines Verbrechens des versuchten Mordes dreimal zum Tode und zu drei Jahren Zuchthaus«. Zudem werden ihm »wegen der besonderen Ehrlosigkeit der von [ihm] begangenen Handlungen die bürgerlichen Ehrenrechte auf Lebensdauer aberkannt«.[1] Unrühmlicher Schlußpunkt einer bemerkenswerten Nazi-Karriere, die im Mai 1919 in Giesing ihren Anfang genommen hatte.

Nach einer Maurer- und Steinhauerlehre nahm Hans Zöberlein ab 1915 als einfacher Soldat an den blutigen Materialschlachten des Ersten Weltkriegs teil. Zum Vizefeldwebel befördert und mit dem *Eisernen Kreuz I. Klasse* sowie der selten verliehenen *Goldenen Tapferkeitsmedaille* dekoriert, kehrte der Kriegsheld 1918 in die durch Revolution und Kriegsniederlage völlig veränderte Heimat zurück. Wegen der »roten Gefahr«, wie er später selbst sagte, schloß er sich dem *Freikorps Epp* an, das Anfang Mai 1919 im Bürgerkrieg gegen die bayerische Räterepublik in Giesing ein Blutbad anrichtete.

In diesen Maiwochen lernte Zöberlein die 1898 in Giesing geborene Lisl Geretzhauser kennen, Tochter des Gastwirts und Metzgers Johann Geretzhauser, der Ecke Alpen-/Zugspitzstraße das *Gasthaus Geretzhauser* betrieb. Die beiden jungen Leute heirateten 1922 und wohnten zunächst im Haus des Großvaters Geretzhauser in der

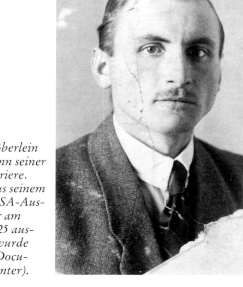

Hans Zöberlein am Beginn seiner Nazikarriere. Photo aus seinem zweiten SA-Ausweis, der am 28. 4. 1925 ausgestellt wurde (Berlin Document Center).

Wendelsteinstraße 2. 1925 zog Zöberlein mit seiner Familie, inzwischen waren die Kinder Hans-Jörg und Anneliese geboren, um die Ecke in die Tegernseer Landstraße 45 ins Haus seines Schwiegervaters. Ab 1934 residierten die Zöberleins, mittlerweile waren sie zu sechst, in der Grünwalder Straße 5.

Zum familiären Glück gesellte sich in diesen Jahren der berufliche Erfolg. Nach dem Besuch einer Baufachschule avancierte Zöberlein 1922 zum Bauführer. Nebenher begann er Mitte der zwanziger Jahre seine Kriegserlebnisse aufzuschreiben. Mit einem lobenden Vorwort Hitlers versehen, veröffentlichte der Zentralverlag der NSDAP 1931 Zöberleins kriegsverherrlichendes Epos *Der Glaube an Deutschland. Ein Kriegserle-*

ben von Verdun bis zum Umsturz. In Verkennung seiner Talente nannte sich Zöberlein fortan »Schriftsteller«. 1933 wurde er gar mit dem *Dichterpreis der Stadt München* geehrt, was ihn wohl dazu ermunterte, die deutsche Literatur 1937 um ein weiteres Produkt aus seiner Feder zu »bereichern«: *Der Befehl des Gewissens. Ein Roman von den Wirren der Nachkriegszeit und der ersten Erhebung.* Auf fast 1000 Seiten breitet Zöberlein seine Erlebnisse als Freikorpssoldat und NS-Aktivist von der Revolution 1918 bis zum Hitlerputsch 1923 aus und spart dabei nicht mit abstoßendem Antisemitismus und Rassismus. 1938

Schutzumschlag für Zöberleins autobiographischen »Roman« Der Befehl des Gewissens (1937). In ihm schildert der Nazischriftsteller den Aufstieg des Nationalsozialismus in Giesing zwischen 1918 und 1923.

wurde er für dieses üble Machwerk, anders kann man es kaum nennen, mit dem *Kulturpreis der SA* ausgezeichnet. Die Einkünfte aus dem Buchverkauf ermöglichten es Zöberlein bereits 1932, sich selbständig zu machen und am Habsburgerplatz 5 ein Architekturbüro zu eröffnen.

Seit 1919 engagierte sich Hans Zöberlein auch politisch. Zunächst im antisemitischen *Deutschvölkischen Schutz- und Trutzbund*; am 4. Februar 1922 trat er als Mitglied Nummer 4877 in die NSDAP ein, und am 22. dieses Monats schloß er sich der SA an. Einmal dabei, erwies sich Zöberlein rasch als umtriebiger Aktivist und fanatischer Anhänger des Nationalsozialismus. Nur wenige Wochen nach seinem Parteieintritt gründete er in Giesing die 9. Hundertschaft der SA und die NSDAP-Sektion Au-Giesing. Natürlich gehörte er zu den Putschisten vom 9. November 1923, wofür ihn Hitler 1934 mit dem *Blutorden Nr. 97* ehrte. Als die nach dem Putschversuch verbotene Partei 1925 neu gegründet wurde, war Hans Zöberlein als Nr. 869 sofort wieder mit von der Partie. Sein Aufstieg in der Nazi-Hierarchie – 1938 wurde er SA-Brigadeführer, dies entspricht in etwa dem Rang eines Generalmajors der Wehrmacht –, basierte vor allem auf Draufgängertum, Rücksichtslosigkeit und Fanatismus. Diese »Qualitäten« glichen aus, was dem nur 1,69 Meter großen Zöberlein an Körpergröße fehlte. In den Jahren der Weimarer Republik gab es im Münchner Südosten kaum eine politische Schlägerei, an der Hans Zöberlein nicht beteiligt gewesen wäre. Im *SA-Führer-Fragebogen*, von ihm selbst ausgefüllt, liest sich das so: »Einige Dutzend Verletzungen, darunter schwere Schulterverletzung durch Säbelhieb 24. 7. 23 und Augenbeinsplitterung mit schweren Folgen im Dezember 1929. Ein gutes Dutzend Verhaftungen mit einigen Tagen Untersuchungshaft. Freiheitsstrafen: keine. Geldstrafen persönlich und als verantwortlicher Führer der SA-Formationen.«[2]

Man sieht, Hans Zöberlein war hochqualifiziert, als ihn seine Partei 1933 in den Münchner Stadtrat entsandte und bald darauf zum Leiter des neu geschaffenen städtischen Kulturamtes in München ernannte. Obwohl er sofort fanatisch gegen »bolschewistische Kunstauffassung und entartete Kunst« zu Felde zog, als abschreckendes Beispiel dafür diente ihm unter anderem die Tela-Post, scheiterte Zöberlein in dieser Funktion. Im Streit um die Gestaltung der Ludwigsbrücke zog er den kürzeren. Hitler persönlich sprach sich gegen den Vorschlag Zöberleins aus und übertrug die Leitung des Kulturamtes Professor Ferdinand Liebermann, jenem Bildhauer, der schließlich 1942 das Freikorpsdenkmal am Giesinger Berg gestaltete. Wohl aus Verärgerung darüber schied Hans Zöberlein 1935 auf eigenen Wunsch auch aus dem Stadtrat aus.

In den Jahren vor Kriegsbeginn widmete er sich nun hauptsächlich der Schriftstellerei und der Produktion von Spielfilmen. Während seine erste Filmarbeit, ein »Kriegsschinken« mit dem Titel *Stoßtrupp 17*, ab 1934 recht erfolgreich in den deutschen Kinos lief, traf er mit seinem zweiten Opus offenbar nicht den Geschmack der Nazis, denn nach nur acht Tagen Spielzeit wurde dessen weitere Aufführung verboten. Die Ernennung zum Präsidenten des Ordens der Bayerischen Tapferkeitsmedaille entschädigte Zöberlein für dieses Ungemach, und als Beisitzer am Volksgerichtshof, wo Todesurteile wie am Fließband gefällt wurden, konnte der Giesinger NS-Funktionär ab 1937 seine ideologische Zuverlässigkeit nachhaltig unter Beweis stellen.

Der Krieg beendete schließlich seine »Künstlerkarriere«, denn 1940 eilte der 45jährige Haudegen als Leutnant zu den Fahnen der Luftwaffe: »Nach 1½ Jahren ununterbrochenem Kriegseinsatz bei einer Kampffliegergruppe bin ich nun auf Antrag des Propagandaministeriums aus der Front herausgenommen worden [...] Vor meinem Ausscheiden wurde ich noch zum Hauptmann befördert und habe mir neben den beiden Spangen zum EK den Narvikschild geholt. Nunmehr sitze ich daheim und habe mich voller Eifer über ein neues Buch gemacht, das mich schon lange im Gewissen drückte. Zum Inhalt hat es die

Der Präsident des Ordens der Bayerischen Tapferkeitsmedaille Hans Zöberlein am 12. November 1935 bei einer Ansprache am Kriegerdenkmal vor dem Armeemuseum im Hofgarten. Für seinen Kriegsroman »Der Glaube an Deutschland« war er 1933 mit dem Literaturpreis der Stadt München ausgezeichnet worden (Stadtarchiv München).

große Kampfzeit der SA von der Feldherrnhalle bis zur Machtübernahme. So sehr mich auch manch anderer Stoff zur Fassung drängte, so habe ich doch als alter SA-Mann die vordringende Verpflichtung gespürt, unserer SA im Schrifttum endlich einmal einen so großen Stein zu setzen, daß die Literaturwelt [...] nicht mehr daran vorbei kann.«[3] Man kann nur erleichtert aufatmen, daß uns dieses »dritte große Buch«, das er 1941 in diesem Brief an SA-Stabschef Lutze der Nachwelt androhte, erspart geblieben ist.

Als München immer öfter bevorzugtes Ziel der alliierten Bomber wurde, zog Hans Zöberlein im Herbst 1943 mit seiner nunmehr siebenköpfigen Familie, 1942 war als sechstes Kind Sohn Volkart geboren worden, nach Tegernsee ins Ludwig-Thoma-Haus *In der Tuften*. Trotz privater

Schicksalsschläge, sein ältester Sohn wurde in Rußland vermißt, und am 29. 12. 1944 starb seine Frau an Brustkrebs, setzte der Hauptmann a. D. 1944 seine »militärische« Karriere als Volkssturmführer fort. Zunächst organisierte er die Verteidigung des Tegernseer Tals, aber am 1. April 1945 ernannte ihn Gauleiter und Reichsverteidigungskommissar Giesler zum Führer des *Freikorps Adolf Hitler*, das als letztes Aufgebot im Raum Freudenstadt gegen die Alliierten eingesetzt wurde. Doch Ende April beorderte ihn Giesler nach München zurück, wo Zöberlein in jene Ereignisse verwickelt wurde, die Gegenstand des eingangs zitierten Prozesses waren.

In den frühen Morgenstunden des 28. April 1945 verbreitete die *Freiheitsaktion Bayern* (FAB) über den Reichssender München die Nachricht, in München hätten bewaffnete Aufständische die Naziherrschaft abgeschüttelt und die Macht übernommen. Daraufhin kam es in mehreren Orten Bayerns zu Erhebungen gegen die örtlichen Nazimachthaber. Am folgenreichsten war die Widerstandsaktion in der Bergarbeiterstadt Penzberg, wo noch vor Tagesanbruch eine Handvoll Arbeiter den Nazibürgermeister vertrieben hatten. Zur Bekämpfung der FAB setzte Gauleiter Giesler auch Hans Zöberlein ein, den er als loyalen und fanatischen Nationalsozialisten schätzte.

Zuerst hatte das *Freikorps Adolf Hitler* auf Befehl Gieslers im Münchner Westend für »Ordnung« zu sorgen. Am Vormittag des 28. April ließ Zöberlein seine Leute das Stadtviertel durchkämmen und zur Abschreckung der Bevölkerung vermutlich von ihm selbst verfaßte Flugblätter mit folgendem Text verteilen: »Warnung. *An alle Verräter und Liebediener des Feindes.* Der oberbayerische Werwolf warnt fürsorglich alle diejenigen, die dem Feind Vorschub leisten wollen. [...] Wir warnen! Verräter und Verbrecher am Volk büßen mit ihrem Leben und dem Leben ihrer ganzen Sippe. [...] *Unsere Rache ist tödlich!* Der Werwolf Oberbayern.«[4] Einen alten Mann, den die Werwölfe mit einer weißen Fahne antra-

Der Nazifunktionär Zöberlein in der Uniform eines SA-Oberführers kurz bevor er 1938 zum SA-Brigadeführer befördert wurde (Süddeutscher Verlag Bilderdienst).

fen, ließ Zöberlein mit einem Jalousiegurt an einem Verkehrsschild aufhängen. Da jedoch der Gurt sofort riß, wurde der Mann »begnadigt«. Als sich im Viertel sonst kein »Widerstand« regte, meldete sich Zöberlein nach erfolgreich beendetem Auftrag gegen Mittag wieder bei Giesler zurück.

Nun schickte ihn dieser mit der Order nach Penzberg, mit seiner Truppe das Militär bei der Bekämpfung des dortigen Aufstandes zu unterstützen. Unterwegs schärfte Zöberlein seinen etwa 100 Männern ein, sie hätten auch in Penzberg wieder als Werwolf aufzutreten. Als die *Gruppe Hans*, wie Zöberlein seine Abteilung zur Tarnung nannte, gegen 19 Uhr in Penzberg eintraf, wurden die Männer sofort losgeschickt, um mit dem Werwolf-Flugblatt Angst und Schrecken zu verbreiten. Inzwischen mußte Zöberlein aber feststellen, »Ruhe und Ordnung« waren durch das Militär bereits wiederhergestellt: Sieben Anführer der Aufständischen waren am späten Nachmittag standrechtlich erschossen worden. Damit wollte sich Zöberlein aber keineswegs zufriedengeben. Um ein Exempel zu statuieren, ließ er politisch unzuverlässige Penzberger festnehmen und befahl, sie zur Abschreckung öffentlich aufzuhängen. Schüchternen Protest gegen dieses barbarische Vorgehen tat er mit der Bemerkung ab: »Die Wehrmacht erschießt, der Werwolf hängt.« Befehlsgemäß ermordeten Zöberleins Werwölfe in der Nacht zum 29. April weitere neun Menschen: Sie erschossen einen Mann, weil er sich gegen seine Verhaftung wehrte, und erhängten in den Straßen Penzbergs an Bäumen und Balkonen zwei Frauen und sieben Männer. Einer von ihnen überlebte diese Mordaktion, weil der Strick riß und der Mordschütze, der ihn anschließend erschießen sollte, nicht genau genug zielte. Gegen vier Uhr morgens traf Zöberlein nach einem Umweg über Weilheim wieder in München ein. Da am Vormittag des 29. April amerikanische Truppen bereits die Stadtgrenze Münchens erreichten, setzte sich die *Gruppe Hans* am Nachmittag nach Süden ab, vergrub die Waffen im Perlacher Forst und löste sich auf.

Am 7. Mai 1945 wurde Hans Zöberlein von amerikanischem Militär interniert, fast auf den Tag genau zwei Jahre später im Internierungslager Regensburg verhaftet, nach München ins Untersuchungsgefängnis Neudeck gebracht und am 14. Juni 1948 in Penzberg vor Gericht gestellt. Gegen das eingangs zitierte Todesurteil beantragte Zöberlein Revision, die vom Oberlandes-

gericht München am 8. Dezember 1949 in der Sache abgewiesen wurde. Da aber inzwischen die Todesstrafe abgeschafft worden war, wandelte das Revisionsgericht das Todesurteil in eine lebenslange Zuchthausstrafe um.

Neun Jahre später, am 1. August 1958, verließ Hans Zöberlein das Zuchthaus Straubing als freier Mann, aber keineswegs, wie meist behauptet wird, weil er todkrank war. Unmittelbar vor seiner Entlassung hatte der Anstaltsarzt festgestellt: »Ein Krankheitsprozeß, der die Lebenserwartung beeinträchtigen könnte, ist z. Zt. nicht nachweisbar.« Vielmehr hatte Zöberleins Verteidiger im März 1957 dessen Begnadigung mit der Begründung beantragt, sein Mandant sei nicht Täter, sondern selbst Opfer gewesen: »In politischer Hinsicht ist Zöberlein während des Naziregimes so gut wie gar nicht hervorgetreten. [...] Zöberlein ist der Typ eines einfachen, aufrechten und grundanständigen Idealisten, der für seinen Irrglauben an den Nationalsozialismus [...] seine ganze Existenz und sein ganzes persönliches Glück hat opfern müssen.« Auch der Vorsitzende der 2. Strafkammer des Landgerichts München kam in seinem Gutachten zum Gnadengesuch zu dem Ergebnis, Zöberlein sei ein Opfer der damaligen Verhältnisse geworden: »Die Taten sind [...] in der Zeit des Zusammenbruches begangen, der eine Verwirrung aller Moral- und Rechtsbegriffe zur Folge hatte.« Dieser Ansicht schloß sich die bayerische Staatsregierung an, wandelte das Urteil in eine 15jährige Zuchthausstrafe um und erließ dem mehrfachen Mörder am 11. Juli 1958 großzügig seine Reststrafe.

Ab 1959 lebte »Zöberlein, Johann, Architekt«, so der Eintrag im Stadtadreßbuch, unbehelligt in München, Hackenstraße 1, wo er am Donnerstag, dem 13. Februar 1964, starb.

Fußnoten

1 Rüter-Ehlermann, Justiz, S. 67.
2 Berlin Document Center.
3 Berlin Document Center.

4 Staatsarchiv München, Staatsanwaltschaft München II 1 KLs 52/48 (dort auch die folgenden Zitate).

THOMAS GUTTMANN

»Jude, Jude haue ab«!
Das Schicksal jüdischer Geschäftsleute in Giesing

Die Verdrängung der Juden aus dem gesellschaftlichen und wirtschaftlichen Leben des Dritten Reiches war seit der Gründung der NSDAP ein zentraler Eckpfeiler der Weltanschauung, Programmatik und Propaganda dieser Partei und ihres Führers Adolf Hitler. Die Unmenschlichkeit, mit der die Nationalsozialisten nach der Konsolidierung ihrer Macht im Jahre 1933 konsequent und unerbittlich die Ausgrenzung und später die Ausrottung des deutschen und europäischen Judentums betrieben, kündigte sich schon Jahre vor der sogenannten Machtergreifung in den antisemitischen Hetzartikeln der NS-Presse, vor allem aber in Hitlers 1925 erschienenen »Mein Kampf« an. Darin werden die Juden für nahezu alle nationalen und internationalen Probleme und Konflikte verantwortlich gemacht, weshalb sie nach Hitlers Überzeugung aus der menschlichen Gemeinschaft ausgeschlossen werden sollten. Allein das verwendete Vokabular mußte aufmerksame Leser das Schlimmste für die Juden befürchten lassen, sollte der Autor dieser Passagen jemals an die Macht gelangen. Für Hitler war der Jude eine »Made im faulenden Leibe, Pestilenz, schlimmer als der schwarze Tod von einst, Bazillenträger der schlimmsten Art, ewiger Spaltpilz der Menschheit, der ewige Blutegel, der Parasit im Körper anderer Völker sowie ein Schmarotzer, der sich wie ein schädlicher Bazillus immer weiter ausbreitet.«[1]

Die von Hitler deshalb geforderte »Entjudung des deutschen Volkes« bedeutete auch die Ausschaltung der Juden im wirtschaftlichen Bereich. Während er sich selbst jedoch in dieser Frage auffällig zurückhielt – schließlich wollte er es sich nicht mit der deutschen Wirtschaft verderben –, werden gleichzeitig in der NS-Propaganda die deutschen Juden als Teil des »internationalen Judentums« für die Wirtschaftskrise und die Massenarbeitslosigkeit der 20er und frühen 30er Jahre verantwortlich gemacht. Im Mittelpunkt der nationalsozialistischen Hetzkampagne standen die jüdischen Warenhäuser, da sie angeblich den Mittelstand ruinierten.

Die ersten judenfeindlichen Maßnahmen und Aktionen, die von den Nationalsozialisten in den ersten Monaten nach der Ernennung Hitlers zum Reichskanzler durchgeführt wurden, zeigen bereits, daß die Hetztiraden nicht nur dazu dienten, antisemitisch eingestellte Wähler zu gewinnen oder die eigene Parteibasis zu mobilisieren; vielmehr war die Ausschaltung der Juden ein zentraler Bestandteil der späteren NS-Politik. Zu den ersten Maßnahmen nach der Machtergreifung zählten der Boykott jüdischer Geschäfte am 1. April 1933 ebenso wie die täglich im »Völkischen Beobachter« und »Stürmer« erscheinenden antijüdischen Hetzartikel. In den darauffolgenden Jahren wurde die Ausgrenzung der Juden aus dem wirtschaftlichen und gesellschaftlichen Leben durch eine Flut von diskriminierenden Verordnungen und Gesetzen vorangetrieben, die sich auf ihre Lebensbedingungen immer verheerender auswirkten.

Was es für den einzelnen und seine Familie bedeutete, unter dem Druck der nationalsozialistischen Judenpolitik sein Geschäft oder seinen Betrieb und damit die Existenzgrundlage aufgeben zu müssen, soll nun am Beispiel von fünf jüdischen Firmen in Giesing aufgezeigt werden.

Das Schuhhaus Spier

Das Schuhhaus Spier war das erste jüdische Geschäft in Giesing, das im Zuge der judenfeindlichen Politik der Nationalsozialisten in »arische« Hände überging. Nur sehr spärlich sind jedoch die Quellen, auf die man bei dieser »Spurensuche« angewiesen ist. So geht aus dem Münchner Stadtadreßbuch hervor, daß der Inhaber Adolf Spier 1908 nach München gezogen und dort im Lauf der Jahre in der Innenstadt und in Haidhausen mehrere Schuhgeschäfte eröffnet hatte. Die Giesinger Filiale wurde 1923 in der Humboldtstraße 8 eröffnet. Aus den Akten des Münchner Gewerbeamtes geht lediglich hervor, daß Spier im April 1936 die Geschäftsführung seines Giesinger Ladens niedergelegt hatte. Im Jahr 1937 wird schließlich das Firmenschild »Adolf Spier's Schuhhaus« entfernt und der neue Firmenname »Schuhhaus Nowak« angebracht. Der ehemalige Geschäftsinhaber emigriert im September 1938 in die Vereinigten Staaten. Soweit die nüchternen Fakten.[2]

Mit dem Verkauf seiner Geschäftsanteile und der Emigration hatte Spier noch rechtzeitig die Konsequenzen aus den judenfeindlichen Aktionen getroffen. Gerade in München, der »Hauptstadt der Bewegung«, wurden die antisemitischen Maßnahmen von der NSDAP, dem Gauleiter Wagner und dem Münchner Stadtrat mit besonderem Ehrgeiz verfolgt. So machte beispielsweise der Münchner Bürgermeister Karl Fiehler in einem Schreiben bereits im März 1933 verschiedene Referate der Stadtverwaltung darauf aufmerksam, daß bei der Vergabe von städtischen Aufträgen künftig nur noch »arische« Firmen zu berücksichtigen seien. Dem schloß sich wenige Wochen später auch der Münchner Stadtrat an. Mit dieser Maßnahme wurde bereits zu diesem frühen Zeitpunkt ein erster entscheidender Schritt zur Ausschaltung der Juden aus dem Münchner Wirtschaftsleben unternommen.[3] Seitdem wiesen immer mehr Münchner Firmen bei der Bewerbung um städtische Aufträge ausdrück-

lich darauf hin, ein »rein deutsches« Unternehmen zu sein.[4]

Weitere Gründe, warum jüdische Geschäftsleute wie Adolf Spier in Deutschland keine Zukunft mehr sahen, dürften neben der ständig steigenden Flut von judenfeindlichen Verordnungen, die 1935 mit der Bekanntgabe der Nürnberger Gesetze ihren ersten Höhepunkt erreichte, die unaufhörliche antisemitische Hetze gewesen sein. Man hatte sie nicht nur in den NS-Zeitungen vor Augen; vor allem die an Häuserwände geschmierten judenfeindlichen Parolen waren nicht zu übersehen. Hinzu kamen noch die teilweise gewaltsamen Übergriffe der Münchner SA auf jüdische Geschäfte. Der in ganz Deutschland am 1. April 1933 durchgeführte Boykott war in München kein einmaliges Ereignis. Nachdem bereits im Dezember 1934 erneut SA-Posten Kunden den Zutritt zu mehreren großen jüdischen Geschäften in der Münchner Innenstadt verwehrt hatten, kam es im Frühjahr 1935 nochmals zu einer ähnlichen Aktion.[5] Einem Bericht der Münchener Polizeidirektion zufolge beschmierten damals im Schutz der Dunkelheit SA- und HJ-Mitglieder Hauswände und Schaufenster mit antisemitischen Parolen, wie: »Jude, Saujude, raus mit Juden!«.[6]

Nachdem wenige Tage später auch noch die Schaufenster einiger jüdischer Läden und Kaufhäuser demoliert worden waren, erreichte diese von einer kleinen Gruppe der Münchner NSDAP sorgfältig vorbereitete Aktion Mitte Mai mit einem einwöchigen Boykott zahlreicher in der Münchner Innenstadt gelegener Geschäfte ihren vorläufigen Höhepunkt.

Das Kaufhaus Klein

Von diesem teilweise gewalttätigen Vorgehen gegen jüdische Geschäfte, bei dem die SA sogar vor Mißhandlungen von Angestellten nicht zurückschreckte, war auch das Giesinger Kaufhaus »Emanuel Klein« in der Tegernseer Landstraße 26 betroffen. Seit 1919 gehörte es dem jüdischen

Ehepaar Emil und Lina Katz. In der Nacht vom 18. auf den 19. Mai 1935 beschmierten Unbekannte, vermutlich fanatische Nationalsozialisten, die vier Schaufenster des Geschäftes mit antisemitischen Parolen, wie »Jude, Jude haue ab«. Da sein Geschäft schon wiederholt mit ähnlichen Schmierereien verunziert worden war, stellte Katz am nächsten Morgen ein selbstgeschriebenes Plakat in seine Auslage:

»Ihr Anstreicher!«
Warum opfert Ihr Eure Nachtruhe, um anzuschreiben, daß ich ein Jude sei. Ich habe das noch nie geleugnet und meine Giesinger Kunden wissen es auch. Diese wissen aber auch, daß ich mir in den 15 Jahren, in welchen ich das Geschäft habe, mir noch nie habe etwas zuschulden kommen lassen.

Ich habe keinen Grund ›abzuhauen‹, denn seit Jahrhunderten sind meine Väter Deutsche und ich habe mit meinen beiden Brüdern mein Leben für mein Vaterland Deutschland eingesetzt.

Emil Katz, Inhaber des Kaufhauses Klein in der Tegernseer Landstraße (Staatsarchiv München).

Ihr jungen Herren ›Anstreicher‹ waret noch in den Windeln gelegen. Da habe ich an der Westfront und in der Hölle von Verdun mehr wie einmal dem Tod ins Auge gesehen. Über 40 000 jüdische Soldaten – wovon über 10 000 fielen – haben mitgeholfen, den Feind von Deutschlands Grenzen fernzuhalten und so dabei mitgewirkt, daß Eure Mütter Euch in Ruhe zur Welt bringen können.

Bis zur letzten Stunde war ich beim Sturmtrupp und habe meine letzte Zigarette mit meinen Kameraden geteilt und jeder von uns hat gewußt, daß der eine sein Leben für den andern einsetzt.

Allein kann ich gegen Euch nichts ausrichten, aber leistet erst einmal das für Deutschland, was ich geleistet habe und ich glaube nicht, daß Ihr noch den Mut habt, mir solche Schande anzutun.«[7]

Damit wollte er die Passanten auf die wiederholten Schmierereien aufmerksam machen. Wegen einer Anzeige aus der Nachbarschaft des Kaufhauses beschlagnahmten Beamte der Auer Polizeiwache schon wenige Stunden später das Plakat. Dabei zerstreuten sie gleichzeitig die vor dem Geschäft versammelte Menschenmenge. Ein Zeitzeuge erinnert sich, daß Katz aufgeregt mit den Passanten diskutierte und ihnen immer wieder das »Eiserne Kreuz« zeigte, das er im Ersten Weltkrieg erhalten hatte, um dem Inhalt des Plakates Nachdruck zu verleihen. Der Polizei gegenüber, die ihn wegen des angeblich regierungsfeindlichen Plakates verhörte, gab Katz an, daß es ihm lediglich darum ging, die Giesinger Bevölkerung über den Vorfall aufzuklären.[8] Ein vom Sehen bekanntes Fräulein habe ihm mitgeteilt, daß die »Anstreicher« im Josephshaus an der nahegelegenen Hochstraße zu verkehren pflegten. Möglicherweise ging diese Aktion auch von dem nur wenige Meter vom Kaufhaus Klein am Alpenplatz gelegenen Büro der Giesinger NSDAP aus. Diesen Hinweisen ging die zuständige Schutzpolizei aber nicht nach; vielmehr war für sie die Angelegenheit mit dem Verhör erledigt, und der Vorfall wurde zu den Akten gelegt.

Zwei Jahre später bittet Emil Katz in einem Schreiben das städtische Gewerbeamt, dem Verkauf des Kaufhauses Klein an die Eheleute H. so schnell wie möglich zuzustimmen, damit seiner Auswanderung in die USA, welche vom amerikanischen Konsulat bereits genehmigt worden war, nichts mehr im Wege stünde.[9] Um auswandern zu können, mußte Katz erst die Gläubiger des verschuldeten Kaufhauses saturieren, und dazu benötigte er dringend den Erlös aus dem Verkauf. Doch schon jetzt wußte er, daß er vor allem wegen der schikanösen Abgaben, die das Dritte Reich den jüdischen Auswanderern abverlangte[10], die Kosten für die Ausreise und den Aufenthalt seiner Familie in den USA nicht aufbringen konnte. Deshalb bemühte er sich um sogenannte Affidavits. Dies waren Bürgschaften amerikanischer Juden für verwandte oder befreundete deutsche Juden, die in die USA auswandern wollten. Die Bürgen mußten sich verpflichten, den Lebensunterhalt der Einwanderer zu garantieren, damit diese der amerikanischen Öffentlichkeit nicht zur Last fielen.

Die Familie Katz konnte sich jedoch nur ein Affidavit beschaffen. Deshalb sollte zunächst der Familienvater in die USA auswandern und dort möglichst schnell eine neue sichere Existenz für die Familie aufbauen, damit diese vom amerikanischen Konsulat in Stuttgart ebenfalls eine Einreiserlaubnis erhalten konnte.

Während Emil Katz am 14. Juni 1937 Deutschland endlich den Rücken kehren konnte, blieb seiner Frau und seinen beiden damals 15 und 16 Jahre alten Kindern nichts anderes übrig, als in Giesing auszuharren und auf die baldige Einreisegenehmigung in die USA zu hoffen. Zu der Angst vor weiteren willkürlichen antijüdischen Maßnahmen der Nazis kam die bange Ungewissheit über die Zukunft in einem fremden Land, in dem man schließlich noch einmal völlig von vorne anfangen mußte. Wenige Monate vor der Auswanderung stand der Familie Katz auch noch die zusätzliche Belastung eines Umzugs bevor. Bereits im April 1937 war ihnen die Wohnung in der Obergiesinger St.-Martin-Straße 12 mit der Begründung gekündigt worden, daß sie »Nichtarier« seien. Ein halbes Jahr nach der Emigration von Emil Katz konnte endlich auch seine Frau, die seit 1919 in Giesing gelebt und gearbeitet hatte, mit ihren Kindern am Heiligabend des Jahres 1937 die ersehnte Reise in die Vereinigten Staaten antreten.

Der wirtschaftliche Druck nimmt zu

Daß die Eheleute Katz mit dem Verkauf ihres Geschäftes und der Auswanderung gerade noch rechtzeitig die einzig richtige Entscheidung getroffen hatten, zeigt die Entwicklung in den darauffolgenden Monaten. Noch vor dem Novemberprogrom des Jahres 1938, dem kurz danach die völlige Ausschaltung der Juden aus dem deutschen Wirtschaftsleben folgte, mußten immer mehr jüdische Geschäftsleute erkennen, daß es für sie in Deutschland keine Zukunft mehr gab. Gerade in München wurde der wirtschaftliche Druck unerträglich, den man von unterschiedlichen Seiten auf die jüdischen Geschäftsleute ausübte. Als Beispiel dafür sei hier nur auf das städtische Gewerbeamt verwiesen, das bereits im März 1937 mit der Erfassung der jüdischen Betriebe begann, obwohl eine derartige Maßnahme von seiten der staatlichen Stellen nicht angeordnet, ja bislang sogar abgelehnt worden war.[11] Die im Mai 1937 fertiggestellte Liste aller jüdischen Betriebe in München wurde dann im Februar 1938 an städtische und staatliche Stellen verschickt, um auf diese Weise Geschäftsverbindungen zwischen öffentlichen Auftraggebern und nichtarischen Betrieben zu verhindern. In München versäumte es »keine Firma auf ihre arische Geschäftsführung hinzuweisen. An kaum einer Fensterscheibe fehlte die Aufschrift ›Arisches Geschäft‹«.[12]

Unter diesem ständig zunehmenden wirtschaftlichen Druck von seiten einzelner Berufsverbände, aber auch verschiedener »arischer« Firmen, welche die Liquidierung oder die Übernahme der jüdischen Konkurrenz verfolgten, sahen sich immer mehr Juden zum Verkauf ihres Geschäftes und damit zur Aufgabe ihrer Existenzgrundlage gezwungen. So setzte in München Ende 1937 eine regelrechte »Arisierungswelle« ein.[12] Sie hatte zur Folge, daß die Zahl der im Februar 1938 registrierten 1699 »jüdischen Gewerbetreibenden« bis zum 4. Oktober 1938 auf 666 sank. In der Regel gingen die jüdischen Geschäfte und Betriebe bei diesen Transaktionen weit unter ihrem realen Marktwert in »arische« Hände über. Die Begleitumstände, unter denen diese oft erpreßten »Verkäufe« zumeist abgewickelt wurden, spiegelt eindringlich der Brief eines Münchner Geschäftsmannes an die dortige Industrie- und Handelskammer vom April 1938 wider:

»Betreff: Arisierung jüdischer Geschäfte
In den letzten Zeiten war ich öfters bei der Arisierung von jüdischen Geschäften als Sachverständiger, Experte und Gutachter etc. zugezogen und bin von den hiebei zu Tage getretenen brutalen Massnahmen der zuständigen Stellen der Handelskammern, nationalsozialistischen Wirtschaftsstellen etc. und überhaupt von all dieser Art von Erpressungen an den Juden derart angeekelt, dass ich von nun ab jede Tätigkeit bei Arisierungen ablehne, obwohl mir dabei ein guter Verdienst entgeht.
Ich bin Nationalsozialist, S. A. Mann, und ein Bewunderer Adolf Hitlers! Aber ich kann als alter, rechtschaffener, ehrlicher Kaufmann nicht mehr zusehen, in welch schamloser Weise von vielen ›arischen‹ Geschäftsleuten, Unternehmern etc. versucht wird unter der Flagge der Arisierung und im Interesse der nationalsoz. Wirtschaft die jüdischen Geschäfte, Fabriken etc. möglichst wohlfeil und um einen Schundpreis zu erraffen.
Die Leute kommen mir vor, wie die Aasgeier, die sich mit triefenden Augen und heraushängenden Zungen auf den jüd. Kadaver stürzen, um ein möglichst großes Stück Fleisch herauszureißen!«[14]

Das Kaufhaus Carl Leiter

In den Zeitraum des hier drastisch beschriebenen »Arisierungswettlaufs« und der damit verbundenen Bereicherungswut vieler »arischer« Geschäftsleute fällt der Verkauf eines weiteren jüdischen Geschäftes in Giesing. Es handelt sich dabei um das an der Silberhorn-/Ecke Tegernseer Landstraße gelegene und nach seinem Besitzer Carl Leiter benannte Kaufhaus für »Weiß-, Woll- und Textilwaren«. Carl Leiter hatte es 1928 von den Erben des vormaligen Inhabers, Hermann Klopfer, erworben. Dorthin verlegte er nun sein seit 1906 in der Augustenstraße bestehende Kaufhaus, das seit dem Ende der 20er Jahre der Konkurrenz eines vis à vis eröffneten Kaufhauses nicht mehr gewachsen war.

Max Leiter, Geschäftsführer des Kaufhauses Carl Leiter in der Silberhornstraße/Ecke Tegernseer Landstraße, ca. 1936 (Stadtarchiv München).

Nach dem Tod Carl Leiters im Februar 1937 übernahm sein Sohn Max im Oktober 1937 die Geschäftsführung des Kaufhauses, in dem 1936 elf Angestellte beschäftigt waren.[15] Die Übernahme wurde vom Münchner Gewerbeamt aus-

In diesem Eckhaus befand sich seit 1928 im Erdgeschoß und im 1. Stockwerk das Kaufhaus Leiter. Aufnahme von 1912 (Stadtarchiv München).

nahmsweise mit der Begründung genehmigt, daß in diesem Fall kein neues jüdisches Geschäft entstand. Diese städtische Behörde behielt sich nämlich die Genehmigung von Gewerbekonzessionen für Juden vor, weil sie im Gegensatz zum Reichswirtschaftsministerium die rigorose Auffassung vertrat, daß jüdische Geschäftsleute sowieso keinen Anspruch auf eine Gewerbeausübung hätten. Somit lag eine Genehmigung ausschließlich im Ermessensspielraum des Gewerbeamtes, der Politischen Polizei und dem Münchner Polizeipräsidium, die willkürlich über eine Vergabe entscheiden konnten.[16]

Von der harten Linie, die das städtische Gewerbeamt gegenüber den jüdischen Geschäftsleuten vertrat, blieb auch das Kaufhaus Leiter nicht verschont. So hatte sich Martha Leiter, der nach dem Tod ihres Mannes das Giesinger Kaufhaus

gehörte, im Oktober 1937 bei der Regierung von Oberbayern gegen die ihrer Meinung nach viel zu hohen Gebühren, die das städtische Gewerbeamt für die rechtliche Umwandlung ihres Geschäfts von einer GmbH in eine OHG in Rechnung gestellt hatte, beschwert.[17] Als die Regierung von Oberbayern daraufhin eine Anfrage an das städtische Gewerbeamt richtete, teilte der zuständige Beamte nur lapidar mit, daß »eine Jüdin – Martha Leiter ist Jüdin – ein Entgegenkommen nicht rechtfertigt«.

Wann und warum sich Frau Leiter schließlich zum Verkauf ihres Geschäftes entschloß, ist aus den Akten nicht mehr zu erschließen. Fest steht lediglich, daß das städtische Gewerbeamt am 21. 10. 1938 dem Oberfinanzpräsidenten München mitteilte: »Die jüdische Firma Karl Leiter, Verkaufsstelle für Kurz-, Weiß-, Woll- und Textilwaren, Damen- und Berufskleidung, Schirme, Hausschuhe und Modewaren im Anwesen Silberhornstr. 1 geht an (...) über und wird dadurch arisiert.«[18] Bereits im Juni und dann noch einmal im August hatte sich der neue Besitzer, der aus derselben Branche kam, bei der Regierung von Oberbayern für eine schnelle Genehmigung der Übernahme des Giesinger Kaufhauses eingesetzt, wobei er ausdrücklich auf »die Notwendigkeit der Weiterexistenz des benannten Geschäftes als einziges größeres in dem aufstrebenden Stadtteil Obergiesing«[19] hinwies.

Daß der neue Besitzer »betreffend der Arisierung des Textileinzelhandelsgeschäftes« – so der Wortlaut der Anfrage – ausdrücklich versichert, daß nach der Übernahme des Unternehmens darin »jüdisches Kapital in keiner Form« mehr stecken würde, war kein Zufall. Im April 1938 war nämlich eine Verordnung Görings in Kraft getreten, welche die »Tarnung« eines jüdischen Betriebes durch deutsche Geschäftspartner, die gegenüber der Öffentlichkeit und den Behörden als Inhaber auftraten, um so den »jüdischen Charakter (...) bewußt zu verschleiern«, unter Zuchthaus- bzw. in leichteren Fällen unter Gefängnisstrafe stellte.[20]

Wenige Monate nach der endgültigen Übernahme des Geschäftes durch Herrn G., das er weit unter dem realen Marktwert hatte erwerben können, emigrierte zunächst Max Leiter, der vermutlich schon vor der Vertragsunterzeichnung im Juni 1938 seine Auswanderung beantragt hatte, im März 1939 in die USA. Ein halbes Jahr später folgten ihm seine Mutter und seine Schwester nach.

Die Hofmöbelfabrik Ballin

Das von Moriz Ballin 1864 gegründete Tapezier- und Dekorationsgeschäft, das 1886 um eine Möbelfabrik erweitert wurde, zählte rasch zu den führenden Betrieben des Münchner Kunsthandwerks.[21] Die Verkaufs- und Ausstellungsräume der bald über Deutschland und Europa hinaus bekannten Hofmöbelfabrik Ballin befanden sich am Promenadeplatz. In den Werkstätten der Firma, die 1899 aus der Innenstadt in eine neu erbaute große Fabrikanlage an der Deisenhofener Str. 28 in Obergiesing verlegt wurden, waren zunächst 125 Arbeiter mit der Herstellung von kompletten Wohnungseinrichtungen für den gehobenen Geschmack, aber auch mit der Fabrikation von hochkarätigen Inneneinrichtungen für Banken, Kaufhäuser, Hotels, ja sogar für Yachten und Luxusdampfer beschäftigt. Aufgrund der ständig zunehmenden Aufträge erweiterte die Firma Ballin, deren Produkte auf verschiedenen Weltausstellungen mit ersten Preisen prämiert worden waren, im Jahr 1911 die Obergiesinger Fabrikanlage, deren Belegschaft mittlerweile auf 325 Beschäftigte angewachsen war.[22]

Möbelfabrik Ballin in der Deisenhofenerstraße 28 (Stadtarchiv München).

Der wirtschaftliche Niedergang der einstigen Hofmöbelfabrik begann sofort nach der Machtergreifung der Nationalsozialisten. Neben den verschiedenen Boykottaktionen, bei denen einem Großteil der Kunden der Zutritt zu den Verkaufsräumen verwehrt wurde, hatte vor allem das Ausbleiben von städtischen und staatlichen Aufträgen an jüdische Firmen einen so starken Umsatzrückgang zur Folge, daß sich die Inhaber der Firma Ballin im Jahr 1935 gezwungen sahen, die Produktion in Giesing aufzugeben und die Fabrikanlage an die Firma Otto Töppler zu verkaufen, die darin bis 1937 Uniformen herstellen ließ.[23] Daraufhin übernahm der Mantelfabrikant Louisoder den Komplex an der Deisenhofener Straße, um dort ebenfalls Uniformen für die seit 1937 rasch expandierende deutsche Wehrmacht zu produzieren.

Den Gebrüdern Ballin blieb nach dem Verkauf der Werkstätten nichts anderes übrig, als sich auf den – allerdings schleppenden – Verkauf von Möbeln und anderen Einrichtungsgegenständen zu beschränken. Da aber in diesem Bereich die Umsätze ständig zurückgingen, weil die beiden Geschäfte wegen ihrer nichtarischen Besitzer von der Kundschaft gemieden wurden, wandte sich Martin Ballin 1936 an keinen geringeren als Hermann Göring, der zu diesem Zeitpunkt preußischer Ministerpräsident und Beauftragter für den Vierjahresplan war.[24] Daß sich Ballin gerade an Göring wandte, der aus seiner judenfeindlichen Haltung nie einen Hehl gemacht und beispielsweise im März 1933 darauf hingewiesen hatte, daß die ihm unterstellte preußische Polizei keine »Schutztruppe jüdischer Warenhäuser« sei, hing mit dem Putschversuch der Nationalsozialisten vom 9. November 1923 zusammen. Dabei war Göring schwer verletzt worden.[25] Auf der Flucht vor der Landespolizei schleppten Gesinnungsgenossen den bewußtlosen Göring von der Feldherrnhalle zum Promenadeplatz, wo sie sich ausgerechnet in den Verkaufsräumen der jüdischen Firma Ballin zu verbergen suchten. Obwohl die beiden Geschäftsinhaber der NSDAP wegen ihrer antijüdischen Hetzparolen alles andere als wohlgesonnen waren, zögerten sie nicht, Göring zu helfen. Sie brachten den Naziführer sogar heimlich in die Wohnung von Martin Ballin und ließen ihn dort gesund pflegen.

Firma Louisoder, seit 1937 im ehemaligen Firmengebäude der Möbelfabrik Ballin (Stadtarchiv München).

Daß sich Göring seitdem den Gebrüdern Ballin verpflichtet fühlte, zeigt unter anderem seine Anordnung an die Münchner Industrie- und Handelskammer.[26] Sie sollte künftig bei Anfragen über den arischen oder nichtarischen Charakter der Firma Ballin diese als arisch einstufen, damit das Unternehmen wieder Aufträge von staatlichen und städtischen Behörden erhalten konnte, die seit der Machtergreifung ausgeblieben waren. Die Voraussetzung dafür war allerdings die Umwandlung der Firma in eine GmbH. Dazu sollten die beiden Brüder als alleinige Besitzer des Möbelhauses ⅔ ihres Geschäftskapitals an einen »arischen« Interessenten verkaufen. Nachdem die Verhandlungen mit mehreren Unternehmern gescheitert waren, entschlossen sich die Ballins, ihre beiden Möbelhäuser in der Theatinerstraße 7 und in der Lindwurmstraße 88 an einen Geschäftsmann aus der Möbel- und Einrichtungsbranche zu verkaufen.[27] Die im Kaufvertrag vereinbarte monatliche Leibrente von etwa 500 Mark, zu deren Zahlung der neue Besitzer gegenüber den beiden Brüdern bis zu deren Lebensende verpflichtet war, mußte allerdings nur bis zum März 1942 ausbezahlt werden.

Vermutlich aufgrund ihrer guten Beziehungen zu Göring gelang es den Ballins – trotz des seit dem 23. 10. 1941 geltenden generellen Auswanderungsverbots für Juden – Deutschland zu verlassen. Während der damals 75jährige Martin Ballin mit seiner Frau in die Schweiz emigrieren konnte, verschlug es seinen Bruder Robert mit Frau zunächst nach Kuba; von dort aus konnten die beiden aber erst Anfang 1943 in die USA weiterreisen.

Allerdings war die langersehnte Ankunft in den Vereinigten Staaten durch den Tod von Frau Ballin überschattet, die während der Schiffsreise gestorben war.

Das Kaufhaus Feuchtwanger

Das Schicksal dieser vier Giesinger Firmen zeigt, daß die judenfeindlichen Maßnahmen und Verordnungen des NS-Staates schon vor der sogenannten Reichskristallnacht Anfang November 1938 und dem wenige Tage später erlassenen Verbot aller jüdischen Betriebe ausgereicht hatten, um die Juden weitgehend aus dem deutschen Wirtschaftsleben zu verdrängen.

Zu den Geschäftsleuten, die sich nicht rechtzeitig zum Verkauf ihres Betriebes und zur Auswanderung entschließen konnten, zählten die Brüder Sigmund und Max Feuchtwanger. Sie besaßen seit 1913 in der Humboldtstraße 23 ein Textilkaufhaus, das nach Auskunft von Zeitzeugen bei der Untergiesinger Bevölkerung nicht nur wegen seiner günstigen Preise, sondern auch wegen dem besonders freundlichen Wesen der beiden Besitzer sehr beliebt gewesen war. Als die Nationalsozialisten in der Nacht vom 9. auf den 10. November 1938, der sogenannten Reichskristallnacht, jüdische Geschäfte demolierten und plünderten, war davon auch das Kaufhaus Feuchtwanger betroffen.

Max Feuchtwanger, ca. 1938 (Staatsarchiv München).

Sigmund Feuchtwanger, ca. 1938 (Staatsarchiv München).

Pauline Feuchtwanger, 1936 (Staatsarchiv München).

Ihr verwüstetes Geschäft konnten die Brüder Feuchtwanger gar nicht mehr in Augenschein nehmen, da sie zusammen mit Hunderten anderer Münchner Juden am Morgen des 10. November von der Gestapo verhaftet und nach einem kurzen Aufenthalt im Wittelsbacher Palais, dem Hauptquartier der Gestapo, für einen mehrwöchigen Aufenthalt in das Konzentrationslager Dachau transportiert wurden. Dieses völlig willkürliche und brutale Vorgehen rechtfertigten die Nazis als eine »Sühneleistung« für die Ermordung des deutschen Legationssekretärs von Rath in Paris durch einen in Deutschland lebenden polnischen Juden. Der Erlebnisbericht eines dort inhaftierten Juden zeigt die grausamen und unmenschlichen Bedingungen, denen der damals 48jährige Max Feuchtwanger und sein zwölf Jahre älterer Bruder, aber auch der ebenfalls verhaftete Max Leiter, der Geschäftsführer des bereits erwähnten Kaufhauses Leiter, über mehrere Wochen hinweg ausgesetzt waren:[28]

»Wir wußten, daß wir in Dachau waren. Man ließ uns herummarschieren, man ließ uns warten, wir wurden verhört, beschimpft, wir mußten wieder herummarschieren, wieder warten, und so weiter, ›ad infinitum‹. Man nahm uns alle unsere Habseligkeiten, die aber auf das genaueste registriert wurden. Dann wurden unsere Köpfe geschoren.« Während die sogenannten Aktionsjuden auf ihre Häftlingskleidung warteten, *»amüsierten sich einige SS-Männer damit, daß sie den einen oder anderen von uns fragten, ob er wisse, weshalb er in Dachau sei. Die Antwort – ›Ich weiß nicht‹ – war wieder eine Gelegenheit für Schläge und Tritte. Man zwang Leute zu sagen: ›Weil ich ein Verräter bin, weil ich ein Kriegsgewinnler bin, weil ich ein Verbrecher bin‹, und Ähnliches«.*

In den Nächten wurden die Aktionsjuden auf dünnen Strohmatratzen, die auf einem Betonboden lagen, so zusammengepfercht, daß es unmöglich war, auf dem Rücken zu liegen. Tagsüber teilte man sie zwar nicht wie die anderen KZ-Häftlinge zu unmenschlich harten Arbeiten ein, statt dessen mußten sie fast pausenlos strammstehen, marschieren und laufen. Dabei hatten die Juden ständig deutsche Volkslieder zu singen. Werner Cahnmann erinnert sich, daß sie *»Hunderte Male ›Das Wandern ist des Müllers Lust‹ zu singen hatten. Dieses Lied wurde als besonders geeignet angesehen, weil dadurch unsere Gedanken zur Auswanderung angeregt werden sollten. Oft schrien uns die SS-Offiziere an: ›Warum seid ihr noch hier? Warum verlaßt ihr nicht das Land? Ihr könnt nicht mehr unschuldige Gojim ausbeuten! Profitmacherei gibt's nicht mehr!‹«.*

Während ihres mehrwöchigen Aufenthaltes in Dachau mußten die Feuchtwangers auch miterleben, wie ihre Glaubensbrüder von der SS mißhandelt, wegen Kleinigkeiten geschlagen, gefoltert oder umgebracht wurden. Viele Juden starben während dieser Zeit auch an Krankheiten, wie z. B. ein Münchner Rechtsanwalt, der nach den Worten Cahnmanns *»eines Nachts zu jammern begann. Er wurde ins Freie geschleppt und, um seinen Angstkomplex auszutreiben, wurde er mit*

Eimern eiskalten Wassers übergossen, je mehr er schrie, desto mehr wurde er begossen. Man ließ ihn die ganze Nacht auf dem Boden liegen. Er bekam eine Lungenentzündung und starb nach wenigen Stunden«.[29]

Als Max und Sigmund Feuchtwanger nach sechs Wochen erniedrigender und strapaziöser Lagerhaft mit zu den letzten Aktionsjuden gehörten, die aus dem KZ entlassen wurden, waren ihre leidvollen Erfahrungen mit dem Dritten Reich alles andere als zu Ende. Vor ihnen lagen nun fast drei (!) Jahre, in denen sie tatenlos zusehen mußten, wie neben ihrer Existenzgrundlage auch ihre Menschenwürde durch immer neue und noch demütigendere Verordnungen, Gesetze und Erlasse des NS-Staates systematisch zerstört wurde.

Sofort nach ihrer Entlassung teilte die Giesinger Bezirksinspektion den Gebrüdern Feuchtwanger mit, daß sie ihren Betrieb zum 31. 12. 1938 zu schließen hatten.[30] Die »rechtliche« Grundlage dafür war eine Verordnung des Reichswirtschaftsministeriums vom 23. 11. 1938, wonach alle »Einzelhandelsverkaufsstellen, Versandgeschäfte oder Bestellkontore von Juden (...) grundsätzlich aufzulösen und abzuwickeln« waren. Diese Verordnung Görings versetzte den letzten noch verbliebenen jüdischen Betrieben den endgültigen Todesstoß. Mit der Abwicklung, genauer der erzwungenen Auflösung des Kaufhauses Feuchtwanger wurde noch im Dezember 1938 von einer sogenannten Vermögensverwertungs GmbH, die auf Anordnung des Gauleiters Wagner im November 1938 gegründet worden war, die Deutsche Allgemeine Treuhand AG beauftragt.[31] Wagner versuchte, mit dieser Gesellschaft den Einfluß der NSDAP bei den bevorstehenden Zwangsarisierungen stärker als zuvor zur Geltung zu bringen. Vor der Reichskristallnacht gab es zwar bereits einen von Wagner im Juli 1938 eingesetzten »Sonderbeauftragten für Wirtschaftsangelegenheiten«, dem alle Arisierungsvorhaben vorgelegt werden sollten. Da diese Stelle aber von den zuständigen staatlichen und städtischen Stellen weitgehend ignoriert worden

war, unternahm Wagner mit der neuen Gesellschaft einen weiteren und diesmal erfolgreicheren Anlauf, die Arisierung der noch bestehenden circa 600 jüdischen Gewerbebetriebe in seinem Sinne zu beeinflussen.

Die »Arisierung« des Kaufhauses Feuchtwanger, die nach Auskunft der Treuhänder »ohne nennenswerte Schwierigkeiten« durchgeführt werden konnte, war erst im Juli 1939 abgeschlossen, da zunächst kein Käufer aufzutreiben war, der das reichhaltige Warenlager des Kaufhauses sofort aufkaufen wollte.[32] Schließlich fand sich doch eine Firma, die nicht nur die Waren, sondern auch die verwüsteten Geschäftsräume übernahm. Daß bei diesen Arisierungen die jüdischen Besitzer nur einen Bruchteil des realen Wertes ihres Betriebes von den Treuhändern zugestanden bekamen, läßt sich sehr genau anhand der »Liquidationsschlußbilanz« des Kaufhauses Feuchtwanger nachweisen.[33] Während die Besitzer nach ihrer Entlassung aus dem KZ Dachau den Wert ihres Betriebes auf circa 35 000 Mark beziffert hatten, verlangten die Treuhänder von dem neuen Besitzer dafür lediglich 18 000 Reichsmark. Von dieser Summe erhielten die ehemaligen Inhaber des Kaufhauses vorläufig allerdings nur 7415 Reichsmark. Die peinlich genaue Auflistung der Posten in der Gewinn- und Verlustrechnung zeigt sehr eindringlich, wie die jüdischen Geschäftsleute nach der Reichskristallnacht ein zweites Mal »legal« ausgeplündert wurden. Allein 2000 Reichsmark buchte die Treuhand AG für ihre »Arbeit« ab. Dazu behielt sie 600 Mark für eventuell anfallende »Nacharbeiten« ein.

Für die Reparatur der in der Reichskristallnacht zerstörten Schaufenster und Geschäftsräume stellten die beiden Treuhänder den ehemaligen Besitzern nachträglich noch zusätzlich 1500 Reichsmark in Rechnung. Dies war möglich gewesen, da eine zwei Tage nach der Reichskristallnacht erschienene Verordnung Görings die jüdischen Gewerbetreibenden auf infame Weise zwang, die in dieser Nacht an ihren Geschäften, Betrieben und Wohnungen entstandenen Schäden sofort und auf eigene Kosten beseitigen zu lassen.[34]

Am gleichen Tag erließ Göring eine weitere Verordnung, die den deutschen Juden für das eben erwähnte Attentat Herschel Grünspans auf den Gesandtschaftssekretär Rath eine »Sühneleistung« von insgesamt einer Milliarde Reichsmark auferlegte. Um diese Summe einzutreiben, wurde von jedem Juden eine »Judenvermögensabgabe« verlangt, die 20, später sogar 25 Prozent des Vermögens betrug, und die in vier Raten bis zum 15. August 1939 zu bezahlen war.[35] Nach Abzug der ersten drei fälligen Raten in Höhe von 4450 Reichsmark blieben den Gebrüdern Feuchtwanger nach der Liquidation und dem Abzug der letzten Rate ein »Erlös« von 6265 Mark und somit nur noch ⅙ des von ihnen veranschlagten eigentlichen Marktwerts des Kaufhauses. Aber selbst über diese Summe konnten sie nie wieder frei verfügen, da sie sofort auf ein Devisensperrkonto überwiesen wurde, von dem größere Beträge nur mit der Zustimmung des Oberfinanzpräsidenten München abgehoben werden durften.

Nach der Reichskristallnacht und der Schließung des Kaufhauses waren die ehemaligen Besitzer künftig gezwungen, von ihren Ersparnissen zu leben, wobei das Münchner Finanzamt, das die Kontobewegungen von Juden streng überwachte, diesen in der Regel nur einen monatlichen Betrag von 250 Mark zugestand.[36]

Zu diesem Zeitpunkt hatten Juden so gut wie keine Chance mehr, einen Arbeitsplatz zu finden. Seit Mitte 1939 konnten sie nur noch für andere Juden und dies auch nur mit ausdrücklicher Genehmigung des Gewerbeamtes tätig sein. Doch kam diese Möglichkeit für sie meist nicht in Frage, weil es Ende 1939 nur noch 27 jüdische Gewerbebetriebe gab, von denen der Großteil aus Zimmervermietungen bestand.[37] Max Feuchtwanger konnte wenigstens seit 1939 bei der Israelitischen Kultusgemeinde als ehrenamtlicher Mitarbeiter unterkommen, so daß er im Gegensatz zu seiner Frau und seinem Bruder nicht zur völligen Untätigkeit verdammt war.

Nachdem die Feuchtwangers im März 1939 alle ihre Wertgegenstände und Schmucksachen aus Edelmetall – mit Ausnahme der Eheringe – für einen Spottpreis bei einer Ankaufsstelle des Städtischen Leihamtes hatten veräußern müssen[38], wurde ihnen wenige Wochen später auch noch ihre Wohnung in der Kobellstraße gekündigt. Die Kündigung stand im Zusammenhang mit der seit Ende 1938 von der Stadtverwaltung und der Arisierungsstelle konsequent verfolgten »Entjudung« von Wohnraum, die zu einer Entlastung des Münchner Wohnungsmarktes führen und gleichzeitig die räumliche Trennung von Juden und Deutschen sicherstellen sollte.[39] Die entscheidende Voraussetzung dafür war das am 30. 4. 1939 erlassene Gesetz über Mietverhältnisse mit Juden, das im Kern den gesetzlichen Mietschutz für diese aufhob.[40] Von der daraufhin einsetzenden Kündigungswelle profitierten in ersten Linie »verdiente« Parteigenossen, denen die Arisierungsstelle auf diese Weise Wohnungen zuschanzte. Dagegen standen die zum Teil mit rigorosen Mitteln entmieteten Juden regelrecht auf der Straße, sofern sie nicht in den völlig überfüllten jüdischen Altersheimen, Krankenhäusern oder sogar in den Räumen der Israelitischen Kultusgemeinde eine vorläufige Unterkunft fanden. Da obdachlose Juden mit einer neuen Bleibe in »arischen« Häusern nicht rechnen konnten, blieb ihnen nur die Möglichkeit, bei den wenigen noch verbliebenen jüdischen Hausbesitzern unterzukommen. Auf diese Weise entstanden in München mit der Zeit in einigen Straßen sogenannte Judenhäuser, in denen die obdachlos gewordenen jüdischen Familien auf engstem Raum zusammengepfercht lebten.[41]

Am 10. Oktober 1939 mußten auch Pauline, Max und Sigmund Feuchtwanger in eines dieser über das ganze Stadtgebiet verteilten Judenhäuser einziehen. In den zwei Jahren, die sie auf engstem Raum in der Leopoldstraße 52 auszuharren hatten, wurden die Lebensmöglichkeiten der noch verbliebenen Juden durch weitere schikanöse und demütigende Maßnahmen immer stärker eingeschränkt. So konfiszierte man beispielsweise wenige Tage nach Ausbruch des Krieges entschädigungslos die Radioapparate der Juden, da man sie als »Feinde« des Reiches ansah. Seit dem 1. September 1939 galten für sie spezielle Ausgangsbeschränkungen. Darüber hinaus erhielten die Münchner Juden nach Kriegsbeginn eigens gekennzeichnete Lebensmittelkarten zugeteilt, die sie nur zu vorgeschriebenen Zeiten in bestimmten Geschäften einlösen konnten, die oft am anderen Ende der Stadt lagen.[42] Als Mitte 1941 Juden die Benutzung der Straßenbahnen verboten wurde, mußten sie nicht selten lange Fußmärsche in Kauf nehmen, um zu den entsprechenden Geschäften zu kommen.

Als am 10. September 1940 eine Verordnung in Kraft getreten war, durch die der Mietschutz auch in den Judenhäusern aufgehoben werden konnte, hatten die Feuchtwangers nun noch jeden Tag mit einer erneuten Kündigung zu rechnen. Diese Befürchtung war durchaus berechtigt; denn schon zu Beginn des Jahres 1941 wurden in München allein 350 Wohnungen von Juden »entmietet«, in die sofort »arische« Bewerber einzogen. Es erstaunt deshalb nicht, daß sich die Feuchtwangers in dieser immer aussichtsloseren Lage Anfang 1941 doch noch zur Auswanderung entschlossen. Die Frage ist nur, warum sie sich erst so spät zu diesem Schritt durchringen konnten. Die genauen Gründe für ihr langes Ausharren werden wir nie erfahren, aber sicher dürften das fortgeschrittene Alter der Feuchtwangers – Sigmund Feuchtwanger war damals schon über sechzig – sowie das Unbehagen, in einem fremden Land wieder von Null anfangen zu müssen, eine Rolle gespielt haben. Man muß auch sehen, daß sie in Deutschland geboren und aufgewachsen waren und sicher an diesem Land hingen, das ihre Heimat war. Schließlich hatte Max Feuchtwanger dafür auch im 1. Weltkrieg als Soldat sein Leben riskiert. Vielleicht scheuten sie die Auswanderung, weil sie nicht bereit waren, sich von einem Großteil ihres in langen Jahren erarbeiteten Vermögens zu trennen. Je länger man aber damals

diese Entscheidung hinausschob, desto schneller schmolz das Vermögen letztendlich dahin, weil es der NS-Staat mit seinen verschiedenen Auswanderungsbestimmungen verstand, die Juden vor ihrer Emigration regelrecht auszuplündern.[43] So durften die auswandernden Juden ihr Geld nicht einfach ins Ausland transferieren oder gar bar mitnehmen. Nach Abzug der Steuern, vor allem der Reichsfluchtsteuer, mit der 25 Prozent des jüdischen Vermögens von vornherein belastet wurden, überwiesen die Behörden das restliche Barvermögen der Emigranten zunächst auf ein »Auswanderersperrmark-Konto«.

Beim Umtausch der Sperrkontenmark wurden den Juden enorme Kursverluste zugemutet. Während die Reichsbank 1935 noch die Hälfte des offiziellen Devisenkurses auszahlte, waren es nach Ausbruch des Krieges nur noch 4 Prozent. Man kann sich leicht ausrechnen, welch minimale Summe den Feuchtwangers von ihren Ersparnissen im Falle einer Auswanderung übriggeblieben wäre. Seit dem Februar 1940 mußten die auswandernden Juden, sofern sie Mitglieder der wenige Monate zuvor gegründeten Reichsvereinigung der Juden waren, auch noch eine zusätzliche außerordentliche Abgabe leisten, die je nach Höhe des Vermögens zwischen 10 bis 60 Prozent desselben betrug.[44]

Als sich die Feuchtwangers Anfang 1941 dennoch zur Auswanderung entschlossen und im Verlauf des Frühjahrs die dazu notwendigen behördlichen Schritte unternahmen, war es dafür allerdings längst zu spät. Auf die Genehmigung ihres Auslandspasses für die Vereinigten Staaten warteten sie vergebens, da am 23. Oktober 1941 ein generelles Auswanderungsverbot für Juden verhängt worden war. Wenige Tage vor dieser vernichtenden Nachricht hatten die Feuchtwangers ihre »Wohnung« in der Leopoldstraße mit einer Holzbaracke auf einem Gelände an der Knorrstraße 148 vertauschen müssen. Dort befand sich die im Oktober 1941 von jüdischen Zwangsarbeitern fertiggestellte »Judensiedlung Milbertshofen« – ein Barackenlager für 1100 Personen –, in das in den darauffolgenden Tagen und Monaten die restlichen zwangsentmieteten Juden mit ihren wenigen noch verbliebenen Habseligkeiten eingeliefert wurden.[45]

Sechs Wochen nach ihrer Zwangsumsiedlung begann für die Feuchtwangers ihre letzte Reise. Sie gehörten zu den ersten der 998 Juden, die am 20. November 1941 das Milbertshofener Lager mit der Bahn in Richtung Osten verlassen mußten. Vor der Deportation hatten alle Juden eine Erklärung zu unterschreiben, mit der sie die wenigen ihnen noch verbliebenen Vermögenswerte nach dem Überschreiten der Reichsgrenze an den NS-Staat abtraten.

Das Rigaer Ghetto, welches offiziell als Bestimmungsort dieser ersten Deportation aus München angegeben wurde, hat dieser Transport aber nie erreicht. Da das Ghetto völlig überfüllt war, weil die SS mit der Ausrottung von 20 000 dort internierter russischer Juden in Verzug geraten war, wurde der Zug vermutlich durch einen Funkspruch auf offener Strecke in der Nähe der polnischen Stadt Kowno angehalten. In dem nahegelegenen Fort 9, dem sogenannten Erschießungsfort, waren mittlerweile bereits lange Gräben ausgehoben worden, an denen das Einsatzkommando III der Einsatzgruppe A, das aus Angehörigen der SS, der SA, der Polizei und der Wehrmacht bestand, die Juden aus München erwartete.[46]

Auf Anfrage von entfernten Verwandten aus Chicago wurden Sigmund, Pauline und Max Feuchtwanger vom Amtsgericht München 1949 offiziell für tot erklärt. Als Todestag wurde der 30. November 1941, der Zeitpunkt des Todes auf 24 Uhr festgelegt.[47]

Fußnoten

1 Zitiert nach Jäckel, Weltanschauung, S.369.
2 Stadtarchiv München, Gewerbeamt 177 d.
3 Hanke, Juden, S.99f.
4 Ebd., S.102.
5 Ebd., S.127.
6 Zitiert nach Hanke, Juden, S.127.
7 Staatsarchiv München, Polizeidirektion 14314.
8 Ebd.
9 Stadtarchiv München, Wirtschaftskonzessionen, Katz, Emil.
10 Vgl. dazu die noch folgenden Ausführungen in diesem Beitrag.
11 Hanke, Juden, S.148.
12 Ebd., S.153.
13 Ebd., S.153.
14 Ebd., S.154f.
15 Stadtarchiv München, Wirtschaftskonzessionen, Leiter, Martha.
16 Hanke, Juden, S.149.
17 Stadtarchiv München, Wirtschaftskonzessionen, Leiter, Martha.
18 Ebd.
19 Ebd.
20 Blau, Ausnahmerecht, S.43.
21 Lamm, Juden, S.58.
22 Kahn, Großindustrie, S.189f.
23 Lamm, Juden, S.58.
24 Archiv der Münchner Industrie und Handelskammer, XXI, 16.
25 Zierer, Abenteuer, S.142.
26 Archiv der Münchner Industrie- und Handelskammer, XXI, 16.
27 Ebd.
28 KZ Museum Dachau, 3387, Werner J. Cahnmann, Im Konzentrationslager Dachau.
29 Ebd.
30 Stadtarchiv München, Wirtschaftskonzessionen, Feuchtwanger, Sigm.
31 Zur Arisierung in München vgl. Hanke, Juden, S.222–227.
32 Stadtarchiv München, Wirtschaftskonzessionen, Feuchtwanger, Sigm.
33 Ebd.
34 Walk, Sonderrecht, S.254.
35 Walk, Sonderrecht, S.255 bzw. 257.
36 Selig, Richard Seligmann.
37 Hanke, Juden, S.233.
38 Blau, Ausnahmerecht, S.63; dazu ausführlich Hanke, Juden, S.240.
39 Hanke, Juden, S.279.
40 Blau, Ausnahmerecht, S.68.
41 Hanke, Juden, S.281.
42 Ebd., S.274.
43 Barkai, Boykott, S.111 f.
44 Blau, Ausnahmerecht, S.81.
45 Hanke, Juden, S.282.
46 Mündliche Auskunft von Frau Schmidt, Stadtarchiv München.
47 Staatsarchiv München, Polizeidirektion 12293.

Thomas Guttmann

Der Fall Erna Huber

Eine Giesingerin vor dem Sondergericht München

Bei der Befragung von Zeitzeugen in Untergiesing zur Alltagsgeschichte im Dritten Reich, speziell zu Verhaftungen und Verfolgungen, wurde mehrmals der Fall einer Angestellten aus der Unteren Weidenstraße erwähnt. Die Verhaftung von Erna Huber war damals, im Oktober 1943, in aller Munde. Denn anders als heute kannte in der »Birkenau«, wie das Viertel genannt wird, das durch die Freibadstraße, die Sachsenstraße und die Eisenbahnlinie begrenzt ist, nahezu jeder jeden.

Während sich die befragten Zeitzeugen an die tatsächlichen Hintergründe der Verhaftung und das weitere Schicksal von Erna Huber nicht mehr so genau erinnern können, läßt sich der Fall jedoch anhand der Akten des Sondergerichts München[1] exakt rekonstruieren.

Frau Huber, die seit 1936 bei den »Agfa Camera Werken« an der Tegernseer Landstraße in der Buchhaltung arbeitete, wurde am 27. Oktober 1943 um 17 Uhr an ihrem Arbeitsplatz verhaftet und in das Hauptquartier der Gestapo gebracht. Erst dort wurde ihr schlagartig klar, daß sie das Opfer eines von langer Hand vorbereiteten Komplotts geworden war. Den Stein ins Rollen gebracht hatte ein SS-Obersturmbannführer der Sturmabteilung Süd, der Frau Huber und einen weiteren Mitarbeiter der Agfa, den SA-Sturmführer German S., bei der Gestapo wegen Beleidigung des Führers bereits im September 1943 angezeigt hatte. Seine Informationen über den »Tathergang« hatte der SS-Mann zunächst mündlich, danach schriftlich von seiner Schwägerin Magdalena S. aus der Elilandstraße erhalten, die zusammen mit Erna Huber in der gleichen Abteilung bei der Agfa beschäftigt war.

Dem schriftlichen Bericht zufolge hatte sich im Juli oder August im Büro, in dem Magdalena S. arbeitete, jener folgenträchtige Vorfall ereignet: Gerade als Frau S. ein Bild von ihrem Bruder aufhängen wollte, betrat Frau Huber das Zimmer und sagte angesichts des dort hängenden Hitlerbildes: »Hängt der Kasperl bei Euch noch da, wir haben ihn schon lange aus allen drei Büros rausgeschmissen.« Diese »Beleidigung des Führers« traf Frau S. und angeblich auch die übrige Belegschaft des Büros persönlich. Besonders empört waren die Mitarbeiter über das Verhalten ihres Bürovorstehers German S., der für diese Angelegenheit nach Angaben von Frau S. nicht mehr als »ein spöttisches Lächeln« übrig hatte – obwohl er doch als SA-Sturmführer weitere Schritte gegen Frau Huber hätte einleiten müssen.

Als Frau S. wegen dieses Vorfalls am 27. 10. 1943 von der Gestapo vernommen wurde, weitete sie ihre Anschuldigungen gegen Erna Huber sogar noch aus. Angeblich hatte Frau Huber sie auch noch dazu überreden wollen, an Stelle des Führerbildes ein Privatfoto aufzuhängen. Zugleich verdächtigte sie Frau Huber, für das Verschwinden der Hitlerbilder in den anderen beiden Büros der Abteilung verantwortlich zu sein. In ihrer Aussage schreckte Frau S. auch davor nicht zurück, das Personal der beiden Büros zu bezichtigen, an der Abnahme der Hitlerbilder beteiligt bzw. damit stillschweigend einverstanden gewesen zu sein. Mit Nachdruck wiederholte Frau S. auch nochmals gegenüber der Gestapo die Vorwürfe gegen ihren Vorgesetzten German S., die sie auf Anraten ihres Schwagers bereits im September schriftlich festgehalten hatte. Demnach hatte der SA-Führer nicht nur die Äußerung von

75

Frau Huber ignoriert, sondern sich auch vor den Aufräumarbeiten im Werk nach einem Bombenangriff gedrückt. Ferner habe er es nicht eilig gehabt, zu einem Einsatz an seiner in Harlaching stationierten Flak zu kommen. Darüber hinaus warf ihm das Büropersonal vor, daß er wegen einer 20jährigen seine Frau und drei Kinder im Stich gelassen hatte, oft schlechte Laune habe und diese obendrein am Personal auslasse.

Die gleichen Anschuldigungen erhoben auch ihre beiden Kolleginnen Anna A. und Magdalena K., da sie zusammen mit Frau S. »von aller Anfang an die Absicht (hatten), das Verhalten der Huber nicht totzuschweigen, weshalb wir uns zusammentaten und über Huber und S. einen Schriftsatz fertigten, der durch das Frl. S. an ihren Schwager W. übergeben wurde«. Von Frau A. wurde Erna Huber zusätzlich »wehrkraftzersetzender« Äußerungen beschuldigt. Angeblich hatte sie behauptet, daß die Deutschen den Krieg nicht gewinnen können. Interessant ist, wie Frau A. ihre Kollegin charakterisierte: »Huber trägt eine ausgesprochen defaitistische Art zur Schau, man kann sie auch als links orientiert bezeichnen. Ob sie früher einmal der KPD, RHD usw. angehört hat, ist mir nicht bekannt, man kann sie aber für so etwas einschätzen.« Sie mache »den Eindruck eines Kommunistenweibes«; überdies konnte sie Frau Huber »wegen ihrer zotigen Redensarten nicht leiden«.

Von einer weiteren Kollegin, die sich zunächst nicht an den Vorfall erinnern konnte, dann aber doch das Gespräch zwischen Frau S. und Erna Huber gehört haben will, belastet, sanken die Chancen der Frau Huber immer mehr, mit ihrer Darstellung des Vorfalles die Vorwürfe entkräften zu können. Gegenüber der Gestapo bestritt sie energisch die ihr zur Last gelegten Äußerungen über den Ausgang des Krieges und das Hitlerbild. Über dieses hätte sie zu Frau S. lediglich die Bemerkung gemacht: »Bei euch hängt er ja noch droben, bei uns ist er über Nacht spurlos verschwunden.« Die Gestapo kam in ihrem abschließenden Bericht allerdings zu dem Schluß, daß der

Aussage der Belastungszeuginnen und nicht Erna Huber zu glauben sei. Das Sondergericht 3 beim Münchner Oberlandesgericht I, bei dem diese Angelegenheit verhandelt wurde, schloß sich den Ausführungen der Gestapo an. Die Richter warfen der Angeklagten vor, sie habe »mithin böswillig gehässige und hetzerische Äußerungen über den Führer und seine Anordnungen gemacht, die geeignet sind, das Vertrauen des Volkes zur politischen Führung zu untergraben«. Zugleich sah das Gericht die angeblichen Äußerungen Erna Hubers über den Krieg als »defaitistisch« an. Da für die Richter die »Schwere und die Gemeingefährlichkeit solcher Hetzreden eine abschreckende Strafe« erforderlich machte, verurteilten sie Frau Huber am 31. 1. 1944 zu einer Haftstrafe von zwei Jahren und sechs Monaten. Bei den Ermittlungen gegen Frau Huber durchsuchte die Gestapo nicht nur deren Wohnung nach »staatsfeindlichem Material«, sie forderte zugleich von der Kreisleitung der NSDAP ein Gutachten über die politische Zuverlässigkeit der Verdächtigen an. Das zeigt wiederum sehr eindringlich, wie genau die Ortsgruppe der NSDAP in ihrem Viertel über das Leben und die Einstellung jedes einzelnen Bürgers zum NS-Staat Bescheid wußte. So konnte die Gestapo erfahren, daß Frau Huber und ihre Schwester wegen ihrer »Gesinnung und ihren ständigen Meckereien« im Viertel angeblich sehr unbeliebt waren. Zudem hatten sie sich in den Augen der NSDAP »durch ihr Verhalten beim sozialen Hilfswerk selbst außerhalb der Volksgemeinschaft gestellt«, weil sie bei der »Büchersammlung gar nichts und bei den Listensammlungen nur einige Groschen gespendet hatten«.

Vier Wochen nach ihrer Verurteilung wird Frau Huber von der Haftanstalt Stadelheim in das Frauengefängnis Bernau am Chiemsee verlegt. Ein Gnadengesuch, das ihr Rechtsanwalt mit der guten Führung, aber auch mit der schlechten psychischen Verfassung seiner Mandantin – sie hatte während der Haftzeit vier Todesfälle in ihrer Familie zu verkraften – begründete, lehnte das zuständige Gericht ab. Erst wenige Tage vor Kriegsende wurde sie aus dem Gefängnis entlassen.

Vier Jahre später eröffnete die Spruchkammer München I das Verfahren gegen die ehemaligen Kolleginnen von Frau Huber. Ihnen wurde vorgeworfen, durch »diese Handlungsweise in einwandfreier Weise das Terrorsystem des Nationalsozialismus unterstützt zu haben«. Den »treibenden Keil« bei diesem Komplott sah die Spruchkammer in Frau S., da sie ihre Kolleginnen zu dieser »unmenschlichen Handlungsweise« veranlaßt hatte. Die Spruchkammer verurteilte schließlich diese, nach Aussagen anderer Mitarbeiter der Agfa wegen ihrer nationalsozialistischen Überzeugung allgemein gefürchteten Kolleginnen zu einem bzw. Frau S. zu einem dreijährigen Aufenthalt in einem Arbeitslager.

Fußnoten

1 Staatsarchiv München, Staatsanwaltschaften 13542. Am 21.3.1933 wurde das Gesetz über die Errichtung der Sondergerichte erlassen. Nach Paragraph 2 dieses Gesetzes hatten sie folgende Funktion: »Die Sondergerichte sind zuständig für die in der Verordnung des Reichspräsidenten zum Schutz von Volk und Staat vom 28. Februar 1933 und der Verordnung zur Abwehr heimtückischer Angriffe gegen die Regierung der Nationalen Erhebung vom 21. März 1933 bezeichneten Verbrechen, soweit nicht die Zuständigkeit des Reichsgerichts oder Oberlandesgerichts begründet ist.«

Andreas Heusler

Kriegswirtschaft und Zwangsarbeit in Giesing 1939–1945

Geht man heute am Giesinger Bahnhof vorbei, so erscheint es fast undenkbar, daß hier im Zweiten Weltkrieg ein KZ-Lager, der sogenannte »Mollblock«, stand, in dem noch 1944 500 bei der Firma Agfa eingesetzte polnische Zwangsarbeiterinnen untergebracht waren. Aber dies war nur eines von vielen Gefangenen- und Zwangsarbeiterlagern, die es in Giesing während des Krieges gegeben hat. Selbst Zeitzeugen erinnern sich jedoch kaum noch an dieses »dunkle« Kapitel in der Giesinger Geschichte. Eines der ersten Lager war das 2000 Personen umfassende Kriegsgefangenenlager in der Ständlerstraße am Perlacher Forst. Auch am Hohenschwangau- und am Schwanseeplatz gab es Arbeitslager. Sogar die Agilolfingerschule in Untergiesing diente als Ausländerunterkunft; 1944 waren hier etwa 200 Männer aus Italien und Frankreich untergebracht, die ebenfalls als Zwangsarbeiter bei der kriegswichtigen Firma Agfa arbeiten mußten. In unmittelbarer Nähe davon befand sich das Kriegsgefangenen-Arbeitskommando Sachsenstraße, das ausländische Arbeitskräfte für die Firma Biebl beherbergte. Selbst in Gastwirtschaften brachte man die dringend benötigten Arbeitskräfte unter, so im Saal der Gaststätte »Siebenbrunn« oder im »Emmeram-Hof« an der Tegernseer Landstraße/Ecke Bonifatiusstraße, wo man 1941 französische Gefangene inhaftierte. Diese Beispiele mögen erst einmal genügen, um aufzuzeigen, daß auch in Giesing Kriegswirtschaft und Zwangsarbeit unübersehbar ihre Spuren setzten.

Die Leistungsfähigkeit der deutschen Kriegswirtschaft und damit auch die militärischen Handlungsmöglichkeiten der Nationalsozialisten wurden durch vier Faktoren entscheidend beeinflußt:

– die Versorgung mit Rohstoffen
– die Verfügbarkeit von Arbeitskräften
– die Verfügbarkeit von Fertigungskapazitäten
– die Funktionsfähigkeit von Infrastruktur- und Transporteinrichtungen.

Für sich genommen besaß jeder dieser Faktoren eine außerordentlich wichtige rüstungswirtschaftliche und militärstrategische Bedeutung. Dennoch konnten gewöhnlich vereinzelte Rohstoff- und Kapazitätsengpässe durch Schwerpunktverlagerungen und spontane Umstrukturierungsmaßnahmen behoben werden. Sobald jedoch zwei oder mehrere Faktoren gleichzeitig ausfielen – und dies war im Deutschland der Jahre 1939–1945 der Regelfall –, bildeten sie ein komplementäres, sich wechselseitig potenzierendes Problemnetzwerk, das für den kriegführenden Staat und seine Organe schließlich nicht mehr aufzulösen war.

Rohstoffkontingentierungen, Produktrationierungen und Verbrauchsregelungsmaßnahmen brachten nur temporäre Erleichterung. Mit Beginn der alliierten Bombenangriffe, den zunehmenden Zerstörungen von Fabriken, Gleiskörpern und Versorgungseinrichtungen, den damit verbundenen Fertigungs- und Transportproblemen und angesichts unübersehbarer militärischer Mißerfolge der Wehrmacht gewannen Fragen nach der kriegswirtschaftlichen Leistungsfähigkeit, der Verfügbarkeit von Arbeitskräften, der Regulierung und Verteilung von Ressourcen und der Versorgung der Bevölkerung eine neue Qualität. Vor allem die besorgniserregende Verknappung des »Produktionsfaktors Arbeit« wurde zu einem der drängendsten Problemfelder der kriegswirtschaftlichen Planungselite des NS-Staates.

Bereits Mitte der 30er Jahre waren ernstzunehmende Engpässe auf dem Arbeitsmarkt erkennbar geworden. Bei Kriegsausbruch herrschte in Deutschland Vollbeschäftigung, Facharbeiter waren kaum noch zu bekommen. Insbesondere die boomende Rüstungsindustrie entfaltete mit attraktiven Lohnangeboten und geldwerten Lohnnebenleistungen eine Sogwirkung, der die lohnschwachen Wirtschaftszweige (Landwirtschaft, Baunebengewerbe, Gastronomie und Handel) kaum etwas entgegenzusetzen hatten. Die zahllosen Einberufungen zur Wehrmacht verschärften die angespannte Situation auf dem Arbeitsmarkt noch zusätzlich. Auch die zahlreichen restriktiven arbeitsmarktpolitischen Regularien zur »Bewirtschaftung« der menschlichen Arbeitskraft vermochten den inzwischen dramatischen Arbeitskräftemangel nicht dauerhaft abzumildern.

Eine spürbare Entspannung brachten erst die erfolgreichen militärischen Aktionen gegen Polen, Frankreich, Belgien, Dänemark und die Niederlande. Der nationalsozialistische Aggressor hatte nun Zugang zu einem nahezu unerschöpflichen Reservoir an Rohstoffen, Produktionskapazitäten und Arbeitskräften. Schon kurz nach der militärischen Besetzung wurde das hier verfügbare ökonomische Potential erschlossen und uneingeschränkt den Interessen Deutschlands dienstbar gemacht. Zufrieden notierte ein Mitarbeiter des Bayerischen Statistischen Landesamtes im Sommer 1941: »*In den deutschen Wirtschaftsraum einbezogen sind heute – neben den heimgekehrten Gebieten und dem Generalgouvernement – alle von den deutschen Truppen eroberten und besetzten Feindgebiete; sie brachten der Wirtschaft des Deutschen Reiches einen gewaltigen Zuwachs an Industriekapazitäten, an wichtigen Rohstoffen und nicht zuletzt an Arbeitskräften. So hält Großdeutschland heute praktisch die gewaltige Produktionskraft Europas in seiner Hand.*«[1]

Durch die Präsenz von mehreren Millionen ausländischen Arbeitskräften waren die Maßnahmen exzessiver Ausbeutung im »Reich« selbst unübersehbar. Seit Herbst 1939 wurden aus allen Teilen Europas Männer und Frauen als Arbeitskräfte nach Deutschland rekrutiert. Die meisten dieser Menschen kamen nicht freiwillig nach Deutschland. Dies mußte auch der für die Arbeitskräftebeschaffung verantwortliche Generalbevollmächtigte für den Arbeitseinsatz, der thüringische Gauleiter Fritz Sauckel, einräumen: »Von den 5 Millionen ausländischen Arbeitern, die nach Deutschland gekommen sind, sind keine 200 000 freiwillig gekommen.«[2] Vielmehr glichen vor allem in den besetzten Gebieten Polens und der Sowjetunion die Werbe- und Rekrutierungsmaßnahmen einer brutalen Menschenjagd. Zur effektiven Auskämmung ganzer Landstriche wurden bald auch Wehrmacht- und Waffen-SS-Einheiten eingesetzt. Viele Menschen konnten sich nur durch Flucht zu den Partisanen oder durch Selbstverstümmelung vor den Deportationen schützen. Im August 1944 betrug die Zahl der ausländischen Arbeitskräfte im Deutschen Reich rund 7,8 Millionen Menschen; die meisten stammten aus Polen und der Sowjetunion.

Ausländische Zwangsarbeiter in München und in Giesing

Auch in München arbeiteten während der Kriegsjahre Zehntausende von ausländischen Männern und Frauen. Dazu kamen zahllose Kriegsgefangenen-Arbeitskommandos und Häftlingskommandos aus dem Konzentrationslager Dachau. Kaum ein Betrieb in München, dessen Belegschaft nicht in nennenswertem Umfang aus ausländischen Arbeitskräften bestand; kaum ein Stadtviertel, in dem nicht einige Barackenlager und Ausländerunterkünfte das Straßenbild prägten – oft mit Stacheldraht und Wachmannschaften als trauriger Verzierung. Ein dichtes Netz von mehr als 250 Ausländerlagern und -quartieren unterschiedlichster Bauart und Größe überzog das gesamte Münchner Stadtgebiet. Unbestritten ist, daß ohne die Arbeitskraft dieser Menschen nicht nur die

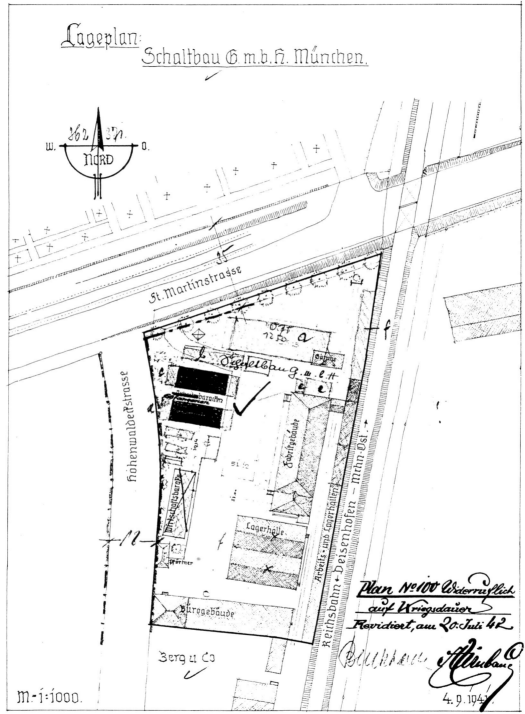

Lageplan der Gefangenenbaracken, Fa. Schaltbau (Privatbesitz).

gesamte industrielle Zivil- und Rüstungsproduktion in der »Hauptstadt der Bewegung« zum Stillstand gekommen, sondern auch die örtliche Infrastruktur und zahlreiche städtische Versorgungseinrichtungen zusammengebrochen wären. Reichsbahn, Reichspost und kommunale Betriebe (Städtische Verkehrsbetriebe, Gaswerk, Städtische Sofortbereitschaft) gehörten ebenfalls zu den großen »Bedarfsträgern« für Arbeitskräfte; nur durch den Einsatz der Zwangsarbeiter konnten sie ihren Betrieb während der Kriegsjahre aufrecht erhalten. Auch im Handwerk, in der Bauwirtschaft, im Handel und in der Gastronomie wurden ausländische Männer und Frauen eingesetzt. Selbst im Kulturbereich, so bei den Bavaria-Filmstudios und in der Staatsoper, kamen sogenannte »fremdvölkische Arbeitskräfte« und Kriegsgefangene zum Einsatz – als Statisten oder als Bühnenarbeiter. Wichtigste »Bedarfsträger« waren jedoch die vielen mittleren und großen Rüstungsbetriebe. Allein BMW beschäftigte als größter privatwirtschaftlicher Arbeitgeber in seinen beiden Werken Milbertshofen und Allach im

Herbst 1944 mehr als 16 600 ausländische Zwangsarbeiter.[3]

In Giesing hatten vier der in der Münchner Wirtschaftslandschaft besonders exponierten Rüstungsunternehmen ihren Firmensitz: Agfa, Steinheil, Schaltbau und Merk-Telefonbau. Agfa und Steinheil gehörten zu den acht größten Münchner Rüstungsgüterproduzenten. Das Fertigungsprogramm dieser Unternehmen bestand aus besonders hochwertigen, qualitativ anspruchsvollen Spezialprodukten. Steinheil bei-

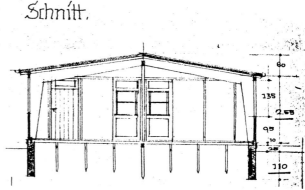

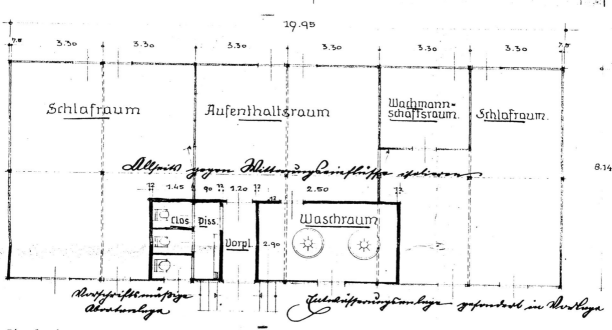

Plan für die Errichtung der Kriegsgefangenenbaracke der Fa. Schaltbau, Hohenwaldeckstraße (Privatbesitz).

spielsweise stellte für das Reichsluftfahrtministerium und das OKH vor allem Fernrohre, Visiere, Bombenabwurfgeräte und komplizierte Abwurfrechengeräte her. In diesem Produktsegment gab es im Reichsgebiet nur einige wenige Spezialanbieter, so daß den einschlägigen Herstellern eine monopolartige Stellung zukam. Auch Agfa, seit 1926 zum IG-Farben-Konzern gehörig, fertigte ausschließlich Spezialprodukte für die Wehrmacht: optische Komponenten und Zielfernrohre, später auch Bauteile für die V-1- und V-2-Raketen. Auf Grund ihrer Schlüsselstellung als »kriegswichtiger Betrieb« mit »höchsten Dringlichkeitsstufen« wurden Agfa und Steinheil sowohl bei der Zuteilung von deutschen Fachleuten als auch von ausländischen Arbeitskräften besonders berücksichtigt. Der »Menschenhunger« der Wehrmacht führte jedoch zu weiteren Einberufungen, so daß nun sogar der Facharbeiterbestand der Rüstungsbetriebe durch die Aufhebung von sogenannten Uk-Stellungen (unabkömmliche Arbeitskräfte) dezimiert wurde. Die Betriebe reagierten auf diese Entwicklung mit der Anforderung von ausländischen Arbeitskräften, einer vermehrten Einstellung von Frauen und mit Umschulungs- und Weiterbildungsmaßnahmen für ungelernte deutsche Hilfskräfte. Allein bei Steinheil stieg die Zahl der erwerbstätigen Frauen zwischen Dezember 1942 und August 1943 um 10,6 % von 868 auf 960 Arbeiterinnen. Die in qualifizierte Tätigkeiten aufgestiegenen deutschen Mitarbeiter ersetzte man durch Ausländer. Im Dezember 1941 beschäftigte Steinheil erst 67 ausländische Arbeiter. Bis August 1943 stieg die Zahl auf 621 Personen an; dabei betrug der Frauenanteil etwa 40 %.

Ganz ähnlich war die Personalsituation bei Agfa. In den letzten Kriegsjahren betrug die Belegschaftsgröße etwa 3000 Personen. Darunter, so der Direktor des Unternehmens Alfred L., befanden sich »in den Jahren 1943 und 1944 bis zu 60 italienische Kriegsgefangene, die später in das zivile Arbeitsverhältnis überführt worden sind; russische Kriegsgefangene maximal 39; Westarbeiter 271; Ostarbeiter 100. Von diesen ausländi-

Baracke für weibliche Zwangsarbeiter der Fa. Agfa an der Untersbergstraße (Privatbesitz).

schen Arbeitskräften war der größere Teil Frauen. Dazu kamen weibliche Strafgefangene des benachbarten Gefängnisses Stadelheim: Deutsche maximal 335; polnische maximal 553. Frauen vom Konzentationslager maximal 545, die alle Ausländerinnen, vorwiegend Holländerinnen und Polinnen waren.«[5]

Die »Fremdarbeiter« hatten vor allem körperlich anstrengende, schmutzige und gefährliche Arbeiten zu verrichten. In der innerbetrieblichen Hierarchie standen sie am untersten Ende, denn, so eine Weisung der OKW vom August 1940, »der deutsche Arbeiter muß grundsätzlich der Vorgesetzte des Ausländers sein und bleiben. Eine Unterstellung eines deutschen Gefolgschaftsmitgliedes unter einen Ausländer ist ausgeschlossen.«[6]

Belegschaftsentwicklung
der Fa. Steinheil Söhne 1939–43

	Arbeiter	dav. Ausl.	Angestellte	ingesamt
31. 12. 39	1428	–	386	1814
31. 12. 40	1776	2	411	2187
31. 12. 41	2004	67	416	2420
31. 12. 42	2272	425	376	2648
30. 09. 43	2485	621	415	2900

Insgesamt verlor Steinheil seit Kriegsausbruch bis 1943 rund 770 Mitarbeiter durch Einberufung zur Wehrmacht. Trotz dieser für das Unternehmen überaus schmerzhaften Reduzierung der Stamm-

Barackensammellager IX der Fa. Agfa an der Perlacher- und Untersbergstraße (Privatbesitz).

belegschaft, konnte die Zahl der Beschäftigten stetig ausgeweitet werden, wenngleich, so die Klage des Unternehmens, »die mit der Einberufung verbundene qualitative Verschlechterung nicht ausgeglichen werden konnte«.[7] Gemeint war damit der Ausbildungsstand und die berufliche Vorerfahrung der ausländischen Arbeitskräfte. Nahezu ⅔ der Fremdarbeiter bei Steinheil waren sogenannte »Ostarbeiter«, zwangsverschleppte Bürger aus den von der Wehrmacht besetzten sowjetischen Gebieten.

Die meisten hatten zuvor auf dem Land gearbeitet und noch nie eine Fabrik betreten; begreiflicherweise war für sie die Anpassung an die neuen Arbeitsbedingungen schwierig. Sie mußten erst in ihre Tätigkeiten eingewiesen und angelernt werden. Dazu kamen erhebliche Sprachschwierigkeiten und der Umstand, daß die »Ostarbeiter« bei ihrer Ankunft in Deutschland aufgrund der Rekrutierungs- und Transportbedingungen häufig in einem erbarmungswürdigen Gesundheits- und Ernährungszustand waren. Viele erreichten erst nach einer längeren Regenerations- und Einarbeitungsphase ein für die Unternehmensleitung zufriedenstellendes Leistungsniveau.

Dennoch ist aus den Quellen kein Fall bekannt, daß sich ein Münchner Unternehmen ausdrücklich gegen die Zuteilung von ausländischen Zivilarbeitern, Kriegsgefangenen oder KZ-Häftlingen und gegen die Produktionsvorgaben der Rüstungs-

dienststellen ausgesprochen hätte. Im Gegenteil: Die Firmen bemühten sich mit Nachdruck um Aufträge und um ausländische Arbeitskräfte. Beispielsweise wandte sich Agfa im Januar 1944 an das Arbeitsamt München mit der Bitte, einige bei dem Unternehmen eingesetzte strafgefangene Frauen nach ihrer Haftentlassung weiter zur Arbeitsleistung bei Agfa zu verpflichten: *»Wie uns der Vorstand der Strafgefängnisse München Stadelheim mitteilt, können straffrei werdende polnische Justizgefangene mit Gefängnisstrafen bis zu sechs Monaten im Wege der Dienstverpflichtung nach Strafablauf weiter bei uns eingesetzt werden. Nachdem die Dienstverpflichtung Ihre Aufgabe ist, überreichen wir Ihnen in der Anlage eine von uns von den Strafgefängnissen Stadelheim zur Verfügung gestellte namentliche Liste der zwölf zur Zeit bei uns beschäftigten, im Monat Februar straffrei werdenden Polinnen mit der Bitte, die Dienstverpflichtung dieser Frauen sofort auszusprechen und Ihre Bescheide sowohl dem Vorstand der Strafanstalt als auch uns möglichst bald zuzuleiten.«*[8]

Trotz vorhandener »Defizite« im Bereich ihrer Einsatz- und Leistungsfähigkeit bildeten die ausländischen Männer und Frauen für die Unternehmen unter den gegebenen Umständen ein wertvolles Arbeitskräftepotential. Das Lohnniveau war im Vergleich zu deutschen Arbeitnehmern wesentlich niedriger. Ansprüche der Ausländer, vor allem der Polen und »Ostarbeiter« auf Teilhabe an gesetzlichen und freiwilligen betrieblichen Sozialleistungen (Nachtarbeits-, Überstunden-, Sonn- und Feiertagszulagen, Weihnachtsgratifikationen usw.) bestanden normalerweise nicht bzw. konnten von den Betroffenen nicht entsprechend eingefordert werden. Die Disziplingewalt der Betriebsführer, Meister und Vorarbeiter gegenüber den Ausländern war im Gegensatz zu den deutschen Arbeitnehmern nahezu unbeschränkt, so daß die Arbeitsfreude der nichtdeutschen Belegschaft mit dem entsprechenden »Nachdruck« angeregt werden konnte. Die »Interessenorganisation« der Arbeitnehmer, die DAF, hielt sich mit Interventionen zu Gunsten der ausländischen Arbeitskräfte spürbar zurück. Auch das betriebliche Ergebnis litt nicht unter dem »Ausländereinsatz«. Ein Blick in die Jahresabschlüsse der großen Münchner Kapitalgesellschaften zeigt, daß es diese Unternehmen verstanden, Bilanzsumme, Umsatzerlöse und Gewinn während der Kriegsjahre – teilweise sogar erheblich – auszuweiten. Steinheil zum Beispiel wies für das Jahr 1941 einen Bilanzgewinn von lediglich 411 000 Reichsmark aus. In den folgenden Jahren konnte das betriebliche Ergebnis bis auf 2 423 000 Reichsmark für 1943 gesteigert werden. Dieser Gewinn wurde von einer Belegschaft erwirtschaftet, die zu etwa 25 % aus ausländischen Arbeitskräften bestand.

Da die Rekrutierungen von Arbeitsfähigen und die Deportationen trotz des deutschen Terrors in den besetzten Gebieten immer schwieriger wurden, ordneten die Kriegswirtschaftsbehörden großangelegte Betriebsstillegungen und Umverteilungen der Arbeitskräfte an. Dadurch sollte die Zahl der Beschäftigten in rüstungsrelevanten Produktionsbereichen stabilisiert und die Rohstoffversorgung dieser Betriebe sichergestellt werden. Zwei Beispiele sollen diese Maßnahmen illustrieren: Nachdem im September 1944 auf höhere Weisung die Staatsoper geschlossen worden war, wurde der größte Teil der dort Beschäftigten – darunter auch künstlerische Mitarbeiter wie Tänzer und Sänger sowie etwa 40 französische Kriegsgefangene und Zivilarbeiter – per Dienstverpflichtungsbescheid als geschlossene Gruppe zur Agfa übergeben. Ein Teil der Betroffenen konnte sich zwar unter Verweis auf besondere gesundheitliche oder familiäre Verhältnisse dieser Maßnahme entziehen, soweit es sich jedoch um ausländische Mitarbeiter der Staatsoper handelte, war jeder Widerstand zwecklos.[9]

Auch Giesinger Firmen waren von den Stillegungsaktionen betroffen. Allerdings wurden derartige Maßnahmen von den verantwortlichen Stellen bisweilen sehr kurzsichtig und ohne nachvollziehbare Grundlage durchgeführt. In vielen Fällen war der Schaden größer als der Nutzen. Am Beispiel der Eisengießerei Josef Zellerer & Söhne – der Betrieb befand sich in der Birkenleiten – kann dies sehr anschaulich gezeigt werden. Zellerer, ein Betrieb mit etwa 20 deutschen und ausländischen Beschäftigten, verarbeitete im Monat rund 40 Tonnen Eisen für Gußteile, die an verschiedene Münchner Rüstungsfirmen geliefert wurden, so an BMW, Agfa, Krauss-Maffei, Rodenstock, Robel u. a. Auf Veranlassung der Wirtschaftsgruppe Gießerei-Industrie nahm das zuständige Landeswirtschaftsamt München in der zweiten Jahreshälfte 1942 bei Zellerer eine Betriebsprüfung vor und stellte dem Betrieb zum 31. März 1943 einen Stillegungsbescheid zu: »Die im Rahmen der Rationalisierungsmaßnahmen vorgenommene fachmännische Überprüfung Ihres Betriebes führte zur Feststellung, daß er den kriegsbedingten Forderungen hinsichtlich Einrichtung und rationellem Einsatz von Arbeitskräften und Rohstoffen nicht entspricht.«[10] Die freiwerdenden Arbeitskräfte und Rohstoffe, so das Landeswirtschaftsamt, sollten der Firma Kustermann in der Rosenheimer Straße zur Verfügung gestellt werden. Die Folge war, daß die Zellerer-Kunden im Interesse ihrer eigenen Fertigung beim Landeswirtschaftsamt energisch gegen die Stillegungsverfügung protestierten. Die Firmen äußerten ihre unbedingte Zufriedenheit mit der Qualität der gelieferten Produkte und betonten ausdrücklich die Verläßlichkeit von Zellerer bei der Einhaltung von Lieferterminen. Bei Kustermann, so die Befürchtung einiger Abnehmer, sei mit einer vergleichbaren Zuverlässigkeit nach bisherigen Erfahrungen nicht zu rechnen. Dies mußte selbst die Firma Kustermann einräumen: Für eine ähnlich prompte Lieferung wie Zellerer könne man nicht garantieren; im übrigen, so Kustermann, habe »die Gießerei von Zellerer im Rahmen der Rüstungswirtschaft Münchens ihre Lebensberechtigung.«[11] Die Einwände führten jedoch nicht zur Aufhebung des Stillegungsbescheids. Dieser wurde schließlich gegen den Widerstand der beteiligten Firmen und gegen alle Vernunft vollzogen.

KZ-Außenkommando Agfa

Das größte Nebenlager des Konzentrationslagers Dachau im Müncher Stadtgebiet befand sich an der nördlichen Peripherie in Ludwigsfeld. Im BMW-Werk und Lager Allach wurden die Häftlinge brutal geschunden, mißhandelt und ermordet. In Giesing bei Agfa hatte die SS das zweitgrößte Müncher KZ-Nebenlager eingerichtet. Die Verhältnisse hier sind kaum mit den barbarischen Bedingungen bei BMW-Allach gleichzusetzen – permanente Mißhandlungen und Ermordungen von Häftlingen, wie sie in Allach an der Tagesordnung waren, können hier nicht nachgewiesen werden, vielleicht auch deshalb, weil es sich bei dem Giesinger Lager um ein reines Frauenlager handelte.[12] Doch auch für die Frauen dieses Arbeitskommandos waren die Monate bei Agfa eine Zeit der Entbehrungen, Demütigungen und Todesfurcht. Auch die weiblichen Häftlinge waren der Willkür des Wachpersonals und der Meister ausgesetzt, ihnen wurde ein Höchstmaß an Arbeitsleistung abgefordert und sie lebten unter erbärmlichen menschenunwürdigen Bedingungen.

Das Arbeitskommando umfaßte etwa 500 Frauen; die meisten kamen aus Polen, einige aus Holland. Ein Teil der Polinnen waren im Zusammenhang mit dem Warschauer Aufstand im Sommer 1944 von der Gestapo verhaftet und kurz darauf in Güterwaggons nach Deutschland deportiert worden. Nach einer kurzen Internierung im KZ Ravensbrück kamen die Frauen schließlich zur Firma Agfa nach München. Untergebracht wurden sie im Lager »Mollblock« am Giesinger Bahnhof. Das Lager war mit einem Stacheldrahtzaun gesichert; an den vier Ecken befanden sich Wachtürme. Die Unterkünfte waren primitiv. Wegen der völlig ungenügenden Heizmöglichkeiten – die bombengeschädigten Räume konnten nicht abgedichtet werden – wurden die Frauen in den Wintermonaten 1944/45 hilflos der Kälte ausgesetzt. Zudem waren die Verpflegung und die hygienischen Verhältnisse katastrophal. Nur einmal in der Woche gab es warmes Wasser, notwendige Toilettenartikel fehlten. Den etwa zwei Kilometer langen täglichen Weg zum Agfa-Werk legten die Frauen unter SS-Bewachung zurück. Während der Arbeit wurden die Häftlinge von Agfa-Mitarbeitern oder von weiblichem SS-Personal beaufsichtigt.

Über die Verhältnisse bei Agfa und im Lager Mollblock berichtet die ehemalige Zwangsarbeiterin Kazimiera S.: »*In der Fabrik Agfa arbeiteten wir bei der Herstellung von Teilen für Bomben; man erzählte, daß es Teile für die V-Waffe waren. (...)*

Die Arbeit dauerte 12 Stunden täglich und sogar länger, wenn wir die vorgesehene Norm nicht erfüllten. Wir arbeiteten unter Angst von dauernden Fliegerangriffen, sowohl am Tage wie auch in der Nacht, wobei die deutschen Arbeiter während der Fliegerangriffe in die Bunker flüchteten. Wir dagegen wurden in der Fabrik eingesperrt. Während der Fliegerangriffe fielen Bomben auf Gebäude und auf die Fabrikhallen. Wir litten damals unter psychischen Erschütterungen, oftmals waren wir nahe des Wahnsinns, weil wir in abgesperrten Hallen saßen, ohne Möglichkeit der Flucht im Falle der Not. Es fielen auf uns die zerschlagenen Fensterscheiben, Holzstücke oder Bleche, die bei uns Verletzungen verursachten.

Nach so einem Fliegerangriff und nach so einem Schock mußten wir an die Arbeit zurückkehren, meistens nicht auf lange, weil ein neuer Fliegerangriff wieder folgte. So war es täglich, wöchentlich und monatlich. Wir gingen zur Arbeit hungrig, schmutzig, verlaust, in schlechtem Schuhwerk (Holzschuhe in schlechter Ausfertigung, die unter Wassereinwirkung gleich weich wurden), statt mit Mänteln deckten wir uns mit Decken zu.

Da ich während der Arbeit die von mir hergestellten Kapseln im Petroleum mit irgendwelcher ätzenden Flüssigkeit abspülen mußte, reizte und trocknete mir diese Flüssigkeit die Schleimhäute der Nase aus, so, daß bei mir in der Nase Eiterabszesse entstanden. Gegen diese Erkrankung wurden keine Arzneimittel an uns verteilt und als ich einmal pro Woche ein kleines Stückchen Margarine erhielt, benutzte ich sie zum Schmieren des Nasenabszesses. (...)

Außer der Bombardierung von Fabrikhallen wurde auch unser Lager bombardiert, wir hatten also keine Ruhe nach der Rückkehr von der Arbeit. Wir konnten nicht ausgezogen schlafen, weil wir ständig in Bereitschaft sein mußten. Wir erhielten warmes Wasser nur einmal in der Woche und das in einer geringen Menge, es waren keine Kämme da, um die Haare zu kämmen. Die Fenster in den Gebäuden, in denen wir wohnten, flogen durch Bombenangriffe aus ihren Fensterrahmen und wir litten unter ständiger Kälte, sogar waren unsere Pritschen mit Schnee zugeschüttet. Während einem dieser Fliegerangriffe wurde ich mit Verputz und Schutt zugeschüttet, so, daß ich ohnmächtig wurde. (...)«

Am 27. April 1945 wurde das Agfa-KZ-Lager von der SS evakuiert. Der Evakuierungsmarsch führte die Frauen bis nach Wolfratshausen, wo sich die Wachmannschaften der SS in der Nacht zum 1. Mai 1945 aus dem Staub machten. Am nächsten Tag trafen die Frauen mit amerikanischen Soldaten zusammen.

Zivilarbeiter in Giesing

Um lange Anmarschwege der Ausländer zu ihren Arbeitsplätzen zu vermeiden, wurden die Unterkünfte der ausländischen Zivilarbeiter nach Möglichkeit noch auf dem Betriebsgelände oder in unmittelbarer Nähe zu diesem errichtet. Kleinere Betriebe, die nur wenige Ausländer beschäftigten, teilten sich ein Lager mit anderen Firmen oder brachten ihre Arbeitskräfte gegen Zahlung eines entsprechenden Mietzinses in den Lagern von Groß- und Mittelbetrieben unter. Verwaltung und Betreuung der Unterkünfte lag entweder in den Händen der jeweiligen Firma oder wurde von der DAF wahrgenommen. Bei den Lagern handelte es sich meist um mehrere standardisierte schlichte Holzbaracken mit spartanischer Inneneinrichtung. Die Bettstellen waren mit Strohsäcken und Decken ausgestattet; beides konnte oft über Jahre nicht gewechselt werden – ein idealer Nährboden für Ungeziefer und Krankheitserreger. Viele Lager verfügten weder über Aufenthaltsräume noch über geeignete und ausreichende sanitäre Anlagen. Körperpflege und Wäschereinigung waren für die Bewohner meist nur unter größten Anstrengungen möglich. Waschmöglichkeiten in öffentlichen Bädern wurden den Ausländern nur eingeräumt, um mögliche »gesundheitspolitische Gefahren« für die einheimische Bevölkerung zu verhindern. Ansonsten hatte man für die Ausländer nur Spott und Verachtung übrig: »Im allgemeinen waschen sich die Ostarbeiter die Füße, wenn ihnen die Stiefel zu klein werden«, so der Münchner Oberbürgermeister und Reichsleiter Karl Fiehler.[14]

Die Möglichkeit, das Lager zu verlassen, hatten gewöhnlich nur die etwas besser gestellten westeuropäischen Zivilarbeiter sowie die privilegierten Ausländer aus »befreundeten« bzw. verbündeten Staaten (Italien, Rumänien, Kroatien, Ungarn). Diesen bot sich am Wochenende und an freien Tagen sogar die Gelegenheit zu Ausflügen ins nahegelegene Münchner Umland, zum Kino-, Theater- oder Tierparkbesuch. Polen und »Ost-

Nach einem Bombenangriff Anfang Oktober 1943 ausgebrannte Baracken für Zwangsarbeiter der Fa. Agfa an der Untersbergstraße (Privatbesitz).

arbeiter« – sie mußten wie die Juden ein Abzeichen auf ihrer Kleidung anbringen – konnten das Lager nur mit entsprechender Genehmigung und gewöhnlich auch nur in Gruppen und in Begleitung verlassen. Die Ostarbeiterlager selbst waren häufig bewacht und vereinzelt auch mit Stacheldrahtzäunen umgeben, um die Flucht der Insassen zu verhindern. »Ostarbeiter« und Polen waren die Parias unter den ausländischen Arbeitskräften.

In Giesing können folgende Lager nachgewiesen werden:

– **Zivilarbeitslager an der Aignerstraße:**
Hier waren etwa 180 Arbeitskräfte der »Fabrik München zur Verwertung chemischer Erzeugnisse« untergebracht. Es handelte sich vor allem um Männer und Frauen aus Kroatien.

– **Ausländerunterkunft in der Agilolfinger-Schule:**
1944 waren hier etwa 200 Männer aus Italien und Frankreich untergebracht, die bei Agfa eingesetzt waren.

– **Firmenlager der Färberei Hitzelsberger, Claude-Lorrain-Straße.**

– **Kriegsgefangenenlager Hohenschwangau-platz:**
1944 waren hier 63 französische Kriegsgefangene der Baufirma Stöhr untergebracht.

– **Firmenlager der Fa. Schaltbau, Hohenwaldeck-straße.**

– **KZ-Lager »Mollblock«, Giesinger Bahnhof:**
Hier waren im September 1944 etwa 500 bei der Firma Agfa eingesetzte Polinnen untergebracht.

– **Kriegsgefangenenlager Perlacher Forst, Ständlerstraße:**
Eines der ersten Lager in Giesing; errichtet im Spätsommer 1940 von der Stadt München. Fassungsvermögen rund 2000 Personen.

– **Kriegsgefangenen-Arbeitskommando Sachsenstraße. (Firma Biebl)**

– **Kriegsgefangenenlager Schwanseeplatz:**
Städtisches Barackenlager mit einem Fassungsvermögen von rund 270 Personen. Zunächst

zur Unterbringung bombengeschädigter Münchner errichtet, dann in ein Arbeiterlager umgewidmet. Untergebracht waren hier u. a. Kriegsgefangene der Baufirma Stöhr.

– **Ausländerunterkunft Gastwirtschaft »Siebenbrunn«:**
Im Saal der Gaststätte wurden bereits 1942 polnische Zwangsarbeiter untergebracht.
– **Kriegsgefangenen-Arbeitskommando Tegernseer Landstraße:**
Im Gasthof »Emmeram-Hof« wurden 1941 französische Kriegsgefangene untergebracht.
– **Kriegsgefangenen-Arbeitskommando Tegernseer Landstraße:**
In »Amanns Bierhallen« wurden 1943 französische Kriegsgefangene der Baufirma Baumgartner untergebracht.
– **Barackensammellager IX Untersbergstraße:**
Lager der Firma Agfa, in dem u. a. etwa 250 strafgefangene Polinnen untergebracht waren. Das Lager stand auch anderen Firmen zur Unterbringung ihrer Arbeitskräfte zur Verfügung und wurde von Agfa verwaltet. Fassungsvermögen rund 1400 Personen.

Neben diesen Lagern auf Giesinger Gebiet existierten noch zahlreiche Lager in den unmittelbar angrenzenden Stadtbezirken, vor allem in Haidhausen und in der Au. Mehrere große Barackenlager befanden sich an der Rosenheimer Straße (Fabrik München), Germersheimer Straße (Steinheil) und an der Balanstraße (Steinheil, F. S. Kustermann).

Stadelheim

Die Lebens- und Arbeitsbedingungen der ausländischen Arbeitskräfte in Giesing waren kaum anders, das heißt nicht besser und nicht schlechter als in den übrigen Münchner Stadtteilen. Entscheidend war, wie die Verantwortlichen, die Unternehmensleitung, die Meister und Vorarbeiter in den einzelnen Betrieben dachten und handelten: ob sie im Ausländer den Menschen erkannten oder nur die billige Arbeitskraft sahen, ob sie die unmenschlichen und erniedrigenden Behandlungsvorgaben der NS-Führung übernahmen, ob sie gleichgültig blieben oder ob sie im Umgang mit den ausländischen Arbeitskräften eigene humanitäre Akzente setzten. Ein eigenes Giesinger »Profil« ist dabei nicht erkennbar. Und dennoch besaß der Stadtteil für viele ausländische Arbeitskräfte eine besonders schicksalhafte und tragische Bedeutung: Denn hier befand sich das Strafgefängnis Stadelheim. In den Zellen an der Stadelheimer Straße verbrachten Hunderte von ausländischen Arbeitern Monate und Jahre. In vielen Fällen handelte es sich bei der Verurteilung um Straftaten, die in unmittelbarem Zusammenhang mit der Lebenssituation des Täters standen – etwa Lebensmitteldiebstähle aus Hunger, illegale Tausch- und Handelsgeschäfte mit Lebensmittelmarken und Kleidungsstücken, abfällige Äußerungen über Deutschland – oder um Delikte, die erst durch die Ausländereigenschaft des »Täters« zum Straftatbestand wurden: verbotene Liebesbeziehungen zu deutschen Frauen, unerlaubtes Verlassen des Wohnortes usw. In Stadelheim stand die »Fallschwertmaschine« des Scharfrichters Reichhart, der auf Geheiß der Mordrichter des Sondergerichts München einige hundert ausländische Männer und Frauen aus München und Oberbayern exekutierte. So zum Beispiel den jungen Polen Boleslaw Buczkowski, Landarbeiter aus dem Flecken Oberndorf im Landkreis Erding.[15]

Der damals 17jährige war im Dezember 1941 wegen eines »gestohlenen« Apfels von seinem Bauern gezüchtigt worden, hatte zurückgeschlagen und war schließlich vom Hof geflüchtet. Kurz darauf traf er mit einem ebenfalls auf dem Hof beschäftigten französischen Kriegsgefangenen zusammen. Aus den Gesten des Polen glaubte dieser zu erkennen, daß der Pole das Anwesen des Bauern niederbrennen wolle. Am nächsten Tag wurde Boleslaw Buczkowski festgenommen. Wegen gefährlicher Körperverletzung und der Androhung von Brandstiftung wurde er vom

Landgericht München I am 8. April 1942 zu einer Gefängnisstrafe von einem Jahr und sechs Monaten verurteilt. Dieses vergleichsweise milde Urteil wurde auf Antrag des Münchner Oberstaatsanwaltes vom Reichsgericht im Juni 1942 aufgehoben; die Sache wurde zur neuerlichen Verhandlung an das Sondergericht München zurückverwiesen. Am 25. August 1942 verurteilte dieses Gericht unter Vorsitz des berüchtigten Oberlandesgerichtsrates Michael Schwingenschlögl den Polen Buczkowski zum Tode: »... wiegen aber sowohl eine so schwere Tätlichkeit eines polnischen Landarbeiters gegen seinen um viele Jahre älteren, ja schon im Greisenalter stehenden deutschen Arbeitgeber als auch eine so erhebliche Störung des öffentlichen Friedens durch einen nichtsnutzigen, rachsüchtigen und statt zur Reue und Einsicht bereiten Polen so schwer, daß das Gericht weder im einen noch im anderen Fall einen minder schweren Fall annehmen konnte.« Am 29. September 1942 wurde das Urteil in Stadelheim vollstreckt. Wenige Stunden vor der Hinrichtung schrieb Buczkowski an seine Eltern:

»Liebe Eltern, ich verabschiede mich zum letzten Mal, denn heute, den 29. September, muß ich in den Tod gehen. Dieses Unrecht, das uns zugefügt wurde, wird in kürzester Zeit vergolten werden. Dem Bauern, der mich zum Tode verurteilt hat, werden andere Polen es heimzahlen. Das Unrecht wird in die neue Geschichte Polens eingeschrieben werden. Im Krieg haben sie uns zu Tausenden niedergemetzelt. Aber die Polen, die am Leben bleiben, werden sie nach dem Krieg bis auf den letzten Mann niedermachen. Zum letzten Mal verabschiede ich mich von Bruder und Schwester, von allen Freunden. Alle, denen ich Unrecht zugefügt habe: Vergebt mir, damit ich nach dem Tode für immer ein reines Gewissen habe. Euch wünsche ich Gesundheit, Glück und ein langes Leben. Betet alle für meine Seele. Obwohl man mir das Leben nimmt, können sie mir meine Seele nicht nehmen. Liebe Mutter, ich verabschiede mich von Dir, von Papi, von Czesiek und Stasia, von der ganzen Familie. Ich bin unschuldig. Auf Wiedersehen in der Ewigkeit!« Der Brief erreichte die Eltern nie; er liegt noch heute bei den Akten.

Fußnoten

1 Bayerisches Hauptstaatsarchiv, Reichsstatthalter Epp 476.
2 Bundesarchiv Koblenz, R 3/1722.
3 Bundesarchiv-Militärarchiv Freiburg, RW 17–55.
4 Vgl. Bundesarchiv-Abteilungen Potsdam, 80 Ba 6/271, 272.
5 Staatsarchiv Nürnberg, KV-Anklage Interrogations L 58.
6 Staatsarchiv München, Gestapo 74.
7 Bundesarchiv-Abteilungen Potsdam, 80 Ba 6/271, 272.
8 Institut für Zeitgeschichte, Nürnberger Dokumentensammlung, Dokument NI-3825.
9 Bayerisches Hauptstaatsarchiv, Staatstheater 14360.
10 Bayerisches Hauptstaatsarchiv, MWi 9239.
11 Bayerisches Hauptstaatsarchiv, MWi 9239.
12 Vgl. dazu und zum folgenden die Ermittlungsakten bei der Zentralen Stelle der Landesjustizverwaltungen Ludwigsburg.
13 Zeugenvernehmungsniederschrift, Zentrale Stelle der Landesjustizverwaltungen Ludwigsburg, Aktenzeichen IV 410 AR 117/73.
14 Stadtarchiv München, Ratssitzungsprotokolle Film 717/3.
15 Staatsarchiv München, Staatsanwaltschaften 11010.

Strafvollzug im Zeichen des Hakenkreuzes
Erlebnisse in der Giesinger Haftanstalt Stadelheim während der nationalsozialistischen Herrschaft

Willkürliche Verurteilungen Unschuldiger, Gewaltverbrechen an Zivilisten und grausame Morde werden laufend aus verschiedenen Ländern der Welt gemeldet; man denke nur an die derzeitigen Medieninformationen über Greueltaten im ehemaligen Jugoslawien oder an die ständigen Berichte von Amnesty International über Folter und Todesstrafe. Meist lösen diese Meldungen Entsetzen, Abscheu und Empörung aus. Doch geraten die Angst einflößenden und bedrohlichen Ereignisse auch schnell wieder in Vergessenheit; schließlich leben wir in einem zivilisierten und friedlichen Land. Noch vor einem halben Jahrhundert war jedoch auch in Deutschland ein Terrorregime an der Macht, dem Millionen von Menschen zum Opfer gefallen sind. Am

Die Haftanstalt Stadelheim aus der Vogelperspektive. Aufnahme des berühmten Fliegers Udet aus den frühen zwanziger Jahren. Die beiden Funksendetürme gehörten nicht zum Gefängnis. Der Pfeil weist auf die Hinrichtungsstätte (Justizvollzugsanstalt Stadelheim).

Beispiel der Giesinger Haftanstalt Stadelheim wird im Folgenden aufgezeigt, welche Formen Willkür und Grausamkeit annehmen können, wenn durch ein verbrecherisches System Justiz und Strafvollzug ihrer rechtsstaatlichen Bindung beraubt werden.

Sehr eindringlich beschreibt Karl Alt, der während der NS-Zeit in Stadelheim als evangelischer Gefängnisseelsorger tätig war, wie dort Terror und Gewalt ausgeübt wurden. Sein Erlebnisbericht »Todeskandidaten« ist eine eindrucksvolle Schilderung, die nicht nur die Auswirkungen der neuen Machtverhältnisse auf den Strafvollzug zeigt, sondern die Betroffenen selbst zu Wort kommen läßt.[1] Ergänzt und bestätigt wird dieser Bericht durch die Aussagen von zwei Zeitzeuginnen, die als politische Gefangene einige Jahre in Stadelheim inhaftiert gewesen waren, sowie durch die Schilderungen des katholischen Gefängnisgeistlichen und späteren Stadtrats Anton Maier[2] und durch die Briefe einiger in Stadelheim ermordeter Mitglieder der Widerstandsgruppe »Weiße Rose« bzw. den Aufzeichnungen von deren Angehörigen oder Freunden.

Strafvollzug in Stadelheim

Am 1. Juli 1934 trat Karl Alt seine Stelle als Pfarrer an der Giesinger Lutherkirche an. Da auch Stadelheim zu seinem Bezirk gehörte, hatte er zusätzlich die Aufgabe, dort die evangelischen Gefängnisinsassen zu betreuen. Diese Tätigkeit schien ihm zunächst nicht bedeutender als seine übrigen Pflichten als Seelsorger. Bisher waren in Stadelheim, dessen erster Bauabschnitt bereits 1894 fertiggestellt worden war, nämlich nur Häftlinge untergebracht, die geringe Strafen zu verbüßen hatten – von einer Woche bis zur Höchstgrenze von drei Monaten. Als Pfarrer Alt jedoch am Tag vor der Übernahme seines neuen Amtes mit seinem Vorgänger bei der gemeinsamen Autofahrt durch den weiträumigen Pfarrbezirk auch an Stadelheim vorbeikam, kündigte sich bereits auf schreckliche Weise die neue Dimension dieser

Aufgabe an: »*Als unser Kraftwagen am Gefängnistor vorbeikam, erblickten wir zu unserer Überraschung einen SS-Doppelposten davorstehen und auch an den vier Ecken des Gefängniskomplexes waren SS-Männer mit scharfgeladenen Gewehren aufgestellt – alles mitten im Frieden, auch für meinen Vorgänger verwunderlich. Plötzlich hörten wir aus dem Gefängnishof mehrere Gewehrsalven krachen. Sie galten den Anhängern Röhms. (...) Daß sich darunter auch versehentlich ein völlig Unbeteiligter befand, der zufällig auch den Namen Schmid trug und in der Hast mit einem seiner Namensvetter verwechselt worden war, erkannte man erst, als es – zu spät war!«*[3]

Mit diesen Hinrichtungen begann in der deutschen Justizgeschichte eine völlig neue Phase, die immer mehr von Willkür und Gesetzlosigkeit gekennzeichnet war. Außerdem veränderten die Nationalsozialisten nicht nur den Strafvollzug, sondern pervertierten auch den Zweck einer Bestrafung. Sie sollte nicht mehr wie bisher der Besserung und der Erziehung des Straffälligen als vielmehr der Vergeltung, der Abschreckung und vor allem dazu dienen, die politischen Gegner unschädlich zu machen.

Nach der Machtergreifung der Nationalsozialisten änderte sich auch sehr bald die Funktion der Haftanstalt Stadelheim. War sie zuvor ein sogenanntes Strafvollstreckungsgefängnis gewesen, in das meist Gewohnheitsbettler und sogenannte Arbeitsscheue sowie Prostituierte und andere Kleinkriminelle eingeliefert worden waren, die nicht mehr als drei Monate Haftstrafe abzusitzen hatten, diente es nun als Strafgefängnis, in dem Schwerverbrecher, vor allem aber politische Häftlinge untergebracht wurden. Sie waren entweder schon verurteilt oder mußten – oft über viele Jahre – auf ihre Gerichtsverhandlung und ihre Verurteilung warten. Bis zur nationalsozialistischen Machtergreifung fanden hier nur wenige Hinrichtungen statt. Das änderte sich schlagartig nach 1933. Die Haftanstalt wurde mehr und mehr zu einer zentralen Hinrichtungsstätte für Bayern, später auch für das »angeschlossene« Österreich.

Ostansicht, Stadelheim 1903 (Stadtarchiv München).

Während der gesamten NS-Zeit kamen dort 1164 Menschen – davon viele ohne gerichtliches Verfahren – ums Leben: Männer und Frauen, Jugendliche, Kriminelle und politisch Verfolgte, auch viele Polen und ein Teil der tschechischen intellektuellen Führungsschicht.[4]

Haftbedingungen in Stadelheim

Da während der Machtergreifung der Nationalsozialisten die Zahl der politischen Häftlinge in Stadelheim sprunghaft zugenommen hatte, reichten die bisherigen Räumlichkeiten für die Unterbringung der Inhaftierten bald nicht mehr aus – obwohl man die ursprünglichen Einzelzellen mit zwei, drei und mehr Personen belegte und sogar den evangelischen Betsaal in einen Haftraum umgewandelt hatte; darin quartierte man über 70 Frauen ein, die tagsüber in Rüstungsbetrieben arbeiten mußten.

Um die ständig neu hinzukommenden Häftlinge unterbringen zu können, wurden noch Barackenbauten errichtet. Als zusätzliche Schikane

und Demütigung für die politischen Gefangenen machte man normalerweise zwischen ihnen und den gewöhnlichen Kriminellen keinen Unterschied; Hochschulprofessoren, hohe Beamte, Lehrer, Geistliche und andere Vertreter des öffentlichen Lebens mußten ihre Zelle auch mit Schwerverbrechern teilen.[5] Die hygienischen Verhältnisse waren äußerst spartanisch: In den Zellen gab es keine Wasch- oder WC-Vorrichtungen, sondern lediglich Kübel, die jeden Morgen entleert werden mußten. Nach Pfarrer Alt hatten die Insassen besonders unter Wanzen und Flöhen zu leiden, die sich wegen der Überbelegung leicht verbreiten konnten. Unerträglich wurde die Ungezieferplage, nachdem die Häftlinge die oft verlausten Uniformen und Ausrüstungsgegenstände in ihren Zellen auszubessern hatten. Allerdings bedeutete diese Arbeit für viele Gefangene eine willkommene Abwechslung, weil sie dadurch vom ständigen Nachdenken über ihre oft ungewisse Lage abgelenkt waren.

Über die allgemeinen Haftbedingungen äußerten sich die Gefangenen Pfarrer Alt gegenüber

Hauptfassade der Strafvollzugsanstalt Stadelheim, 1903 (Stadtarchiv München).

durchwegs positiv. Das tägliche Arbeitspensum galt als erträglich und die Anstaltskost war, abgesehen von den letzten Kriegsjahren, zumindest ausreichend. Der Leiter der Haftanstalt, Oberregierungsrat Koch, legte besonderen Wert darauf, daß alle Gefangenen vom Aufsichtspersonal korrekt behandelt wurden. Ein Gespräch mit zwei Zeitzeuginnen – der heute 83jährigen Frau H.-B. und der mittlerweile 82jährigen Frau B., die selbst als politische Gefangene in Stadelheim inhaftiert gewesen waren –, bestätigte vieles aus dem Bericht von Pfarrer Alt.[6]

Frau H.-B. war bereits mit 16 Jahren Mitglied der Arbeiterjugend, wenig später der internationalen Arbeiterhilfe und der KPD. Ihr Mann, den sie 1930 geheiratet hatte, war Landtags- und bald auch Reichstagsabgeordneter der KPD. Im Zuge der politischen Säuberungen wurde er im April 1933 auf der Fürstenrieder Straße verhaftet und nach einem kurzen Aufenthalt in der Ettstraße, wo sich zunächst die Zentrale der Gestapo be-

fand, in das Konzentrationslager Dachau gebracht. Wenige Tage nach der Verhaftung ihres Mannes nahm die Gestapo auch Frau H.-B. fest. Während ihrem Mann kurze Zeit später auf nahezu unglaubliche Weise die Flucht aus dem KZ und anschließend ins Ausland gelang, wurde Frau H.-B. drei Jahre ohne Gerichtsverfahren in Stadelheim festgehalten und schließlich nach Moringen bei Hannover in eines der ersten Konzentrationslager für Frauen gebracht. Diese sich vier Jahre hinziehende Schutzhaft war für sie erst zu Ende, als für die Gestapo sicher feststand, daß ihr ins Ausland geflüchteter Mann im Spanischen Bürgerkrieg umgekommen war. Frau H.-B. vermutet, daß sie bis zu diesem Zeitpunkt quasi als Faustpfand für ihren Mann in Schutzhaft bleiben mußte; in der Regel hätte alle drei Monate neu über die Verlängerung der Inhaftierung entschieden werden müssen.

Nach ihrer Verhaftung brachte man Frau H.-B. zunächst in eine Einzelzelle im Parterre des Frau-

Aufstellung
Über die Zahl der Hinrichtungen in der Strafanstalt Stadelheim

Jahr	Zahl der Hinrichtungen	Hinrichtungsart	Bemerkungen
1895	1	Enthauptung	
1897	1	Enthauptung	
1989	1	Enthauptung	
1899	1	Enthauptung	
1913	1	Enthauptung	
1921	1	Erschießung	
1922	3	Erschießung	
1923	1	Erschießung	
1924	2	Erschießung	
1925	1	Enthauptung	
1927	1	Enthauptung	
	14		
1934	1	Enthauptung	
1935	1	Enthauptung	
1937	14	Enthauptung	
1939	26	Enthauptung	davon 12 nach dem 1. 9. 1939
1940	24	Enthauptung	
1941	69	Enthauptung	
1942	245	Enthauptung	
1943	383	Enthauptung	
	2	Erschießung	
	5	durch Strang	
1944	354	Erschießung	
	1	durch Strang	
1945	39	Enthauptung	letzte am 10. 4. 1945
	1164		
	14		
	1178		

Quelle: Justizvollzugsanstalt München-Stadelheim

entraktes der Haftanstalt unter. Sie erinnert sich genau an die unangenehme Kälte in diesem Raum, die vom Steinboden ausging; besonders präsent ist ihr aber eine junge Frau aus der Nachbarzelle, die sich aus Verzweiflung darüber, daß sie zwei kleine Kinder unversorgt zurücklassen mußte, das Leben nahm. Auslösendes Moment – so die Zeitzeugin – war die klamme Kälte gewesen. Daraufhin verlegte die Anstaltsleitung die im Parterre inhaftierten politischen Häftlinge, die von dem Selbstmord der jungen Mutter sehr schockiert gewesen waren, in den ersten Stock. Dort war die Raumtemperatur wegen des Holzbodens erträglicher. Als besonders schlimm empfand Frau H.-B., daß sie in den ersten Monaten ihrer Einzelhaft weder lesen noch arbeiten durfte. Darum war sie sehr erleichtert, als ihr die Aufseherin nach einigen Wochen wenigstens löchrige Socken zum Flicken gab; damit hatte sie endlich eine Beschäftigung, welche die Langeweile und Eintönigkeit der Einzelhaft unterbrach.

Nach mehreren zunächst erfolglosen Gesuchen hob die Anstaltsleitung schließlich die Einzelhaft auf. Danach mußte Frau H.-B. allerdings bis zum Ende ihrer Haftzeit eine für vier Personen gedachte Zelle mit sechs weiteren Frauen teilen. In der Zelle befanden sich sieben Pritschen mit harten Matratzen, einem Kopfkeil und einer einfachen Decke. Neben dem Tisch und zwei Stühlen gab es in der Zelle lediglich einen Holzverschlag, in dem der Kübel für die täglichen Verrichtungen untergebracht war. Deshalb waren viele Häftlinge froh, wenn sie ihre spartanisch eingerichteten Zellen wenigstens einige Stunden für die vorgeschriebenen Arbeiten in der Anstalt verlassen konnten. Frau H.-B. erhielt erst ein Jahr nach ihrer Inhaftierung eine Stelle in der Waschküche der Anstalt zugewiesen. Dort stand sie zuerst an der Mangel; später durfte sie feinbügeln, wofür sie sogar mit anfänglich 10, dann 20 Pfennigen täglich entlohnt wurde. In der Anstaltswäscherei ereignete sich eines Tages auch folgender Vorfall: Weil Frau H.-B. die Waschküche nicht mit der eigens dafür vorgesehenen Schürze, sondern in ihrer Anstaltskleidung geputzt hatte, wurde sie von einer Aufseherin mit harschen Worten zurechtgewiesen. Darauf ging ihr nach eigenen Worten der Gaul durch: »So reden Sie nicht mit mir, ich bin schließlich eine politische Gefangene!« Zugleich forderte Frau H.-B. die verdutzte Gefängnisangestellte auf, sie sofort in die Zelle zurückzubringen, was diese in ihrer Verblüffung auch tat. Erstaunlicherweise hatte dieser Vorfall für sie keine negativen Folgen, da ihn die Aufseherin weder dem Gefängnisdirektor noch der Gestapo meldete.

Aus der Sicht von Frau H.-B. wurden die Gefangenen in der Regel anständig behandelt; an Schikanen oder gar Mißhandlungen kann sie sich – ebenso wie Frau B. – nicht erinnern. Die Gefängniskost war sehr einfach: Es gab häufig Erbsen, Linsen oder Lunge. Als Mitte der 30er Jahre eine englische Menschenrechtskommission das Gefängnis besuchte, beklagte sich Frau H.-B. bei der Delegation über die Verpflegung – woraufhin der Gefängnisdirektor sie rufen ließ. Auf die Frage, warum sie sich denn nicht schon vorher beschwert habe, gab sie ihm zur Antwort, daß schließlich alle Beschwerden von Häftlingen sofort der Gestapo gemeldet würden. Zumindest in den ersten Jahren nach der Machtergreifung konnten die politischen Gefangenen auch Briefe erhalten. Allerdings durfte Frau H.-B. während ihrer gesamten dreijährigen Haftzeit in Stadel-

heim keinen Besuch empfangen. Sogar ihr Gesuch, an der Beerdigung ihres Vaters teilzunehmen, wurde 1935 wegen angeblicher Fluchtgefahr abgelehnt.

Die andere Zeitzeugin, Frau B., war wegen illegaler Mitarbeit in der verbotenen SAP vom Februar 1935 bis Januar 1936 in Einzelhaft. Sie berichtet, daß sie aus der Beamtenbibliothek zunächst Hitlers »Mein Kampf«, den sie während der Haft fast auswendig lernte, gelegentlich auch den »Völkischen Beobachter« sowie einmal den Roman »Mein Weg ins Leben« von dem russischen Schriftsteller Anatoli Wassiljewitsch Lunatscharskij zum Lesen bekam. Auch Frau B. bestätigt, vom Personal human behandelt worden zu sein – mit Ausnahme einer Aufseherin aus dem zweiten Stock des Frauentrakts, die nach Meinung beider Zeitzeuginnen als Spitzel für die Gestapo arbeitete. Frau H.-B. weiß noch genau, daß sie von dieser Aufseherin mehrfach wegen angeblicher »hochverräterischer Gespräche« und »Aufhetzung ihrer Zellengenossinnen« bei der Gestapo gemeldet worden war. Die Gestapo ordnete daraufhin jeweils Einzelhaft von etwa einer Woche an.

Der nationalsozialistische »Doppelstaat« am Beispiel der Haftanstalt Stadelheim

Am Beispiel des Strafvollzugs in Stadelheim zeigt sich deutlich die neue Rolle von Recht und Justiz im NS-Staat. Das Regime behielt sich vor, in allen als »politisch« eingestuften Angelegenheiten das geltende Recht suspendieren und durch Willkürmaßnahmen ersetzen zu können. Eine völlige Mißachtung der gesetzlichen Normen wagten die Nationalsozialisten jedoch nicht, da dies zu chaotischen Zuständen geführt und die Funktionsfähigkeit von Wirtschaft und Verwaltung in Frage gestellt hätte. Die Gleichzeitigkeit von überkommenem Recht und Willkürmaßnahmen verlieh dem Dritten Reich den Charakter eines Doppelstaates.[7] Für Stadelheim bedeutete dies, daß beispielsweise die Befugnisse des Gefängnisdirektors, der sich korrekt an seine Dienstordnungen hielt und den Standpunkt des geltenden Rechts vertrat, in zunehmendem Maße eingeschränkt wurden. Indem sich die Gestapo und die SS in Stadelheim nicht an die Dienst- und Ordnungsvorschriften hielten, schufen sie neben der regulären Justiz und dem gesetzlichen Strafvollzug eine Willkürherrschaft. Die daraus resultierenden Konflikte zeigten sich – so Alt – erstmals deutlich im Zusammenhang mit der Röhm-Affäre Anfang Juli 1934. Damals hatte sich der Gefängnisdirektor geweigert, die nach Stadelheim gebrachten angeblichen Verschwörer ohne ordentliches Gerichtsverfahren hinrichten zu lassen:

»Man hatte einfach dem Gefängnisdirektor einen Zettel mit vielen Namen überreicht und erklärt, die mit Bleistift angezeichneten seien sofort zur Exekution an die Waschküchenwand im inneren Hof zu stellen und auf Befehl des ›Führers‹ einzeln zu erschießen. Eine Gruppe SS-Männer war hierzu mit dem Flugzeug eigens von Berlin gekommen. (. . .) Als Chef des Gefängnisses war der Direktor aber verantwortlich für die Häftlinge wie für die Vorgänge in seiner Strafanstalt. Er verweigerte daher unter Berufung auf seine Dienstvorschrift die illegal geforderte Herausgabe der Gefangenen. Da kam er aber schlecht an bei dem Führer des Exekutionskommandos, der ihn schließlich selbst mit Erschießen bedrohte. Vergebens versuchte der in die Enge getriebene Gefängnisvorstand die höheren und höchsten juristischen Instanzen anzutelefonieren – endlich erreichte er fernmündlich den ›Stellvertreter des Führers‹ Rudolf Heß. Als er diesem gegenüber sein Befremden aussprach und Vorstellungen zu machen suchte, da brüllte Heß ins Telefon hinein, es sei alles in Ordnung und vom ›Führer‹ ausdrücklich so befohlen, vielmehr sei er erstaunt, ja geradezu erbost darüber, daß die angezeichneten Personen noch unter den Lebenden weilen und nicht längst erledigt seien. Die Erschießung habe sofort zu erfolgen. Und so geschah es auch. Einer nach dem andern wurde vorgeführt und niedergeknallt, während die übrigen hinter einer eisernen
Hoftür warten mußten, bis sie aufgerufen wurden, und mancher schnell noch auf einen Zettel die letzten Grüße an seine Angehörigen kritzelte, die – nie ihr Ziel erreichten.«[8]

Pfarrer Alt zufolge griffen seither SS und Gestapo immer häufiger in die Kompetenzen der Anstaltsleitung ein. Sie wurden dabei von einigen Justizbeamten unterstützt, die mit ihnen teils aus Angst, teils aus Überzeugung zusammenarbeiteten. Beispielsweise wurde die gutbestückte Gefängnisbibliothek »gereinigt« und mit NS-Propagandaschriften »durchsetzt«.[9] Während des Krieges schränkten die Justizbehörden die Besuche von Angehörigen der Gefangenen, den Briefverkehr sowie die Lebensmittelsendungen weitgehend ein. Auf Anweisung von Roland Freisler, der seit August 1942 dem berüchtigten Volksgerichtshof vorstand, wurde allen Gefangenen, sogar den Todeskandidaten, das Rauchen verboten – obwohl er selbst ein Kettenraucher war. Freisler, der als der radikalste Vollstrecker des NS-Justizterrors galt, untersagte auch andere bisher übliche Zugeständnisse und Erleichterungen für die Inhaftierten. Auf Anordnung eines »Schülers« von Freisler, dem Nürnberger Oberstaatsanwalt Schröder, mußte im Hinrichtungsraum von Stadelheim sogar das Kruzifix entfernt werden; außerdem ließ er das für die Todeskandidaten vor der Hinrichtung übliche Gebet mit einem Geistlichen verbieten, da sie »nichts mehr zu sagen hätten«.[10]

Das brutale und unmenschliche Vorgehen der Nationalsozialisten gegenüber ihren politischen Gegnern kam auch in der grausamen Art und Weise zum Ausdruck, mit der die Todesurteile vollstreckt wurden: *»Eine völlige Neuerung in den Hinrichtungsmethoden war nicht nur die Wiedereinführung des Galgens, sondern daß der Hinzurichtende mit beiden Füßen auf dem Boden stehen mußte und der Strang ihm um den Hals zugeschnürt wurde, bis er erstickt und buchstäblich erwürgt war, was entsetzlich lange dauerte. Dabei schlug das Herz des Erwürgten oft noch lange Zeit und der Tod konnte erst nach Stunden* *bzw. erst nach dem Auftreten der Totenflecken festgestellt werden!«*[11] In der Regel wurden die Angehörigen von der Hinrichtung nicht informiert; oft erfuhren sie davon erst aus der Zeitung oder durch spezielle Anschläge an den Litfaßsäulen. Die Leichen politischer Häftlinge wurden entweder der Anatomie übergeben oder sie verschwanden spurlos in Massengräbern.

Die Todeskandidaten

In den letzten Kriegsjahren häuften sich die Todesurteile. Schon auf Plünderungen nach Fliegerangriffen und selbst auf so geringfügige Vergehen wie das verbotene Abhören von Auslandssendern stand die Todesstrafe. Dazu Pfarrer Alt: *»Als 1939 der Krieg begann, tröstete mich der Gefängnisvorstand damit, daß es nun in Zukunft weniger Hinrichtungen geben werde, weil – wie er meinte – nun draußen im Felde genug gemordet wurde. Wie aber hat er sich getäuscht! Gerade durch die verschärften Kriegsgesetze stieg die Zahl der Exekutionen ins Maßlose. Barbarische Strafen wurden verhängt und neue Hinrichtungsarten (Galgen, Erwürgen) eingeführt. Es gab neue Namen für Verbrechen: ›Selbstverstümmelung‹ durch Radiohören ausländischer Sender, sogar der verbündeten Italiener, Wehrmachtzersetzung, aber auch Wehrkraftzersetzung, unter letzterem verstand das ›gesunde Volksempfinden‹ schon die leiseste Kritik am Kriegsgeschehen und der Kriegsführung, auch schon Gerüchte über die großen Führerpersönlichkeiten – schon jeder Witz – konnten lebensgefährlich werden, vor allem aber der Zweifel an dem siegreichen Kriegsausgang. Auch auf Schwarzhandel und Schwarzschlachten stand die Todesstrafe.«*[12]

Der Bericht von Pfarrer Maier zeigt ebenfalls, für welche Bagatellen oft schon die Todesstrafe verhängt wurde: *»Ein 80 Jahre alter tschechischer Schmied stand während des Krieges in seiner Werkstätte, da kam einer seiner Nachbarn und bat ihn um ein paar Tropfen Öl. Auf die Frage, zu was er das Öl benötige, zeigte ihm der Nachbar*

einen alten Trommelrevolver, worauf ihm der Schmied ein bißchen Öl in ein Glas tropfte. Bei einer Hauskontrolle wurde der Revolver gefunden und der Besitzer wegen Waffenbesitzes zum Tode verurteilt. Auch der Schmied wurde wegen Beihilfe zur Todesstrafe verurteilt. Er konnte es im Gefängnis Stadelheim gar nicht begreifen, daß er wegen ein paar Tropfen Öl, die er dem Nachbarn gegeben hatte, wie ein Verbrecher hingerichtet werden sollte und er stammelte immer hilflos: ›Ich habe noch nie in meinem Leben etwas Unrechtes getan.‹«[13]

Häufig wurden auch Personen hingerichtet, die – wie folgendes Beispiel zeigt – Opfer einer Denunziation geworden waren: *»Im Münchner Westend wurde ein Ehepaar verhaftet, weil es nach einer anonymen Anzeige angeblich ausländische Rundfunkstationen abgehört haben sollte. Mann und Frau wurden wochenlang von der Gestapo getrennt verhört und unter den üblichen Methoden wurde versucht, Selbstgeständnisse zu erzwingen. Beide versicherten aber immer wieder, daß sie nicht gefehlt hätten. Schließlich wurden sie entlassen, aber alsbald wiederum verhaftet, nachdem eine neue anonyme Anzeige eingelaufen war. Sie wurden beide hingerichtet. Nachträglich stellte sich heraus, daß die 16jährige Tochter einen 17jährigen Freund kennengelernt und ihre beiden Eltern angezeigt hatte, damit sie die Wohnung allein mit ihrem Liebhaber teilen konnte.«*[15] In den letzten Kriegsjahren genügte oft schon eine unvorsichtige Äußerung gegen das NS-Regime, um zum Tode verurteilt zu werden: *»Ein 68jähriger meint zu seinem Freund: ›Ich fürchte nur, daß es der Italiener wieder so macht wie im Ersten Weltkrieg und uns im Stiche läßt.‹ Er wird angezeigt und zum Tode verurteilt. Noch während seine Berufung läuft, tritt das ein, was er als Befürchtung ausgesprochen hat: Italien fällt ab. Und trotzdem wird er hingerichtet.«*[15]

Während des Krieges wurden in Stadelheim an manchen Tagen zehn, ja sogar bis zu 30 Personen getötet.[16] Damit die zahlreichen Exekutionen nicht allzuviel Zeit in Anspruch nahmen, installierte man neben dem Galgen noch eine Guillotine. Selbst als bei den Luftangriffen im Juli 1944 eine Sprengbombe den Neubau des Gefängnisses traf, wobei drei Häftlinge und zwei Aufseher ums Leben kamen, gingen die Hinrichtungen sogar während der Bergungsarbeiten weiter.[17]

Die letzten Stunden vor der Hinrichtung

Am Tag vor der Hinrichtung teilte der Staatsanwalt gegen sechs Uhr früh den Inhaftierten in Gegenwart des Gefängnisvorstandes, des Anstaltsarztes und des Geistlichen in einer gesonderten Zelle mit, daß der Führer von »seinem Begnadigungsrecht keinen Gebrauch gemacht habe und der Gerechtigkeit freien Lauf lasse«, weshalb die Hinrichtung in 24 Stunden vollzogen werde. Nach dieser schrecklichen Nachricht führten die Aufseher die Todeskandidaten in ihre Zellen zurück. *»Bis der völlig Zusammengebrochene wieder in seine Gefängniszelle abgeschleppt und der nächste Häftling herbeigeführt wurde, erzählte der Staatsanwalt – ein Staatsanwalt aus Nürnberg – dem Gefängnisvorstand und dem Arzt obszöne Witze.«*[18]

Die Zelle für die Todeskandidaten in Stadelheim (Weiße Rose Stiftung).

Die letzten Stunden vor der Hinrichtung verbrachten die zum Tode Verurteilten in der sogenannten Armensünderzelle. Sie war etwa drei- bis viermal so groß wie eine normale Einzelzelle und war mit einem Bett, einem großen Tisch mit mehreren Stühlen sowie ursprünglich mit einem Betschemel und einem an der Wand hängenden Kruzifix ausgestattet:[19] *»Der Delinquent konnte sich noch einen Tag Gnadenfrist erbitten, was aber selten geschah und immer bereut wurde, denn 48 Stunden den sicheren und unausweichlichen Tod vor Augen zu haben, ist eine geradezu unerträgliche Qual. Schon 24 Stunden ist eine schier unendliche Zeit. Zunächst mußte der in die Armensünderzelle Verbrachte erst innerlich mit der Tatsache seines unwiderruflichen Urteils fertig werden und sich fangen, bis er zu einem klaren Gedanken fähig war. Denn jeder hatte noch bis zuletzt auf Begnadigung gehofft und war durch deren Ablehnung wie vor den Kopf geschlagen. Dann versuchte er wohl ein Wiederaufnahmeverfahren zu beantragen und vor einem Urkundenbeamten zu begründen und zu Protokoll geben, doch habe ich nie erlebt, daß dies zu einer Aufhebung, höchstens zu einer Hinausschiebung der Hinrichtung führte, welch letztere ja nur die Qualen verlängerte. Darum war es am besten, wenn man sich nach der Eröffnung auf den letzten Gang einrichtete, den letzten Willen und die Abschiedsbriefe niederschrieb und seine Seele für die Ewigkeit bereitete. Der Tag ging verhältnismäßig schnell dahin, aber die Nacht war endlos.«*[20]

Am Tag vor der Hinrichtung gewährte man dem Todeskandidaten die Henkersmahlzeit. Bestand sie vor dem Krieg noch aus einem Schweinebraten, Kartoffelsalat sowie einigen Flaschen Bier und Zigaretten, so gab es danach lediglich einen warmen Leberkäse und später nur mehr das übliche Gefängnisessen – meist Suppe, Kraut und Kartoffeln. Daß die letzte Mahlzeit für viele Delinquenten noch eine große Bedeutung hatte, zeigt der Fall eines von Pfarrer Alt betreuten Häftlings, einem Hamburger Artisten. Er war wegen wiederholter Heiratsschwindeleien zum Tode verurteilt worden: *»(Ihm) konnte ich noch seinen höchsten Wunsch erfüllen. Er bestand darin, einen großen Eßtopf voll Marmelade löffel-*

weise auszukosten. Er war überglücklich bei diesem Genuß und ging daraufhin ganz befriedigt zum Schafott. Oft war's mir ein Rätsel, daß ein vor dem Tode stehender Mensch noch physische Bedürfnisse habe und wie er noch schlafen, so auch noch gierig essen konnte.«[21]

Da in den letzten beiden Kriegsjahren die Luftangriffe immer zahlreicher wurden, genehmigte die oberste Justizbehörde die Vollstreckung der Todesurteile in den Nachmittags- und Abendstunden. Damit verkürzte sich für viele Verurteilte die qualvolle Wartezeit auf ihren Tod. Meist verbrachten sie die letzten Stunden zusammen mit dem Geistlichen. Sie durften ohne Fesseln am Tisch sitzen und ihre Abschiedsbriefe verfassen, während sich die Gefangenenwärter vor der aufgeschlossenen Zellentür oder in der Zelle aufhielten. »Gebete, Schriftbetrachtungen und oft sehr tiefgehende Gespräche wechselten ab. Oft wurden ganze Lebensromane berichtet, die Einblick gewährten in erschütternde Schuld und Schicksale! In der letzten Stunde wurden dann die Beichte und das Altarsakrament abgehalten, und manch kraft- und trostspendendes Sterbe- und Auferstehungslied aus dem unergründlichen Liederschatz des Gesangbuches gemeinsam gesprochen. Dann kamen die Wachmänner; die Schuhe wurden mit Holzpantoffeln, das Gefangenenkleid mit dem Privatanzug vertauscht und mit gefesselten Händen wurde der Todeskandidat zur Richtstätte hinausgeführt, begleitet von dem laut betenden Geistlichen. Dort wurde nochmals vor einem Tisch mit Kruzifix und Kerzen das Urteil vom Staatsanwalt verlesen, vom Geistlichen ein kurzes Gebet gesprochen und in weniger als einer halben Minute fiel das Fallbeil mit dumpfem Schlag herab...«[22]

Für die Seelsorger in Stadelheim bedeutete die Zunahme der Hinrichtungen seit dem Ausbruch des Krieges eine noch stärkere seelische Belastung als sie es ohnehin schon gewesen war, was in den folgenden Worten Pfarrer Maiers zum Ausdruck kommt: *Das Erschütterndste für mich war wohl die Erkenntnis, daß wir mit der Lüge aufräumen*

müssen, daß sich der Mensch beim Sterben nichts denkt. Mancher sagt sich im Leben: wennst hin bist, bist hin, wenn's aus ist, ist's aus. Aber wenn ein Mensch monatelang den Tod vor Augen sah, zwar noch immer einen Hoffnungsschimmer auf Begnadigung hatte, dann aber 12–18 Stunden vor der Hinrichtung genau weiß: das ist dein letzter Tag, dein letzter Mittag, dann belügt man sich nicht mehr und auch die anderen nicht mehr. Das ist wohl für den Geistlichen die schwerste Aufgabe, aber auch die dankbarste, weil es die letzte und schönste sein kann. Es gab wohl keine 3 Prozent, die den geistlichen Beistand, die Hilfe, die Hinüberleitung von dieser in eine andere Welt, abgelehnt hätten.«[23]

Die Seelsorger hatten oft auch brieflichen oder persönlichen Kontakt zu den Angehörigen der Todeskandidaten. Dieser war für die Geistlichen nicht ungefährlich, da ihre Korrespondenz, aber auch ihre Telefongespräche laufend überwacht wurden. Schließlich standen Geistliche auf den »Abschußlisten« der Gestapo. Es gelang ihr allerdings nicht, die Gefängnisseelsorge ganz auszuschalten. Obwohl den Geistlichen der Zutritt zu den Zellen ohne einen Wärter offiziell untersagt wurde, fanden viele Mittel und Wege, den Kontakt zwischen den Häftlingen und ihren Angehörigen und Freunden aufrechtzuerhalten. Damit begaben sich jedoch viele selbst in große Gefahr.

Erfahrungen und Erlebnisse einzelner Häftlinge

Für einige Inhaftierte, die später wieder auf freien Fuß gesetzt wurden, war der Aufenthalt in Stadelheim trotz der extremen Hafterfahrung keineswegs eine verlorene Zeit, die nur mit furchtbaren Erinnerungen verbunden ist. Eine schlesische Gutsbesitzerin, die wegen dubioser Devisengeschäfte ihres Verwalters zu einer hohen Haftstrafe verurteilt worden war, schrieb nach ihrer Entlassung an Pfarrer Alt: »*Es ist doch eigentlich eigentümlich: Alles, was mit Stadelheim zusammenhängt, hat für mich ein ganz besonders starkes*

Interesse. (...) Und dabei hing mein Leben dort einige Male nur an einem seidenen Haar; ich habe es in Qualen dort beschlossen. Vielleicht ist das Bewußtsein völliger Schuldlosigkeit und des unendlich schweren Unrechtes, das uns angetan wurde, das mich so über den Dingen stehen ließ, daß ich sogar an meine Aufseherinnen mit gutem, ja dankbarem Gedenken zurückdenke...«[24]

Verschiedene ehemalige Häftlinge teilten Pfarrer Alt später mit, daß die Zeit hinter Gittern für sie eine intensive und sogar gewinnbringende Erfahrung gewesen sei, die sie innerlich wachsen ließ. So kam eine ehemalige Gefangene, von Pfarrer Alt als »weit gereist und welterfahren« geschildert, zu dem Schluß: »Gelernt habe ich dort, geduldig und dankbar zu sein, dankbar für alles, was ich vorher für selbstverständlich hielt, und geduldig mit all meinen Mitmenschen. Das ist wohl dasjenige, was grundlegend an mir anders wurde. (...) Meine dortigen Erlebnisse möchte ich heute nicht missen.«[25]

Für einige Häftlinge war die Auseinandersetzung mit Willkür, Ohnmacht und Tod mit einer tiefgreifenden Gotteserfahrung verbunden. Eine andere unschuldig inhaftierte Frau, schrieb nach ihrer Entlassung: »Ich weiß nicht, ob Sie erfahren haben, welche wirkliche Gnade ich erlebt habe. Ich hatte mich so vollständig auf viele Jahre Gefängnis eingestellt, daß die Plötzlichkeit, die überraschende Änderung meines Geschicks fast zuviel für mich ist. Ich kann mich noch immer nicht ganz in die Wirklichkeit finden und von der Aufgabe lösen, die ich als mir gestellt für die Gefangenschaft vor mir sah und als beglückend empfand. (...) Die zwei Monate waren eine reiche Zeit für mich, denn sie wurden mir zu einer Begegnung mit Gott. Ich habe in viele Schicksale hineingesehen und viel begriffen von unserer entsetzlichen Zeit und ich hoffe nur, daß sich dies ganze Erleben umsetzt in einer rechten guten Arbeit an meinen Pflegebefohlenen. (...) Für mich war nach den ersten 14 schweren Tagen alles erfüllt von dem einen großen Erlebnis, daß ich Gott tiefer erlebte als draußen, den Durchbruch

der göttlichen Welt in die diesseitige als Offenbarung für mein Leben begriff. Von da an war die Aussicht, jahrelang hinter Mauern zu sitzen, nicht mehr schwer für mich.«[26].

Die Hinrichtung von Mitgliedern der Widerstandsgruppe Weiße Rose

Zu den bekanntesten politischen Gefangenen, die in Stadelheim ermordet worden waren, zählen zweifellos die führenden Mitglieder der Widerstandsgruppe Weiße Rose. Sie hatten im Frühsommer 1942 in verschiedenen Flugblättern zum passiven Widerstand gegen das verbrecherische NS-Regime und zur sofortigen Beendigung des Krieges aufgerufen sowie gleichzeitig die Abschaffung der nationalsozialistischen Diktatur als Voraussetzung für die Wiederherstellung der persönlichen Freiheit in einer neuen Gesellschaftsordnung gefordert.[27] Der führende Kopf der Widerstandsgruppe war der Münchner Medizinstudent Hans Scholl, der zusammen mit seinem Freund und Kommilitonen Alexander Schmorell die ersten vier der insgesamt sechs Flugblätter der Weißen Rose verfaßte. Diese verschickte er mit der Bitte um Weitergabe an ausgewählte Akademiker und Buchhändler, sowie an einige Münchner Wirte.

An den Texten hatte auch ihr gemeinsamer Freund Christoph Probst, ebenfalls Medizinstudent und Vater von zwei Kindern, mitgearbeitet. Sophie Scholl, die im Frühjahr 1942 ihr Studium der Biologie und Philosophie in München aufnahm, war – trotz des anfänglichen Protests ihres Bruders, der sich aus verschiedenen Gründen gegen eine Mitarbeit von Frauen in der Widerstandsgruppe ausgesprochen hatte –, seit Juli 1942 an der Vorbereitung und anschließenden Verbreitung der Flugblätter beteiligt. Die Freundin von Hans Scholl, die Studentin Traute Lafrenz, bestand ebenfalls auf ihrer Mitarbeit. Im Frühsommer 1942 standen ungefähr zehn bis zwölf Personen auf unterschiedliche Weise mit dem Kern der Weißen Rose, Hans Scholl und Alexander

Von links nach rechts: Hans Scholl, Sophie Scholl, Christoph Probst. Abschied vor der Abfahrt zur Ostfront, München, Juli 1942 (Weiße Rose Stiftung).

Schmorell, in Verbindung.[28] Da die beiden Ende Juli zu einer Feld-Famulatur an die Ostfront geschickt wurden, ruhte die Widerstandsarbeit zunächst für einige Monate.[29] Nach ihrer Rückkehr Anfang November, versuchte die Gruppe im Winter 1942/43 ihre Widerstandsarbeit über München hinaus auszuweiten[30]; es wurden neue Leute aufgenommen und Kontakte zu anderen Organisationen in verschiedenen Städten geknüpft.

Im Januar 1943 weihten sie den Münchner Philosophieprofessor Kurt Huber, der als Gegner des NS-Regimes galt, in ihre Arbeit ein. Kurt Huber verfaßte das sechste und letzte Flugblatt der Weißen Rose, das Mitte Februar 1943 an etwa 1000 Studenten verschickt wurde. Als Hans und Sophie Scholl am 18. Februar die restlichen Flug-

blätter in den Lichthof der Universität warfen, beobachtete sie der Hausmeister, der diesen Vorfall sofort meldete und sie bis zum Eintreffen der Gestapo festhielt. Noch am selben Tag wurden auch Willi Graf und seine Schwester Anneliese, zwei Tage später Christoph Probst in Innsbruck verhaftet, da die Gestapo einen Flugblattentwurf von ihm in der Wohnung von Hans Scholl entdeckt hatte.[31]

Nur vier Tage später verurteilte der für den Prozeß eigens nach München verlegte Volksgerichtshof unter dem Vorsitz des berüchtigten Roland Freisler die Geschwister Scholl und Christoph Probst zum Tode.[32] Daraufhin wurden die Gefangenen sofort nach Stadelheim gebracht und nur wenige Stunden darauf durch das Fallbeil geköpft. Kurz vor der Hinrichtung durften sich die Geschwister Scholl von ihren Eltern, die beim Prozeß anwesend waren, verabschieden. Normalerweise waren Besuche von Angehörigen der Gefangenen nicht erlaubt, doch diesmal wurde die vermutlich erste und letzte Ausnahme gemacht, da – laut Inge Scholl, der Schwester von Hans und Sophie Scholl – »das ganze Gefängnis« von der Tapferkeit der jungen Studenten »beeindruckt« war.[33] Über diese letzte Begegnung berichtete Inge Scholl:

»Zuerst wurde ihnen Hans zugeführt. Er trug Sträflingskleider. Aber sein Gang war leicht und aufrecht, und nichts Äußeres konnte seinem Wesen Abbruch tun. Sein Gesicht war schmal und abgezehrt, wie nach einem schweren Kampf. Er neigte sich liebevoll über die trennende Schranke und gab jedem die Hand. ›Ich habe keinen Haß, ich habe alles, alles unter mir.‹ Mein Vater schloß ihn in die Arme und sagte: ›Ihr werdet in die Geschichte eingehen, es gibt noch eine Gerechtigkeit.‹ Darauf trug Hans Grüße an alle seine Freunde auf. Als er zum Schluß noch den Namen eines Mädchens nannte, sprang eine Träne über sein Gesicht, und er beugte sich über die Barriere, damit niemand sie sehe. Dann ging er, aufrecht, wie er gekommen war.

Darauf wurde Sophie von einer Wachtmeisterin herbeigeführt. Sie trug ihre eigenen Kleider und ging langsam und gelassen und sehr aufrecht. (...) Sie lächelte, als schaue sie in die Sonne. Bereitwillig und heiter nahm sie die Süßigkeiten, die Hans abgelehnt hatte: ›Ach ja, gerne, ich habe ja noch gar nicht Mittag gegessen.‹ Es war eine ungewöhnliche Lebensbejahung bis zum Schluß, bis zum letzten Augenblick. Auch sie war um einen Schein schmaler geworden, aber ihre Haut war blühend und frisch – das fiel der Mutter auf wie noch nie –, und ihre Lippen waren tiefrot und leuchtend. ›Nun wirst du also gar nie mehr zur Türe hereinkommen‹, sagte die Mutter. ›Ach, die paar Jährchen, Mutter‹, gab sie zur Antwort. Dann betonte sie auch, wie Hans, fest und überzeugt: ›Wir haben alles, alles auf uns genommen‹; und sie fügte hinzu: ›Das wird Wellen schlagen.‹

Das war in diesen Tagen ihr großer Kummer gewesen, ob die Mutter den Tod gleich zweier Kinder ertragen würde. Aber nun, da sie so tapfer und gut bei ihr stand, war Sophie wie erlöst. Noch einmal sagte die Mutter: ›Gelt, Sophie: Jesus.‹ Ernst, fest und fast befehlend gab Sophie zurück: ›Ja, aber du auch.‹ Dann ging auch sie – frei, furchtlos, gelassen. Mit einem Lächeln im Gesicht.«

Danach hatte Pfarrer Alt, der telefonisch von der unerwartet schnellen Hinrichtung – normalerweise durften Hinrichtungen erst drei Monate nach der Urteilsverkündung vollzogen werden – informiert und daraufhin sofort in das Gefängnis geeilt war, die traurige Aufgabe, den Geschwistern Scholl in der letzten Stunde vor ihrem Tod beizustehen:

»Bebenden Herzens betrat ich die Zelle des mir völlig unbekannten Hans Scholl – wie sollte ich ihm in dieser allzu kurz bemessenen Frist seelsorgerisch nahekommen, daß ich ihn und seine Schwester richtig zu diesem furchtbaren Ende bereitete? Welches Schriftwort mochte gerade ihr Herz in dieser Lage am besten ergreifen und festigen für ihren letzten Gang?

Aber Hans Scholl enthob mich aller Zweifel und Sorge. Nach kurzem Gruß und festem Händedruck bat er mich, ihm zwei Bibelabschnitte vorzulesen: das ›Hohe Lied der Liebe‹ aus I. Korinther, Kapitel 13 und den 90. Psalm: ›Herr Gott, du bist unsere Zuflucht für und für.‹ (...) Als wir zu den Worten kamen: ›Die Liebe ist langmütig und freundlich ... sie läßt sich nicht erbittern, sie rechnet das Böse nicht zu ...‹ fragte ich ausdrücklich, ob dies wirklich zutreffe und kein Haß noch Bitterkeit auch gegenüber den Verklägern und Richtern das Herz erfülle. Fest und klar lautete die Antwort: ›Nein, nicht soll Böses mit Bösem vergolten werden, und alle Bitterkeit ist ausgelöscht.‹ (...)

In ähnlicher Weise vollzog sich auch die Abschiedsstunde der ebenso lieblichen wie tapferen Schwester Sophie. Sie hatte vormittags noch vor dem Volksgerichtshof unerschrocken gerufen:

›Was wir schrieben und sagten, das denken Sie alle ja auch, nur haben Sie nicht den Mut, es auszusprechen‹ – wogegen erstaunlicherweise nicht einmal der Oberreichsanwalt Einspruch erhob! Jetzt erklärte sie, es sei ihr gänzlich gleichgültig, ob sie enthauptet oder gehenkt würde. Sie hatte bereits ihren Eltern und ihrem Freunde, einem 25jährigen Hauptmann, der nichtsahnend infolge einer bei Stalingrad erlittenen Verwundung in einem Frontlazarett lag, Abschiedsbriefe geschrieben, die nicht angekommen sind. Ohne eine Träne zu vergießen, feierte auch sie das heilige Mahl, bis der Wächter an die Zellentür pochte und sie hinausgeführt wurde, wobei sie aufrecht und ohne mit der Wimper zu zucken noch ihre letzten Grüße an den ihr unmittelbar folgenden, innigst geliebten Bruder ausrichtete.

Dessen Abschiedsbrief, der ebenfalls nicht weitergeleitet wurde, enthielt folgende Sätze:

›Meine allerliebsten Eltern!... Ich bin ganz stark und ruhig. Ich werde noch das heilige Sakrament empfangen und dann selig sterben. Ich lasse mir noch den 90. Psalm vorlesen. Ich danke Euch, daß Ihr mir ein so reiches Leben geschenkt habt. Gott ist bei uns. Es grüßte Euch zum letzten Male Euer dankbarer Sohn Hans.‹«[35]

Unmittelbar vor ihrem Tod ließen die Wärter, beeindruckt von dem Mut der jungen Studenten, die Geschwister Hans und Sophie und deren gemeinsamen Freund Christoph Probst für wenige Minuten zusammenkommen. Dazu die Gefängniswärter:

»Sie haben sich so fabelhaft tapfer benommen. (…) Deshalb haben wir das Risiko auf uns genommen – wäre es rausgekommen, hätte es schwere Folgen für uns gehabt –, die drei noch einmal zusammenzuführen, einen Augenblick vor der Hinrichtung. Wir wollten, daß sie noch eine Zigarette miteinander rauchen konnten. Es waren nur ein paar Minuten, aber ich glaube, es hat viel für sie bedeutet. ›Ich wußte nicht, daß Sterben so leicht sein kann‹, sagte Christoph Probst. Und dann: ›In wenigen Minuten sehen wir uns in der Ewigkeit wieder.‹ Dann wurden sie

Alexander Schmorell, während einer Vorlesung 1940 in der Münchner Universität (Weiße Rose Siftung).

abgeführt, zuerst das Mädchen. Sie ging, ohne mit der Wimper zu zucken. Wir konnten alle nicht begreifen, daß so etwas möglich war. Der Scharfrichter sagte, so habe er noch niemanden sterben sehen.«[36]

Christoph Probst konnte sich von seinen Angehörigen nicht mehr verabschieden. Seine Frau lag mit ihrem gerade geborenen dritten Kind in der Klinik. Die furchtbare Nachricht wurde ihr erst später mitgeteilt.

In den darauffolgenden Wochen verhaftete die Gestapo nahezu alle Mitglieder der Weißen Rose. Nur zwei Tage nach der Hinrichtung seiner Freunde wurde Alexander Schmorell festgenommen, drei Tage später auch Kurt Huber von der Gestapo abgeholt. Zusammen mit Willi Graf, der bereits am 18. Februar verhaftet worden war, wurde ihnen und elf weiteren Angeklagten – darunter zwei Gymnasiasten – am 19. April 1943 vor dem Volksgerichtshof unter dem Vorsitz Freislers der Prozeß gemacht.[37] Die Richter verurteilten Kurt Huber, Alexander Schmorell und Willi Graf wegen Hochverrats zum Tode, die übrigen Angeklagten zu unterschiedlich hohen Haftstrafen.[38] Während Kurt Huber und Alexander Schmorell bereits im Juli geköpft worden waren, mußte sich Willi Graf in einer Einzelzelle

Willi Graf, 1940 (Weiße Rose Stiftung).

ein halbes Jahr – eine unvorstellbar lange Zeit! –
jeden Tag aufs neue auf seine Hinrichtung innerlich einstellen. Ein Gnadengesuch war bereits im
Mai abgelehnt worden. Nach monatelangen Verhören durch die Gestapo, die sich von ihm Informationen über die Aktivitäten der Saarbrücker
Gruppe der Weißen Rose erhoffte, starb er ohne
seine Angehörigen noch einmal gesehen zu haben
schließlich am 12. Oktober 1943 unter dem Fallbeil. Am Tag seiner Hinrichtung schrieb er folgenden Brief an seine engsten Angehörigen:

»*Meine geliebten Eltern, meine liebe Mathilde
u. Anneliese, an diesem Tag werde ich aus dem
Leben scheiden und in die Ewigkeit gehen. Vor
allem schmerzt es mich, daß ich Euch, die Ihr
weiterleben werdet, diesen Schmerz bereiten
muß. Aber Trost und Stärke findet Ihr bei Gott,
darum werde ich bis zum letzten Augenblick*

*beten, denn ich weiß, daß es für Euch schwerer
sein wird als für mich. Ich bitte Euch, Vater und
Mutter, von Herzen, mir zu verzeihen, was ich
Euch an Leid und Enttäuschung zugefügt habe,
ich habe oft und gerade im Gefängnis bereut, was
ich Euch angetan habe. Verzeiht mir und betet
immer wieder für mich! Behaltet mich in gutem
Andenken! Seid stark, wenn es auch im Augenblick bitteren Schmerz bereitet. Wie sehr ich Euch
geliebt habe, konnte ich Euch im Leben nicht
sagen, nun aber, in den letzten Stunden sage ich
Euch, leider nur auf diesem nüchternen Papier,
daß ich Euch alle von Herzen liebe und Euch
verehrt habe. Für alles, was Ihr mir im Leben
geboten habt und was Ihr mir durch Eure Fürsorge und Liebe ermöglicht habt. Schließt Ihr
übrigen Euch zusammen und stehet in Liebe und
Vertrauen zueinander! Die Liebe Gottes hält uns
umfaßt und wir vertrauen seiner Gnade, möge Er
uns ein gütiger Richter sein. Mein letzter Gruß
Euch Allen, lieber Vater und geliebte Mutter,
Mathilde, Ossy, Anneliese, Joachim, alle Verwandten und Freunde. Gottes Segen über uns, in
Ihm sind wir und leben wir. Lebet wohl und seid
stark und voller Gottvertrauen! Ich bin in Liebe
immer Euer Willi.*«[39]

Auch Alexander Schmorell sah nach seiner
Verurteilung seine Angehörigen und Freunde nie
wieder. Auf seinen Anwalt Siegfried Deisinger,
der ihn kurz vor seiner Hinrichtung als letzter
besuchte, machte er trotz des nahenden Todes
einen erstaunlich ruhigen und gefaßten Eindruck:

»*Unvergeßlich sind mir seine Worte, die er fast
heiter zu mir sprach: ›Sie werden erstaunt sein,
mich in dieser Stunde so ruhig anzutreffen. Aber
ich kann Ihnen sagen, daß ich selbst dann, wenn
Sie mir jetzt die Botschaft brächten, ein anderer,
z. B. der Wachtmeister hier, der mich zu bewa-
chen hat, sollte für mich sterben, ich trotzdem den
Tod wählen würde. Denn ich bin überzeugt, daß
mein Leben, so früh es auch erscheinen mag, in
dieser Stunde beendet sein muß, da ich durch
meine Tat meine Lebensaufgabe erfüllt habe. Ich
wüßte nicht, was ich noch auf dieser Welt zu tun*

*hätte, auch wenn ich jetzt entlassen würde.‹ (...)
Und dann ging Alexander Schmorell seinen letzten Gang. Fest und laut erklang sein ›Ja‹ in dem dumpfen Hinrichtungsraum, als ihn der amtierende Staatsanwalt fragte, ob er Alexander Schmorell sei. Rasch traf mich noch ein letzter grüßender Blick von ihm und schon wenige Sekunden später war Alexander Schmorell nicht mehr.*

Zutiefst erschüttert verließ ich den Raum. Als ich in den Gefängnisgang zurückkehrte, kam ich an der Todeszelle des Professors Dr. Huber vorbei. Er war das nächste Opfer, das dem Moloch Hitler gebracht werden mußte. Und schon wurde auch er aus seiner Zelle geführt, nachdem er noch laut dem Gefängnisgeistlichen einen letzten Hoffnungsgruß auf ein Wiedersehen in einer andern, besseren Welt zugerufen hatte. Der Geistliche begab sich an das Gangfenster, von dem aus man zu dem gegenüberliegenden kleinen Gebäude, in dem sich der Hinrichtungsraum befand, hinübersehen konnte. Kurz darauf erscholl ein dumpfer Schlag. Wir wußten, daß auch Professor Dr. Huber sein Leben für die Freiheit geopfert hatte. Der Gefängnisgeistliche machte segnend in Richtung des Totenraumes das Zeichen des Kreuzes. Dann tauschten wir stumm einen Händedruck und ich verließ dieses furchtbare Haus des Grauens, um den Eltern des Alexander Schmorell den Tod ihres Sohnes mitzuteilen.«[40]

Bereits im Mai 1943 fand der wagemutige und lebensgefährliche Einsatz der Mitglieder der Widerstandsgruppe gegen die NS-Diktatur im Ausland große Bewunderung – zeigte er doch, daß nicht das gesamte deutsche Volk geschlossen hinter seinem »Führer« und der nationalsozialistischen Ideologie stand. Thomas Mann beendete seine Würdigung der Verurteilten und Hingerichteten in einer Rundfunksendung des BBC London mit folgenden Worten:

»Brave, herrliche Leute! Ihr sollt nicht umsonst gestorben, sollt nicht vergessen sein. Die Nazis haben schmutzigen Rowdies, gemeinen Killern in Deutschland Denkmäler gesetzt – die deutsche

Kurt Huber, Professor für Philosophie und Psychologie an der Universität München (Weiße Rose Stiftung).

Revolution, die wirkliche, wird sie niederreißen und an ihrer Stelle eure Namen verewigen, die ihr, als noch Nacht über Deutschland und Europa lag, wußtet und verkündetet: ›Es dämmert ein neuer Glaube an Freiheit und Ehre.‹«[41]

Als Fazit der vielen grausamen und qualvollen Ereignisse, die er als Gefängnisseelsorger in Stadelheim während der NS-Zeit erleben mußte, faßte Pfarrer Maier zusammen: *»Wenn wir uns im Leben, gleich welcher Konfession, welcher Partei wir angehören, menschlich begegnen würden, dann würden wir viele Konflikte aus der Welt räumen. Wenn uns das Unrecht der Vergangenheit zum Recht gemahnt, dann wäre das Sterben dieser Menschen, die vielfach wie Helden in den Tod gegangen sind, sinnvoll gewesen.«*

Dies sollte uns auch heute noch nachdenklich machen.

Fußnoten

1 Alt, Todeskandidaten.
2 Anton Maier hielt u. a. über seine Erlebnisse in Stadelheim während der NS-Zeit im Jahr 1953 einen Vortrag, der zusammenfassend mit dem Titel »In den Todeszellen von Stadelheim. Erlebnisse und Erinnerungen eines Gefängnisgeistlichen im Dritten Reich« im Münchner Stadtanzeiger Nr. 47 vom 27. 11. 1953 abgedruckt worden ist.
3 Alt, Todeskandidaten, S. 7.
4 Ebd., S. 36.
5 Ebd., S. 10 f.
6 Das Interview mit den beiden Zeitzeuginnen wurde von Thomas Guttmann am 19. 5. 1993 geführt.
7 Diehl-Thiele, Partei und Staat, sowie Ernst Fraenkel, Der Doppelstaat.
8 Alt, Todeskandidaten, S. 7 f.; vgl. auch ebd., S. 12.
9 Sogar die Bibel wurde durch Geheimbefehl verboten, da das Alte Testament verdächtig schien. Alt, Todeskandidaten, S. 12.
10 Alt, Todeskandidaten, S. 12.
11 Ebd., S. 12 f.
12 Ebd., S. 46.
13 Münchner Stadtanzeiger Nr. 47 v. 27. 11. 1953.
14 Ebd.
15 Ebd.
16 Alt, Todeskandidaten, S. 36 u. Münchner Stadtanzeiger Nr. 47 v. 27. 11. 1953.
17 Alt, Todeskandidaten S. 35 f.
18 Münchner Stadtanzeiger Nr. 47 v. 27. 11. 1953.
19 Alt, Todeskandidaten, S. 36.
20 Ebd., S. 38.
21 Ebd., S. 38.
22 Ebd., S. 39.
23 Münchner Stadtanzeiger Nr. 47 v. 27. 11. 1953.
24 Alt, Todeskandidaten, S. 20.
25 Ebd., S. 20
26 Ebd., S. 21 f.
27 Zum folgenden Schneider/Süß, Keine Volksgenossen, S. 23 ff.
28 Ebd., S. 26.
29 Ebd., S. 27 f.
30 Ebd., S. 30
31 Ebd., S. 35 f.
32 Ebd., S. 36 f.
33 Scholl, Weiße Rose, S. 64.
34 Ebd., S. 63 f.
35 Zitiert nach Scholl, Weiße Rose, S. 188 f.
36 Ebd., S. 64.
37 Schneider/Süß, Keine Volksgenossen, S. 36 f.
38 Weiße Rose, S. 62. Dort auch die Namen der übrigen Verurteilten.
39 Knoop-Graf/Jens, Willi Graf, S. 198.
40 Scholl, Weiße Rose, S. 192 ff.
41 Ebd., S. 199.

Thomas Guttmann

»Da denk' ich heut' noch mit Schaudern dran!«
Alltag unterm Hakenkreuz

Angesichts der willkürlichen Verhaftungen und gängigen Einschüchterungsmaßnahmen des nationalsozialistischen Terrorsystems breitete sich innerhalb der Bevölkerung sehr rasch eine Atmosphäre von Angst und gegenseitigem Mißtrauen aus, die sich nach Ausbruch des Krieges noch mehr verschärfte. Wenn damals schon eine kritische Äußerung gegen das Regime ausreichte, um vor dem Sondergericht München zu einer mehrjährigen Haftstrafe in einem Zuchthaus oder gar in dem berüchtigten Konzentrationslager Dachau verurteilt zu werden, oder wenn das Abhören von ausländischen Sendern, den sogenannten Feindsendern, mit dem Tod bestraft werden konnte und tatsächlich auch wurde, erstaunt es nicht, daß der überwiegende Teil der Bevölkerung sehr schnell den Rückzug ins Private antrat und sich – wenn überhaupt – nur im engsten Freundes- und Familienkreis kritisch über die Politik des Regimes äußerte. Dies bestätigten sämtliche der über 40 Zeitzeugen, die der Autor nach ihren Erlebnissen und Erfahrungen in Giesing während der NS-Zeit befragt hat. In diesen Gesprächen zeigt sich deutlich, mit welchen Benachteiligungen und Repressalien diejenigen zu rechnen hatten, die nicht bereit waren, dem Gleichschaltungsdruck des Regimes und seiner willfährigen Helfer und Helfershelfer nachzugeben.

Gehen wir zunächst auf den Fall eines Taxiunternehmers aus Untergiesing ein. Er hatte in seiner Stammwirtschaft, dem Fiakerheim in der Birkenau, mit seiner Ablehnung gegenüber den Nationalsozialisten nie hinterm Berg gehalten. Nach der Machtergreifung konnte er sich allerdings dort nicht mehr blicken lassen. Seine Tochter berichtet dazu: *»Von dem Moment an war er wie ausgestoßen! Der hat sich da drinnen nicht mehr halten können. Weil er vorher halt schon gesagt hat, daß er nicht für Partei ist, und daß das nicht gut weitergeht. Er hat immer schon gesagt: ›Das gibt einen Krieg!‹ Also da war die Verbindung ab dem Moment aus.«* Zu dieser gesellschaftlichen Isolierung, die Herrn D. hart traf, gesellten sich jedoch sehr schnell noch einschneidende berufliche Nachteile. Denn der Münchner Taxiinnung, die von einem überzeugten Nationalsozialisten geleitet wurde, war nicht entgangen, daß Herr D. dem NS-Staat kritisch gegenüberstand. Er erhielt deshalb zukünftig immer eine ungenügende Menge des damals kontingentierten Benzins für sein Taxi zugeteilt. Da er nun gezwungenermaßen weniger Taxifahrten unternehmen konnte, hatte das natürlich einen starken Rückgang seiner Einnahmen zur Folge. Er konnte sich in den folgenden Jahren nur deshalb recht und schlecht über Wasser halten, weil ihm einige langjährige Fahrgäste freiwillig wesentlich mehr bezahlten oder ihn beispielsweise eine gutverdienende Stammkundin zusätzlich mit Lebensmitteln versorgte. Nach den Worten von Frau D. habe sich die Familie während dieser Zeit »so durchgeschlagen, und ich hab' eigentlich erst nach dem Krieg gemerkt, wie knapp die Eltern dran waren«.

Während sich der Vater von Frau D. nach der Machtübernahme der Nationalsozialisten aus Angst vor weiteren Repressalien weitgehend zurückhielt, wollte dagegen der Vater von Frau B. auf seine freie Meinungsäußerung partout nicht verzichten. Damit brachte er allerdings sich und seine, in der Obergiesinger Emmeramstraße wohnhafte Familie in bedrohliche Situationen, an die Frau B. noch heute ungern zurückdenkt. Denn ihnen gegenüber wohnte »*ein Herr, der ein 500prozentiger Nazi war, und mein Vater, der ist immer grad raus gewesen; der hat nie hinterm Berg gehalten, und hat natürlich seine Meinung gesagt – unter anderem auch in der Wirtschaft, weil er hat jeden Abend seine Maß Bier in der Wirtschaft getrunken. (. . .) Da hat's so Schwierig-keiten gegeben! Da war mein Vater schon 78 Jahre alt. Und dann ließ man mich kommen und hat mir gesagt, wenn mein Vater nicht sofort aufhört, irgendwelche Äußerungen zu tun, dann wird man dafür sorgen, daß er ins KZ kommt. Und das war für mich dermaßen erniedrigend, daß ich buchstäblich gefleht hab', daß man doch so einen alten Mann nicht einfach da hinhängen und ins KZ reinbringen kann*«. Auf die Frage, wo sich diese Szene abgespielt hatte, antwortete Frau B.: »*In der Wohnung von dem Herrn, von dem 500prozentigen, von gegenüber. Da hat sich dann noch eine Person dazu geäußert in demselben Ton. Es ist also mehr als Spitz auf Knopf gestan-den! Also nur unter der Voraussetzung, daß ich ihm das verbiete, daß er sich so äußert, ist nichts passiert.*« Auf die weitere Frage, wie denn der Vater auf ihre Bitten reagiert hätte, entgegnete Frau B.: »*Furchtbar, furchtbar! Der hat sich ein ganzes Leben lang nie was sagen lassen, und zu einem Mann mit 78 Jahren darf ich nicht mehr sagen, was er zu tun und zu lassen hat. Der hatte ja ganz andere Dinge hinter sich. Und das war also für mich das Ärgste. Da denk' ich heut' noch mit Schaudern dran! Wir (sie und ihre Mutter, Anm. d. Verf.) waren alle in Tränen aufgelöst, alle miteinander. Und das ist uns nachgegangen bis Schluß war.*«

Im nächsten Fall, der sich in der Neuharlachin-ger Soyerhofstraße zutrug, versuchten einige Hausbewohner mit Hilfe des Ortsgruppenleiters einen mißliebigen Nachbarn – den letzten Sek-tionsführer der Harlachinger SPD – aus seiner Wohnung zu verdrängen.[1]

Glücklicherweise ist der gesamte Schriftwech-sel in dieser Angelegenheit erhalten. Dort kann man nachlesen, wie aus einer an sich belanglosen Auseinandersetzung zwischen Nachbarn im Lauf der Jahre ein erbitterter Streit wurde, in dem man vor Denunziationen und Verleumdungen nicht zurückschreckte. Doch nun zu den Vorfällen: Weil er sich angeblich von dem Ehepaar Schwen-ter, das über ihm wohnte, durch ständige Ruhe-störungen schikaniert fühlte, beschwerte sich das eingeschriebene Mitglied der NSDAP, Franz Maisberger, im April 1934 schriftlich beim Orts-gruppenleiter von Harlaching, Max Sälzle, dessen Büro sich damals in der nahegelegenen Nauplia-straße 36 befand. Konkret warf der National-sozialist Maisberger dem Sozialdemokraten Schwenter vor, daß dieser absichtlich seine Ruhe störe, die er als Herzkranker dringend brauche, indem er ständig auf dem Fußboden herum-trample. Frau Maisberger gab zu Protokoll, daß ihr Nachbar »*sogar Kinder, das heißt, fremde Kinder geholt hat, als man sah, wie der Herr Dr. Lammert bei meinem Mann täglich ein- und ausging oft 2mal am Tage und sie nicht in der Küche, sondern im Schlafzimmer umherspringen ließ, so daß mein Mann nicht mehr wußte, was er anfangen sollte vor lauter Schmerzen*«. Zugleich führte Frau Maisberger einige Nachbarn an, die diese und andere angebliche »Gemeinheiten« der Schwenters bezeugen würden. Das interessante an diesen Beschuldigungen ist, wie geschickt das Ehepaar Maisberger und eine andere Zeugin in ihren Beschwerden immer wieder auf die sozial-demokratische Vergangenheit und Überzeugung Schwenters anspielten, um ihn damit bei der nationalsozialistischen Obrigkeit bewußt in Miß-kredit zu bringen. So schrieb beispielsweise Frau Maisberger in einem Bericht an den Blockwart der Siedlung: »*Die Familie Schwenter macht auch mit dem gegenüberwohnenden früheren Sozibon-zen Drechsler Blickeaustausch, wenn man das Haus verläßt und dann wird über uns gelacht, quasi ihr seid ja doch Luft, sie fühlen sich noch ganz als Herrscher.*« Die von Frau Maisberger als Zeugin genannte Frau Faber, die mit den Schwen-ters Tür an Tür wohnte, schlug in ihrer Beschwerde an die Ortsgruppe Harlaching gleichfalls einen denunziatorischen Ton an:

»Die Sache vom März 1933 wegen Beschimpfung unseres Symbols durch Frau Schwenter dürfte der Ortsgruppe noch bekannt sein. Doch trotzdem die beiden gerügt worden sind, treiben sie es verheerend. (...) Was aber das gemeinste ist an der Sache (gemeint war das Herumtrampeln, Anm. d. Verf.), daß die zwei einen verhöhnen und verlachen. Da frage ich mich oft, sind wir jetzt an der Macht oder die Sozibrut, weil sie sich wieder gar so wohl fühlen, das merkt man schon am Ein- und Ausgang bei Schwenter, weil doch sehr oft die Herren noch kommen von ihrer damaligen Herrlichkeit.« Soweit Frau Faber, in deren Wohnung sich zu diesem Zeitpunkt der Treffpunkt einer Harlachinger HJ-Gruppe befand.

Frau Maisberger, die das Komplott der Nachbarn eingefädelt hatte, schreckte in ihrem Schreiben an die Ortsgruppe auch nicht davor zurück, ihrem verhaßten Mitbewohner illegale politische Betätigungen vorzuwerfen:

»Möchte auch bemerken, daß Tag und Nacht während der Wahlenzeit mit einem Abziehapparat gearbeitet wurde, ja sogar nach dem 5. März. Daß ein Apparat oben war, kann sogar Dr. Lammert bestätigen, weil er ihn 1932 gesehen, wie die Frau daran arbeitete.«[2] Ferner wies Frau Maisberger darauf hin, daß die Eltern der herumtrampelnden Kinder »lauter Sozi« waren; sogar ein ehemaliger »Sozistadtrat« sei darunter gewesen. Am Schluß ihres Schreibens unterstellte sie ihren Nachbarn dann noch folgendes: *»Möchte noch hinzufügen, daß wenn wir eine Rede unseres Führers Dr. Göbbels und Göhring (sic!) am Radio eingeschaltet haben, daß man da so gemein ist und die Stühle so herumwarf, daß man gar nicht so viel davon gehabt hat. Das kann uns auch Frau Faber bestätigen.«*

Die Anschuldigungen verfehlten ihre Wirkung natürlich nicht. Die Ortsgruppe, deren Geschäftsstelle mittlerweile an den Horst-Wessel-Platz 2 verlegt worden war, wandte sich in dieser Sache an den Direktor der Gemeinnützigen Woh-

nungsfürsorge A. G., kurz Gewofag genannt, der die Siedlung an der Soyerhofstraße gehörte. Für den Ortsgruppenleiter Sälzle stand nun eindeutig fest, daß Maisberger zum einen »gröblich und mit Absicht schikaniert« wurde, zum anderen, daß »Schwenter noch nicht begriffen hat, daß heute der Nationalsozialismus regiert«!

Bereits im August 1934 hatte die Ortsgruppe Großmünchen der Nationalsozialistischen Kriegsopferversorgung die Gewofag auf das angebliche schikanöse Verhalten Schwenters gegenüber Maisberger hingewiesen. Auch hier fehlte nicht der Hinweis auf dessen politische Vergangenheit: *»Daß Schwenter der letzte Vorsitzende der SPD war, ist allgemein bekannt und bestätigt auch der Hausverwalter Theiss. Auch ist in Harlaching bekannt, daß sich Schwenter politisch noch nicht umgestellt hat und nach wie vor hinterrücks noch seine, dem nationalsozialistischen Staat gegenüber, gegnerische Einstellung unter Beweis gestellt hat, sonst würde er nicht einen Kam., der das beste für sein Vaterland gegeben hat, in einer derartigen Weise schikanieren.«*

Ein halbes Jahr nach den angeblich bewußt inszenierten Ruhestörungen hatte das Komplott der Nachbarn schließlich ihr Ziel erreicht. Obwohl keine neuen Klagen über das Ehepaar Schwenter mehr laut geworden waren, kündigte ihm die Gewofag wegen der »einwandfrei« erwiesenen Ruhestörungen am 10. Oktober 1934 die Wohnung. Bis zum 1. Dezember des gleichen Jahres mußte es die Wohnung geräumt haben. Es bleibt der Phantasie des Lesers überlassen, sich vorzustellen, wie sehr diese Nachricht das von der Nachbarschaft gemiedene Ehepaar getroffen haben mußte. Schließlich war die Perspektive, auf dem angespannten Wohnungsmarkt eine ähnlich günstige Wohnung zu finden, alles andere als beruhigend. Dazu kam, daß Schwenter wußte, daß die Ortsgruppe über diese Auseinandersetzung sowohl die Bayerische Politische Polizei als auch das Innenministerium informiert hatte. Da er als letzter Sektionsführer der Harlachinger SPD bereits mehrmals in Form von Hausdurch-

Kündigungsschreiben der Gewofag an Josef Schwenter von 1934 (Privatbesitz).

suchungen und Verhören die Bekanntschaft mit der Gestapo gemacht hatte, konnte Schwenter durchaus damit rechnen, daß diese Angelegenheit das Tüpfelchen auf dem i und damit seine Verhaftung bedeuten würde. Außerdem zog sich die ungewisse Lage schon über Monate hin.

Das Ehepaar Schwenter hatte allerdings Glück im Unglück. Die Gewofag zog die Kündigung wenig später zurück, weil sie eine Erklärung Schwenters akzeptierte, in der er sich notgedrungen dazu verpflichtet hatte, seinen Nachbarn Maisberger künftig nicht mehr zu stören. Dieses nachträgliche partielle Schuldeingeständnis, das keineswegs den Realitäten entsprach, war eine Notlüge gewesen, um nicht die Wohnung räumen zu müssen. Die Gewofag nahm die Kündigung allerdings mit der Einschränkung zurück, daß »wir gewillt sind, den schwerkriegsbeschädigten Mieter Maisberger, ohne uns in Einzelheiten der Schuldfrage einzulassen, zu schützen und deshalb bei einer neuerlichen Klage gezwungen wären, das Mietverhältnis zu lösen«. Damit war zwar die unmittelbare Gefahr fürs erste gebannt; das Damoklesschwert hing aber weiterhin über dem Ehepaar Schwenter – sollte sich Maisberger erneut beschweren. Erst als es Schwenter gelang, im Westend den für die ehemalige Wohnung der Maisbergers in der Kazmaierstraße zuständigen Hausverwalter herauszufinden, begann sich die angespannte Lage etwas zu beruhigen. Der Hausverwalter bestätigte nämlich, daß die Maisbergers dort ein ähnlich streitsüchtiges Verhalten ihren Nachbarn gegenüber an den Tag gelegt hatten, so daß sämtliche Mieter erleichtert waren, als diese nach Harlaching zogen. Diese Auskunft teilte Schwenter sofort der Gewofag mit, die daraufhin vorerst die Akten in dieser Angelegenheit schloß.

Noch heute erinnert sich Herr Schwenter mit einem sehr unguten Gefühl an diese Monate der Ungewißheit; damals hatte er nach seinen Worten das »Beten gelernt«.

Fußnoten

1 Zu den Erlebnissen Josef Schwenters siehe auch den Beitrag »Ich hab' noch nie ›Heil Hitler‹ gesagt!« in diesem Band.

2 Orthographie und Satzbau der zitierten Schreiben wurden beibehalten.

Herbert Dandl

»Fort mit dem Verbrecher!«
Spuren politischen Widerstands gegen das NS-Regime in Giesing

»Kein noch so guter Bericht jedoch wird die Welt des Widerstands zu erfassen vermögen. Was sich hier an den Grenzen von Politik und Moral, Menschentum und Barbarei, Angst und Heldentum, Verzweiflung und Glauben abgespielt hat, kann auch die Feder eines Dramatikers nicht schildern.«

(Waldemar von Knoeringen)[1]

In den ersten Wochen nach der Machtübergabe an Hitler glaubten die NS-Gegner noch allenthalben und natürlich auch im »roten Giesing«, den totalen Herrschaftsanspruch der Nationalsozialisten abwehren zu können. Die anonyme Verfasserin des folgenden Briefes, der am 9. Februar 1933 bei der Münchner Polizeidirektion einging, scheint jedenfalls fest davon überzeugt gewesen zu sein:

»München, 8. II. 33
Am Sonntag haben die Volksbeglücker des Dritten Reiches wieder bei uns in Giesing ihr Unwesen getrieben und uns Frauen zugerufen: ihr bolschewiki Säu, euch schlitzen wir die Bäuche noch auf. Diese Horden dürfen ja nicht glauben, daß in Giesing lauter Kommunisten wohnen. In unserem Hause wohnen Leute, die vor dem Kriege vermögend waren und [deren] Söhne im Felde waren, zum großen Teil (auch) gefallen sind. Die Schamröte möchte jeder Frau ins Gesicht steigen, wenn man zuschauen muß, wie die Polizei mit diesem Gesindel gemeinsame Sache macht. Ältere Schutzleute haben sich schon öfters über die Direktoren sehr drastisch geäußert. Diese Hitlerjungen brauchen nicht rufen Deutschland erwache –, sondern sie sollen rufen Deutschland schäme dich. Sollten diese Horden Giesing wieder beehren, dann werfen wir Frauen alles, was wir in die
Hände bekommen, diesem Gesindel an den Kopf. *Deutschland hat es weit gebracht: einen hergelaufenen Mausfallenhändler hat der Hindenburg zum Reichskanzler gemacht. Diesen Herrn [Hindenburg] würden wir ein zweitesmal nicht wieder wählen. Der Name Hindenburg paßt gut für Deutschland; er hat uns wirklich nach hinten gebracht. [...] Eine saubere Regierung hat Deutschland beisammen, nieder mit diesen Intriganten.*
Die rechtschaffenen Frauen von Giesing, merkt euch das.«[2]

Zwar sind diese Zeilen in der Tat ein Dokument der Rechtschaffenheit, deutlich wird aber auch die fatale Neigung quer durch alle Schichten der Bevölkerung, die Entschlossenheit der Nazis, sich ihrer Gegner mit allen Mitteln zu entledigen, völlig zu unterschätzen. Vor allem die Lagebeurteilung durch die Arbeiterbewegung erwies sich im nachhinein als tragischer Irrtum.[3]

Die KPD sah im Nationalsozialismus eine naturgesetzlich notwendige Entwicklungsstufe des Kapitalismus, die zwangsläufig zur sozialen Revolution und damit zu ihrem Sieg führen mußte. Da die Kommunisten in den letzten Jahren der Weimarer Republik ohnehin zahlreichen Repressalien ausgesetzt gewesen waren, glaubten sie, deren Verschärfung in einer kurzen Phase der Illegalität unbeschadet überstehen zu können.

Die Sozialdemokraten wähnten sich Anfang 1933 in einer ähnlichen Situation wie zu Zeiten des »Sozialistengesetzes« im 19. Jahrhundert, aus der sie seinerzeit gestärkt hervorgegangen waren. Auch unter den Bedingungen der Diktatur wollte die SPD-Führung an strikter Legalität festhalten und nach der Devise handeln: »An unserer Ge-

111

setzlichkeit werden unsere Feinde zerbrechen.« Zudem fühlte sich die bayerische SPD durch das Ergebnis der Reichstagswahl vom 5. März 1933, bei der die NSDAP in Bayern schlechter abschnitt als auf Reichsebene, in ihrer Meinung bestärkt, die Nazis könnten sich hier gegen die tief im Katholizismus verwurzelte Bayerische Volkspartei nicht durchsetzen.

Doch schon wenige Tage nach dieser Wahl wurden die Arbeiterparteien mit der Gleichschaltung Bayerns eines Besseren belehrt. Anders als in Berlin, wo Hitler im Januar 1933 nach den formalen Regeln der Verfassung zum Kanzler ernannt worden war, fand in Bayern am 9. März 1933 im wahrsten Sinne des Wortes eine »Machtergreifung« durch die Nazis statt. Bereits in der Nacht zum 10. März begannen Heinrich Himmler, Polizeidirektor in München, und Reinhard Heydrich als Chef der Bayerischen Politischen Polizei mit der systematischen Ausschaltung der Opposition. Noch vor Tagesanbruch umstellten am 10. März Polizei, SA und SS in den Arbeitervierteln bayerischer Groß- und Industriestädte ganze Straßenzüge, durchsuchten akribisch die Wohnungen, beschlagnahmten Aufzeichnungen, Druckschriften und Waffen und verhafteten Hunderte von KPD- und SPD-Funktionären.

Zwar griff die Polizei in München ohnehin besonders massiv zu, doch in Giesing kam es zu wahren Verhaftungsexzessen. Der Schreiner Hugo Jakusch aus der Peißenbergstraße 5, damals Funktionär der Giesinger kommunistischen Jugend, weiß dies aus eigenem Erleben zu bestätigen: »Wir waren so eine starke Gruppe, nur in der Peißenbergstraße allein. Und wir waren auch da, wie die Nazis an die Macht gekommen sind. Wir waren, glaub' ich, über dreißig, die in der Peißenbergstraße allein verhaftet worden sind.«[4] Diese Massenverhaftungen in Giesing müssen nicht verwundern, denn es war von Anfang an eines der hervorragenden Ziele der Münchner NSDAP gewesen, diese »rote Hochburg« zu schleifen. Zudem leitete die Aktionen in Giesing ein Nationalsozialist der ersten Stunde, von dem 1948 ein

Am 22. März 1933 wurde der Giesinger Kommunist Hugo Jakusch als »Schutzhaftgefangener Nr. 112« ins KZ nach Dachau verschleppt. Nach 3985 qualvollen Hafttagen in verschiedenen Lagern wurde er im Mai 1945 von den Amerikanern befreit (Privatbesitz).

Staatsanwalt sagte, er sei »ein Fanatiker, der vom grenzenlosen Haß gegen Andersgesinnte lebt und getrieben wird. Rache am politischen Gegner ist der ureigenste Ausdruck seines Wesens.«[5] Gemeint war der Giesinger Blut-und-Boden-Dichter und SA-Brigadeführer Hans Zöberlein, der nie Zweifel daran gelassen hatte, wie er mit seinen politischen Gegnern in Giesing umzuspringen gedachte: »In dieser roten Vorstadt stecken die Fanatiker. Die müssen ausgerottet werden wie die Pestratten. – Und wenn der eigene Bruder dabei wäre!«[6] Diese »Nacht der langen Messer« bot ihm nun die Gelegenheit, mit den ihm bestens bekannten Funktionären der linken Parteien und Gewerkschaften offene Rechnungen aus der »Kampfzeit« zu begleichen.

Neben vielen anderen saßen deshalb am Abend des 10. März nicht nur Jakusch, seine Freunde Josef Gilsberger aus der Deisenhofener Straße und Emil Meier, von dem später noch ausführlicher die Rede sein wird, die KPD-Stadträtin Therese Sarnecki und ihr kriegsversehrter Mann Michael aus der Edlingerstraße 21 in »Schutzhaft«, sondern auch eine Reihe Giesinger Sozial-demokraten, unter anderem der am Walchensee-platz 10 wohnende Alois Gründl, Vorsitzender der SPD-Sektion Obergiesing II, und der Münchner SPD-Vorsitzende Thomas Wimmer, nachmaliger Münchner Oberbürgermeister, der seit 1926 ein Reihenhaus in Harlaching bewohnte. Viele der Sozialdemokraten wurden bereits nach wenigen Tagen wieder entlassen, dagegen gehörten die Giesinger Kommunisten zu den ersten Häftlingen des am 22. Mai eröffneten Konzentrationslagers bei Dachau. Gilsberger und Meier hatten die Torturen der »Schutzhaft« bis zum April 1935 zu ertragen, für Hugo Jakusch begann im März 1933 ein heute unvorstellbarer Leidensweg durch verschiedene nationalsozialistische Konzentrationslager, ehe er im Mai 1945 nach über elf Jahren Lagerhaft wieder in Freiheit kam.

Raffinierte Tarnung

Während die SPD nach dem Schock über den unerwartet harten Schlag gegen die linke Opposition zunächst wie gelähmt war, kam der erste nennenswerte Widerstand gegen das NS-Regime aus den Reihen der KPD. Unmittelbar nach der Verhaftungswelle versuchte sie ihre Organisation im Untergrund wieder aufzubauen, Widerstandsgruppen auf Stadtteilebene zu organisieren und Wirksamkeit auf zwei Ebenen zu entfalten. Zum einen nahm sie mit Flugblatt-, Klebezettelaktionen und durch Anbringen von Wandparolen den Kampf gegen den NS-Staat auf, zum anderen sollte mit Hilfe der illegalen *Neuen Zeitung*, von der zwischen März 1933 und Sommer 1934 neun Ausgaben produziert wurden, die Kommunikation untereinander aufrechterhalten werden.

Ein 19 Jahre alter Giesinger spielte bei der Herstellung der Untergrundzeitung ein zentrale Rolle: Hugo Scheurer aus der Hefnerstraße 10. Nach dem Besuch der Maria-Theresia-Realschule am Regerplatz und einem elektrotechnischen Praktikum bei Siemens in Obersendling 1932 arbeitslos geworden, verfaßte er bis zum April

1933 gelegentlich unpolitische Beiträge für die *Münchner Neuesten Nachrichten*. Daneben betreute er seit 1929 als Bühnenmeister das Laientheater der »Marianischen Studentenkongregation«, die ihren Sitz im Asamhaus in der Sendlinger Straße hatte. Weil der Präses der Kongegration Scheurers schriftstellerische Ambitionen fördern wollte, überließ er ihm das Bibliothekszimmer im Speicher des Rückgebäudes als Arbeitszimmer. Dort produzierte der Giesinger zusammen mit seinem kommunistischen Freund Georg Frühschütz – Scheurer selbst war nie Mitglied der KPD – ab Mai 1933 die Druckvorlagen für die *Neue Zeitung*. Von solch »unglaublichem Raffinement« bei der Tarnung zeigte sich sogar die Politische Polizei tief beeindruckt: »In einem Priesterhaus konnten sie denn auch wirklich ungestört arbeiten. Trotzdem bauten sie sich eine Alarmanlage ein, um ja vor jeder Überraschung sicher zu sein. Die hergestellten Matrizen für die illegalen Hetzschriften wurden in der Bibliothek des Priesterhauses, und zwar in einer Schatulle, die die Form eines Buches aufwies, aufbewahrt. Es fehlte selbst nicht einmal ein lateinischer Aufdruck am Rücken des Buches.«[7]

Dagegen scheint die Druckerei in Holzapfelkreuth weniger gut getarnt gewesen zu sein, denn dort wurde Scheurer zusammen mit drei anderen am 18. August 1933 verhaftet und nach Dachau gebracht. Obwohl er noch nicht volljährig war, verurteilte ihn das Oberlandesgericht München im Mai 1934 wegen »Vorbereitung eines hochverräterischen Unternehmens« zu einer Gefängnisstrafe von zwei Jahren und fünf Monaten, die er Tag für Tag restlos absitzen mußte. 1935 lehnte der Generalstaatsanwalt ein Gnadengesuch für den jungen Mann mit der Begründung ab, er habe »in besonders raffinierter Weise ein vor Entdeckung sicheres Versteck zur Verfügung gestellt [...]. Dieses Verhalten zeigt die Gefährlichkeit des Verurteilten. Er verdient daher keine Gnade«.[8]

Bis zum Sommer 1934 konnte die Polizei dann den gesamten Hersteller- und Verteilerring der

Urteil des Sondergerichts München vom 20. Februar 1934 gegen einen Teil der Hersteller und Verteiler der »Neuen Zeitung« (Staatsarchiv München).

Neuen Zeitung zerschlagen. In diesem Zusammenhang waren bereits im Juli und August 1933 zwei weitere Giesinger in »Schutzhaft« genommen worden: der Drucker Adolf Scharl und der Hilfsarbeiter Michael Fröhlich, beide aus der Oefelestraße. Fröhlich erhielt im Frühjahr 1934 wegen Verbreitens illegaler Druckschriften sieben Monate Gefängnis, Scharl wurde mangels Beweisen freigesprochen. Über die tatsächliche Schwere dieser Strafen sagen die Urteile jedoch nur wenig aus, denn nach damaliger Praxis wurden wegen politischer Delikte Angeklagte nach einem Freispruch meist ebenso zu weiterer »Schutzhaft« ins KZ nach Dachau gebracht wie die Verurteilten nach Verbüßung ihrer Haftstrafe.

Dieser Prozeß verdeutlicht zudem die Auswirkungen der Massenverhaftungen vom März '33 auf die Giesinger KPD. Bei einem der insgesamt zwölf Angeklagten hatte die Polizei eine Verteilerliste für die Nr. 6 der *Neuen Zeitung* gefunden.

Aus dieser Aufstellung geht hervor, daß von den ca. 1850 Exemplaren der Münchner Gesamtauflage dieser Nummer im Westend 300, in München-Nord 150, aber in Giesing lediglich 50 Stück verteilt wurden. Da die *Neue Zeitung* wesentlich als Mitgliederzeitung gedacht war, kann man von dem Kontingent für das jeweilige Stadtviertel auf die Größe der dortigen KPD-Gruppe schließen. Die Giesinger KPD, einst mit über vierhundert Mitgliedern eine der größten Sektionen Münchens, war offenbar stärker als alle anderen von der Verhaftungsaktion betroffen gewesen. Zöberleins SA hatte hier ganze Arbeit geleistet. Überdies dezimierten Festnahmen die Zahl der Aktiven laufend weiter. Im Anschluß an Flugblattaktionen wurden z. B. im Februar 1934 der 16jährige Edgar Jakusch (Hugos Bruder) und wenig später der Hilfsarbeiter Georg Giglberger aus der Heimgartenstraße in »Schutzhaft« genommen.

Ziegelmann und Agfa

Getarnt als Esperanto-Kurs hatte sich trotz allem um den 1893 geborenen Maler Julius Ziegelmann und seine Frau Anna, die in der Tegernseer Landstraße 81 wohnten, eine Giesinger Widerstandsgruppe formiert. Anläßlich der Volksabstimmung vom 19. August 1934 über die Vereinigung des Reichskanzler- und Reichspräsidentenamtes in der Person Hitlers war auch die Giesinger Gruppe an der Verteilung von Flugblättern beteiligt, in denen es unter anderem hieß: »Hitlers Politik führt zum Krieg! In der Rüstungsindustrie herrscht Hochbetrieb; Krupp erhöht seine Gewinne! Und Ihr seid in Not. [...] Es gibt nur einen Ausweg für die kapitalistische Hitlerregierung: Den Krieg. Es gibt nur einen Ausweg für Euch: Kämpft gegen die Aufrüstung und den Krieg! Kampf gegen das faschistische Regime! Verhindert den Massenmord! Keine Stimme für Hitler!!! Am 19. August stimmt nur: Nein!!!«[9]

Auch zum Jahrestag des Hitlerputsches, am 9. November 1935, registrierte die Polizei in Giesing kommunistische Flugblätter, auf denen zum

Hier in der Tegernseer Landstraße 81 wohnten Anna und Julius Ziegelmann, die bis 1936 versuchten, in Giesing den Widerstand gegen das NS-Regime zu organisieren (Stadtarchiv München).

Kampf »gegen den Nazifaschismus« aufgefordert wurde. Doch unter dem sich zunehmend verstärkenden Fahndungsdruck scheint die Giesinger Widerstandsgruppe immer seltener die Kraft zu spektakulären Propagandaaktionen gegen das NS-Regime gefunden zu haben. Weil sie immer mehr Energie allein darauf verwenden mußte, den Zusammenhalt der Gruppe und die Infomationskanäle notdürftig aufrechtzuerhalten, reduzierten sich die Aktionen mehr und mehr auf die interne Weitergabe illegaler, oft aus dem Ausland eingeschleuster Literatur.

Wie groß diese Stadtteilorganisation war, ist heute nicht mehr mit Sicherheit zu sagen. Als die Gruppe am 3. Juni 1936 zerschlagen wurde, verhaftete die Polizei neben den Ziegelmanns acht weitere Personen, alle aus Obergiesing, und stellte sie wegen Hochverrats vor Gericht: Franz Bock (Maurer), Karl Cerjak (Schreiner), August Füss (Hilfsarbeiter), Amalie Gillmann (Rentnerin), Franz Xaver Helfer (Knecht), Gottfried Kammergruber (Händler), Franz Lechner

(Schreiner) und Alois Nußbaum (Hilfsarbeiter). Lechner wurde freigesprochen, die anderen erhielten Zuchthausstrafen bis zu dreidreiviertel Jahren. Anna Ziegelmann mußte für acht Monate ins Gefängnis, und Julius Ziegelmann wurde zu sieben Jahren Zuchthaus verurteilt. Nachdem er seine Strafe bis auf den letzten Tag verbüßt hatte, verschleppten ihn die Nazis nach Auschwitz und ermordeten ihn dort am 21. Dezember 1943.[10]

Dies war aber nicht die einzige kommunistische Widerstandsgruppe in Giesing. Der Werkzeugmacher Ludwig Heigl hatte Anfang 1934 in den Agfa-Werken an der Tegernseer Landstraße einen kleinen Zirkel für illegale Aktionen um sich geschart. Dabei arbeitete er eng mit Friedrich Alber zusammen, der seit 1934 im Rückgebäude der Wirtstraße 22 eine kleine Schuhmacherwerkstätte betrieb. Diese war offenbar auch Gruppentreffpunkt außerhalb des Betriebes und Übergabestelle für das illegale Material. Im April 1937 verhaftete die Polizei Heigl und den bei Agfa beschäftigten Lagerarbeiter Johann Christian aus der Watzmannstraße 9, im Juni Friedrich Alber und seinen in der Waldeckstraße 16 ansässigen Bruder Alois, ebenfalls Werkzeugmacher bei Agfa, sowie den Maurer Alfred Pleiner.

Von der Existenz dieser Gruppe, übrigens einziges dokumentarisch verbürgtes Beispiel für eine kommunistische Betriebszelle in München, zeugt heute nur noch die erhalten gebliebene Urteilsbegründung gegen die fünf Angeklagten vom 22. 1. 1938. Den Ausführungen des Richters zufolge beschränkten sich ihre Aktivitäten auf den Austausch illegaler Literatur und auf Klebeaktionen im Betrieb: »Der Angeklagte [Heigl] hat selbst zugegeben, daß er im Sommer 1935 an den Garderobeschränken im Kellerraum der Agfa-Werke fünf bis sechs Stück grüne Klebezettel [...] angeklebt hat. Auf diesen Zetteln waren verschiedene Kommunistenführer abgebildet, auf deren angebliches Schicksal in hetzerischen Schlagworten hingewiesen wurde.«[11] Wegen dieser und ähnlicher »hochverräterischer« Taten mußten Heigl für drei Jahre und neun Monate, Christian und die

Wirtstraße 22: Von hier aus leitete Friedrich Alber bis April 1937 die Agfa-Widerstandsgruppe. Im selben Haus wohnte auch Georg Rester, der im Widerstand der »Sozialistischen Arbeiterpartei« mitarbeitete (Stadtarchiv München).

Der Polizeispitzel Max Troll, genannt »Theo«, aus der Ungsteiner Straße 14 (Weyerer, München zu Fuß).

beiden Albers für zwei Jahre und drei Monate bzw. zwei Jahre ins Zuchthaus, Alfred Pleiner wurde mangels Beweisen freigesprochen.

Spitzel »Theo«

Nicht nur die Zerschlagung dieser beiden Giesinger Gruppen, sondern auch die Enttarnung des gesamten organisierten kommunistischen Widerstands in München und Südbayern geht im wesentlichen auf das Konto eines Polizeispitzels, der unter dem Decknamen »Theo« operierte. Schon

im Juni 1933 war es der Bayerischen Politischen Polizei gelungen, »Theo« in die kommunistische Untergrundbewegung einzuschleusen, wo er sich systematisch in der Hierarchie nach oben arbeitete. Er knüpfte die Kontakte zwischen allen Münchner Gruppen und den Führungsgremien im Ausland, beschaffte von dort illegale Literatur und organisierte ihre Verteilung in München. Im Mai 1935 rückte er sogar in die Leitung der gesamten illegalen, südbayerischen KPD-Organisation auf. Jahrelang agierten also die Widerstandsgruppen praktisch unter Aufsicht der Politischen Polizei, die über die geplanten Untergrundaktionen stets bestens informiert war und über »Theo« sogar steuernd eingreifen konnte. Ab Juni 1935, also kurz nachdem »Theo« Mitglied der Bezirksleitung geworden war, hob die Polizei, die nun die gesamte Organisationsstruktur kannte, in ganz Bayern eine Widerstandsgruppe nach der anderen aus, zuletzt die beiden in Giesing. Hier schlug die Polizei wohl deshalb erst 1936/37 zu, weil sie die Tarnung ihres Spitzels nicht gefährden wollte: »Theo« kam nämlich aus der Giesinger KPD.

Max Troll, wie »Theo« mit bürgerlichem Namen hieß, 1902 in Niederbayern geboren, gelernter Automechaniker, arbeitete 1925 bis 1931 als Bauarbeiter und Bademeister bei der Stadt München. Seit 1931 arbeitslos, wohnte er in der Ungsteiner Straße 14 in einem der städtischen Wohnblocks, in denen die Stadt Anfang der 30er Jahre Obdach- und Arbeitslose unterbrachte. Troll, in den 20er Jahren SPD-Anhänger, trat etwa 1930 der Giesinger KPD bei. Als er im Rahmen der Massenverhaftung am 10. März 1933 festgenommen wurde, war er Stadtteilleiter der »Roten Hilfe« und Verbindungsmann zur Agfa-Betriebszelle der KPD. Zusammen mit den anderen Giesingern gehörte er zu den ersten Häftlingen in Dachau, wo er mit Hugo Jakusch und Emil Meier in der Lagerschreinerei arbeitete.

Offenbar ist es der Polizei im Lager gelungen, Troll »umzudrehen« und nach seiner Entlassung Ende Mai 1933 über seine Giesinger Genossen in die Untergrundszene einzuschleusen. Sicherlich kam ihm dabei zugute, »daß er den richtigen Stallgeruch besaß und in dem Giesinger bzw. Münchner Vorstadtmilieu zu Hause war.« Für seine verheerende Rolle, die der »Vorstadt-Strizzi mit eher miesen Charakterzügen«[12] im Widerstand spielte, entlohnte die politische Polizei »Theo« mit monatlich 240 Reichsmark, die ihm ein recht flottes Leben gestatteten. Dies scheint bei seinen Genossen aber keinen Verdacht erregt zu haben. Im Gegenteil. Es gelang ihm sogar, auch Kontakte zu Widerstandsgruppen herzustellen, die nicht der KPD angehörten.

Im April 1937 spielte Troll der Gestapo eine Gruppe der *Sozialistischen Arbeiterpartei* (SAP) in die Hände, der auch der 40 Jahre alte Giesinger Gastwirt Anton Steyrer aus der Tegernseer Landstraße 92 und der 34jährige Packer Georg Rester, Wirtstraße 22, angehörten. Steyrer, der über Alois Alber auch Verbindung zur Agfa-Gruppe hielt und dessen *Tegernseer Bierstube* eine Verteilerstelle für illegale Literatur gewesen war, wurde 1938 zu sechs Monaten Gefängnis verurteilt, Rester mußte für ein Jahr hinter Gitter. Schließlich war »Theo« auch an der Enttarnung des monarchistisch-katholischen Widerstandskreises um den städtischen Bauaufseher Josef Zott, der 1944 zum Tode verurteilt und am 16. Januar 1945 hingerichtet wurde, federführend beteiligt. Sicherlich übertreibt man mit der Behauptung nicht, »er habe ab Anfang 1935 bei nahezu allen Verhaftungen von Kommunisten in München und im südbayrischen Raum seine Hand im Spiel gehabt, und auf sein Konto gingen Hunderte von Verhaftungen, Tausende von Jahren Straf- und Lagerhaft und Dutzende von Toten, die in der Haft«[13] umkamen.

Im Laufe des Jahres 1937 wurden in ganz Südbayern alle Reste des organisierten kommunistischen Widerstands endgültig zerschlagen. Max Troll, der folglich für die Gestapo wertlos geworden war, wurde aus München entfernt und 1940 zum Kriegsdienst eingezogen. 1948 verurteilte ihn die Spruchkammer Regensburg zu zehn Jahren Arbeitslager. Dagegen wurde ein staatsanwaltschaftliches Ermittlungsverfahren, das die umfangreichen Denunziationen aufdecken sollte, 1950 – der Kalte Krieg war soeben in aller Schärfe entbrannt – sang- und klanglos wieder eingestellt.

Ein Fall von Renitenz

Kaum zu erfassen, da selten aktenkundig geworden, sind die Fälle politisch motivierter Renitenz von einzelnen. Die Gründe für diese Art der Widersetzlichkeit waren so verschieden wie die Formen des Ungehorsams. Die einen waren dem Nationalsozialismus gegenüber immun, weil sie politische Organisationen ohnehin ablehnten, die anderen gerade weil sie früher politisch organisiert waren, den Kontakt zur Gliederung nach 1933 aber verloren hatten. Sie widersetzten sich dem Regime durch das demonstrative Verweigern des »deutschen Grußes« oder der vorgeschriebenen Beflaggung, durch das Verschweigen verdächtiger Beobachtungen oder das Nichtteilnehmen an den Feier- und Weihetagen des NS-Staates, durch das Sammeln verbotener Schallplatten und Bücher oder das Abhören von »Feindsendern« und vieles andere mehr. Ein Beispiel soll verdeutlichen, wie die Machthaber auf diese Art individuellen Widerstandes reagierten:

Der Invalidenrentner Ludwig Mies aus der Dollmannstraße 19 war seinen linientreuen Nachbarn schon längere Zeit ein Dorn im Auge. Mal brüstete er sich öffentlich damit, wie Stalin auszusehen, ein andermal sabotierte er im Radio übertragene Führerreden, indem er in seiner Wohnung das Grammophon in voller Lautstärke spielen ließ. Als er schließlich einen im Haus arbeitenden Maler stolz sein neues Radiogerät zeigte und fragte, ob auf der Skala dessen Radios auch der Sender Moskau verzeichnet sei, denunzierte ihn der Handwerker bei der Polizei. Diese Frage bewertete der Vorsitzende Richter in der Gerichtsverhandlung am 2. Mai 1941 als »versteckte Aufforderung zum Abhören von Auslandssendern«, was »eine bewußte Sabotage der zur Abwehr der Feindpropaganda getroffenen Maßnahmen« darstelle. Da die Nachbarn als Zeugen zudem den defätistischen Charakter des Angeklagten bestätigten, wurde der Rentner zu fünf Monaten Gefängnis verurteilt.[14]

»Schutzhaft« für Sozialdemokraten

Obwohl die SPD am 9. März ebenfalls mit ganzer Wucht von den kriminellen Aktionen der nationalsozialistischen Machthaber in Bayern getroffen worden war – an diesem Tag besetzte die SA das Gewerkschaftshaus in der Pestalozzistraße sowie das Parteihaus der SPD am Altheimer Eck und verwüstete die Redaktionsräume der *Münchener Post* – konnte sich die Parteiführung nicht zu einem Aufruf an die Mitglieder entschließen, dem Nationalsozialismus auch mit illegalen Mitteln Widerstand entgegenzusetzen. *Noch* war die SPD nicht verboten. Der Sozialdemokrat Wilhelm Hoegner, nach dem Krieg bayerischer Ministerpräsident, erinnerte sich noch 25 Jahre später voller Groll an die irreale Lagebeurteilung durch die Parteiführung: »In den Vorstädten, in Schwabing und Sendling, in Giesing und Neuhausen saßen jetzt unsere Reichsbannerleute in höchster

Bereitschaft – am Biertisch, mit heißen Köpfen, schrien nach Waffen, verwünschten die feige, unfähige Führung und preßten wie ich ihre Fäuste an die altbayerischen Dickköpfe in ohnmächtiger Wut und Scham.«[15] Aber selbst als die Nazis die Daumenschrauben weiter anzogen, die Parteipresse der SPD verboten, die Sozialdemokraten aus den Stadt- und Gemeinderäten vertrieben, am 2. Mai 1933 die Gewerkschaften verboten und am 10. Mai das Parteivermögen der SPD beschlagnahmten, warteten die sozialdemokratischen Aktivisten vergeblich auf einen Aufruf zum illegalen Widerstand.

Für Verbitterung sorgte überdies das widersprüchliche Verhalten der Parteiführung, die Mitglieder im Lande zu strikter Legalität anzuhalten, selbst aber nach Saarbrücken, das damals noch unter französischer Verwaltung stand, und nach Prag zu emigrieren. An der Basis breiteten sich Wut, Enttäuschung, Ohnmachtsgefühle und Resignation aus, die Parteiaustritte häuften sich und ganze Ortsvereine lösten sich auf. Die Münchner Reichstagsabgeordnete Antonie (Toni) Pfülf, eine unermüdliche Kämpferin für die Rechte der Frauen, war ob dieser Haltung der führenden Männer in ihrer Partei gar so entmutigt, daß sie am 8. Juni 1933 freiwillig aus dem Leben schied. In ihrem Abschiedsbrief mahnte sie ihre Genossen: »Den Weg, den die Partei jetzt geht, kann ich nicht mitgehen.« Josef G. Schwenter, 1929 Mitgründer der SPD-Sektion in Harlaching und Anfang 1933 deren Vorsitzender, erinnert sich, er habe sich zwar nach der Reichstagswahl vom 5. März 1933 noch mehrfach unter konspirativen Bedingungen mit den Sektionsführern von Giesing und der Au getroffen, um die Situation zu besprechen, aber als »die Partei dann verboten worden ist, haben wir nichts mehr gemacht«.[16]

Wie Schwenter hat sich die überwiegende Zahl der Sozialdemokraten verhalten, als die SPD am 22. Juni 1933 zur »staats- und volksfeindlichen Partei« erklärt und verboten wurde. Den entscheidenden Schlag gegen die SPD bereitete die Bayerische Politische Polizei am 28. Juni mit folgendem Geheimbefehl vor: »Am 30. Juni 1933 früh 7 Uhr sind sämtliche sozialdemokratischen Reichs- und Landtagsabgeordnete in Bayern, alle Kreis- und Bezirkstagsvertreter und Stadträte der SPD (nicht Gemeindevertreter) sowie alle diejenigen SPD-Funktionäre in Schutzhaft zu nehmen, die in der Partei oder im Reichsbanner eine *führende* Stellung eingenommen haben.«[17] Unter den etwa 1000 Verhafteten aus ganz Bayern war auch der Vorsitzende der SPD-Sektion Obergiesing I, Gottlieb Branz. Zu ihm später mehr.

Da im Juli 1933 die Organisation der Partei restlos zerschlagen war, viele führende Köpfe der Münchner SPD emigriert waren oder in »Schutzhaft« saßen und die meisten der langjährigen SPD-Mitglieder resigniert hatten, fanden sich vor allem bisher kaum hervorgetretene, meist junge SPD-Mitglieder zusammen und bauten in München spontan vier recht lose gefügte Widerstandsgruppen auf. Ihr Ziel war, die Bevölkerung mit Informationen zu versorgen, die in der gleichgeschalteten NS-Presse nicht mehr vorkamen. Sie knüpften Kontakte zum Auslandsvorstand der SPD in der Tschechoslowakei, der sie mit illegaler Literatur, Flugblättern und Klebezetteln versorgte.

In Giesing selbst existierte kein solcher Zirkel, aber anläßlich der schon genannten Volksabstimmung vom 19. August 1934 entfalteten Widerständler aus Haidhausen auch in Giesing rege Aktivitäten. Sie riskierten Kopf und Kragen, um zahlreiche Klebezettel anzubringen, legten ihr Material vor Geschäften ab und streuten bei einem Fußballspiel im 60er-Stadion Flugblätter mit Parolen gegen Hitler: »Deutsches Volk! Hitler will eure Stimmen. Ihr sollt euch mitschuldig machen. Ihr sollt ihm Rechtfertigung für seine vergangenen und künftigen Verbrechen geben. Ihr würdet damit das ganze Volk als eine einzige große Verbrecherbande erscheinen lassen. [...] Das Plebiszit ist eine Lüge, ein Schein einer Volksabstimmung, ein Betrug. Wer ihm zustimmt, bescheinigt sich selbst seine eigene erbärmliche Knechtsgesinnung, seine völlige gei-

stige Versklavung, der unterschreibt sein eigenes Todesurteil. [Hitlers] Verbrecher haben alle Volksrechte geraubt. Sie haben dem Leben alle Würde genommen, Deutschlands Ansehen zerschlagen. Sie werden euch in einen neuen Weltkrieg hineinhetzen. [...] Darauf gibt es nur eine Antwort: Nein, nein, niemals! Fort mit dem Verbrecher! Freiheit!«[18] Doch mit Hilfe von V-Männern kam die Politische Polizei diesen vier SPD-Gruppen sehr bald auf die Spur, und Mitte 1935 wurde die letzte von ihnen ausgehoben.

Gottlieb Branz war bis zu seiner Verhaftung 1939 im Widerstand aktiv. Nach sechs Jahren KZ-Haft in Buchenwald kehrte er im Mai 1945 nach Giesing zurück (Stadtarchiv München).

Lotte und Gottlieb Branz

Inzwischen hatten sich aber unter der Federführung des Sozialdemokraten Waldemar von Knoeringen, der den SPD-Widerstand in Südbayern von der Tschechoslowakei aus zu koordinieren versuchte, bereits neue SPD-Widerstandsgruppen gebildet, die ihre Aufgaben und Ziele anders definierten. Dabei orientierten sie sich an einer programmatischen Schrift, deren Titel zum Namen für diese hauptsächlich in München und Augsburg aktiven Gruppen wurde: *Neu Beginnen!* Sie richteten sich auf eine lange Untergrundarbeit ein und verzichteten auf spektakuläre, aber gefährliche Propagandaaktionen, um statt dessen kleine Kader ehemaliger SPD-Mitglieder aufzu-bauen, die die Lage beobachten, Informationen an die Auslandsleitung weitergeben und sich auf eine Gelegenheit zur Beseitigung des Regimes vorbereiten sollten.

Einer dieser Neu Beginnen-Zirkel entstand in Giesing um den ehemaligen Vorsitzenden der SPD-Sektion Obergiesing I, Gottlieb Branz. Mit Ehefrau Lotte, auch im Widerstand seine engste Mitarbeiterin, und Sohn Julian wohnte er damals in der Aignerstraße 26, heute ist dies Hausnummer 3. 1896 geboren und seit 1911 SPD-Mitglied, bis März '33 als Bibliothekar in der Gewerk-schaftsbibliothek beschäftigt, stand er, als er im Oktober 1933 aus der »Schutzhaft« zurück-kehrte, vor den Ruinen seiner beruflichen und politischen Existenz. Seine Frau, Jahrgang 1903 und seit 1925 mit ihm verheiratet, zur damaligen Situation: »Gottlieb Branz war arbeitslos geworden, bekam vom Arbeitsamt nach Ablauf der sechs Wochen Aussteuerungszeit keine Arbeits-losenunterstützung, geschweige denn einen Ar-beitsplatz vermittelt. Wir waren bald total mittel-los.«[19] Trotz der materiellen Not und der ständi-gen Bedrohung als politisch Mißliebiger, wurde Branz sofort nach seiner Entlassung im Unter-grund aktiv. Aufgrund seiner früheren Tätigkeit als Gewerkschaftsbibliothekar kannte er die mei-sten Widerstandskämpfer des linken Spektrums persönlich, zudem knüpfte Branz Kontakte zu bürgerlichen und monarchistischen Kreisen. Schließlich fand er als Zigarettenvertreter eine Beschäftigung, die eine ideale Tarnung bildete für seine zahlreichen Aktivitäten zur Kontaktauf-nahme mit Gleichgesinnten und sogar unauffäl-lige Auslandsreisen ermöglichte. Zwischen 1935 und 1937 fuhr das Ehepaar Branz einzeln und gemeinsam mehrfach ins benachbarte Ausland, brachte illegale Schriften und Informationen nach München und erkundete dabei Fluchtmöglich-keiten und -wege für gefährdete Personen. Eine Reihe von Menschen, die über diese Routen ins sichere Ausland geschleust wurden, verdankt dem Ehepaar Branz ihr Leben.

Die Voraussetzungen für die konspirative Ar-beit und die Situation der Oppositionellen ent-wickelten sich jedoch von Jahr zu Jahr ungünsti-ger. Man darf ohnehin die Zahl der aktiven Wi-derstandskämpfer nicht überschätzen. Auch in den Giesinger Sektionen der linken Parteien wa-ren von Anfang an nur relativ wenige Mitglieder bereit gewesen, sich am Widerstand gegen das NS-Regime zu beteiligen. Als in den Jahren 1936/37 Hitlers innen- und außenpolitische »Erfolge« den Kritikern zunehmend den Wind aus den Segeln nahmen, wandelten sich überdies viele der anfangs Skeptischen vom Saulus zum Paulus. Augenzeugen erinnern sich, daß diese Entwick-lung auch im Giesinger Straßenbild sichtbar wurde, denn gerade »in den Straßen, zum Beispiel in der Hefnerstraße, in denen früher nur die roten Fahnen gehängt waren, da waren dann die mei-sten Hakenkreuzfahnen«.[20] Zudem zerstörten ständige Verhaftungen das Netz der Untergrund-beziehungen, ohne das eine organisierte illegale Arbeit nicht funktionieren kann, und ab 1939 zerschlug die Polizei schließlich auch die Neu Beginnen-Gruppen.

Am 3. Januar 1939 erschien gegen fünf Uhr morgens die Gestapo bei Gottlieb Branz in der Aignerstraße, durchsuchte die Wohnung nach belastendem Material und verhaftete ihn. Ob-wohl er bereits seit 1936 observiert worden war, vermochte die Staatsanwaltschaft seine vielfälti-gen Kontakte und Aktivitäten nicht einmal an-satzweise aufzudecken, deshalb verurteilte ihn das Oberlandesgericht München im September 1939 lediglich zu sieben Monaten Gefängnis. Zwar mußte Branz diese Strafe nicht mehr antre-ten, denn er saß ja bereits seit neun Monaten in Untersuchungshaft, aber er wurde direkt vom Gerichtssaal aus ins Konzentrationslager nach Buchenwald gebracht, wo ihn die Amerikaner 1945 befreiten. Auch für Lotte Branz – nach der Verhaftung ihres Mannes hatte sie aus Sorge um ihren Sohn ihr Engagement im Widerstand aufge-geben – brachen nun schwere Zeiten an. Trotz Arbeitskräftemangels hatte sie Schwierigkeiten,

Aignerstraße 32 (heute Nr. 3) kurz nach Kriegsende.
Die beiden markierten Fenster im Erdgeschoß gehören
zur Wohnung von Lotte und Gottlieb Branz
(Bauverein Giesing).

eine Beschäftigung zu finden, denn als Frau eines »Zuchthäuslers« war sie nicht würdig, in der »deutschen Volksgemeinschaft« mitzuarbeiten, und auch die Nachbarn trauten sich nicht, mit ihr in Kontakt zu treten: »Und die Frau Branz, die war ewig verhärmt [...] und hat allerweil geweint. Aber man hat sich ja nicht reden getraut.«[21] Erst als sie Arbeit in einer Gärtnereigenossenschaft fand, konnte sie die NS-Zeit einigermaßen überstehen, weil die Kolleginnen und Kollegen sie vor der Polizei versteckten, die in den Betrieben nach Illegalen fahndete.

Endstation Stadelheim

Trotz Folter und unmenschlicher Haftbedingungen im KZ hat Gottlieb Branz offenbar keinen seiner Mitverschwörer verraten, denn der Kopf

der Münchner Neu Beginnen-Organisation, Hermann Frieb, wurde erst am 16. April 1942 festgenommen und zusammen mit dem Leiter der Augsburger Gruppe, Bebo Wager, im Mai 1943 vom Volksgerichtshof zum Tode verurteilt. Diese Strafen zeigen, daß der Neu Beginnen-Widerstand auch von seinen Gegnern als bedeutend eingestuft worden war. Und in der Tat gibt es kein Beispiel für eine andere politisch aktive Widerstandsgruppe, die über neun Jahre hinweg dem Unterdrückungsapparat des NS-Regimes getrotzt hätte.

Hermann Frieb scheint sich dessen bewußt gewesen zu sein, denn in Stadelheim verfaßte er eines der erstaunlichsten Dokumente sozialdemokratischen Widerstands. Weil sich Friebs Erwartung, der Krieg könne nur mit einer Niederlage Deutschlands enden, im Laufe des Jahres 1943 aufgrund der militärischen Niederlagen zur Gewißheit verdichtet hatte, bot er der NS-Führung Verhandlungen zur Übergabe der Macht an eine neu zu schaffende SPD an. In der falschen Annahme, das Kriegsende stehe unmittelbar bevor, und in völliger Verkennung der Machtverhältnisse entwarf er während seiner Haft in der Stadelheimer Todeszelle eine »Verhandlungsbasis«, die er »an die Geheime Staatspolizei« adressierte: »In Fortsetzung der Tradition der deutschen Arbeiterbewegung [...] erklärt sich die *Sozialistische Partei Deutschlands* (SPD) als alleinige Vertreterin der deutschen Arbeiterschaft bereit, den Übergang vom Nat.soz.-Staat zur *Soz.-[ialistischen]-Republik* im Einvernehmen mit der NSDAP durchzuführen, um schwerste Schäden am deutschen Volk und seiner Wirtschaft nach bester Möglichkeit zu verhindern. Zu diesem Zweck schließen NSDAP und die SPD folgendes Abkommen:«[22] Nach dieser »Präambel« legte Frieb der NS-Führung in 22 Artikeln dar, sie habe auf die Macht zu verzichten, um nach der unabwendbaren militärischen Niederlage eine Zerstückelung Deutschlands zu verhindern. Als Gegenleistung sollte eine Bestrafung der NS-Führer unterbunden und deren Emigration nichts in den

Weg gelegt werden; NSDAP-Mitglieder sowie deren persönliches Eigentum sollten vor der Rache ihrer Gegner geschützt werden.

In Kassibern an seine Frau berichtete Wager, Frieb habe fest daran geglaubt, die Nazis könnten sich der Logik seiner Argumentation nicht verschließen und müßten angesichts der prekären Kriegslage auf sein Angebot eingehen. Aus heutiger Sicht ist kaum mehr zu beurteilen, ob dies Friebs tatsächliche Überzeugung, geboren aus der Überschätzung der eigenen Bedeutung, oder lediglich die verzweifelte Hoffnung des Todgeweihten gewesen ist. Es ist auch nicht überliefert, ob die NS-Machthaber dieses Verhandlungsangebot überhaupt zur Kenntnis nahmen, den Ablauf der Ereignisse hat es jedenfalls nicht erkennbar beeinflußt.

Am Donnerstag, dem 12. August 1943, wurden die Sozialdemokraten Hermann Frieb und Bebo Wager in Stadelheim enthauptet. Doch damit noch nicht genug. Nach nationalsozialistischem Brauch traf die Rache auch die Überlebenden. In grenzenlosem Zynismus ließ die NS-Justiz der Mutter Friebs, die mit ihm festgenommen und zu zwölf Jahren Zuchthaus verurteilt worden war, die Gebührenrechnung für die Hinrichtung ihres Sohnes in ihrer Zelle zustellen.[23]

München, den 14. August 1943

An K o s t e n t e l l e

Am 12. August 1943 wurden durch Scharfrichter Reichhart und seine Gehilfen Schuier, Eichinger und Zellner im Strafgefängnis München Stadelheim hingerichtet.

Kellner Johann	AR.VII 492/43	ORA b.VGH. 6 J 11/43
Bollwein Josef	" " 493/43	" " 6 J 13/43
Kalicki Piotr	" " 489/43	" "
Czycz Stanislaw	" " 490/43	" " } 9 J 188/42
Jwaniszyn Julia	" " 491/43	" "
Frieb Hermann	" " 487/43	" " } 6 J 135/42
Wager Josef	" " 488/43	" "
Duplaa Marcel	VR II b 502/43	
Sauvent Claudius	VR. II b 503/43	} 1 a KLs So 52/43.
Alicourtis Pierre	VR. II b 504/43	

Staatsanwaltschaft München I
Strafvollstreckungsabteilung.
I.A.

Am 12. August 1943 wurden in Stadelheim von Scharfrichter Reichhardt zehn Menschen hingerichtet, unter ihnen die beiden Sozialdemokraten Hermann Frieb und Bebo Wager (Staatsarchiv München).

Dem Scharfrichter Johann Reichhart in München steht für Vollstreckungshandlungen in der Zeit vom 1.-31 August 1943 wovon an 6 Tagen ausserhalb München Vollstreckungen stattfanden ein Betrag von

2250.-RM (zweitausendzweihundertundfünfzig RM)

An Auslagen sind erwachsen:
194.60 RM für Bahnfahrt
45.- RM für Auto zur Anstalt
12.- RM für Verständigung
6.45 RM für Strassenbahn
258.05 RM

An Vorschuss wurde ein Betrag von
1000.-RM (eintausend RM) angewiesen.
Reichhart hat noch einen Betrag von 1508.05 RM (fünfzehnhundertacht 5/100 RM)
zu erhalten.

Sachlich richtig u. festgestellt. Jn den Akten vorgemerkt.

München,den 1. Sept.1943

Staatsanwaltschaft München I
- Rechtspfleger -

Zu Hd. von Herrn
Jnsp. Demel

Justizinspektor

Dem Scharfrichter wurden für jede Hinrichtung zwischen 100 und 130 Reichsmark ausbezahlt. Mit dieser »Arbeit« verdiente Reichhardt im August 1943 2250 RM. Ein Facharbeiter verdiente damals im Monat rund 200 Reichsmark (Staatsarchiv München).

In Stadelheim wurden nicht nur die Repräsentanten des sozialdemokratischen Widerstands in Südbayern ermordet, sondern auch die Mitglieder der *Weißen Rose* und zudem viele namenlose mutige Frauen und Männer, Kommunisten und Monarchisten, Katholiken und Zeugen Jehovas, die sich selbst und ihrer Überzeugung treu geblieben und auch vor der übermächtigen Repressionsmaschinerie des NS-Staates nicht zurückgewichen waren. Das Gefängnis Stadelheim war während der NS-Diktatur zu einem der Brennpunkte des mörderischen Terrors der NS-Diktatur geworden. Mindestens 1164 Frauen und Männer starben hier zwischen 1934 und 1945 unter dem Fallbeil. Dienstag und Donnerstag waren die Hinrichtungstage, von den Gefangenen sarkastisch »Schlachtfest« genannt, denn an manchem dieser Tage vollstreckte Scharfrichter Johann Reichhart, der seinem grausigen Handwerk während der gesamten NS-Zeit nicht nur in Stadelheim, sondern auch in vielen anderen Städten des Reiches nachging, mit seinen drei Gehilfen Dutzende von Todesurteilen. Damit alles seine Ordnung hatte, wurde jede einzelne Hinrichtung sorgfältig protokolliert. Als am 12. Oktober 1943 der ledige Hilfsarbeiter Lorenz Frühschütz wegen Wehrkraftzersetzung enthauptet wurde, notierte der anwesende Staatsanwalt Heinlin: »Um 17.06 Uhr wurde der Verurteilte durch zwei Gefängnisbeamte vorgeführt. [...] Der Verurteilte war gefaßt. Bei der Vorführung sagte der Verurteilte lächelnd: ›So, seid Ihr jetzt beieinander‹, sodann rief er: ›Schämt Euch‹ und ›Rot Front‹. Von der Übergabe an den Scharfrichter bis zum Fall des Beils vergingen 12 Sekunden. Der ganze Hinrichtungsvorgang, der sich ohne Zwischenfall vollzog, dauerte vom Verlassen der Zelle an gerechnet 1 Minute 12 Sekunden.«[24]

An dieser Stelle ist nun von zwei mutigen Giesingern zu berichten, deren Taten sie zu sicheren Kandidaten für Scharfrichter Reichhart und seine Gehilfen machten, denen aber durch glückliche Umstände der Gang auf das Stadelheimer Schafott buchstäblich in letzter Sekunde erspart blieb.

»Wie lange noch?«

Als die Bewohner der Neuharlachinger Siedlung der »Alten Kämpfer« am Abend des 30. Januar 1943, es war ein Montag, von einer Propagandaveranstaltung der Partei im Zirkus Krone zum zehnten Jahrestag der »Machtergreifung« zurückkehrten, fanden sie in den Hauseingängen und Vorgärten provozierende Flugblätter: »10 Jahre Nationalsozialismus. Wohin hat Hitler Deutschland in 10 Jahren geführt? Von der Übernahme der Regierungsgewalt an beschritt Hitler eine Straße, die geradewegs in diesen blutigsten aller Kriege führte. [...] Wie lange noch, deutsches Volk, willst Du untätig zusehen, wie Du in den Abgrund geführt wirst? Noch ist es nicht zu spät, noch kannst Du das völlige Chaos und den Zusammenbruch vermeiden, wenn Du Dich gegen die Hitler-Tyrannei auflehnst. Sabotiere die

Zur Entstehung dieses Flugblatts im Jahre 1943 berichtet Robert Eisinger: »Da war einmal eine Plakataktion ›Was hast Du heute für den Sieg getan?‹ Da habe ich ein Flugblatt gemacht ›Was hast Du heute für ein rasches Kriegsende getan?‹ (KZ-Gedenkstätte Dachau).

Anordnungen der Regierung, wo Du kannst! Verweigere Deinen Beitrag zu den Sammlungen oder gib nur den kleinsten Betrag! Sieh Dich nach Gleichgesinnten um und besprich mit ihnen, was getan werden kann, um den Krieg so rasch wie möglich beenden zu helfen. Wenn Du die Möglichkeit hast, verfasse ebenfalls Flugzettel.«[25]

Fast vierzig Jahre ist der Öffentlichkeit unbekannt geblieben, wer sich mit diesem Flugblatt knapp drei Wochen vor der spektakulären Aktion der Geschwister Scholl und ihrer Freunde zu Wort gemeldet hatte. Dank der Arbeiten der Münchner Historikerin Elke Fröhlich kennt man aber heute die Namen dieser couragierten Gegner des Nationalsozialismus: Es waren die beiden Giesinger Kommunisten Robert Eisinger und der bereits eingangs erwähnte Emil Meier.

Am 31. August 1909 in eine kinderreiche Arbeiterfamilie hineingeboren, wuchs Meier in einfachsten Verhältnissen in der Tegernseer Landstraße 69 auf. Wirtschaftliche Not und sozialdemokratisch eingestelltes Elternhaus prägten den jungen Emil ebenso wie der Besuch der Ichoschule, die seit der Revolution von 1918 eine konfessionsübergreifende Simultanschule gewesen war. Noch während seiner Lehre als Möbelpolierer bei der Firma Ballin, die in Giesing unter anderem Schiffs-

Tegernseer Landstraße 69: Hier war der Widerstands-
kämpfer Emil Meier zu Hause. Im Gasthaus »Gie-
singer Volksgarten« im Erdgeschoß waren im Mai
1919 Einheiten des Freikorps Epp einquartiert (Archiv
Verein F. G.).

einrichtungen für eine Atlantik-Reederei produzierte, trat Meier 1926 in den Kommunistischen
Jugendverband (KJVD) ein. Zusammen mit seinen
Freunden Hugo Jakusch, Jahrgang 1911, und Josef
Gilsberger, 1910 geboren und gleich um die Ecke
in der Deisenhofener Straße 2 zu Hause, baute er
die Obergiesinger Stadtteilgruppe des KJVD, die
sich 1926/27 aufgelöst hatte, mit durchschlagen-
dem Erfolg neu auf. Der Bayerischen Politischen
Polizei deshalb als kommunistische Funktionäre
bestens bekannt, gehörten Jakusch, Gilsberger
und Meier sowie auch dessen Vater und einer

seiner Brüder zu den Opfern der Massenverhaftung vom 10. März 1933 und ab 22. dieses Monats
zu den ersten Insassen des KZ Dachau. Als
Häftling Nr. 44 arbeitete Emil Meier zusammen
mit Hugo Jakusch in der Lagerschreinerei, während der Steinmetz Gilsberger an der Errichtung
des Horst-Wessel-Denkmals im Lager Dachau
mitarbeiten mußte. Nach 26 Monaten wurde
Meier aus dem Lager entlassen, jedoch am
15. April 1937, ohne einen für ihn erkennbaren
Grund, erneut festgenommen und nach Dachau in
die Strafkompanie verfrachtet. Dort lernte er den
Genossen Robert Eisinger kennen.

Eisinger, am 6. Mai 1900 in der Münchner
Altstadt als Sohn einer jüdischen Mutter und
eines kaufmännischen Angestellten geboren, war
ein gebildeter und beredter Mann, denn nach dem
Besuch der Volksschule hatte ihm sein bildungs-
beflissener Vater eine 6jährige Ausbildung auf der
Städtischen Höheren Handelsschule finanziert.
Während der Revolutions- und Rätezeit war Eisinger in den Reihen der linken USP aktiv gewesen, aber nach der blutigen Zerschlagung der
Räterepublik mochte er sich nicht mehr politisch
engagieren. Erst als er 1930 arbeitslos wurde und
über die KPD ein Jahr später wieder Arbeit
vermittelt bekam, trat er in diese Partei ein. Am
6. April 1933 wurde Robert Eisinger von der SA
festgenommen und nach mehrtägigem Verhör als
Häftling Nr. 254 ins Lager Dachau eingeliefert,
aber, anders als Meier, bereits am 1. Mai wieder
entlassen. Nach einer Zeit der Ungewißheit zog
Eisinger 1936 nach Giesing an den St.-Martins-
Platz 3 und fand im gleichen Jahr endlich wieder
eine dauerhafte Beschäftigung als Verkaufsleiter
in einer größeren Radiohandlung, die ihn auch
nach seiner zweiten Festnahme, die 1937 zum
Zusammentreffen mit Meier führte, weiterbe-
schäftigte. Nach ihrer Entlassung trafen sich die
beiden, die ja nicht weit voneinander wohnten,
gelegentlich beim Spazierengehen, und als Meier
1939 wieder einmal Arbeit suchte, vermittelte ihm
Eisinger in seiner Firma eine Anstellung als Möbelpolierer.

Verbittert mußte Meier im November 1939 im Zusammenhang mit dem Attentat auf Hitler im Bürgerbräukeller erneut eine vierwöchige »Schutzhaft« über sich ergehen lassen. Nach seiner Entlassung bestärkten sich die beiden Gesinnungsgenossen in ihrer Ansicht, nun sei die Zeit reif für Aktionen gegen die NS-Machthaber, war doch ihre Vorhersage, Hitler wolle Krieg, bittere Realität geworden. Allerdings lähmten die anfänglichen »Erfolge« der deutschen Armeen ihre Aktivitäten, und erst als um die Jahreswende 1942/43 mit der sich abzeichnenden Niederlage bei Stalingrad die Unruhe in der Bevölkerung immer deutlicher spürbar wurde, beschloß Eisinger, die Situation für eine Flugblattaktion auszunützen. Er übernahm die Produktion der Flugblätter; als Verkaufleiter standen ihm in seinem Büro die technischen Möglichkeiten dafür zur Verfügung. Emil Meier war für deren Verteilung zuständig. So kam es, daß am Abend des zehnten Jahrestages der Kanzlerschaft Hitlers, den die Nazis mit aufwendigem Medienrummel feierten, das vorhin zitierte »hetzerische« Flugblatt ausgerechnet in der Harlachinger NSDAP-Siedlung die Stimmung störte.

Der Entschluß Maiers, die Flugblätter den »Alten Kämpfern« der NSDAP vor die Türe zu legen, entsprang wohl dessen Bedürfnis, es den Nazis einmal zu zeigen, ihnen die Demütigungen seiner Verhaftungen heimzuzahlen. Eisinger war aber mit dem Ort der Verteilung nicht einverstanden, denn ihm kam es vor allem darauf an, die Arbeiterschaft zu erreichen. Von ihnen, so glaubte er, würden die Flugzettel im Schneeballsystem weiterverbreitet. Die nächsten fünf von Eisinger produzierten Flugblätter wurden deshalb in der Innenstadt und in Haidhausen, am Baldeplatz und in der Auenstraße und einmal sogar bei einem Fußballspiel im 60er-Stadion an der Grünwalder Straße verteilt.

Eisinger ging es dabei nicht um die Symbolik der Tat, er wollte Wirkung erzielen. Seine späteren Aussagen vor der Gestapo belegen, daß er mit seinen Aktionen aber keineswegs utopisch-revolutionäre Erwartungen, sondern lediglich die Hoffnung verband, andere zur Nachahmung anregen zu können: »Wir waren uns vollkommen im klaren darüber, daß wir selbst keine großen Umwälzungen mit unserer Propaganda erzielen würden, doch dachten wir, daß einmal ein Keim gelegt werden müsse und daß sich dann eben auch andere Personen, angeregt durch unsere Flugblätter, zu Interessengemeinschaften zusammenschließen würden.«[26] Zum Test versandte er im Herbst 1943 einige Flugblätter an ehemalige Genossen und sprach sie bei Gelegenheit darauf an. Als selbst sie sagten, sie hätten die Zettel aus Angst sofort verbrannt, resignierte er und stieg aus der Flugblattproduktion wieder aus.

Emil Meier, Flugblattverteiler

Emil Meier, einmal in Schwung gekommen, ließ sich dadurch aber nicht mehr stoppen. Ab 1944 arbeitete er mit einem gewissen Anton Heiß als neuem Partner weiter. Heiß war eingeschriebenes NSDAP-Mitglied und wohl auch als Spitzel auf Meier angesetzt, doch als dieser ihm bei einem Bombenangriff selbstlos half, während ihn seine Nazifreunde schmählich im Stich ließen, schwenkte er voll auf Meiers Seite um: »Heiß war jetzt selbst voller Aggressivität gegen das Regime und wurde ein aktiver Mitstreiter bei der nun auch von ihm nicht mehr zum Schein betriebenen illegalen Arbeit. Meier und Heiß brachten es in den folgenden Monaten insgesamt auf 22 Flugblätter. Diese und die sechs von Eisinger fand die Gestapo später allesamt bei Heiß in einer Rolle. Eine vergleichbar große Sammlung von Flugblättern ist ihr kaum bei irgendeiner Verhaftung in die Hände gefallen.«[27]

Als Meier schließlich seinen Aktionsradius aufs Land ausdehnte und die Flugblätter in immer waghalsigeren Aktionen auch in den Landkreisen Traunstein, Laufen und Reichenhall streute, war seine Entdeckung nur noch eine Frage der Zeit. Am 7. Januar 1945 wurden er und seine Freundin Franziska Sachs aus der St.-Martin-Straße 5 im

Personenzug München–Freilassing festgenommen und sechs Tage später in Ketten der Gestapo nach München überstellt. Weil Meier dort als harte Nuß galt, wurde er dem berüchtigten Kriminalkommissar Adolf Kerker übergeben, der den anfangs hartnäckig schweigenden Verhafteten so bestialisch folterte, daß dieser in einem unbeobachteten Augenblick sogar versuchte, sich mit einer Rasierklinge die Pulsadern zu öffnen. Schließlich prügelten die Nazischergen aber doch die Namen Heiß und Eisinger aus ihm heraus. Eisinger wurde am 20. Januar verhaftet und Heiß stellte sich eine Woche später selbst der Gestapo. Während der folgenden Wochen wurde Meier noch zweimal ins Wittelsbacher-Palais gebracht und im Folterkeller der Gestapo grausam mißhandelt. Seine beim letzten Aufenthalt in die Mauer geritzte Anklage wurde kurze Zeit später von erschütterten amerikanischen Soldaten fotografiert: »Hier hat man mich zum Krüppel gemacht. Emil Meier, Flugblattverteiler.«

Weil Eisinger sich sofort auf die Lage eingestellt hatte und der Gestapo freimütig alles erzählte, was sie hören wollte, war er keinen körperlichen Torturen ausgesetzt. Auf seine Frage, was nun mit ihm geschehen werde, antwortete ihm Kriminalassistent Bauer: »Die Akten gehen jetzt ans Reichssicherheitshauptamt und dort wird entschieden, wie es zu behandeln ist. [...] Entweder Volksgerichtshof oder Vernichtungslager. Hat er wortwörtlich gesagt, Vernichtungslager.«[28] Eisingers Kalkül war, alles zuzugeben und die Sache so lange hinzuziehen, bis der Krieg zu Ende sein würde. Dies schien auch zu gelingen, denn als Meier, Eisinger und Heiß nach zwischenzeitlichem Aufenthalt in Dachau ins Gefängnis Stadelheim gebracht wurden, deutete ihnen Untersuchungsrichter Gernet an, er werde lange brauchen, um ihre Akten zu studieren.

Doch beinahe wäre Eisingers Rechnung nicht aufgegangen. Inzwischen war nämlich Oberreichsanwalt Weyersberg vom Volksgerichtshof in Leipzig auf der Flucht vor den amerikanischen Truppen höchstpersönlich in München eingetrof-

Flugblatt, das Emil Meier 1944 allein entwarf, vervielfältigte und verteilte, nachdem sich Robert Eisinger aus der gemeinsamen Arbeit zurückgezogen hatte (KZ-Gedenkstätte Dachau).

fen. Er hatte offenbar die Absicht, mit den dreien im wahrsten Sinne des Wortes kurzen Prozeß zu machen. Am Vormittag des 24. April 1945 ließ er ihnen eröffnen, daß nachmittags der Termin vor dem Volksgerichtshof stattfinden werde. Doch nichts geschah. Auch an den folgenden Tagen warteten die Häftlinge vergeblich. Zunächst hatten offenbar Luftalarme dafür gesorgt, daß das Gericht nicht zusammentreten konnte, die letzten Bomben fielen am 26. April gegen 8 Uhr auf München, und am 28. April rettete ihnen die *Freiheitsaktion Bayern* das Leben. Der Giesinger Erznazi Hans Zöberlein, seit 1937 als ehrenamtlicher Beisitzer am Volksgerichtshof tätig und auch bei dem geplanten Prozeß in Stadelheim in dieser Funktion vorgesehen, konnte seine Aufgabe nicht wahrnehmen, weil er nach Penzberg abkommandiert worden war, um dort den durch die *Freiheitsaktion Bayern* ausgelösten Aufstand niederzuschlagen.

In der Schilderung seiner Haftzeit vom 7. Januar bis 1. Mai 1945 mit dem Titel »Ich klage an« berichtet Emil Meier, die Gestapo habe in diesen letzten Tagen noch mehrfach versucht, sie aus dem Gefängnis abzuholen, »aber in München herrschte schon ein Durcheinander und die verantwortlichen Stellen des Gefängnisses waren sich nicht mehr sicher und verweigerten unsere Herausgabe«.[29] Doch Weyersberg wollte sich noch immer nicht geschlagen geben. Er beschloß, die Delinquenten ohne Gerichtsverfahren zu exekutieren. Am Vormittag des 29. April, einem Sonntag, die amerikanischen Truppen standen bereits in Lohhof und waren auf dem Weg, die Dachauer KZ-Häftlinge zu befreien, ließ er die dienstfreien Gefängniswärter antreten, um aus ihnen ein Hinrichtungskommando zu bilden. Aber das Unglaubliche geschah: Einer der sechs Beamten, nach Meiers Erinnerung hieß er Meinrad Schneider[30], zog seine Pistole, richtete sie auf die anderen und sagte, jetzt sei endlich Schluß mit der Ermorderei, worauf sich noch zwei weitere Wachtmeister weigerten zu schießen. Nun kapitulierte Weyersberg doch, denn er mußte zusehen, sich selbst vor den Amerikanern in Sicherheit zu bringen.

Am 1. Mai waren Heiß, Eisinger und Meier wieder frei. Emil Meier war aber so zugerichtet, daß er für den kurzen Heimweg von der Haftanstalt in die Tegernseer Landstraße vier Stunden benötigte, und ein Bein blieb auch später steif. Dennoch machte sich Meier nur wenige Tage später noch einmal auf den Weg in die Folterzentrale der »Gestapo im Wittelsbacher Palais und holte sich die Gestapo-Akte des Falles Eisinger-Meier-Heiß, das Dokument seines Lebens, auch seiner Tapferkeit«.[31]

Der letzte Tag

Doch nicht alle Giesinger hatten solches Glück im Unglück, einigen wurde noch der letzte Tag Münchens als »Hauptstadt der Bewegung«, der 30. April 1945, zum Verhängnis. Am 28. April hatten in München einige beherzte Männer um Hauptmann Dr. Rupprecht Gerngroß versucht, sich aus eigener Kraft von der Naziherrschaft zu befreien. Doch der Aufstand scheiterte, und Gauleiter Giesler ließ die *Freiheitsaktion Bayern* blutig niederwerfen. Fünf Männer wurden in der Gauleitung exekutiert, die unbeteiligten Zivilisten Harald Dohrn, Hans Quecke und Johann Pohlen ließ Giesler in den Perlacher Forst fahren und dort ermorden. Auch in einer Reihe anderer Orte Südbayerns wurden im Zusammenhang mit der *Freiheitsaktion Bayern* Menschen getötet, die meisten in Penzberg, wo unter tatkräftiger Mithilfe des Giesingers Hans Zöberlein 2 Frauen und 14 Männer hingerichtet wurden.

Am 29. April hielt die Stadt München den Atem an: die Vorortszüge verkehrten nicht mehr, die Straßenbahnen stellten den Betrieb ein, am Nachmittag beendete auch der Rundfunk sein Programm, die Macht der Nazis schwand rapide, überall tauchten weiße Fahnen auf, die Auflösung der Wehrmacht beschleunigte sich, und Gauleiter Giesler floh in die »Alpenfestung«. Die Wehrmachtskommandantur zog sich am Morgen des 30. April vor den aus Norden und Westen einmarschierenden Amerikanern in den Luftschutzbefehlsbunker im Salvatorkeller am Nockherberg zurück. Von dort rückten am frühen Nachmittag SS-Einheiten mit dem Befehl nach Obergiesing aus, Hausbesitzer, die weiße Fahnen zeigten, zu erschießen. Am Alpenplatz hatte eine Menschenmenge einen versprengten SS-Mann umzingelt und drohte ihn zu lynchen: »Hängn mern auf?!« Der Strick war schon zur Hand, als plötzlich von der Tegernseer Landstraße her Schüsse peitschten und SS-Einheiten die Menge auseinandertrieben. Polizeimeister Bradl vom 17. Revier, der sich der marodierenden SS mutig in den Weg stellte und ihr bedeutete, für diese Angelegenheit sei die Polizei zuständig, wurde kurzerhand niedergeschossen.[32] Aus keinem anderen Münchner Stadtviertel sind vergleichbare Szenen überliefert. Offenbar beherrschte das Denken der Nazis noch immer das Klischee vom »roten Giesing« mit seiner renitenten Bevölkerung, der man von Zeit zu Zeit mit Waffengewalt Mores lehren müsse.

Bei dem Giesinger Anton Gründl weckten die Ereignisse vom 30. April 1945 unangenehme Erinnerungen an den Mai 1919. Als kleiner Junge hatte er seinerzeit miterlebt, wie Regierungstruppen auf Giesingerinnen und Giesinger geschossen hatten. 26 Jahre später beobachtete er als 32jähriger von seiner Wohnung im 3. Stock der Tegernseer Landstraße 30 aus erneut schreckliche Szenen:

30. April 1945, Tatort Tegernseer Landstraße: Während amerikanische Truppen bereits die nördlichen und westlichen Stadtviertel Münchens besetzten, erschoß die SS hier Giesinger Bürger, die weiße Fahnen gehißt hatten (Stadtarchiv München).

»Kriegsende 1945. Ich lag damals verwundet in einem Lazarett am Tegernsee. Als das Kriegsende herannahte, nahm ich meinen Genesungsurlaub und war deshalb in den letzten Apriltagen in München. Amerikaner standen vor München. Von irgendwoher kam die Parole, weiße Flaggen an die

Fenster zu setzen. An Besenstielen und Latten wurden Laken befestigt und herausgehängt. Da kamen 8 bis 10 SS-Soldaten vom Ostfriedhof her in Schützenreihe, Gewehre in den Händen. Sie schrien und riefen: Fahnen weg! Fahnen weg! Erinnerungen an den Mai 1919. Sie feuerten auch ihre Gewehre ab. Gegenüber, vom Haus Nr. 21 trat ein Straßenbahner heraus und sprach einen SS-Mann an. Ein kurzer Wortwechsel. Der SS-Mann schoß aus der Hüfte. Der Straßenbahner blieb tot liegen. Aus dem Haus Nr. 27 kam ebenfalls ein Mann auf die Straße heraus. Er schien mir erregt zu sein. Vielleicht hatte die SS auf seine Fenster geschossen. Ein Schuß und der Mann lag tot am Boden. Nach dem Alpenplatz nochmals ein solches Vorkommnis. Ein älterer Mann, Hilfspolizist, wollte die SS beruhigen. Auch hier ein Schuß, der Mann brach verwundet zusammen. Aus einem Haus kam ein Bekannter des Hilfspolizisten und wollte sich um den Verwundeten kümmern. Er wurde sofort erschossen. Ich bin später mit der Witwe bekannt geworden, die mir den Vorgang erzählte. Ich bin 6 Jahre Soldat gewesen, ich bin nie so erschüttert gewesen wie damals.«[33]

Es war der Tag, an dem kurz vor 14 Uhr die ersten amerikanischen Soldaten den Marienplatz erreichten.

Fußnoten

1 Knoeringen, Sozialdemokratie, S. 12.
2 Staatsarchiv München, Polizeidirektion 6757.
3 Grundlegend für das Folgende: Bretschneider, Widerstand; Mehringer, KPD; Mehringer, bayerische Sozialdemokratie.
4 Bez, Zeitzeugen.
5 Becker-Trier, Mord, S. 161.
6 Zöberlein, Befehl, S. 185.
7 Bayerische Politische Polizei, Bewegung, S. 15.
8 Staatsarchiv München, Oberlandesgericht OJs 100/33.
9 Zitiert nach Mehringer, KPD, S. 127.
10 Staatsarchiv München, Oberlandesgericht OJs 121/36.
11 Staatsarchiv München, Oberlandesgericht OJs 167/37.
12 Mehringer, KPD, S. 154.
13 Mehringer, KPD, S. 153.
14 Staatsarchiv München, Staatsanwaltschaften 10386.
15 Hoegner, Flucht, S. 8.
16 Interview zur Geschichte Giesings, geführt von Thomas Guttmann am 29. 11. 1991.
17 Staatsarchiv München, Landratsämter 58083.
18 Mehringer, bayerische Sozialdemokratie, S. 384.
19 Asgodom, Halts Maul, S. 16.
20 Interview zur Geschichte Giesings, geführt von Thomas Guttmann am 14. 4. 1992.
21 Interview zur Geschichte Giesings, geführt von Thomas Guttmann am 29. 1. 1992.
22 Text in Mehringer, bayerische Sozialdemokratie, S. 412.
23 Bretschneider, Widerstand, S. 120.
24 Staatsarchiv München, Staatsanwaltschaften 12091.
25 Fröhlich, Kommunisten, S. 23 f.
26 Fröhlich, Kommunisten, S. 40.
27 Fröhlich, Kommunisten, S. 42.
28 Kleßmann, Gegner, S. 216.
29 KZ Museum Dachau.
30 Bez. Zeitzeugen.
31 Fröhlich, Kommunisten, S. 47.
32 Vgl. Wagner, München '45, S. 133.
33 Brief vom 3. 8. 1987, Kopie beim Verfasser.

THOMAS GUTTMANN

Kirchenkampf in Giesing

Der totalitäre Herrschaftsanspruch der Nationalsozialisten, die im Zuge der Gleichschaltung nahezu allen Bereichen des öffentlichen Lebens ihre weltanschaulichen und politischen Prinzipien aufzudrücken versuchten, stieß zumindest bei den Kirchen, besonders bei der katholischen Kirche, an seine Grenzen. Während die Nazis ihre politischen Gegner sehr schnell auszuschalten vermochten, konnten sie ihre Zielsetzung einer »Entkonfessionalisierung des öffentlichen Lebens« nicht durchsetzen. Die kirchenfeindlichen Maßnahmen und Schikanen des NS-Staates, der sich dabei ständig über die im Konkordat mit dem Vatikan festgelegten Rechte der Kirche hinwegsetzte, führten zwar zu einer starken Einschränkung und Erschwerung der kirchlichen Arbeit, der von den Nationalsozialisten erhoffte Abfall der Gläubigen von ihrer Kirche blieb hingegen weitgehend aus. Mit ihrem Überwachungsapparat und mit einer Fülle von Verboten und Verordnungen erreichten die Nationalsozialisten zwar, daß sich die Tätigkeit der Kirche nur noch auf die reine Seelsorge beschränkte; die von ihnen angestrebte Trennung von Kirche und Gesellschaft und damit der totalitäre Zugriff auf die sittliche und moralische Erziehung des deutschen Volkes, vor allem seiner Jugend, ließ sich jedoch nicht verwirklichen. Statt dessen führte der Kampf gegen die Kirche zu einem engeren Zusammenhalt in den einzelnen Kirchengemeinden und zugleich zu einer verstärkten Oppositionshaltung der Gläubigen gegenüber den braunen Machthabern, vor deren rassen- und machtpolitischen Zielsetzungen die katholischen Bischöfe das Kirchenvolk bereits 1930 eindringlich gewarnt hatten.

Während im Zuge der schrittweisen Machtübernahme der Nationalsozialisten nahezu alle Jugendverbände aus- bzw. gleichgeschaltet wurden, konnten sich die katholischen Vereinigungen – von einigen Ausnahmen und kurzfristigen Verboten abgesehen – noch für einige Zeit ihre Eigenständigkeit bewahren. Ihr Weiterbestehen garantierte das Konkordat, das der Vatikan und die Reichsregierung am 20. Juli 1933 geschlossen hatten. Allerdings sollten nur diejenigen katholischen Organisationen und Verbände geschützt sein, die für den NS-Staat die »Gewähr« dafür boten, daß sie »ihre Tätigkeit außerhalb jeder politischen Partei« entfalteten.[1] Während die Auseinandersetzungen über die Frage, welche Verbände und Vereine unter diese Rubrik fallen sollten, auch nach jahrelangen Nachverhandlungen zu keiner Klärung führten, nützten die Nationalsozialisten in der Zwischenzeit diese rechtliche Grauzone geschickt zur Zurückdrängung der kirchlichen Jugendverbände aus dem öffentlichen Leben.[2] Für den NS-Staat war auf Dauer das Weiterbestehen von Jugendorganisationen neben der Hitlerjugend mit dem alle Lebensbereiche umfassenden totalitären Herrschaftsanspruch unvereinbar.

Wie sich die kirchenpolitischen Maßnahmen des NS-Staates vor Ort auf das kirchliche Leben in den Gemeinden auswirkten, soll nun an verschiedenen Beispielen aus den drei Giesinger Pfarreien Hl. Kreuz, St. Franziskus und Königin des Friedens sowie der Neuharlachinger Pfarrei Heilige Familie gezeigt werden.

Einschränkung der Jugendarbeit

Die Machtübernahme der Nationalsozialisten hatte für die Giesinger Pfarrgemeinden zunächst keine negative Folgen. Trotz der kirchenfeindlichen Propaganda ging nach Auskunft von zwei

Der Pfarrer von Königin des Friedens, Alfons Beer (rechts im Bild) bei einer Caritassammlung 1936 (Privatfoto).

Zeitzeugen weder die Zahl der Kirchgänger zurück, noch war in den Jugendgruppen der Pfarreien eine Abwanderung zur Hitlerjugend festzustellen.

Zu einem schwerwiegenden Eingriff in das kirchliche Leben der Pfarrei Hl. Kreuz sollte es erst im Frühsommer des Jahres 1934 kommen. Da sie wegen des Versammlungsverbots nicht mehr offiziell zusammenkommen durften, trafen sich die 18- bis 20jährigen Mitglieder des Katholischen Jungmännervereins von Hl. Kreuz am Abend des 28. Juni mit ihrem Präses Alfons Beer heimlich im Perlacher Forst. Während dieses Gruppenabends ging es nach Auskunft eines Beteiligten, dem damals 21jährigen Alois Berndorfner, nicht um politische, sondern ausschließlich um kirchliche Fragen, genauer um religiöse Unterweisungen durch den Kurat. Als die Jugendlichen nach dem Ende des Gruppenabends, ihre Fahrräder schiebend, zwischen 21 und 22 Uhr nichtsahnend den Perlacher Forst verlassen wollten, stießen sie auf zwei Lastwagen mit aufgesessenen SA-Leuten. Als diese die verdatterten Jugendlichen bemerkten, sprangen sie sofort ab und umzingelten die Gruppe. Aus einem neben den Lastwagen geparkten Sportwagen entstieg im gleichen Moment ein Mitarbeiter der Gestapo, der Alfons Beer

unvermittelt zur Rede stellte, was seine Gruppe verbotenerweise im Wald zu suchen gehabt hätte. Anschließend wurden Beer und die beiden Gruppenführer, darunter Alois Berndorfner, in »Schutzhaft« genommen und in die Münchner Polizeidirektion an der Ettstraße gebracht. Von den übrigen Gruppenmitgliedern stellte man die Namen fest und überprüfte den Inhalt ihrer Taschen.

Wenige Tage später wurden auch sie frühmorgens von der Gestapo verhaftet und erst nach einigen Tagen Haft in der Ettstraße wieder freigelassen. Kurat Beer setzte man zwar nach einer Woche ebenfalls auf freien Fuß, er mußte allerdings daraufhin jeden Tag damit rechnen, wegen Hochverrats angeklagt zu werden. Daß es nicht soweit kam, hatte er einem Regierungsrat zu verdanken, der in dieser Angelegenheit ermittelte und schließlich das Verfahren gegen ihn niederzuschlagen verstand. Es stellt sich allerdings die Frage, warum der Kurat überhaupt wegen Hochverrats hätte angeklagt werden können. Das verbotene Treffen im Perlacher Forst verstieß zwar gegen das Versammlungsgesetz, für einen Hochverratsprozeß hätte es allerdings nicht ausgereicht. Wie sich später herausstellte, spielten dabei noch andere Gründe, in erster Linie aber ein verhängnisvoller Zufall eine entscheidende Rolle. Wenige Stunden vor dem besagten Gruppenabend hatte sich Beer auf der Werinherstraße mit einem Mädchen aus der Katholischen Jugend unterhalten. Sie erzählte ihm unter anderem, daß sie aus informierter Quelle erfahren habe, die Entwaffnung der SA sei beschlossene Sache und stehe kurz bevor. Ein Jugendlicher aus Obergiesing, der dies im Vorbeigehen mitangehört hatte, ging daraufhin sofort zur Ortsgruppe der NSDAP, um ihr diese hochbrisante politische Neuigkeit mitzuteilen. Da zwei Tage später tatsächlich im Rahmen einer von langer Hand vorbereiteten Aktion die führenden Vertreter der SA und andere Politiker unter dem Vorwand einer Verschwörung verhaftet und in Stadelheim ermordet wurden, ist es verständlich, daß der Ka-

Pfarrer Beer an der Baustelle der Pfarrkirche Königin des Friedens, ca. 1936 (Privatfoto).

plan als »Mitwisser« einer Aktion, die als Überraschungscoup natürlich geheimgehalten werden mußte, sofort von der Gestapo observiert wurde. Nach seiner Freilassung zitierte man Beer ins Erzbischöfliche Ordinariat, wo ihm mitgeteilt wurde, daß er sich künftig an die Verordnungen und Gesetze des NS-Staates halten sollte.

Ein ähnlicher Fall ereignete sich zwei Jahre später in der Pfarrei Hl. Familie in Neuharlaching. Dort leitete seit 1934 Kaplan Heinrich Sperr – ein gebürtiger Giesinger – die Jugendarbeit. Auch er setzte sich kurzerhand über das Versammlungsverbot der Nationalsozialisten hinweg und fuhr gemeinsam mit der Katholischen Jugend seiner Pfarrei über Pfingsten in ein

gemeinsames Zeltlager am Simssee. Nach Auskunft von Herrn K., der damals am Simssee mit dabei war, erfuhr die Gestapo wenig später von der verbotenen Anwesenheit des Kaplans im Zeltlager. Ein Mitglied der Jugendgruppe hatte seinen Mund nicht halten können und die Anwesenheit Sperrs ausgeplaudert. Dieser wurde daraufhin mehrmals von der Gestapo verhört, kam aber mit einer Verwarnung noch glimpflich davon.[3]

Wegen verbotener Jugendarbeit mußte sich 1938 auch der Kaplan Anton Albl aus der Untergiesinger Pfarrei St. Franziskus mit der Gestapo auseinandersetzen.[4] Die Beamten warfen ihm vor, unerlaubterweise Gruppenstunden, die per Gesetz nur in der Kirche und dort ausschließlich zur reinen Glaubensunterweisung abgehalten werden durften, in seinen Privaträumen veranstaltet zu haben. Nach Angaben von Herrn E., der damals der Katholischen Jugend Untergiesings angehörte, hatte Albl den Besuch der Gestapo und die anschließende Hausdurchsuchung einem Lehrer aus der nahegelegenen Agilolfingerschule zu verdanken, der ihn bei der Ortsgruppe der NSDAP denunziert hatte. In Wirklichkeit hatte der Kaplan keine offiziellen Gruppenstunden abgehalten. Damit hätte er sich und die ihm anvertrauten Jugendlichen nur unnötigerweise in Schwierigkeiten gebracht. Bei der Gruppenstunde, die als illegale Versammlung ausgelegt wurde, hatte es sich lediglich um einen kurzen Besuch von fünf oder sechs jungen Giesingern bei ihrem Kaplan gehandelt. Während es die Gestapo mit einer Hausdurchsuchung, einer Ermahnung und der Beschlagnahmung von circa 300 Jugendbüchern und Schallplatten bewenden ließ, wurde Albl wenig später vom Erzbischöflichen Ordinariat nach Landshut versetzt. Vermutlich sollte der renitente Kaplan damit fürs erste aus der Schußlinie gezogen werden.

Nicht nur für die Geistlichen, sondern auch für die von ihnen betreuten Jugendlichen konnte die aktive Mitgliedschaft in der Katholischen Jugend und das damit verbundene Bekenntnis zur Kirche

St. Franziskus in Untergiesing, Ende der 20er Jahre, mit dem Rohbau der Wohnanlage des Bauvereins Giesing an der Hans-Mielich-Straße (Bauverein Giesing).

problematisch werden. Da für sie ein Eintritt in die HJ prinzipiell nicht in Frage kam, bzw. die Nationalsozialisten eine Doppelmitgliedschaft bereits 1934 verboten hatten, konnte es durchaus vorkommen, daß sie mitunter schulische und berufliche Nachteile in Kauf nehmen mußten. Frau D., die damals in die Agilolfingerschule ging, erinnert sich, daß sie im Schuljahr 1935/36 von ihrer Lehrerin Frau K. – einer überzeugten Nationalsozialistin – immer wieder vor der gesamten Klasse zurechtgewiesen wurde, weil sie nicht Mitglied in der HJ war und deshalb dem »Führer nicht Folge leiste«. Frau T., die ebenfalls zur Pfarrjugend von St. Franziskus gehörte, bestätigt ebenfalls die subtilen Schikanen dieser ehrgeizigen Lehrerin, die angeblich die gesamte

Agilolfingerschule mit ihrer Überzeugung unter Druck zu setzen verstand.

Zwischen den Mitgliedern der Katholischen Jugend und der Hitlerjugend kam es – vor allem in den ersten beiden Jahren nach der Machtergreifung, in denen der Kirchenjugend noch das Tragen ihrer Uniform, der »Kluft«, erlaubt war – zu Konfrontationen. Die Rivalitäten zwischen den beiden Jugendverbänden spiegelt eine kurze Episode wider, die Frau B. als junges Mädchen Mitte der 30er Jahre in der Tegernseer Landstraße erlebte. Mit ihrer schwarzen Mütze und ihrer ebenfalls schwarzen Manchesterjacke wurde sie von ihr entgegenkommenden BdM-Mädchen sofort als Mitglied der Katholischen Jugend erkannt. Als diese dann im Vorüberge-

Eine Mädchengruppe der Obergiesinger Katholischen Jugend in ihrer Kluft bei einem Ausflug nach Herrsching im Mai 1935 (Privatfoto).

hen demonstrativ vor Frau B. ausspuckten, tat sie umgehend das gleiche. Daraufhin drohten ihr die BdM-Mädchen, sie das nächste Mal krankenhausreif zu schlagen.

Zu handgreiflichen Auseinandersetzungen kam es während dieser Zeit auch vor der Hl.-Kreuz-Kirche. Dort wurden die jugendlichen Besucher des Gottesdienstes, welche in ihrer Kluft erschienen waren, einige Male von Mitgliedern der HJ und des BdM erwartet und angepöbelt. Zugleich versuchten sie, den Mädchen die schwarzen Samtmützen zu entreißen. Im Mai 1934 kam es nach Auskunft von Herrn Berndorfner, der damals Mesner in Hl.-Kreuz war, nach einem Gottesdienst sogar zu einer regelrechten Schlägerei, bei der einige Mitglieder der Katholischen Jugend, darunter auch der Bruder von

Herrn Berndorfner, von Anhängern der HJ verprügelt wurden. Als wenige Tage später ein Hitlerjunge versuchte, am Eingang der Kirche an die Besucher einer Maiandacht Werbezettel der NSDAP zu verteilen, drängte ihn Mesner Berndorfner – der die handfeste Auseinandersetzung noch nicht vergessen hatte – mit der Drohung »Wennst' dich net schleichst, dann bist du gestochen (im Sinne von jmd. besiegen, Anm. d. Verf.)!« vom Eingang der Kirche weg. Am nächsten Tag erfuhr Herr Berndorfner von seiner Mutter, daß sich mittlerweile die Polizei nach ihm erkundigt hatte. Auf der Polizeiwache in der nahegelegenen Humboldtstraße, teilte ihm dann der ermittelnde Kriminalbeamte mit, daß er ihn wegen des Vorfalls vor der Kirche sofort festnehmen und in die Ettstraße zur Gestapo bringen müsse. Während der einwöchigen Haft wurde er dort mehrere Male von einem Kriminalbeamten verhört, der ihn zu einem Eintritt in die HJ überreden wollte: »»Lauf den Fahnen nach! Sei doch nicht so dumm! Von uns kriegst jeden Posten, den Du willst!‹ Also die haben geworben, daß man zur HJ geht. Aber ich hab' gesagt ›Nein‹. ›Ja, warum seid's denn dann so gegen den Nationalsozialismus?‹ Ich war halt hauptsächlich aus religiösen Gründen dagegen, und wir haben auch politisch nicht viel Interesse gehabt. Aber die waren halt auch gegen die Kirche. Und dann haben wir uns reingehängt in die Katholische Jugend, und deswegen hab' ich halt auch nicht mögen.«

In den darauffolgenden Jahren wurden die Entfaltungsmöglichkeiten der Katholischen Jugend durch Verordnungen und Gesetze des NS-Staates immer stärker eingeschränkt. Im Juli 1935 erfolgte dann der entscheidende Schlag gegen sie. Nachdem bereits 1934 den konfessionellen Jugendverbänden jedes geschlossene Auftreten und das Tragen von Uniformen und Abzeichen sowie das Mitführen von Fahnen und Wimpeln – außer bei kirchlichen Festen – untersagt worden war, erließ nun Heinrich Himmler als stellvertretender Leiter der Geheimen Staatspolizei eine Verordnung, die den Jugendverbänden jede nicht religiöse oder kirchliche Betätigung untersagte.[5] Wenige Tage zuvor hatte der preußische Ministerpräsident Göring verfügt, daß alle nicht auf die kirchliche bzw. religiöse Sphäre beschränkten Jugendverbände als politische Gruppierungen eingestuft und deshalb verboten werden müßten. Durch diese Verordnungen, die den anfangs erwähnten Artikel 31 des Konkordates vollkommen in Frage stellten, wurden die Aktivitäten der katholischen Jugendverbände auf die reine Glaubensunterweisung in den Gruppenstunden und gemeinsame Gottesdienste beschränkt – zumal man auch das gemeinsame Wandern und die sportlichen Unternehmungen als eine politische und somit verbotene Betätigung einstufte. Durch diese Einschränkungen wurde die Monopolstel-

lung der Hitlerjugend zwar weiter gefestigt, gleichzeitig verstärkten sie den inneren Zusammenhalt der katholischen Jugendgruppen, deren Auflösung auf diese Weise nicht erreicht werden konnte.

Nach Angaben von Frau M., die damals in der Untergiesinger Oefelestraße wohnte und der Mädchenkongregation von St. Franziskus angehörte, trafen sich die Mädchen zunächst am Sonntagnachmittag im Marianum an der Humboldtstraße; später wurden die Treffen in die Unterkirche von St. Franziskus verlegt, wo man vor Bespitzelungen der Gestapo sicher war. Die Zusammenkünfte fanden in der Regel einmal im Monat statt. Eine weitere Möglichkeit, um untereinander in Kontakt zu bleiben, bot sich vor und nach der Abendandacht, die jeden Donnerstag in St. Franziskus stattfand. In Obergiesing kamen die katholischen Mädchen jeden Sonntag im Kindergarten der Armen Schulschwestern an der Weinbauernstraße zusammen. Ein abgelegener Spielplatz in Neugrünwald galt ebenfalls als Treffpunkt für die Katholische Jugend. Dort wurden Neuigkeiten ausgetauscht und mitunter auch private Zusammenkünfte und Ausflüge vereinbart. Herr E. unternahm beispielsweise mit seiner Gruppe, die sich »Jungroland« nannte, am Wochenende öfters Fahrradtouren im bayerischen Oberland – freilich ohne Begleitung eines Geistlichen, da dies seit 1934 nicht mehr erlaubt war. Ein gemeinsamer Ausflug über die Grenzen des Dritten Reiches kam ebenfalls nicht in Frage, da man nur mit einem Ausweis der HJ ins Ausland kam.

Weil gerade die jüngeren Mitglieder der Katholischen Jugend mit Gruppenstunden, in denen es nur um religiöse Fragen ging, auf Dauer nicht zu begeistern und zu halten waren, nahmen es einige Geistliche mit den strengen Bestimmungen der Jugendarbeit nicht so genau. Nach Angaben von Herrn F., der nach seiner Erstkommunion 1940 regelmäßig die Jugendstunden im Pfarrhof von Hl. Kreuz besuchte, radelte oder wanderte seine Gruppe unter der Leitung von Kaplan Anton

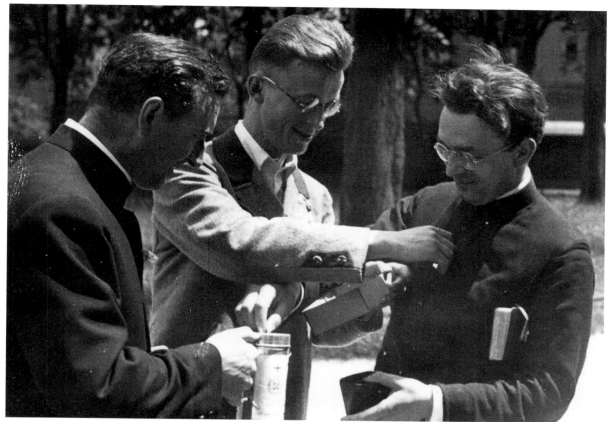

Kaplan Anton Geisenhofer (rechts im Bild) und Pfarrer Alfons Beer (links) bei einer Caritassammlung 1936 (Privatfoto).

Geisenhofer einige Male in den Perlacher Forst, um dort ungestört zu spielen oder Sport zu treiben. Auf Anweisung von Pfarrer Josef Mock, der seit 1930 die Pfarrei leitete, mußte Geisenhofer diese verbotenen Ausflüge aber bald wieder einstellen.

In diesem Zusammenhang weiß Frau F., die Anfang der 40er Jahre regelmäßig die Jugendstunden in der Pfarrei Königin des Friedens besuchte, zu berichten, daß sie die Treffen nur deshalb auf der Wiese vor dem Pfarrhof mit Ballspielen u. ä. verbringen konnten, weil eine dichte Hecke vor den neugierigen Blicken allzu überzeugter und zur Denunziation neigender Anhänger des NS-Regimes schützte; Pfarrer Beer hatte sie deshalb 1937 anpflanzen lassen.

Ein wichtiger Treffpunkt für viele Mitglieder der Katholischen Jugend Untergiesings war die große Wohnung von Adolf Sechter, die sich in einem städtischen Anwesen an der Birkenleiten befand. Sechter war bereits in den 20er Jahren der »Spiritus rector« der kirchlichen Jugendarbeit in Untergiesing gewesen. Er verstand es, die Jugendlichen zu motivieren und mitzureißen; er organisierte nicht nur gemeinsame Ausflüge und Wanderungen, sondern auch regelmäßige Theater- und Konzertbesuche. Vor allem hatte er für die Sorgen und Nöte der ihm anvertrauten Jugendlichen und ihrer Familien stets ein offenes Ohr.[6] Von Adolf Sechter stammte ursprünglich die Idee, ein riesiges schlichtes Holzkreuz zu zimmern, das künftig an Stelle der 1934 verbotenen

Kaplan Albl von St. Franziskus (links im Bild) mit seiner Jugendgruppe bei einem Ausflug. Herausragend in der Bildmitte hinten: Adolf Sechter (Privatfoto).

Fronleichnamsprozession in der Birkenau in Untergiesing 1938. Im Vordergrund sichtbar das auf Initiative von Adolf Sechter entstandene Kreuz (Privatfoto).

Christusbanner bei den Fronleichnamsprozessionen mitgetragen werden sollte. Zugleich sollte das auf einem Gestell montierte riesige Kreuz, das von vier Jugendlichen gleichzeitig getragen werden mußte, auf demonstrative Weise das ungebrochene Bekenntnis der Katholischen Jugend zu Gott und Kirche in der Öffentlichkeit zum Ausdruck bringen.

Behinderungen und Schikanen im Bereich der Seelsorge

Da sich der NS-Staat bei der Einschränkung und Ausschaltung der katholischen Jugendverbände über den entsprechenden Artikel des Konkordats ohne Skrupel hinwegsetzte und auf polizeistaatlichem Wege Tatsachen schuf, blieb der katholischen Kirche meist nichts anderes übrig, als die schikanösen Verordnungen der Nationalsozialisten zu befolgen. Die Palette der gegen Geistliche gerichteten Maßnahmen konnte von der Verwarnung über Gefängnisstrafen bis hin zur Einlieferung ins Konzentrationslager reichen.

Eine Verordnung des NS-Staates mußte die Kirche und die Gläubigen besonders hart getroffen haben. Es handelte sich dabei um die Durchführungsverordnungen zum Reichsflaggengesetz vom 15. September 1935, mit denen auch die Kirchen gezwungen werden konnten, bei feierlichen Anlässen die Hakenkreuzfahne zu hissen. Diese Anordnung wollte der Mesner der Giesinger Pfarrei Hl. Kreuz nicht sang- und klanglos hinnehmen. Er weigerte sich schlichtweg, die Hakenkreuzfahne am Kirchturm zu hissen, womit ihn sein Vorgesetzter, Pfarrer Mock, beauftragt hatte. Als dieser ihn wegen der fehlenden Hakenkreuzfahne zur Rede stellte, blieb der Mesner bei seiner Weigerung. Erst als ihm der Pfarrer mit der Entlassung drohte, weil er vom Erzbischöflichen Ordinariat die Anweisung erhalten hatte, den Flaggenerlaß strikt zu befolgen, erklärte er sich schweren Herzens dazu bereit.

Die Hakenkreuzfahne, die er daraufhin ganz oben am Turm von Hl. Kreuz aufhing, war mit

Pfarrer Josef Mock bei der Grundsteinlegung von Königin des Friedens, 1936 (Archiv Königin des Friedens).

einer Fläche von 50 auf 50 cm aber so winzig, daß sie als solche nur mit dem Fernglas zu erkennen gewesen war. Das führte zu einer erneuten Auseinandersetzung zwischen Pfarrer Mock und seinem Mesner, da die Beflaggung mit einer so kleinen Fahne ebenfalls Konsequenzen nach sich ziehen konnte. Nach dieser Belehrung hing zwar künftig eine Hakenkreuzfahne in der richtigen Größe an der Kirche, der listige Mesner drapierte diese aber so geschickt, daß sie sich schon bei leichtem Wind sofort um einen Wasserspeier am Kirchturm wickelte und deshalb einen eher lächerlichen Eindruck machte.

Mit Provokationen dieser Art, die der nur wenige Meter von der Hl.-Kreuz-Kirche entfernt residierenden Ortsgruppe der NSDAP kaum ver-

Fronleichnamsprozession in der Birkenau in Untergie-sing, 1938, mit demonstrativer NS-Beflaggung an einigen Häusern (Privatfoto).

gendermaßen: »Wir haben eine Fronleichnams-prozession gehabt, am Bergsteig entlang. Vor bis zur Edelweißstraße. Und vom Alpenplatz her, da haben die Leute die ganzen Wiesen gemäht gehabt und haben das auf die Straßen gestreut und einen wunderbaren Altar aufgebaut gehabt. Und wie die Spitze der Prozession hinkommt, ich war damals Zeremoniar hinten am Himmel beim Pfarrer, sagt die Polizei: ›Nein, ihr dürfts' da nicht durch! Die Edelweißstraße ist eine Verkehrsstraße, die Tram-bahn fährt hier durch.‹ (...) Hat der Pfarrer gesagt, mit der Monstranz in der Hand: ›Fritze, hol alle 'zam zum Altar wegbauen, dann baut's ihn auf beim Paintner am Alpenplatz 1, wo wir ihn früher allerweil gehabt haben, und wir gehen langsam weiter, und bis wir vorkommen, bist mit allem fertig!‹ Und bis die Prozession wieder vorgekom-men ist, ist der Altar gestanden. Die Prozession ging dann weiter, letzter Altar war dann bei der Kirch', und wie der Pfarrer dann wieder reinge-kommen ist in d' Kirch', hat er uns den Segen gegeben und die Monstranz wieder in den Taber-nakel eingesetzt. Dann sagt der Pfarrer zu mir: ›Nimm mir den Rauchmantel ab; pfüat Dich Gott. Ich komm' fort. Ich geh' auf die Kanzel!‹ Ist der auf d'Kanzel 'nauf und hat losgelegt gegen die Nazi! ›Und ich weiß, daß unten die Gestapo steht und mich verhaftet. Mit dem rechne ich!‹ Der ist nicht verhaftet worden! Aber am Tag drauf haben s' ihn abgeholt.«

Wie lange Pfarrer Mock von der Gestapo fest-gehalten wurde, läßt sich heute nicht mehr nach-prüfen – ebensowenig wie die naheliegende Frage, ob in den Giesinger Pfarreien noch weitere Pre-digten gehalten wurden, die in ähnlicher Form mit dem NS-Staat ins Gericht gingen. Es fehlen nicht nur die Texte der Predigten, die verständ-licherweise nicht aufgehoben wurden, sondern auch die Mitschriften der Gestapobeamten, die in vielen Gottesdiensten anwesend waren und die Predigten mitstenographierten.

Hingegen war der Harlachinger Pfarrer Franz Xaver Meisl, der von 1931 bis 1943 die Pfarrei Hl. Familie in Neuharlaching leitete, aufgrund seiner

borgen geblieben sein konnten, war Pfarrer Mock sicher nicht einverstanden gewesen. Er hielt sich strikt an die Anordnungen des Erzbischöflichen Ordinariats, denn er hatte keinerlei Interesse, die Giesinger Nazis unnötig zu provozieren. Nach Auskunft des bereits erwähnten Pfarrer Geisen-hofer war Mock im Umgang mit den Nationalso-zialisten eher vorsichtig. Den Ärger über die Schikanen der Nazis behielt er in der Regel für sich. Dies trug – so Pfarrer Geisenhofer – aber mit dazu bei, daß sein damaliger Vorgesetzter nach Ausbruch des Krieges seine Kapläne im seelsorge-rischen Bereich unterbringen und ihnen damit den Einsatz an der Front ersparen konnte.

Nur einmal platzte auch ihm der Kragen, und zwar anläßlich einer Fronleichnamsprozession im Jahr 1940. Pfarrer Wiegele, der damals als junger Zeremoniar dabei war, schildert den Vorfall fol-

*Fronleichnams-
prozession mit
Erstkommu-
nionskindern in
der Edelweiß-
straße in Ober-
giesing 1937 (Pri-
vatfoto).*

*Fronleichnams-
prozession 1938
in der Birkenau
(Privatfoto).*

Kaplan Abenthum mit seiner Jugendgruppe bei einem Ausflug ins Isartal Ende der 20er Jahre (Privatfoto).

scharfen Predigten allgemein bekannt. Wegen seiner kritischen Äußerungen gegen das NS-Regime wurde er mehrmals von der Gestapo verhört und verwarnt.[7] Gegen Johann Spörlein, der von 1936 bis 1941 in der gleichen Pfarrei als Kaplan tätig war, leitete die Staatsanwaltschaft München sogar eine gerichtliche Untersuchung ein.[8] Dem Kaplan wurden höchstwahrscheinlich – die Prozeßakten sind nicht mehr vorhanden – allzu regimekritische Äußerungen in seinen Predigten zum Verhängnis. Die Anklage lautete auf ein Vergehen gegen das Ende 1934 verabschiedete Heimtückegesetz, das alle öffentlichen und privaten Äußerungen, die gegen das NS-System gerichtet waren, unter drakonische Strafe stellte. Der widerspenstige Kaplan hatte allerdings Glück, da das Verfahren gegen ihn eingestellt wurde.

In den Giesinger Pfarreien mußten neben Pfarrer Mock und den bereits anfangs erwähnten Kaplänen Beer und Albl noch weitere Geistliche Bekanntschaft mit der Gestapo machen. Bereits 1933 wurde Karl Abenthum, der seit 1928 Kaplan in St. Franziskus war, wegen unerlaubter Predigtäußerungen und der Verlesung eines nicht genehmigten Hirtenbriefes sowie wegen eines nicht näher beschriebenen Vergehens im Bereich der Jugendseelsorge in die Ettstraße zitiert und dort von Beamten der Gestapo vernommen. Man ließ es allerdings bei einer Verwarnung bewenden.[9]

Die Pfarrei Hl. Kreuz mußte 1938 sogar zwei Hausdurchsuchungen über sich ergehen lassen. Die erste konzentrierte sich dabei auf die Wohnung des Kaplans Johannes Unterholzner, der bereits 1935 von der Kreisleitung der NSDAP wegen unerlaubter Jugendseelsorge verwarnt worden war. Bei der Durchsuchung entdeckten und beschlagnahmten die Beamten ein Christusbanner, das die Katholische Jugend seit 1934 nicht mehr in der Öffentlichkeit mit sich führen durfte.[10]

Der andere Besuch der Gestapo in der Pfarrei Hl. Kreuz galt dem Kaplan Siegfried Huber, der sich zu diesem Zeitpunkt allerdings schon in der Schweiz aufhielt.[11] Am Tag zuvor hatte eine verschleierte Frau den Kaplan kurz besucht und ihn aufgefordert, Deutschland so schnell wie möglich zu verlassen, um nicht von der Gestapo verhaftet zu werden. Nach Angaben von Herrn Berndorfner verschwand die Frau daraufhin ebenso schnell wieder, wie sie gekommen war. Da der Kaplan sofort wußte, weshalb er verhaftet werden sollte, packte er in Windeseile einen kleinen Koffer und fuhr zum Hauptbahnhof, wo er den nächsten Zug in Richtung Schweiz bestieg. Als sich die Gestapo am nächsten Morgen nach ihm erkundigte, war Huber bereits in Basel und damit im sicheren Ausland. Bei den Verhören, die Pfarrer Mock in dieser Sache über sich ergehen lassen mußte, stellte sich heraus, daß der Kaplan aktives Mitglied im verbotenen »Heimat- und Königsbund« gewesen war, den die Gestapo hatte auffliegen lassen. Die Mitglieder dieser konspirativen Gruppe wurden daraufhin zu langjährigen Freiheitsstrafen verurteilt. Durch seine schnelle Flucht blieb Huber dieses Schicksal erspart.

Von der Schweiz aus begab sich der Kaplan nach Rom, wo er 1939 vor dem Petersdom zufällig mit seinen ehemaligen Kollegen aus Hl. Kreuz, dem Prediger Anton Gundlach und dem Kaplan Anton Geisenhofer, zusammentreffen sollte. Nach Ausbruch des Zweiten Weltkrieges verließ Huber Europa und ging nach Südamerika.

Beschränkungen im Religionsunterricht

Die Erteilung des Religionsunterrichtes durch Geistliche war den kirchenfeindlichen Nationalsozialisten von Anfang an ein Dorn im Auge, weil dies mit ihrem Anspruch auf die ausschließliche Erziehung der Heranwachsenden nicht zu vereinbaren war. Sie nutzten deshalb jede Möglichkeit, um die Geistlichen, die als weltanschauliche Konkurrenz betrachtet wurden, aus den Schulen zu verdrängen und durch weltliche Lehrer zu ersetzen. Ein Erlaß des Reichsinnenministeriums vom Juli 1937, wonach Priester nur noch in Notfällen das Fach Religion unterrichten durften, führte bis zum Ende desselben Jahres zu einer nahezu vollständigen Verdrängung der Geistlichen aus der Schule. Lediglich in Bayern und in Baden durften sie den Religionsunterricht noch weiterhin ausüben.[12] Daß die Behörden sehr schnell und mit harten Maßnahmen auf nichtreligiöse oder gar politische Äußerungen von Geistlichen im Unterricht reagierten, zeigt das Beispiel des bereits erwähnten Kaplan Albl aus der Pfarrei St. Franziskus. Gegen ihn verhängte die Regierung von Oberbayern im Mai 1937 ein Unterrichtsverbot für alle Münchner Schulen, weil er angeblich in einer Religionsstunde die »alten Germanen« verächtlich gemacht hatte. Ihm wurde außerdem zur Last gelegt, daß er darauf bestand, daß ihn seine Schüler am Beginn seines Unterrichts mit »Grüß Gott« und nicht mit »Heil Hitler« begrüßten.[13] Wegen angeblicher »defätistischer Äußerungen« in der Schule wurde sein Kollege, der Katechet Johann Schefbeck, von der Gestapo 1941 mehrmals verhört. Bei ihm blieb es allerdings nur bei der Androhung eines Schulverbotes. Ebenfalls mit einer Verwarnung kam der Kaplan Anton Forsthuber aus Hl. Kreuz davon, obwohl ihm die Gestapo eine »staatsfeindliche Darstellung der deutschen Geschichte« zur Last gelegt hatte.[14] Für den Benefiziaten Joseph Hörmann, gegen den der Gauleiter Wagner 1937 persönlich ein Unterrichtsverbot für alle Münchner Volksschulen verhängte, kam im selben Jahr Kaplan Anton Geisenhofer in die Pfarrei Hl. Kreuz. In einem Gespräch, das der Verfasser im April 1993 mit ihm geführt hat, erinnerte sich Pfarrer Geisenhofer, daß er ebenfalls mit den Schulbehörden ständig zu kämpfen hatte. Er führt seine wiederholten Vorladungen vor den Bezirksschulrat, der ihm wegen angeblicher politischer Äußerungen im Unterricht mehrmals mit einem Schulverbot drohte, in erster Linie auf die »pädagogische Eifersucht« von weltlichen Kollegen zurück, welche die Zielsetzungen der NSDAP vertraten.

Die Aufhebung des Kinderhortes der Armen Schulschwestern im Jahr 1937

Die kirchenfeindlichen Maßnahmen der Nationalsozialisten richteten sich auch gegen den Orden der Armen Schulschwestern, die seit 1845 in der Obergiesinger Weinbauernstraße eine sogenannte »Kleinkinderbewahranstalt« leiteten. Bereits einige Jahre nach der Eingemeindung Giesings hatte ihnen der Magistrat der Stadt München 1858 den Auftrag gegeben, die Mädchen der Pfarrhofschule zu unterrichten.[15] Seit 1886 führten die Giesinger Schulschwestern auch einen städtischen Kinderhort in der Silberhornstraße, in dem beispielsweise 1913 280 Schüler aus den drei Giesinger Volksschulen untertags betreut wurden. Eine warme Mahlzeit erhielten die Hort- wie auch andere bedürftige Kinder in einer Suppenanstalt, die im Kloster der Schwestern, das sich seit 1870 an der Kistlerstraße befand, untergebracht war.

Für diese Arbeit erhielt der Orden von der Stadt München, welcher der Hort und der Kindergarten gehörte, einen jährlichen Zuschuß, der allerdings dem Arbeitspensum der einzelnen Ordensschwestern in keinster Weise entsprach. Um so tiefer mußte es die Schulschwestern getroffen haben, als ihnen der Münchner Oberbürgermeister Karl Fiehler im Juli 1936 ohne weitere Begründung mitteilte, daß das Personal des Hortes und des Kindergartens zum 1. 4. 1937 gekündigt und durch weltliche Kräfte ersetzt werden sollte.[16] Die Kündigung ging auf eine Anordnung der Gau- und Kreisamtsleitungen der NSDAP an die Bürgermeister zurück, die Übergabe der städtischen Kindergärten an die nationalsozialistische Volkswohlfahrt zu veranlassen. Eine christliche Erziehung der Kleinkinder war mit dem Totalitätsanspruch des NS-Staates nicht mehr zu vereinbaren.

Die schriftlich und persönlich vorgetragenen Einwände der Ordensleitung, die auf eine immerhin über 90 Jahre andauernde reibungslose Zusammenarbeit mit der Stadt sowie auf die

Innenhof des Klosters der Armen Schulschwestern an der Kistlerstraße (Archiv Arme Schulschwestern).

große Beliebtheit des Ordens bei der Giesinger Bevölkerung verweisen konnte, beeindruckten weder Fiehler noch den Stadtschulrat Bauer, geschweige denn den Reichsstatthalter von Epp. Nach verschiedenen Anläufen mußte sich die Oberin des Klosters an der Kistlerstraße, Schwester Sebastiana, geschlagen geben. Ende September bekam der Orden den endgültigen Bescheid des städtischen Schulamtes.

Interessant ist dabei, daß diese Behörde besonderen Wert darauf legte, daß »die bevorstehende Umgestaltung vor der Elternschaft noch geheimgehalten werde, um keine Unruhe in die Giesinger Bevölkerung zu bringen«.[17] Freilich ließ sich die Vertreibung der Kindergärtnerinnen nicht lange verheimlichen. Denn als Ende Dezember 1936 sieben Ordensschwestern, die als Volks-

schullehrerinnen an der Giesinger Silberhorn- und Pfarrhofschule für die Erziehung der Mädchen zuständig waren, vom städtischen Schulamt entlassen wurden, war es offensichtlich, daß auch die Kindergartenschwestern gehen mußten. Die Kündigung der Volksschullehrerinnen war weder durch eine private Umfrage unter den Eltern, die sich zu 100 Prozent für die Weiterbeschäftigung der Schulschwestern aussprachen, noch durch eine Unterredung mit dem Reichsstatthalter rückgängig zu machen.[18] Während die Eltern der betroffenen Kinder den Abbau der Klosterschwestern wohl oder übel akzeptieren mußten, war der Leiter der Silberhornschule, ein gewisser Herr Flemisch, über diese Entwicklung höchst erfreut. Ein ehemaliger Schüler schildert ihn als »einen gestrengen Herrn, der aktiver Offizier in der Schutztruppe unter Lettow-Vorbeck in der deutschen Kolonie in Afrika gewesen war«.[19] Ferner, so sein ehemaliger Schüler weiter, war er »braungebrannt und erfüllt von wilhelminischem Geist, begeistert von der neuen Zeit, die durch die Machtübernahme Adolf Hitlers auch an den deutschen Schulen angebrochen war.« Daß die Silberhornschule eine von den Nationalsozialisten heftig bekämpfte Bekenntnisschule war, in der die Schüler im Religionsunterricht auch noch von Klosterschwestern unterrichtet wurden, war dem im Dritten Reich zum Schulleiter avancierten Flemisch immer schon ein Dorn im Auge gewesen. Einem internen Schreiben des Ordens zufolge versuchte Flemisch als Schulleiter sofort »den Charakter der Bekenntnisschule nach außen d. h. durch die klösterliche Tracht nicht offenbar werden zu lassen«. Aus diesem Grund wollte er die »klösterlichen Lehrkräfte beseitigen«.[20]

Um die nun doch publik gewordene Entlassung der Hortschwestern zu verhindern, initiierten einige Eltern eine Unterschriftenaktion, mit der die vollkommene Zufriedenheit mit der Arbeit der Schwestern zum Ausdruck gebracht werden sollte. Sie wurden aber von den zuständigen Ansprechpartnern aufgefordert, dies zu unterlassen, um den Schulschwestern nicht noch mehr Schwierigkeiten zu bereiten. Einige Eltern wandten sich sogar an die Regierung von Oberbayern, die sie aber nur auf die bestehende Rechtslage aufmerksam machte.

Die starke Verbundenheit der Giesinger Bevölkerung mit den Schulschwestern zeigte sich bei einer kurzen Andacht in der Hl.-Kreuz-Kirche, welche die gekündigten Schulschwestern zum Abschluß noch einmal mit ihren Zöglingen und deren Eltern feiern wollten. Die Andacht war für den Palmsonntag angesetzt. Doch statt der erwarteten 100 bis 150 Eltern war die Hl.-Kreuz-Kirche bis auf den letzten Platz belegt, was sonst höchstens an kirchlichen Festtagen der Fall war. Durch die unerwartet hohe Beteiligung der Giesinger Bevölkerung, die dem Ortsgruppenleiter der NSDAP sicher nicht entgangen war, wurde diese Andacht eine gelungene Demonstration der katholischen Gemeindemitglieder gegen die kirchenfeindliche Politik des NS-Staates; schließlich war dies neben dem sonntäglichen Kirchgang und der Teilnahme an den Fronleichnamsprozessionen eine der wenigen Möglichkeiten gewesen, sich zum katholischen Glauben zu bekennen und damit indirekt gegen das NS-Regime zu protestieren.

Fußnoten

1 Volk, Konkordat, S. 290.
2 Schellenberger, Katholische Jugend, S. 38 ff.
3 Frei, Nationalsozialistische Verfolgungen, S. 471.
4 Ebd., S. 410.
5 Schellenberger, Katholische Jugend, S. 79 f.
6 So die Auskunft des Zeitzeugen Herrn K.
7 Frei, Nationalsozialistische Verfolgungen, S. 458.
8 Ebd., S. 472.
9 Ebd., S. 409.
10 Hehl, Priester, S. 782.
11 Auskunft Herr Berndorfner.
12 Kleinöder, Kampf, S. 619 f.
13 Frei, Nationalsozialistische Verfolgungen, S. 410.
14 Ebd., S. 427.
15 Archiv der Armen Schulschwestern.
16 Ebd.
17 Ebd.
18 Kleinöder, Kampf, S. 612.
19 Eberhard, Schule, S. 111.
20 Archiv der Armen Schulschwestern.

WILLI HANSEDER

Deutsche Gemeinschaftsschule contra Bekenntnisschule

Der Schulkampf am Beispiel der Rotbuchenschule (Hans-Schemm-Schule) in Harlaching

Der Stadtteil Harlaching erlebte in den 30er Jahren einen Bauboom, der von der Gemeinnützigen Wohnungsfürsorge AG und privaten Siedlergenossenschaften getragen wurde. Die Forderung nach einer Volksschule für Harlaching wurde seit 1930 von den Bewohnern immer drängender vorgetragen, denn der Schulweg nach Giesing war weit und beschwerlich. Der Bau einer neuen Schule konnte aber erst 1935 mit staatlichen Mitteln und mit einem Darlehen der NSDAP an die Stadt München realisiert werden. Als der bayerische Kultusminister Hans Schemm Anfang März 1935 tödlich verunglückte, beschloß das NS-Stadtratsplenum wenige Tage später, die Schule nach ihm als ehemaligem Vorsitzenden des NS-Lehrerbundes zu benennen.

Die Errichtung der Hans-Schemm-Schule feierten die Nationalsozialisten als großen Erfolg. Sie hoben besonders hervor, daß sich 91,5 % der Erziehungsberechtigten bei der Einschreibung für die Deutsche Gemeinschaftsschule und damit gegen die Bekenntnisschule entschieden hatten. Im Vorfeld der Schuleinschreibung war es allerdings zu einer harten Auseinandersetzung zwischen katholischer Kirche und NSDAP gekommen. Die Nationalsozialisten propagierten die Deutsche Gemeinschaftsschule. Diese Schulform unterschied sich durch die Betonung der »Volksgemeinschaft« im nationalsozialistischen Sinne wesentlich von der Simultanschule, deren wichtigstes Ziel religiöse Toleranz war. Im Gegensatz zur Bekenntnisschule wurden in der Simultanschule Kinder aller Konfessionen gemeinsam unterrichtet und nur für den Religionsunterricht getrennt. Seit den 20er Jahren wurden die Bezeichnungen Simultan- bzw. Gemeinschaftsschule gleichbedeutend verwendet. Die katholische Kirche war entschieden gegen die Simultanschule, während sich die Mehrheit der Volksschullehrer aus beruflichen Gründen gegen das Beschäftigungsmonopol der Konfessionsschule wandte.

Am Beispiel der Hans-Schemm-Schule wird deutlich, wie unterschiedlich motivierte Zielvorstellungen von den Nationalsozialisten aufgenommen und für ihre Zwecke instrumentalisiert wurden. Der Kampf der katholischen Kirche gegen die Gleichberechtigung der Simultanschule wurde unter den Voraussetzungen des Nationalsozialismus zum Widerstand gegen die Deutsche Gemeinschaftsschule. Trotz intensiver Propaganda während des Schulkampfes 1935 konnte die NSDAP die deutsche Gemeinschaftsschule in München nicht durchsetzen. Das überwältigende Votum der Harlachinger Eltern für die deutsche Gemeinschaftsschule war daher atypisch für München. Fragen wir also nach den besonderen Umständen.

Die Auseinandersetzung zwischen den Befürwortern der Simultanschule und den Verteidigern der Bekenntnisschule begann bereits in der zweiten Hälfte des 19. Jahrhunderts. Es ging dabei nicht nur um die Förderung religiöser Toleranz zwischen den Angehörigen der großen Konfessionen, sondern um die weitgehende Entkonfessionalisierung des Bildungswesens unter dem Aspekt der Trennung von Staat und Kirche. In Bayern bestimmten Religionsedikt und Konkordat aus dem Jahr 1818 das Verhältnis von Staat und Kirche. Im rechtsrheinischen Bayern war –

anders als in den linksrheinischen bayerischen Gebiete – bis 1918 die Konfessionsschule Regelschule geblieben. Das Prinzip der Konfessionsschule bedeutete für die Volksschullehrer in der Praxis, daß sie in Ausbildung und Unterricht der geistlichen Schulaufsicht unterstanden. Zu den Forderungen des 1861 gegründeten Bayerischen Lehrervereins gehörten deshalb das Ende der geistlichen Schulaufsicht zugunsten der Fachaufsicht und eine wesentliche Verbesserung der Ausbildung durch staatliche Lehrerseminare.

Der liberale Kultusminister Lutz versuchte mittels der »Schulsprengelverordnung« von 1873 die Gründung von Simultanschulen zu fördern. Entgegen der Verordnung von 1815 war nun nicht mehr der Pfarrsprengel, sondern der Gemeindesprengel maßgeblich für die Bildung der Schulbezirke. Die Gemeinden konnten die Errichtung einer Simultanschule beantragen und den Schulbezirk festlegen. In der katholischen Residenzstadt München wurden unter dem liberalen Stadtrat 1873 zwei Simultanschulen für die evangelische Minderheit eröffnet, die vor allem von Kindern des Bürgertums besucht wurden. So gingen im Schuljahr 1876/77 16 Prozent aller Volksschüler Münchens in Simultanschulen.[1]

Als jedoch eine katholische Schule in eine Simultanschule umgewandelt werden sollte, entzündete sich die Kritik an der sogenannten »Zwangssprengelverordnung«, die den Eltern das Recht vorenthielt, ihre Kinder in die Konfessionsschule eines anderen Schulsprengels zu schicken, wenn sie die Simultanschule ablehnten. Mit Unterstützung der katholischen Zentrumspartei im Landtag erreichten die Befürworter der Konfessionsschule, daß mit Verordnung vom 26. 8. 1883 die Gründung von Simultanschulen wesentlich erschwert wurde. Die Gemeinden mußten »außerordentliche, durch zwingende Umstände bedingte Fälle« nachweisen.[2] Die Kirche konnte die Umwandlung einer Konfessionsschule unter Hinweis auf die mögliche Beeinträchtigung des Religionsunterrichts verhindern – eine Schutzbehauptung, denn Simultanschule bedeutet, daß Schüler aller Konfessionen gemeinsam unterrichtet und die Klassen zum Religionsunterricht getrennt werden. Die Simultanschule zielte also keineswegs auf »Entchristlichung« oder »religiöse Indifferenz« wie ihre Gegner behaupteten.[3]

Bei der Bewertung des Konflikts sollte man auch das Zahlenverhältnis der beiden Schularten berücksichtigen. Im Jahre 1890 gab es in Bayern einschließlich der Pfalz 143 Simultanschulen und 7000 Konfessionsschulen.[4] Die Brisanz der Frage lag in der Auseinandersetzung zwischen konservativ-klerikalem Zentrum und Sozialdemokratie. Die SPD hatte sich 1895 im Erfurter Programm für die »weltliche Schule« ausgesprochen, während das Zentrum die Konfessionsschule unterstützte. Das Beharren auf dem Prinzip der Bekenntnisschule führte dazu, daß im Schulbedarfsgesetz von 1902 die Gemeinden zur Errichtung von Zwergschulen verpflichtet wurden, in denen Schüler mehrerer Jahrgangsstufen in einer Klasse zusammengefaßt wurden. Die Gemeinden mußten getrennte Schulen unterhalten ohne Rücksicht auf die Kosten und ohne Rücksicht auf die Kinder, die oft weite Schulwege zurückzulegen hatten, wenn sie nicht Gastschüler sein wollten.[5] Bis zur Revolution von 1918/19 blieb die Forderung nach rechtlicher Gleichstellung der Simultanschule unerfüllt.

Kurt Eisner hatte den ehemaligen Volksschullehrer aus der Pfalz, Johannes Hoffmann, zum Kultusminister berufen. Hoffmann setzte wesentliche Forderungen seines Berufsstandes durch. Bereits am 16. 12. 1918 wurde die geistliche Schulaufsicht abgeschafft und durch die Fachaufsicht ersetzt. Am 1. 8. 1919 erließ Hoffmann die Simultanschulverordnung.[6] Sie übertrug den Eltern schulpflichtiger Kinder das Recht, selbst zu entscheiden, ob sie ihre Kinder in eine Simultan- oder eine Bekenntnisschule schicken wollten. In Städten mit mehr als 15 000 Einwohnern sollten deshalb jedes Jahr Abstimmungen über die Schulart stattfinden. In Orten unter 15 000 Einwohnern bestimmte nicht das Verhält-

Hans-Schemm-Schule, Teilbau I, 1935, Ansicht vom Hollerbusch aus gesehen (Verein Freunde Giesings).

nis, sondern die Mehrheit der abgegebenen Stimmen über die Schulart, wenn es darum ging, die Umwandlung einer bestehenden Konfessionsschule in eine gemischte Volksschule zu erreichen.[7] Bei seinen Bemühungen um die Förderung der Simultanschule unterlief Hoffmann ein entscheidender Fehler. Die Verordnung bestimmte, daß im Falle einer Umwandlung eine Mehrheitsentscheidung für die Simultanschule zehn Jahre Gültigkeit haben sollte, dagegen eine Mehrheitsentscheidung für die Konfessionsschule bereits nach einem Jahr durch erneute Abstimmung aufgehoben werden konnte. Obgleich die Verordnung auch den Fortbestand der Bekenntnisschule in konfessionell geschlossenen Gemeinden garantierte, rief sie wegen der ungleichen Bewertung des Elternvotums starke Kritik hervor. Da die Verordnung ohne Zustimmung des Gesamtministeriums erlassen worden war, wurden rechtliche Bedenken erhoben. Außerdem stand sie im Widerspruch zu Artikel 174 der Reichsverfassung, der den Ländern die Änderung des geltenden Schulrechts untersagte, solange das geplante Reichsschutzgesetz nicht verabschiedet war.[8] Deshalb wurde vor dem bayerischen Staatsge-

richtshof ein Verfahren über die Rechtsgültigkeit der Verordnung eröffnet. Das Reichsinnenministerium bat um Aussetzung der Durchführung. Auf dieser Grundlage wurde die Verordnung am 22. Juni 1920 außer Vollzug gesetzt. Dennoch war es ein Politikum, denn diese Maßnahme war eine der ersten, welche die am 6. Juni 1920 gewählte konservative Koalitionsregierung unter Führung der Bayerischen Volkspartei ergriffen hatte.

In München, Nürnberg und Weißenburg waren 1919 nach den Vollzugsvorschriften zur Simultanschulverordnung bereits Abstimmungen durchgeführt worden. In diesen Orten blieb die Verordnung in Kraft. Von diesen Ausnahmen abgesehen galt nun wieder die Verordnung von 1883. Da in der Weimarer Republik kein Reichsschulgesetz verabschiedet wurde, galten in Bayern zwei in ihrer Zielsetzung konträre Verordnungen. Dies führte dazu, daß alljährlich vor der Schuleinschreibung zwischen den Befürwortern der jeweiligen Schulart ein wahlkampfähnlicher Wettstreit um die Stimmen der Eltern einsetzte. Die katholische Konfessionsschule erhielt zweifellos die stärkste Unterstützung. Katholiken waren durch den Codex Juris Canonici von 1918 gebunden. Sie mußten ihre Kinder in die katholische Schule schicken, wollten sie sich nicht der Gewissenspein aussetzen. Das Konkordat von 1924 eröffnete die Möglichkeit, wieder ungeteilte Schulen zu errichten.[9] Die Elternvereinigungen wachten darüber, daß die von ihnen unterstützte Schulart nicht benachteiligt wurde. Sie erhoben sofort Klage, wenn ihnen eine Beeinflussung der Kinder während des Unterrichts oder der Eltern durch Hausbesuche von Lehrern bekannt wurden. In den Vollzugsvorschriften zur Simultanschulverordnung war ausdrücklich festgelegt, daß sich Lehrer »jeder Beeinflussung der Erziehungsberechtigten hinsichtlich ihrer Willenserklärung zu enthalten haben.«[10] Das reformpädagogische und politisch motivierte Ideal der Gemeinschaftsschule, das die Überwindung konfessioneller und gesellschaftlicher Gegensätze durch Erziehung anstrebte, ließ sich in Bayern nicht durchsetzen. Im Jahre 1931 waren nur 3,14 % aller Schulen Gemeinschaftsschulen. In München war ihr Anteil zwischen 1921 und 1933 von ca. 25 % auf 15 % zurückgegangen.[11]

Am Beispiel der Rotbuchenschule läßt sich anschaulich darstellen, wie die unterschiedlich strukturierte Siedlungsentwicklung im Stadtteil Harlaching, die städtische Finanznot und nicht zuletzt die Politik der NSDAP die Entscheidungsprozesse über die konfessionelle Ausrichtung der Schule beeinflußten.

»Harlaching braucht eine Schule«

Mit dieser Meldung vom 22. November 1930 griffen die »Münchner Neuesten Nachrichten« ein immer drängender werdendes Problem auf. Von der Menterschwaige bis zum Giesinger Berg gab es keine Volksschule. Aus Alt- und Neuharlaching schickten die Eltern ihre Kinder nach Giesing in die Schule. Nach dem Stand vom 12. September 1930 besuchten 227 Kinder die katholische Schule an der Silberhornstraße, 16 die katholische Schule an der Martinstraße. In die Simul-

tanschule an der Pfarrhofstraße gingen 139 Kinder. In der evangelischen Schule am Kolumbusplatz waren 38 Schulpflichtige eingeschrieben.[12] In manchen Klassen mußten bis zu 60 Schüler unterrichtet werden. Der lange Schulweg stellte die größte Belastung dar. Viele Eltern konnten die Fahrtkosten für Straßenbahn und Autobus nicht bezahlen. Die kleinen Harlachinger waren bis zu einer Stunde zu Fuß unterwegs. Der Stadtverwaltung war dieses Problem durchaus bekannt, doch verhinderte die katastrophale Finanznot infolge der Weltwirtschaftskrise sogar eine provisorische Lösung. Ein unerwartetes Angebot erhielt die Stadt Anfang Mai 1930 von der Firma Gebrüder Beißbarth, die ihr Fabrikgebäude an der Tegernseer Landstraße 210 verkaufen wollte. Als Verkaufsargument wurde die Eignung des Gebäudes für Schulzwecke genannt. Doch die Stadt lehnte ab, da die Kosten für Ankauf und Umbau 750 000 Reichsmark betragen hätten, zu teuer für eine Notlösung.[13] Die Bewohner Harlachings wollten nicht länger tatenlos zusehen. Auf Initiative des Bezirksverbands Südost im »Hauptverband der Siedler Münchens und seiner Umgebung e. V.« versammelten sich am 20. 2. 1931 in der Gaststätte »Gartenstadt Neuharlaching« zahlreiche Eltern, um auf die Lösung des Schulproblems zu drängen. Der Bezirksverband Südost vertrat die Siedler aus Alt- und Neuharlaching, Neugriechenland, Menterschwaige und Isarhöhe. Die Versammelten verabschiedeten eine Resolution, in der sie den Stadtrat aufforderten, möglichst bald einen Baukredit zu beschaffen, um damit bereits »in der kommenden Bauperiode« mit dem Bau der neuen Schule beginnen zu können.[14]

Die Errichtung einer Schulbaracke als provisorische Lösung lehnten sie ab. Die Versammlung forderte sogar, die vorrangigen Schulhausbauten in Ramersdorf und Milbertshofen zurückzustellen. Diesem Ansinnen konnten die Vertreter des Stadtrates mit Rücksicht auf die Belange aller Bürger nicht zustimmen. Wenige Tage nach der Versammlung informierte die Gemeinnützige Wohnungsfürsorge AG das Schulreferat über die

Einwohnerzahlen in den neu entstandenen Siedlungen:[15]

Neuramersdorf	6160 Bewohner	2140 Kinder
Neuharlaching	2846 Bewohner	500 Kinder
Walchenseeplatz	2635 Bewohner	817 Kinder

Die Notwendigkeit, neue Schulen zu bauen, war unverkennbar. Doch konnten wegen der Finanznot diese dringenden Baumaßnahmen nicht realisiert werden. Vorrang hatte die Existenzsicherung der verarmten Arbeitslosen.

Finanzierung und Bau der Rotbuchenschule

Im Rahmen eines Arbeitsbeschaffungsprogramms stellte das bayerische Finanzministerium nach der Machtergreifung der Nationalsozialisten 1933 eine Million Reichsmark als Darlehen zur Verfügung. Nach Abzug der Baukosten für die Schulen in Ramersdorf und Milbertshofen verblieben für die Schule Neuharlaching noch 370 000 RM. Die Gesamtkosten betrugen jedoch 770 000 RM. Da der Staatskredit von 1933 nicht erhöht wurde und die Finanzierung über den Kapitalmarkt aussichtslos war, erfolgte die Restfinanzierung von 400 000 RM aus einem 2,5-Millionen-Darlehen der NSDAP an die Stadt.[16] Am 19. 10. 1933 beschloß der Stadtrat die Ausschreibung eines Ideen-Wettbewerbs für die Schule Neuharlaching. Als daraufhin bekannt wurde, daß der Bauplatz zwischen der Gewofag-Siedlung an der Rotbuchenstraße und der Kirche Hl. Familie festgelegt worden war, erhob die Siedlerschaft Harlachings Einwände, da die fehlende Verkehrsanbindung den Schulweg für die Siedlerkinder, die z. B. an der Menterschwaige oder am Perlacher Forst wohnten, nicht verkürzte. Ihr Vorschlag, die neue Schule an der Naupliastraße in Höhe der Straßenbahnhaltestelle Authariplatz zu errichten, fand kein Gehör.

Baubeginn war am 10. Juli 1934, bereits im November feierte man das Richtfest, und am 1. Oktober 1935 wurde die Schule eröffnet. Der

Hans Schemm, Bayerischer Kultusminister 1933–1935 (Stadtarchiv München).

Teilbau I bot Platz für zwölf Klassen der Jahrgangsstufen 1–6. Im ersten Schuljahr wurden 498 Kinder unterrichtet. Der Gewinner des Wettbewerbs, Architekt Heinrich Rettig, hatte die Planungsvorgaben des Hochbauamtes mustergültig umgesetzt. Der nur einstöckige Flachbau wurde in der Presse als neuer Schulhaustyp gewürdigt.[17] Dem Hauptbau angegliedert waren Turnsaal, Kindergarten und Hort. Im Haupttreppenhaus der Schule war eine Büste von Hans Schemm aufgestellt worden. Er war nach der Machtergreifung Hitlers zum bayerischen Kultusminister ernannt worden. In der Sitzung vom 12. 3. 1935 beschloß der Stadtrat, die Schule an der Rotbuchenstraße nach Hans Schemm zu benennen, der Anfang März verunglückt war. Diese posthume Ehrung hatte auch programmatischen Charakter, denn diese Schule sollte eine Deutsche Gemeinschaftsschule nationalsozialistischer Prägung werden. Dem Bericht über die feierliche Eröffnung der Schule zufolge war »die Jugend der Hans-Schemm-Schule vollzählig in den Reihen der HJ und des BDM vereint«.[18] Als prominente Festgäste waren erschienen: Oberbürgermeister Fiehler, Stadtschulrat Bauer, Vertreter des Kultusministeriums und der Kirchen sowie zahlreiche Vertreter der NSDAP, darunter auch die Ortsgruppe Harlaching. Die Feierstunde begann zeitgemäß mit dem Lobpreis der Fahne: »Unter der Fahne werben wir, unter der Fahne sterben

Hans-Schemm-Schule mit Kindergarten (Stadtarchiv München).

wir.« Schon wenige Jahre später war dies grausame Wirklichkeit geworden.

Der Schulkampf

Das Schulhaus war noch nicht fertiggestellt, als die unvermeidliche Frage auftauchte, ob Harlaching eine Konfessions- oder eine Gemeinschaftsschule erhalten solle. Die Elternvereinigung der evangelischen Gemeinde Harlaching wandte sich im Dezember 1934 an den Stadtrat mit dem »Antrag auf Einrichtung eines selbständigen evangelischen Schulkörpers mit 4 Klassen«. Damals besuchten 129 evangelische Kinder der Jahrgangsstufen 1–4 die Kolumbusschule bzw. die Pfarrhofschule. Die Siedlungsentwicklung ließ einen weiteren Anstieg der Schülerzahl erwarten. Zwei Tage später richtete das evangelisch-lutherische Stadtpfarramt die Frage nach der Schulart an den Stadtrat. Pfarrer Alt, der Seelsorger von Giesing und Harlaching, unterstützte im wesentlichen die Forderungen der evangelischen Gemeinde und verwies auf das Gebot der Rücksichtnahme gegenüber der konfessionellen Minderheit.[19]

An der Spitze des Schulamtes stand Oberstadtschulrat Josef Bauer, ein überzeugter Nationalso-

zialist, der auf Empfehlung von Hans Schemm 1933 zum Vorsitzenden des Bayerischen Lehrervereins gewählt worden war. Der Volksschullehrer Bauer war wie die Mehrheit seiner Berufskollegen ein engagierter Verfechter der Gemeinschaftsschule.[20] Seine Zielvorstellung war jedoch grundverschieden. »Die Simultanschule wie sie vor dem Umsturz bestand, sollte selbstverständlich nicht wieder aufleben.« Entscheidend für Bauer war »besonders der Gedanke der von unserem Führer so heiß erstrittenen Volksgemeinschaft, der alles Trennende in unserem öffentlichen Leben und auch in der Schule grundsätzlich vermeiden will«. Zum Wesen der katholischen Bekenntnisschule führte er aus: »Damit muß nämlich auch die Besetzung mit einem kath. Lehrer und das Einspruchsrecht der Kirche bei Feststellung von Mängeln ihrerseits bleiben und muß der Religionsunterricht nicht nur Fach, sondern das alle übrigen Unterrichtsfächer beherrschende Prinzip sein. Aber damit ist ein ersprießlicher Unterricht im nat.-soz. Geist namentlich in Geschichte, die nicht bekenntnismäßig aufgefaßt und betrachtet werden soll und in Rassenkunde und Vererbungslehre unmöglich.«[21] Der Konflikt war unausweichlich, und er entzündete sich an der Schuleinschreibung in Harlaching. Bauer be-

Josef Bauer, Oberstadtschul-direktor von München (Stadt-archiv München)

antragte bei der Regierung von Oberbayern, die Schule in Harlaching ohne Befragung der Erziehungsberechtigten als Gemeinschaftsschule zu führen. Eltern, die ihre Kinder weiter in die Bekenntnisschule schicken wollten, sollten das tun können. Die Besprechung vom 28. 1. 1935 bei der Regierung von Oberbayern ergab, »daß die Einführung der deutschen Gemeinschaftsschule, wie sie die Partei anstrebt, ... nur auf den Krükken der marxistischen Simultanschulverordnung unter Einschaltung einer Propaganda für die Gemeinschaftsschule erfolgen kann.«[22]

Die Kampagne wurde unter Einsatz aller Mittel geführt. Stadtschulrat Bauer und Bezirksschulrat Streicher agitierten in drei Versammlungen vom 5.–8. 2. 1935 gegen die Bekenntnisschule, da sie gegen den Gedanken der Volksgemeinschaft gerichtet sei.[23] Mit diesem Vorwurf wurden die Befürworter der Bekenntnisschule in die Nähe der Gegner der NSDAP gerückt und damit öffentlich unter Druck gesetzt. Besondere Erwähnung verdient die Eintragung in der Schulchronik der Hans-Schemm-Schule, die das Auftreten Bauers und des Regierungsschulrats Josef Streicher festhält: Sie sprachen in einer öffentlichen Versammlung in der Gaststätte Neumaier in Altharlaching zu der Elternschaft und gründeten mit

Werbeplakat der NSDAP für die Gemeinschaftsschule, 1935 (Hauptstaatsarchiv).

Gleichgesinnten die »Deutsche Schulgemeinde«. Hauptzweck dieser Organisation war die Propagierung der Gemeinschaftsschule. Sie wurde noch im selben Jahr auf alle Schulbezirke Münchens ausgedehnt.[24] In Harlaching wurde sie wenige Tage vor der Schuleinschreibung ins Leben gerufen. In seinem Schreiben an die bayerischen Bischöfe vom 12. 2. 1935 charakterisiert Kardinal Faulhaber das Meinungsbild bei evangelischen und katholischen Bewohnern Harlachings folgendermaßen: »In den Kreisen der evangelischen Eltern scheint nicht die gleiche Einmütigkeit zugunsten der Bekenntnisschule zu herrschen wie bei den katholischen Eltern. Während Baron Pechmann einen eindeutigen Brief für die Be-

Turnhalle der Hans-Schemm-Schule mit der NS-Parole »Das Ich ist vergänglich. Ewig ist das Volk.« (Verein Freunde Giesings).

kenntnisschule an Herrn Bauer schrieb, hat die Bevölkerung in Harlaching, wie es scheint, im voraus einer Gemeinschaftsschule zugestimmt. Es wird offen erklärt: Von München, wo der Nationalsozialismus seinen Ausgang nahm, soll auch die von ihm geforderte Gemeinschaftsschule einen Triumphzug durch Deutschland antreten.«[25] Die Elternbefragung am 13. 2. 1935 endete in Harlaching mit einem eindeutigen Ergebnis: 495 Stimmen für die Gemeinschaftsschule und 46 Stimmen für die Konfessionsschule. Damit hatten sich 91,5 % für die Gemeinschaftsschule ausgesprochen. Das Stimmergebnis läßt sich nicht von der konfessionellen Zugehörigkeit allein ableiten. Die Schulchronik zählt 373 katholische und 168 evangelische Kinder.[26] Die evangelischen Schüler hatten einen Anteil von 31 %. Unterstellt man, daß alle 168 Stimmen für die Gemeinschaftsschule abgegeben wurden, so bleibt die Tatsache, daß 327 Katholiken nicht für die Konfessionsschule votierten. Dieses Ergebnis war nicht repräsentativ für das Abstimmungsverhalten in München. Insgesamt konnten nur in vier Schulbezirken Gemeinschaftsschulen neu errichtet werden. In Oberföhring (50 %) und in der Tumblingerschule (51 %) war das Votum äußerst knapp.[27] Wie war das Ergebnis zu erklären?

Der Protest der katholischen Kirche

Was die Propaganda für die Gemeinschaftsschule nicht leisten konnte, sollte durch die systematische Behinderung der kirchlichen Aktionen für die Bekenntnisschule erreicht werden. Die Verletzung des bayerischen Konkordats von 1924 und des Reichskonkordats von 1933 wurde bewußt riskiert. Das Erzbischöfliche Ordinariat informierte am 10. 2. 1935 das Reichsinnenministerium über das Vorgehen von Partei und Behörden gegen die kirchliche Werbung für die Bekenntnisschule. Die Politische Polizei hatte am 24. 1. 1935 den katholischen Elternvereinigungen Versammlungen und Zusammenkünfte verboten. Am Vormittag des 9. 2. 1935 wurde auf Befehl der politischen Abteilung der Polizeidirektion München der Druck eines Seelsorgebriefes gestoppt, die bereits gedruckten 10 000 Exemplare und alle Druckplatten wurden beschlagnahmt. Damit war die Absicht des Ordinariats, mit 50 000 Seelsorgebriefen, die katholischen Eltern an ihre Pflicht zu erinnern, durchkreuzt. Das Ordinariat bezeichnete die Beschlagnahme als »konkordatswidrigen Eingriff in die Rechte der kirchlichen Seelsorge«, während es das Versammlungsverbot als Verletzung des bayerischen Konkordats Art. 5 bzw. des Reichskonkordats Art. 23 verurteilte. Es forderte die Rücknahme dieser Maßnahmen noch vor Beginn der Schuleinschreibung, andernfalls sollte deren Ergebnis angefochten werden. Am Sonntag, den 10. 2. 1935, wurde in allen katholischen Kirchen Münchens ein »Appell an das Elterngewissen« verlesen. Am Sonntagabend predigte Kardinal Faulhaber über die »Freiheit der Kirche« und leitete daraus die »Gewissenspflicht und das Gewissensrecht der Eltern« ab, »ihre Kinder zur katholischen Bekenntnisschule anzumelden«.[28]

Das Ordinariat bezweifelte in seinem Schreiben vom 23. 2. 1935 an das bayerische Kultusministerium die Rechtmäßigkeit des Vorgehens der Stadtschulbehörde anläßlich der Schuleinschreibung.[29] Gegen Stadtschulrat Bauer wurde der Vorwurf des Amtsmißbrauchs erhoben, da er als

Unsere Antwort an Kardinal Faulhaber

Heute! **Heute!**

Freitag 15. Febr. abds. 8 Uhr

Massenversammlung im Bürgerbräu-Keller Rosenheimerstraße

Es spricht: Oberstadtschuldirektor Bauer

und gibt die Antwort auf die letzte Rede des Kardinals Faulhaber in der Michaelskirche

Unkostenbeitrag 20 Pfennige   Juden ist der Zutritt verboten   Saalöffnung 6 Uhr
Plakatdruckerei Warm & Schreiber, Frauen-Platz 6 am Dom   Deutsche Schulgemeinde München, gez. Sechler

*Aufruf der Deutschen Schulgemeinde Münchens, 1935
(Stadtarchiv München).*

Vorgesetzter der Lehrer offen für die Gemeinschaftsschule warb. Er hatte die Leiter der Volksschulen zu einer Besprechung einberufen, in der er diese aufforderte, durch »sachliche Aufklärungen« auf die Eltern einzuwirken. Für den Fall, daß sich Lehrkräfte »aus Gründen des Beamtengewissens« nicht für »Aufklärungen« zur Verfügung stellen wollten, wurden die Schulleiter ermächtigt, sie »für die Zeit der Schuleinschreibung vom Dienst zu entbinden«. Am Tag der Schuleinschreibung wurden an allen Münchner Volksschulen diese Veranstaltungen zugunsten der Gemeinschaftsschule durchgeführt. Den Kindern war gesagt worden, daß ihre Eltern zur Abstimmung persönlich erscheinen müßten. Es genügte nicht mehr, den Kindern die Erklärung für die

Schulart in die Schule mitzugeben. Das Ordinariat erwähnte in diesem Zusammenhang besonders die Vorgehensweise bei der Schulanmeldung in Harlaching.[30] An die Eltern wurden folgende »Aufklärungen« verteilt:

»Für die neue Schule kommt nur die Gemeinschaftsschule in Frage.« – »Die Harlachinger Schule wird Gemeinschaftsschule« – »Wer sich für die Harlachinger Schule einschreibt, entscheidet sich für die Gemeinschaftsschule« – »Hier wird nur für die Gemeinschaftsschule eingeschrieben.«

Nach Darstellung des Ordinariats sollen Eltern, die sich für die Bekenntnisschule entschieden hatten, an die Silberhornschule verwiesen worden sein. Faktum war jedoch, daß 46 Stimmen für die Konfessionsschule abgegeben worden waren. Doch angesichts der gezielten Aktionen der Nationalsozialisten verneinte das Ordinariat die Rechtsgültigkeit des Abstimmungsergebnisses.

Der Verlauf des Schulkampfes in München zeigte unmißverständlich, daß aus dem Eintreten für die Gemeinschaftsschule der Kampf der Nationalsozialisten gegen die Bekenntnisschule geworden war. Die NSDAP hatte die Schulfrage für ihre Zwecke instrumentalisiert, nicht zuletzt um die Kirche zu treffen. Das Erzbischöfliche Ordinariat protestierte beim Reichsinnenministerium gegen die Repressalien und Angriffe auf Kardinal Faulhaber und forderte, unter Berufung auf die Verfassung und das Reichskonkordat gegen die Münchner Behörden einzuschreiten. Mit Genehmigung der Polizeidirektion München hatte die »Deutsche Schulgemeinde« am 15. 2. 1935 im Bürgerbräu-Keller eine Massenveranstaltung unter dem Motto »Unsere Antwort an Kardinal Faulhaber« durchgeführt. Im Verlauf dieser Veranstaltung wurden aus dem Publikum Morddrohungen gegen den Kardinal laut: »Hängt ihn auf! Erschießen! Dachau!« Weder die Versammlungsleitung noch die Polizei griffen ein. SA und SS stellten die Saalordner. Andererseits wurde Pater Rupert Mayer, der sich während der Versammlung Notizen gemacht hatte, in Schutzhaft ge-

153

nommen. Auch ausländische Berichterstatter verhaftete man, so daß das Auswärtige Amt auf Pressemeldungen reagieren mußte. Das Ordinariat forderte, Versammlungsleiter, die Drohungen gegen den Klerus duldeten, zur Rechenschaft zu ziehen, ferner ein Versammlungsverbot für Organisationen, die »Sicherheit, Ordnung und deutsches Ansehen gefährdende Hetze treiben«.[31]

Am 20. 3. 1935 protestierte der Vatikan gegen das Vorgehen von NSDAP und Behörden im Münchner Schulkampf.[32] Kardinalstaatssekretär Pacelli folgte in seiner Stellungnahme der Darstellung des Ordinariats, so daß die Ereignisse in Harlaching ebenfalls erwähnt wurden. Die Kurie ließ erkennen, daß sie »in den Münchner Vorgängen mehr sieht als ein lokales Abweichen von der durch Länderkonkordate und das Reichskonkordat anerkannten Rechtslinie.« München war ein Testfall dafür, wie der Vatikan auf die Verletzung des Reichskonkordats reagieren würde. Der öffentliche Druck auf die Eltern veranlaßte Pacelli zu der Feststellung: »Wer die Freiheit der Abstimmung antastet, bricht die Vereinbarung. Jede Abweichung von dieser klaren Rechtslinie beraubt die unter Druck stattfindenden Eintragungen oder Abstimmungen ihrer inneren Wesensvoraussetzungen und ihrer rechtlichen Kraft.«

Beeinträchtigungen des »Besitzstandes der Bekenntnisschule«, die unter solchen Umständen zustande kämen, betrachtete der Hl. Stuhl als »rechtswidrig«. Der Vatikan forderte von der Reichsregierung Konsequenzen. Seine Intervention bewirkte zumindest, daß Bauer Punkt für Punkt zu den Vorkommnissen Stellung nehmen mußte.[33] Er wies die Vorwürfe zurück und machte im Gegenzug auf die kirchlichen Maßnahmen zur Beeinflussung der Eltern aufmerksam. Zu den Vorgängen in Harlaching stellte er fest, daß »von einer Agitation der Lehrkräfte für die Gemeinschaftsschule bei der Einschreibung keine Rede sein« konnte. Die Parolen für die Gemeinschaftsschule wertete er als »objektive Feststellungen«, da »schon in der ersten Stunde der Schuleinschreibung eindeutig« war, »daß die Schule nach dem Willen der Eltern Gemeinschaftsschule werden wird«. Der Protest des Vatikans blieb letztlich erfolglos.

In den folgenden Jahren wurde der Schulkampf von beiden Seiten fortgesetzt. Am 31. 1. 1937 stimmten in München bei der Einschreibung 96,1 % der Eltern für die Gemeinschaftsschule.[34] Ende Oktober 1938 waren in Bayern alle Bekenntnisschulen in Gemeinschaftsschulen umgewandelt.

Fußnoten

1 Sonnenberger, Der neue »Kulturkampf«, S. 246 f.
2 Ebd., S. 247.
3 Ebd., S. 250.
4 Ebd., S. 247.
5 Ebd., S. 253.
6 Reble, Das Schulwesen, S. 979.
7 Stadtarchiv München, Schulamt 971/1.
8 Sonnenberger, Der neue »Kulturkampf«, S. 250.
9 Ebd., S. 256.
10 Stadtarchiv München, Schulamt 971/1.
11 Sonnenberger, Der neue »Kulturkampf«, S. 259.
12 Stadtarchiv München, Schulamt 3713.
13 Ebd.
14 Ebd.
15 Stadtarchiv München, Schulamt 1836.
16 Stadtarchiv München, Schulamt 3713.
17 Ebd.

18 Ebd.
19 Ebd.
20 Sonnenberger, Der neue »Kulturkampf«, S. 275.
21 Stadtarchiv München, Schulamt 971/1.
22 Ebd.
23 Schulchronik, S. 8 f.
24 Sonnenberger, Der neue »Kulturkampf«, S. 282.
25 Akten Kardinal Michael v. Faulhabers II, S. 18.
26 Schulchronik, S. 7–9.
27 Stadtarchiv München, Schulamt 971/1.
28 Akten Kardinal Michael v. Faulhabers II, S. 14–17.
29 Stadtarchiv München, Schulamt 971/1.
30 Ebd.
31 Ebd.
32 Ebd.
33 Ebd.
34 Sonnenberger, Der neue »Kulturkampf«, S. 310.

BÄRBL PÖHLMANN

Damals war das noch anders …

Geselliges Leben und Freizeit in Giesing in den 20er und 30er Jahren

»Als ich noch ein Schulbub war, vor sechzig Jahren etwa, pflegten damals die Erwachsenen noch das kultivierte Wirtshausgehen, das Sichtreffen mit Freunden und Bekannten in gemütlichen Lokalen, um etwas zu essen, etwas zu trinken, vor allem aber um gesellig beieinanderzusitzen, sich zu unterhalten und ausgiebig zu plauschen. Die Medienwelt des Fernsehens war noch nicht in die Wohnzimmer gedrungen. Die Abschottung von den Nachbarn, ja von den eigenen Familienmitgliedern hatte noch nicht um sich gegriffen.« [1]

Diese allgemeingültige Feststellung gilt ohne Frage auch für das Giesing der 20er und beginnenden 30er Jahre, gab es in dieser Zeit doch an nahezu jeder Ecke eine Kneipe, eine Wirtschaft oder ein Café, in denen man eben jene Geselligkeit pflegen konnte. Welches aber waren ehedem die wichtigsten »Zentren dieser Geselligkeit«, die – wir würden heute sagen – »Szene-Kneipen« Giesings? [2]

Nun, da gab es zunächst einmal den von dem Pfälzer Jakob Dick in den 20er Jahren des vorigen Jahrhunderts begründeten Giesinger »Weinbauern« (Ecke Weinbauernstraße/Martin-Luther-

Weinbauer

Beim Weinbauern z'Giesing
Triffst oft so Leut oa,
Wo der Moa koa Frau hat
Und d'Frau grod Moa.

Da werd na disputiert,
Bei an guaten Wei
Vom Heirathen, ledig bleiben
Allerhand fallt d'Leut ei.

Aus: Humoristischer Wegweiser.

Straße). [3] In dieser berühmt gewordenen Weinwirtschaft verkehrte einst – vor allem aber in der Biedermeierzeit und dann wieder um die Jahrhundertwende – so ziemlich alles, was Rang und Namen hatte. Da trafen sich die Münchner Maler Wilhelm von Kaulbach, Johann Georg Dillis, Angelo und Franz Quaglio, der Giesinger Volksschriftsteller Hermann von Schmid, Franz von Kobell, der Gelehrte und Altmeister bayerischer Mundart, Ernst von Possart, Schauspieler und Intendant des Münchner Hoftheaters, Ludwig Thoma, Ludwig Ganghofer, Lena Christ u. a. m. Natürlich blühten auch in den vermeintlich so goldenen 20er Jahren Geselligkeit, Weinausschank und gute Küche beim »Weinbauern«. Daran änderte sich auch 1925 nichts, als der »Evangelische Verein« das idyllische Anwesen mit seinen Kastanien für 80 000 RM als Gemeindehaus erwarb; die Gastwirtschaft wurde verpachtet und die Giesinger kamen wie eh und je zu ihrem Früh- und Dämmerschoppen. Der ursprünglich für gesellige Zusammenkünfte geplante Saalneubau – offenbar anstelle der baufälligen Scheune – mußte freilich aus finanziellen Gründen immer wieder zurückgestellt werden. Später wurde die Scheune dann an die Schreinerei Gebr. Kamm vermietet bzw. verkauft (es handelt sich um das Grundstück Martin-Luther-Straße 1, auf dem sich heute die Firmen Hallermeyer und Ratfisch befinden). Im Dritten Reich war der »Weinbauer« sodann Treffpunkt der Giesinger Nationalsozialisten und der Arbeitsfront. Von hier wurden schwere Angriffe auf Pfarrer Alt und den »Evangelischen Verein« geführt.

Beliebte Giesinger Treffpunkte waren ferner die Gaststätte und der Biergarten »Berg-Bräu-

Vorstadthochzeit im Gasthaus »Kaiserthal« in der Tegernseer Landstraße, schräg gegenüber der Agfa, ca. 1926 (Privatfoto).

Keller« (Ecke Martin-Luther-Straße/Tegernseer Landstraße) sowie der »Tegernseer Garten« (Tegernseer Landstraße 75). Dessen erster Wirt, der 1906 verstorbene Steyrer Hans, war weithin als »Bayerischer Herkules« bekannt. Der Überlieferung zufolge soll er Hufeisen mit der Hand zerbrochen, Kanonenkugeln jongliert und einen Stein von 385 Pfund mit dem Mittelfinger gehoben haben.[4]

Nur ein paar Häuser weiter, im flachen Vorbau der »Postkiste«, befand sich das bekannte »Café-Tela« (von 1929 bis 1944 und dann noch einmal von 1952–1962 sowie neuerdings seit April 1993 als »Bistro«). Ehedem beliebter Treffpunkt für Giesings Bürger wie für Künstlerkreise aus ganz München, wurde es in der NS-Zeit zu einem bevorzugten SA-Treff. Schräg gegenüber, wo

heute das Kaufhaus Karstadt steht (Ecke Tegernseer Landstraße/Ichostraße), stand einst die Gastwirtschaft »Zum Schweizerwirt«. Sie diente dem Giesinger Faschingsverein als Hauptquartier. Über die Grenzen Giesings hinaus bekannt wurde der »Schweizerwirt« freilich vor allem durch den Hundemarkt, der nach dem 2. Weltkrieg dort abgehalten wurde.

Weitaus politischer ging es in der Gartenwirtschaft »Kriegerheim« (Ecke Gietlstraße/Untere Grasstraße) zu. Ehedem Sektionslokal der Obergiesinger Kommunisten, war es in der NS-Zeit Versammlungslokal der Giesinger Ortsgruppe der NSDAP; an den Wochenenden fanden hier Appelle und Kundgebungen der SA, der Hitlerjugend und anderer NS-Organisationen statt. Vor diesen »dunklen Jahren« wurde im Theatersaal

Im Gelände noch völlig freistehend die Gastwirtschaft »Giesinger Bahnhof« (1904). Im Hintergrund (mit Turm) die Strafanstalt Stadelheim (Stadtarchiv München).

des »Kriegerheims« freilich auch so manches Bauernstück aufgeführt. In unmittelbarer Nachbarschaft zum »Kriegerheim« lagen auch das einstige Sektionslokal der Giesinger Unabhängigen Sozialisten (USP), die (auch heute noch existierende) Gaststätte »Hohenwart« (Gietlstraße 15) sowie das Versammlungslokal der Obergiesinger Sozialdemokraten, der »Aignerhof« (Aignerstraße 26). Die Kinder verbanden mit dem »Aignerhof« freilich ganz andere Erinnerungen: *»Und in der Wirtschaft da vorne«,* so Frau L., *»da ist das Bier noch mit den Pferden gebracht worden. Mit den Eisstangen. Da sind dann die Eisstangen runter gekommen. Was runter gefallen ist, da sind wir natürlich sofort drauf los. Eis lutschen, das war natürlich toll.«*[5]

Eine besondere Bedeutung, insbesondere für alle Katholiken, kam auch dem »Loherwirt« in Untergiesing (Giesinger Berg 5) zu. Dort hatten nicht nur zahlreiche katholische Gruppen und Vereine, sondern auch die Bayerische Volkspartei ihren Treffpunkt. Außerdem wurde im »Loherwirt« regelmäßig Theater gespielt. Frau B. etwa berichtet: *»Ja, da haben wir Theater gespielt, beim Loherwirt. Schon vom Kindergarten aus hat man da unten (gespielt). Also der war bekannt...«*[6] Theater gespielt wurde ferner in der Gastwirtschaft »Zum Heumarkt« (Ecke Claude-Lorrain-Straße/Untere Weidenstraße); hier trat auch das bekannte Kabarett »Die Komiker« auf. Beliebte Treffpunkte waren ferner das »Gasthaus zum Fiakerheim« in der Birkenau, die »Harlachinger Einkehr« (Harlachinger Berg), die Gastwirtschaft »Gartenstadt« (Naupliastraße 2) sowie

Waldwirtschaft »Siebenbrunn« mit Wirtsleuten, 1928 (Privatfoto).

die »Giesinger Bahnhofswirtschaft« der aus Südtirol stammenden Familie Saffer (Deisenhofener Straße 100); Ludwina Saffer, die Begründerin der Wirtschaft, war einst mit ihren drei Kindern in einem Vierer-Haflinger-Gespann nach München gekommen. Hier, in der Giesinger Bahnhofswirtschaft, traf sich u. a. der von Frau Ludwina gleich nach Kauf des Hauses (1924) gegründete »Gesangsverein Waldesrauschen«. Ferner richtete ihr Sohn, Anton Saffer, im Ziegelgewölbe des Hauses die bekannte Weinkellerei Saffer ein.

An den Sonntagen – nach Kirchgang und Mittagessen – stand meist der obligatorische Familienausflug auf dem Programm; freilich nicht mit dem Auto, sondern zu Fuß oder mit dem Rad. Man zog hinaus Richtung »Fasanengarten« (Fasaneriestraße 4), nach »Siebenbrunn« (Siebenbrunner Straße 5) oder zur »Menterschwaige« (Harthauser Straße 70), jenem beliebten und bis heute

vielbesuchten Ausflugsziel, das »dem Münchner ans Herz gewachsen ist, wie das schöne Isartal«[7] und für seine Künstlerfeste ebenso bekannt war wie für seine Maifeiern und Maifeste. Besonders

> Menterschwaige
>
> Mir machts allwei
> Vergnüg'n
> In d' Menterschwaig nauf,
> Is Summer oder Winter
> Do paß i net auf.

Aus: Humoristischer Wegweiser.

große Anziehungskraft übte auch die im Zweiten Weltkrieg zerstörte »Burg Fichteneck« (Tegernseer Landstraße 189) aus. Aussichtsturm, Blockhaus, Bauernhaus, (heizbare) Kegelbahn, der Schießplatz der Armbrustschützengilde »Frundsberger Fähnlein«, Spielplätze und ein Marionet-

Ansichtskarte der Wald- und Gartenwirtschaft »Burg Fichteneck« (Stadtarchiv München).

tentheater machten die große Paulysche Wald- und Gartenwirschaft in der Tat – nicht nur für Familien mit Kindern – zu etwas ganz Besonderem.

Einkehr halten in einer dieser Ausflugsgaststätten konnten freilich die wenigsten Giesinger. »Das hat's«, so Frau L. »nicht gelitten damals...« In vielen Fällen verband man dergleichen Ausflüge überdies ganz selbstverständlich mit Nützlichem: »Wenn wir mal einen Ausflug gemacht haben«, so Frau L. weiter, »...dann hat man halt immer irgendwas, ein Drumm Holz oder Butslküh, also Tannenzapfen, oder so, das hat man halt dann mitgenommen. Es war immer auch irgendwas Nützliches dabei.« Für die Kinder bedurfte es allerdings eines ganz besonderen Anreizes: »Und das Schönste war halt dann, da sind überall so Standln gestanden, die hat's viel gegeben, das war der Anreiz von unseren Eltern, daß wir überhaupt gern mitgegangen sind, weil man dann da irgend-

Aus: Münchener Post, Nr. 98 vom 29. April 1925, S. 1.

Die Mitglieder des Volkschores München-Giesing, 1929 (Empor zum Licht).

was gekriegt hat. Entweder ein Eis oder ein Schokoladenpackl oder eine Waffel oder so irgend etwas«, so Frau L.[8]

Zeugnis des regen geselligen Lebens geben aber nicht nur die Kneipen und Wirtshäuser an sich, sondern vor allem auch die zahllosen Vereine;[9] seien es – um nur einige wenige zu nennen – Gesangsvereine wie etwa der »Männergesangsverein Giesing« (mit Damenchor), seien es Arbeitervereine wie der Arbeiter-Radfahrerbund »Solidarität« (Vereinslokal der Giesinger Abteilung war der »Aignerhof«), die »Naturfreunde« oder der Volkschor »München-Giesing«, seien es kirchliche Vereine wie der »Katholische Gesellenverein« (Vereinslokal »Loherwirt«), seien es Sportvereine wie der traditionsreiche TSV Turnerbund (Turnhalle Pilgersheimerstraße 11) oder seien es rein gesellige Vereine wie beispielsweise die »Fröhlichen Zecher«, die »Unheilbaren« oder die »Treuen Brüder«. So groß die Zahl der Vereine war, so groß war nämlich auch die Zahl der Sängerfeste, der Turnfeste, der Faschings-Unterhaltungen, der Stiftungs- und Sommerfeste.

Wer es sich leisten konnte ging darüber hinaus auch das ein oder andere Mal ins Theater oder ins Konzert. Frau D. aus der Birkenau etwa erinnert sich: *»Also, einmal im Jahr so sind meine Eltern ins Gärtnertheater gegangen. In eine Operette. Und an Weihnachten, am Heiligen Abend, da war eine Märchenvorstellung am Gärtnerplatztheater. Da waren wir drinnen. Da waren wir dann aufgeräumt. Das waren so Märchen, das war wunderschön!«*[10] Ähnliches weiß auch Frau B. aus Obergiesing zu berichten: *»Ja, man hat ein Abonnement gehabt bei den Philharmonikern. Ins Theater (…), da haben wir damals auch von der Theatergemeinde einen Platz gehabt.«* Ein ganz besonderes Ereignis, was das angeht, war auch das alljährliche Konzert der städtischen Singschule. *»Wir Kinder«*, so Frau B. weiter, *»sind auch in unsere Singschule (am Mariahilfplatz, d. Verf.) gegangen. Und da haben wir jedes Jahr ein großes Konzert gehabt im Odeon. Das war natürlich ein riesiges Erlebnis! Und da durften wir dann auch noch, wenn der Tag des Liedes war, singen: Gott mit Dir, Du Land der*

»Kraft durch Freude«-Sommerfest in der Menterschwaige, 1934 (Stadtarchiv München).

Programm des ersten – und letzten – Liederabends des Volkschores München-Giesing am 12. März 1933. Das Konzert, das von SA-Leuten beobachtet wurde, fand in »Amanns Bierhallen« (Tegernseer Landstraße 11) statt (Empor zum Licht).

Neu-Eröffnung der »Berg-Palast-Lichtspiele« (ehedem »Gi-Li«) am 11. April 1925, aus: Münchener Zeitung, Nr. 100/101 vom 11./12. April 1925.

»Wendelstein-Lichtspiele« um 1930 (Stadtarchiv München).

Bayern ... Das war auf den Stufen der Oper, und da haben wir einen Chor noch dazu gehabt von den Lehrern, als Verstärkung. Da waren wir in weißen Kleidern und Kranzerln (...).«[11]
Ungleich größere Bedeutung als dem Theater kam allemal den »Lichtspielhäusern« Giesings zu: den »Berg-Palast-Lichtspielen«, vormals »Giesinger Lichtspielhaus« (»Gi-Li«), auf dem Areal der ehemaligen Bergbrauerei, den »Humboldt-Lichtspielen« (Humboldtstraße 20), dem »Primus-Palast« (Pilgersheimerstraße 60), den »Wendelstein-Lichtspielen« (Wendelsteinstraße 2) und den »Hansa-Lichtspielen« (Hans-Mielich-

Platz 1). Frau H. aus Untergiesing etwa erinnert sich: *»Was dann eigentlich für mich noch gravierender war, daß wie's uns dann ein kleines bißl besser gegangen ist, daß wir dann alle ins Kino gegangen sind.«*[12] Ob Stummfilm oder ab 1929/30 auch Tonfilm, mit 30 bis 40 Pfennig war man dabei; konnte sich an Filmen wie »Die lachende Grille« mit Harry Liedtke, dem vermeintlich erfolgreichsten Liebhaber des deutschen Stummfilms, wie »Der schwarze Pierrot« mit Harry Piel, dem »Mann ohne Nerven«, wie »Meine Tante, deine Tante« mit Henny Porten oder wie »Liebling der Götter« mit Emil Jannings ebenso erfreuen wie an den berühmten Bergfilmen Dr. Arnold Fancks, Luis Trenkers und Leni Riefenstahls oder am beliebten Komiker-Duo »Pat und Patachon«.

Gelegenheit zum Feiern, zum Sichtreffen und geselligen Beieinandersitzen gab es in den 20er und zu Beginn der 30er Jahre also zur Genüge. Die Geselligkeit des einzelnen wurde allerdings in weitaus größerem Maße als heute von seinen jeweiligen wirtschaftlichen Verhältnissen bestimmt. Auch war man noch weit von dem entfernt, was man heute gemeinhin »Freizeitgesellschaft« nennt; die Kommerzialisierung der Freizeit und damit auch der Geselligkeit hatte bei weitem noch nicht in dem Maße um sich gegriffen, wie wir das heute kennen.

Fußnoten

1 Schuhmann, Plausch im »Giesinger Weinbauer«, S. 15.
2 Die folgenden Ausführungen erheben keinen Anspruch auf auch nur annähernde Vollständigkeit, sondern geben nur einige wenige, in den Zeitzeugeninterviews immer wieder genannte Namen wieder.
3 Vgl. dazu u. a. Wilhelm, Giesinger Weinbauer.
4 Bauer, Zu Gast im alten München, S. 224.
5 Interview zur Geschichte Giesings, geführt v. Thomas Guttmann am 29. 1. 1992.
6 Interview zur Geschichte Giesings, geführt v. Thomas Guttmann am 2. 2. 1993.

7 Bauer, Zu Gast im alten München, S. 265.
8 Interview vom 29. 1. 1992.
9 Vgl. hierzu auch die einschlägigen Jahrgänge des Adreßbuches für München.
10 Interview zur Geschichte Giesings, geführt v. Thomas Guttmann am 27. 1. 1993.
11 Interview vom 2. 2. 1993.
12 Interview zur Geschichte Giesings, geführt v. Thomas Guttmann am 20. 3. 1992.

Thomas Guttmann

»Von der Jugend hängt die Zukunft des deutschen Volkes ab!«

Erfahrungen von Kindern und Jugendlichen in der Giesinger Hitlerjugend

»Unser Volk wird zusehends disziplinierter, straffer und strammer (...), und die Jugend beginnt damit. Deutschland ist kein Hühnerstall, in dem alles durcheinander läuft und jeder gackert und kräht, sondern wir sind ein Volk, das von klein auf lernt, diszipliniert zu sein.«[1]

Ein sechsjähriger Giesinger mit »deutschem Gruß«, fotografiert an der Perlacher Straße, 1936 (Privatfoto).

Mit diesen Worten wandte sich Adolf Hitler 1935 auf dem Nürnberger Reichsparteitag der NSDAP an die Abordnungen der Hitlerjugend. Zu diesem Zeitpunkt war sie bereits auf dem besten Weg, die »effektivste Jugendorganisation in der Geschichte«[2] zu werden. Entscheidend für diesen schnellen Aufstieg war gewesen, daß die Nationalsozialisten sofort nach der Machtergreifung mit der schrittweisen Gleichschaltung bzw. Auflösung aller bestehenden Jugendorganisationen begannen. Ausgenommen davon war zunächst nur die Katholische Jugend, der die braunen Machthaber aufgrund des 1933 mit dem Vatikan geschlossenen Konkordates eine Sonderstellung einräumen mußten. Erst als im Jahre 1938 auch die katholischen Jugendverbände verboten worden waren, hatte die Hitlerjugend endgültig ihren totalitären Anspruch verwirklicht. Denn sie wollte – zumindest neben der Schule, der Kirche und dem Elternhaus – das Monopol für die vollständige Erfassung und Beeinflussung der deutschen Kinder und Jugendlichen besitzen. Alle Zehn- bis Achtzehnjährigen sollten im Sinne der nationalsozialistischen Weltanschauung umfassend geformt werden. Spätestens mit der Einführung der sogenannten Jugenddienstpflicht im Jahre 1939 konnte sich ein Jugendlicher nur mehr schwer der Hitlerjugend entziehen. Aber schon davor hatte die mit diktatorischen Mitteln erzwungene Monopolstellung der HJ im Bereich der Jugendorganisationen zur Folge, daß immer mehr deutsche Mädchen und Jungen freiwillig oder auf Druck der Eltern bereit waren, Mitglied in der HJ zu werden. Deren Anziehungskraft verstärkte sich noch dadurch, daß ihre Führer es geschickt verstanden, die Attraktionen und Angebote der nun verbotenen Jugendverbände, etwa der Pfadfinder oder des Wandervogels, zu übernehmen. Dies trug sicher mit dazu bei, daß die HJ bereits Ende 1938 – also noch vor der Einführung der allgemeinen Jugenddienstpflicht – bereits 77 Prozent der deutschen Kinder und Jugendlichen zu ihren Mitgliedern zählen konnte.[3]

Auch wenn die Zahlen auf deren eigenen und damit sicher übertriebenen Angaben beruhen, zeigen sie eines doch sehr deutlich: Kein Heranwachsender kam in der Schule, am Arbeitsplatz oder in seiner Freizeit umhin, sich mit dieser Institution auseinanderzusetzen. Allerdings wäre es falsch, die Hitlerjugend als ein totalitäres Herrschaftsinstrument zu interpretieren, das schließlich immer reibungsloser funktionierte und letztlich seine heranwachsenden Mitglieder nur zu willfährigen Opfern einer Erziehungsdiktatur mit vormilitärischer Ausbildung degradierte. Daß vielmehr die Palette der dort erlebbaren Erfahrungen von Begeisterung und Engagement über Verdruß über den wenig abwechslungsreichen und lästigen »Dienst« in den verschiedenen HJ-Organisationen bis hin zur offenen Opposition reichen konnte, spiegeln die Aussagen von 20 Giesinger Zeitzeugen wieder, die in sehr unterschiedlicher Weise mit der Hitlerjugend in ihrem Stadtbezirk in Berührung gekommen waren. Sie sollen in dem folgenden Bericht vorrangig zu Wort kommen.[4]

Die Attraktivität der Hitlerjugend

Auch heute noch bestätigt das Gros der befragten Giesinger, daß die verschiedenen Organisationen der Hitlerjugend zunächst eine starke Anziehungskraft auf die Jugendlichen ausgeübt haben. So war der Eintritt in das »Jungvolk«, das aus Zehn- bis Vierzehnjährigen, den »Pimpfen« oder »Jungmädeln«, bestand, für Herr P. und Herr G. aus Untergiesing Mitte der 30er Jahre geradezu eine Selbstverständlichkeit. Sie waren einfach neugierig auf die vielfältigen Aktivitäten der HJ und wollten schlichtweg dabei sein, wo »was los war«.

Schließlich waren damals nahezu alle ihrer Spiel- und Schulkameraden ebenfalls Mitglieder der HJ. So schätzt Herr B., der damals in der Gerhardstraße wohnte und 1937 als Zehnjähriger freiwillig seinen Dienst im Deutschen Jungvolk (DJ) antrat, daß nur 20 bis 30 Prozent seiner Klassenkameraden der Hitlerjugend fernblieben. Letztendlich hing diese starke Anziehungskraft der HJ wohl auch damit zusammen, daß sie nach dem schrittweisen Verbot bzw. der Gleichschaltung der einst mit ihr konkurrierenden Jugendorganisationen in den Jahren 1933/34 eine zunehmende Monopolstellung im Bereich der Jugendarbeit einnahm, die lediglich noch durch die erst 1938 verbotenen katholischen Jugendverbände in Frage gestellt war. Dazu kam, daß die HJ-Führung keinerlei Skrupel hatte, die ansprechenden Angebote und Attraktionen der traditionellen Jugendorganisationen größtenteils zu übernehmen und für ihre Ziele zu nutzen. Dazu zählten neben den gemeinsamen Ausflügen die sommerlichen Zeltlager und die beliebten Geländespiele sowie die Gruppenabende im HJ-Heim und die verschiedenen sportlichen Aktivitäten.

Eine besondere Bedeutung hatte auch die Uniform, die jedes Mitglied besitzen mußte; vor allem die Kletterwesten waren sehr beliebt. Da eine komplette HJ-Ausstattung für einkommensschwache Familien mit vielen Kindern oft unerschwinglich war, kam es nicht selten vor, daß die Betreffenden von der Ortsgruppe der NSDAP oder den HJ-Führern ein Braunhemd oder einen anderen Teil der Uniform geschenkt bekamen. Auch Herr P. aus Untergiesing, dessen Familie zu den Besserverdienenden im Viertel zählte, erinnert sich, daß er seinem in ärmlicheren Verhältnissen lebenden Spielkameraden ein gebrauchtes Braunhemd und ein Dreieckstuch schenkte, damit dieser auch an den Aktivitäten des Jungvolks teilnehmen konnte. Andererseits waren die Kosten der HJ-Uniform für einige Eltern, die ihre

Ein HJ-Junge in Uniform aus Untergiesing (Privatfoto).

Kinder nicht bei der »Staatsjugend« sehen wollten, eine willkommene Ausrede, wenn von seiten der Ortsgruppe nachgefragt wurde, warum gerade ihr Kind nicht Mitglied war.

In diesem Zusammenhang erinnert sich Frau V., die damals mit ihren Eltern und vier Geschwistern in sehr bescheidenen Verhältnissen in der Aignerstraße wohnte, daß »bei uns, also in der Familie, niemand dabei war, weil der Vater nicht dafür war. Für meinen Bruder, da haben s' die Uniform ins Haus gebracht. Ich weiß nicht, wer das war, von der Ortsgruppe jedenfalls war's jemand. Zum Glück hat unser Bruder als Kind einen Kropf gehabt. Der Vater hätt' ihn nicht dazu. Zu uns hat er gesagt, zu uns Madeln: ›Ich brauch' meine Madeln daheim, die müssen arbeiten. Die haben einen Haufen zu tun.‹ Das haben s' auch akzeptiert, und bei meinem Bruder, da war's dann nachher so, da hat der Vater gesagt: ›Wenn Sie's verantworten können mit dem Kropf, wenn die dann Dauerlauf machen müssen, wenn Sie das verantworten können, dann machen Sie's!‹«.

Ebenso wie der Vater von Frau V., der vor allem wegen seiner sozialdemokratischen Gesinnung dagegen war, daß seine Kinder in der HJ mitmachten, lehnte auch der Vater von Frau L., ebenfalls ein Anhänger der Sozialdemokratie, einen Eintritt seiner Tochter in den Bund deutscher Mädel (BdM) zunächst grundsätzlich ab. An die Auseinandersetzungen in ihrer Familie erinnert sich Frau L. noch heute: »*Und mein Vater, der war halt auch so furchtbar dagegen. Da hat's solche Kämpfe gegeben, und dann hat ihn meine Mama einmal so lange gebettelt und hat gesagt: ›Ja, das Dirndl... Die werden überall hinten nachgestellt!‹ Und dann hat er gesagt: ›Ich hab' kein Geld für eine Uniform.‹ Und da haben wir dann den Schneider, wie hat er geheißen...? Der am Eck hinten...? Den hat meine Mama dann irgendwie eingewickelt oder so. Jedenfalls hab' ich dann eine Uniform nach Maß gekriegt. Und die hat s' dann abgestottert. Und dann hab' ich eine tolle Uniform gehabt, da hab' ich mich natürlich als Dirndl gefühlt! Da hab' ich dann auch mitgedurft. Aber mein Vater, der war gar nicht dafür. Nach wie vor. Aber meine Mama hat gesagt: ›Schau s' Dir an, wie s' benachteiligt werden!‹ In der Nachbarschaft, da waren ja ein Haufen Kinder da... Die Kinder waren alle im Jungvolk und im BdM. Und da ist man sich vorgekommen wie so eine Aussätzige.*«

Die hier angesprochenen Nachteile sind auch anderen Befragten, die zunächst noch nicht bzw. gar nicht in die HJ eingetreten waren, bis heute sehr gut im Gedächtnis. Besonders gravierend wirkten sich die Benachteiligungen in der Schule aus. So schildert ein ehemaliger Schüler der Ichoschule sehr eindringlich, mit welch subtilen Mitteln Kinder und Jugendliche massiv unter psychischen Druck gesetzt wurden. Dabei spielte der 1934 eingeführte »Staatsjugendtag« eine besondere Rolle, diente er doch dazu, den Samstag nicht mehr wie bisher dem Schulunterricht, sondern ausschließlich der HJ und ihren Aktivitäten vorzubehalten. Wer allerdings nicht Mitglied war, mußte sich »*am Samstag früh von 8 Uhr bis 12*

Uhr und am Nachmittag von 14 Uhr bis 17 Uhr in der Schule einfinden und dort staatspolitischen Unterricht entgegennehmen. Hierfür war vor allem unser junger SA-Mann, Hilfslehrer Dittenheber ausgewählt worden, uns die Zielsetzungen der Deutschen Arbeitsfront, der NSV, der Deutschen Frauenschaft und sonstiger Organisationen der NSDAP näherzubringen. Wie früher Schüler Daten aus der Geschichte Deutschlands oder der Welt auswendig lernen mußten, so mußten wir die Geburtsdaten der Größen des Dritten Reiches hersagen können. (...) Dieser Staatsjugendtag war für uns seinerzeit ein Horror. Auf der einen Seite waren wir nicht Mitglieder der Jugendorganisationen geworden, auf der anderen Seite wurden wir von den Lehrern, die nicht nur deutschnational, sondern aktive nationalsozialistische Kämpfer waren, wie junge Staatsfeinde behandelt«.[5] Als Fazit dieser Samstage, die angefüllt waren mit politischer Indoktrinierung und ständigen Versuchen, die Heranwachsenden doch noch für den Eintritt in die HJ zu gewinnen, stellte der zitierte Schüler folgendes fest: »Der Druck der politischen Leiter bei der Abhaltung des Staatsjugendtages an den Samstagen wurde von Monat zu Monat schlimmer. Wir Jugendlichen, die nicht den Organisationen der deutschen Jugend angehörten, wurden terrorisiert.«[6]

Bei Gesprächen mit ehemaligen Giesinger Schülerinnen, die zunächst bzw. generell nicht zum BdM durften, spürt man noch heute das Gefühl der Verletzung und Demütigung, das sich beim Stichwort »Staatsjugendtag« einstellt. Frau L. hat an die Zeit, als sie wegen der ablehnenden Haltung ihres Vaters noch nicht beim BdM Mitglied war, folgende Erinnerung: »Und dann haben die (die Lehrer, Anm. des Verf.) uns in der Schul' so getriezt. Die haben uns dann zusammengetan, die Kinder, die nicht beim BdM oder im Jungvolk waren, und da haben wir dann am Samstag, wo die anderen ihre Ausflüge gemacht haben – die haben 's eigentlich dann schon schön gehabt! –, alle in einer Klasse zusammenkommen müssen; von der ersten bis zur achten Klasse, in einem

Schulzimmer. Da waren wir ja dann nicht mehr so viele. Und da haben wir bei Wind und Wetter alle spazierengehen müssen und so.« Um so erleichterter war Frau L., als ihr Vater endlich dem Drängen seiner Frau nachgab, und seiner Tochter schließlich den Eintritt erlaubte. Frau V. dagegen war 1936 in ihrer Klasse schließlich das einzige Mädchen, das dieser Organisation nicht angehörte. Dabei hätte auch sie nach ihren Worten »so gern zum BdM wollen, weil ich mich doch geschämt hab'. Und da hab' ich dann mit ganz kleinen, mit Zweitkläßlern, am Samstag in der Schul' sein müssen«. Auf die Frage, ob sie dies als sehr großen Makel empfunden habe, antwortete Frau V.: »Ja, das war furchtbar! Ich war dann doch im Vergleich mords' groß und hab' da in der letzten Bank hinten sitzen müssen.«

Ebenfalls auf ihre Erfahrungen mit dem BdM angesprochen, reagiert Frau B., die damals in der Emmeramstraße[7] am Ostfriedhof wohnte, heute noch sehr impulsiv. So erinnert sie sich daran, daß sie sich gegenüber den Lehrern ständig rechtfertigen mußte, warum sie dem BdM nicht angehörte: »Und da (in der Martinschule, Anm. d. Verf.) ist es schon in den ersten Schuljahren angegangen, ob man bei der Hitlerjugend ist. Und weil man bei uns (gemeint sind die Eltern, Anm. d. Verf.) stockkonservativ war, ist das bei uns natürlich schwierig gewesen. Und da mußt' ich als Kind immer und immer wieder (...) rauskommen: ›Bist du noch nicht dabei? Warum nicht? Weshalb nicht?‹ Da hat's also sehr viele Schwierigkeiten gegeben.« Noch heute erinnert sich Frau B. mit spürbarem Zorn in der Stimme daran, daß das »Gemeinste« an den in der Schule verbrachten Staatsjugendtagen die »großen Aufgaben« waren, die sie dort machen mußte. Daß sie sich wie Frau V. an diesem Tag mit Kindern aus den unteren Schulklassen in einem Raum zusammensetzen mußte, wurde von Frau B. ebenfalls als eine starke Demütigung empfunden.

Die Tatsache, daß sich an den berüchtigten Samstagen außer Frau B. nur noch vier oder fünf andere Schülerinnen in der Martinschule einfinden mußten, zeigt doch sehr deutlich, daß sich – zumindest in dem einst als »rote Hochburg« verschrienen Giesing – die Organisationen der HJ über eine mangelnde Resonanz bei den Schülern nicht zu beklagen brauchten. Wie viele Kinder und Jugendliche entweder freiwillig oder aber aus Furcht vor den schwerwiegenden Nachteilen in die HJ eingetreten waren, läßt sich heute allerdings nur schwer beantworten.

Ein Tag in der HJ

Mit dem Eintritt in die Hitlerjugend war man verpflichtet, am sogenannten Jugenddienst teilzunehmen. Zu seinen wichtigsten Zielsetzungen zählte neben der körperlichen Ertüchtigung der »Staatsjugend« deren Erziehung nach nationalsozialistischen Wertvorstellungen. Sie fand im Rahmen der »Heimabende« in der Regel an zwei Werktagen pro Woche statt. Einen weiteren wichtigen Bestandteil des Jugenddienstes, zu dem man in Uniform antreten mußte, bildeten die quasi militärischen »Ordnungsübungen« wie Exerzieren, Antreten und Marschieren. Ihnen mußten sich zum Teil auch die weiblichen Mitglieder der HJ unterziehen. Einen ebenfalls bedeutsamen Teil des Programms stellten die beliebten Geländespiele dar, die meist im Rahmen des schulfreien »Staatsjugendtages« abgehalten wurden. Herr P. aus Untergiesing erinnert sich auch heute noch sehr genau daran, wie dieser Tag, der »der Erziehungsarbeit der Reichsjugendführung«[8] dienen sollte, in der Regel ablief. Demnach trafen sich die verschiedenen, nach Jahrgangsstufen eingeteilten Fähnlein am Samstagmorgen in der damaligen Bischweilerstraße am Untergiesinger Schyrenbad, wo sie von ihren, nur einige Jahre älteren Fähnleinführern empfangen wurden.

Dort mußten die »Pimpfe« in militärischer Manier in »Reih und Glied« antreten, d. h. sich der Größe nach ausrichten und abzählen, damit die Führer feststellen konnten, wer nicht erschienen war. Der Betreffende hatte dann beim nächsten Treffen einen triftigen Entschuldigungs-

grund anzugeben. Herr P. erinnert sich weiter, daß die etwa 60 bis 80 zum HJ-Dienst angetretenen »Pimpfe« singend hinter einer HJ-Fahne – einem schwarzen Wimpel mit Totenkopf – den nahegelegenen Hochwasserdamm der Isar bis zur alten Brudermühlbrücke hinaufmarschierten. Nur unweit dieser Brücke befand sich an der Isar der eigentliche, noch heute an den Betonplatten in der Wiese zu erkennende Exerzierplatz der Giesinger Hitlerjugend. Nach Angaben von Herr G. und Herr P. mußten die verschiedenen Fähnlein dort in der Regel eine halbe bis eine Stunde im quasi militärischen Stil »exerzieren«. Das bedeutete je nach Befehl der Fähnleinführer, deren Anordnungen man zu gehorchen hatte, Richtungswechsel beim Marschieren einzuüben, aber auch sich auf Befehl hinzulegen, wieder aufzuspringen, über bestimmte Distanzen zu robben und ähnliches.

Weitaus beliebter als diese militärischen Übungen, die nach Ausbruch des Krieges strenger gehandhabt wurden, waren die sogenannten Geländespiele, die in den angrenzenden Isaranlagen bis hinab zum »Flaucher« stattfanden, und an die sich die Befragten durchwegs positiv erinnern. Zumeist wurden dabei zwei Gruppen gebildet, die sich gegenseitig »bekämpfen« mußten. Herr F., damals Mitglied des Obergiesinger Jungvolks, das sich ab 1937 im Anton-Heigl-Heim[9] an der Gietl-/Ecke Untere Grasstraße traf, erinnert sich: *»Es war auf alle Fälle ganz interessant für die jungen Burschen damals. Antreten, Fähnlein, Umzüge, Uniformen. (...) Das tollste waren natürlich die Geländespiele. Die einen haben dann einen roten Faden gekriegt, die anderen einen blauen. Beim Geländespiel hat's nachher Raufereien gegeben, wer dem anderen den Faden abgerissen hat. Zum Schluß waren dann die, welche die meisten Fäden hatten, die Sieger. Es ist also nicht geschlagen worden in dem Sinn, sondern es war eine richtige Balgerei. Aber es hat natürlich was hergemacht, damals.«*

Im Rahmen der Geländespiele wurden den »Pimpfen« auch praktische Fähigkeiten, etwa die

Ein Fähnlein der Untergiesinger HJ bei ihrem Exerzierplatz an der alten Brudermühlbrücke (Privatfoto).

Orientierung in der freien Natur, das Feuermachen, der Umgang mit Kompaß und Karte und anderes mehr vermittelt. Allerdings hatte dies auch zum Standardrepertoire nahezu aller Jugendverbände gehört, die von den Nationalsozialisten verboten oder gleichgeschaltet worden waren.

Neben den Geländespielen, die bereits mit Elementen einer vormilitärischen Ausbildung durchsetzt waren, übten vor allem die Ausflüge und die Ferienlager der Hitlerjugend auf die Heranwachsenden eine starke Faszination aus. Für viele junge Giesinger war dies oft die einzige Möglichkeit, aus ihrem Viertel herauszukommen. Schließlich besaßen in den 30er Jahren gerade in den ärmeren Stadtvierteln nur wenige Kinder ein Fahrrad, mit dem sie zusammen mit Freunden die nähere Umgebung hätten auskundschaften können. Die Ausflüge mit der HJ hat der bereits

erwähnte Herr B. noch heute in sehr angenehmer Erinnerung: »*Ich entsinn' mich, wir sind an den Wochenenden in Jugendherbergen gewesen. Einmal sind wir mit dem Radl nach Freising gefahren. Da hat jeder sein Rucksackl dabei gehabt. Dann hat's geheißen: ›Jeder nimmt ein halbes Pfund Gries mit und ein halbes Pfund Nudeln!‹ Und dann ist da gekocht worden. Und auch in Starnberg waren wir mal. Dort ist eine offene Kiesgrube gewesen. Da ist in einem großen Kessel gekocht worden.*« Für Herrn B. stand dabei in erster Linie das »Gemeinschaftserlebnis« und die »Kameradschaft« im Vordergrund, wenn er über seine Zeit in der HJ resümiert: »*Aber wie gesagt, das hat mir als junger Kerl schon wahnsinnig Spaß gemacht. So in der Natur zu sein. Und dann die Ausfahrten. Weil das alles so eine Gemeinschaft war. Und das ist das, was den jungen Leuten heut' auch einfach fehlt: Kameradschaft.*«

Eine Gruppe von Giesinger HJ-Jungen bei einem Zeltlageraufenthalt in Oberbayern (Privatfoto).

Auch Herr P. erinnert sich an diese Ausflüge mit der HJ. So verbrachte er mit seinem Fähnlein einige Tage in Aufhausen am Starnberger See, wo sie in einem Heustadel übernachteten und aus der mitgenommenen Gulaschkanone verpflegt wurden. Herrn P. ist speziell dieser Ausflug in seiner Erinnerung präsent, da er beinahe nicht mitfahren durfte. Was war geschehen? Herr P. hatte aus Übermut sein Schiffermützchen, das zur Uniform des Jungvolks gehörte, über die in jedem HJ-Heim aufgestellte Hitlerbüste gestülpt, so daß der »Führer« fast wie Napoleon aussah. Zur Strafe für diese »Verunglimpfung des Führers«, die vom Gruppenführer als Beleidigung gewertet wurde, mußte der damals elf oder zwölf Jahre alte Herr P. auf dessen Geheiß strafexerzieren. Wie bei der Wehrmacht hatte er auf Befehl seines nur wenige Jahre älteren Fähnleinführers loszurennen, sich nach einigen Metern hinzulegen, wieder

aufzuspringen und weiterzurennen. Danach – so erinnert sich Herr P. noch sehr genau – mußte er eine Viertelstunde »mit der Hand an der Hosennaht strammstehen«. Gleichzeitig wurde ihm angedroht, daß er möglicherweise an dem besagten Ausflug nicht teilnehmen dürfe. Daß dieses Strafexerzieren vor allem während des Krieges häufig ein probates Mittel zur Disziplinierung der HJ-Mitglieder war, bestätigten alle Befragten. Art und Umfang dieser Maßnahmen waren dabei besonders von der Persönlichkeit, dem Ehrgeiz und den Launen des jeweiligen Gruppenführers abhängig.

Zu den unabdingbaren Pflichten eines HJ-Mitglieds zählte die Teilnahme an den sogenannten Heimabenden. Sie fanden in der Regel zweimal wöchentlich am Abend statt, dauerten etwa zwei Stunden und dienten in erster Linie der weltanschaulichen Schulung. Das Vereinsheim

*Untergiesinger HJ-Heim im Innenhof des Wohn-
blocks an der Teutoburger- und Gerhardstraße des
Bauvereins Giesing. Das HJ-Heim war im Anbau am
linken Bildrand untergebracht (Bauverein Giesing).*

der Untergiesinger HJ befand sich zunächst in
einem kleinen Gebäude im Innenhof eines Wohnblocks des »Bauvereins Giesing« an der Teuto-
burger- und Gerhardstraße. Seit dem Ende der
30er Jahre hielt man die Heimabende in einer neu
errichteten Holzbaracke am Anzinger Weiher
unweit der Agilolfingerschule ab; der Sportplatz
der Schule wurde damals zugleich als Appellplatz
benutzt. Herr P. erinnert sich, daß die obligatorische Hitlerbüste und die HJ-Fahne das Vereinsheim »zierten«; ferner blickten von den Wänden
die Konterfeis von frühen Nazigrößen, wie etwa
Horst Wessel, sowie von hochdekorierten Offi-

zieren des Ersten Weltkrieges auf die »Pimpfe«
und Hitlerjungen herab, die in Uniform zum
Heimabend erscheinen mußten. Nach den Richtlinien der HJ-Führung sollten die Anwesenden so
gruppiert werden, daß »der Blick der Teilnehmer
über den Heimabendleiter auf das Bild des Führers« fiel.[10]

Anders als bei den Geländespielen, den Ausflügen und den Ferienlagern sind die Erinnerungen
an die Heimabende eher spärlich. Bisweilen las
der jeweilige Leiter aus nationalsozialistischen
Standardwerken vor; manchmal sprach man auch
über wichtige Ereignisse der Tagespolitik, etwa
über die militärischen Erfolge der Wehrmacht.
Herr P. kann sich auch noch an den Besuch von
zwei ehemaligen Offizieren erinnern, die ihnen
ihre heldenhaften Fronterlebnisse an der Magi-
notlinie eindrucksvoll schilderten und in ihren
Erzählungen den Krieg verherrlichten.

Die Themen, die bei den Heimabenden zur
Sprache kommen sollten, wurden von der HJ-
Führung für jeden Jahrgang genau festgelegt:

*»1. Jahr: Der Kampf ums Reich (germanische
Zeit, Kaiser und Papst, Bauernkrieg, deutsche
Siedlung in Europa, Freiheitskriege, Bismarcks
Reich, deutsches Volkstum und deutsche Leistun-
gen in aller Welt, vom Weltkrieg bis zum Dritten
Reich).*

*2. Jahr: Das Volk und sein Blutserbe (Kampfaus-
lese in der Natur, die Gesetze der Vererbung, die
Blutsgemeinschaft Volk, die Reinerhaltung des
Blutes, die Gesunderhaltung des Blutes. Die Ver-
mehrung des Blutes . . .). Das Volk und sein Lebensraum (Deutschland war größer, der Kampf
um den Osten, wir brauchen Lebensraum, wir
fordern Kolonien).*

*3. und 4. Jahr: Behandlung zeitgeschichtlicher
Fragen sowie der Themen: Das Werden der Bewegung, das Aufbauwerk des Führers, Deutschland
und die Welt.«*[11]

Ob und inwieweit diese Themen in den Heimabenden tatsächlich zur Sprache gebracht wurden, hing in erster Linie von der Motivation und dem Ehrgeiz des jeweiligen HJ-Führers ab. So erinnert sich Herr K. aus Harlaching, seit 1939 Mitglied in der HJ, daß seine Gruppe, die sich damals in der Ausflugswirtschaft »Menterschwaige« traf, lange Zeit von jeglichem weltanschaulichen Unterricht verschont geblieben war. An den Heimabenden spielte man nur Fußball, wobei die katholischen und die evangelischen HJ-Mitglieder jeweils eine Mannschaft bildeten. Das änderte sich erst, als 1942 ein neuer und sehr ehrgeiziger HJ-Führer von Untergiesing nach Harlaching abkommandiert wurde, der nun die militärische Ausbildung, beispielsweise den Umgang mit Kleinkalibergewehren, in den Vordergrund stellte.

Der Schwerpunkt des HJ-Dienstes lag deutlich bei der »körperlichen Ertüchtigung der Staatsjugend«. Schließlich hatte für Adolf Hitler im Rahmen der »Erziehungsarbeit des völkischen Staates« das »Heranzüchten kerngesunder Körper« aus rassepolitischen Gründen absoluten Vorrang vor der »Ausbildung geistiger Fähigkeiten«.[12] Nach dem Willen des Führers sollte die deutsche Jugend bekanntlich »zäh wie Leder und hart wie Kruppstahl« sein. Zu den verschiedenen sportlichen Disziplinen zählten beispielsweise Sprints und Dauerläufe, der Weit- und Hochsprung sowie das Speerwerfen. Diese Sportarten übte man unter anderem auf dem Sportplatz der Agilolfingerschule aus.

Zum Standardrepertoire der Heimabende zählte neben dem Sport das Einüben und Singen von NS-Liedern, etwa dem berüchtigten Horst-Wessel-Lied. Auch das Marschieren durch das Stadtviertel gehörte dazu. Herr G. erinnert sich beispielsweise, daß er nach einigen Exerzierübungen mit seiner Jungschar regelmäßig eine halbe Stunde singend durch die Teutoburger-, Gerhard- und Sachsenstraße in Untergiesing marschieren mußte; dabei stellten die Jungscharführer nicht selten Passanten, die der mitgeführten

Blutsfahne nicht mit ausgestreckter Hand den notwendigen Respekt entgegenbrachten, zur Rede.

Auf Distanz zur Hitlerjugend

Es ist verständlich, daß die weltanschaulichen Schulungen und vor allem der seit dem Ausbruch des Zweiten Weltkriegs immer schärfer werdende vormilitärische Drill nicht selten zu einer Ernüchterung der anfänglich von der HJ begeisterten Jugendlichen geführt haben. Besonders nach der Einführung der Jugenddienstpflicht wandten sich immer mehr Heranwachsende von der Hitlerjugend ab oder versuchten, den »Dienst« zu umgehen. Frau F. beispielsweise begannen die regelmäßigen Treffen ihrer Jungmädelschar allmählich zu langweilen: »Da ein Liedl lernen, das einem auch dann, wenn man gern Lieder singt, auf die Dauer zu viel wird, weil's einem langweilig wird. Und dann: das Endlosbuch. ›Als Adolf Hitler noch ein kleiner Junge war...‹ Immer mal wieder ein Stückerl. Für eine Leseratte war das schlimm, weil ich wollt' ein Buch auslesen und dann was anderes, nicht immer nur das eine.« Frau F. zog es daraufhin vor, statt dessen die Jugendstunden in der Obergiesinger Pfarrei »Königin des Friedens« zu besuchen, die Pfarrer Alfons Beer bis 1941 leitete. Das Angebot dort, wie etwa das Völkerballspielen im Garten des Pfarrhauses, sagte ihr mehr zu.

Nach der Einführung der Pflicht-HJ mußte man sich allerdings schon einen triftigen Grund einfallen lassen, um den Heimabenden oder den samstäglichen Staatsjugendtagen fernzubleiben. Zu den beliebtesten Ausreden zählte nach Auskunft von Herrn K., daß sich der »Dienstanzug«, in dem man zu dem Treffen erscheinen mußte, gerade in der Wäsche befand. Als weiterer Entschuldigungsgrund ließ man gelten, wenn jemand in dieser Zeit zu Hause oder in einem Betrieb arbeiten mußte.[13] So konnte Herr M. aus der Obergiesinger Aignerstraße als plausible Ausrede angeben, daß er zumindest an einem der beiden wöchentlichen Heimabende wegen seiner Tätigkeit als Statist im Gärtnerplatztheater an der Teilnahme verhindert war. Die Anwesenheitspflicht am zweiten Heimabend konnte Herr M. umgehen, indem er in die sogenannte Motor-HJ eintrat; neben der Flieger-, Nachrichten-, Reiter- und Marine-HJ zählte sie zu den attraktiven »Sondereinheiten«, die nur wenigen Mitgliedern offenstand.[14]

Während sich seine Altersgenossen neben dem Dienstag- auch den Donnerstagabend für die Treffen der HJ freihalten mußten, erhielt Herr M. mit anderen Mitgliedern in der Fahrschule Schinabeck in der Bonifatiusstraße nicht nur praktischen, sondern auch theoretischen Unterricht in Fahrzeugkunde. Für die Angehörigen der Motor-HJ, die zur Kennzeichnung an ihrer Uniform ein Zahnrad als Abzeichen trugen, war es natürlich weitaus angenehmer und vor allem spannender, am schulfreien Staatsjugendtag bei Dietramszell im freien Gelände das Motorradfahren zu üben, als den normalen HJ-Dienst zu absolvieren. Auch Herr P. aus Untergiesing war erleichtert, daß er nach fast vier Jahren Dienst im Jungvolk die Chance bekam, aufgrund seiner Lehre als Automechaniker in die Motor-HJ einzutreten. Statt in das Vereinsheim der HJ an der Agilolfingerschule, führte nun sein Weg allwöchentlich zu einer Fahrschule in der Salvatorstraße. Zwar mußte er auch dort zusammen mit anderen Mitgliedern der Motor-HJ ab und zu antreten und ein NS-Lied singen; in der Hauptsache beschränkte sich der Abend jedoch auf den theoretischen Fahrunterricht. Die praktische Ausbildung fand dann am Wochenende auf dem Gelände der Reichszeugmeisterei an der Tegernseer Landstraße statt.

Interessant ist, warum einige der Befragten der HJ, der sie zuvor begeistert und zum Teil sogar gegen den Widerstand der Eltern beigetreten waren, schließlich wieder den Rücken kehrten. So war für Frau L. 1938 ihr Engagement im BdM jäh zu Ende, obwohl sie innerhalb kurzer Zeit zur Jungmädelführerin aufgestiegen war. Zwei Gründe spielten dabei eine wesentliche Rolle: Während ihr sowohl die Gymnastikübungen wie auch das gemeinsame Basteln und Zeichnen mit den ihr unterstellten Jungmädeln »schon gepaßt hatten«, war für sie das Marschieren durch die Obergiesinger Feldmüllersiedlung, besonders bei schlechtem Wetter, das »Furchtbarste«, weil sie die ihr anvertrauten Mädchen nicht »herumkommandieren« wollte. Ausschlaggebend für ihren Austritt aus dem BdM war schließlich eine Auseinandersetzung mit der ihr vorgesetzten Gruppenführerin: *Da weiß ich noch, da hat's einmal so geschüttet und fürchterlich war's; und da hat diese A. – das war die Höchste da – die hat gesagt: ›So und heut' wird marschiert! Die ganzen Mädel her, heut' wird marschiert! Und du gibst das Kommando!‹ Und ich hab' das Kommando, ich hab's nicht können. Ich hab's nicht mögen! Und ich bin dann da so daneben hergegangen. Das war für mich das Fürchterlichste, zu marschieren und das Kommando zu geben! Und von dem Zeitpunkt an hab' ich nicht mehr mögen. Da bin ich dann weggeblieben. Ich bin einfach weggeblieben.«* Als sich die Giesinger BdM-Leitung daraufhin bei ihr wegen des Fernbleibens mehrmals erkundigte, redete sich Frau L. stets darauf hinaus, daß sie wegen ihrer Lehre und wegen ihrer Eltern, denen sie zu Hause zur Hand gehen müsse, für die Leitung der Jungmädel keine Zeit mehr habe. Auf die Frage, ob allein die Abneigung gegen das Marschieren für ihren Austritt aus dem BdM ausschlaggebend war, oder ob eventuell auch die für sie sehr schockierenden Ereignisse der Reichskristallnacht eine zusätzliche Rolle gespielt haben könnten, erwiderte Frau L: *»Ich würde sagen, beides. Das war vielleicht das Tüpferl auf dem i. Dieser Einbruch von der Reichskristallnacht, also da hat man dann als junger Mensch das Denken angefangen.«*

Für Herrn B. aus Neuharlaching, der 1935 als 15jähriger freiwillig in die HJ eingetreten war und dem dort vor allem die Kameradschaft und die gemeinsamen Ausflüge gefallen hatten, bedeutete die Reichskristallnacht gleichfalls einen Ein-

Adventsfeier einer Jungmädelgruppe der Giesinger HJ in ihrem Vereinsheim an der Bonifatiusstraße (Privat-foto).

schnitt. Nachdem er am Tag nach der Progrom-nacht in der Münchner Innenstadt mit Bestür-zung die verwüsteten und geplünderten jüdischen Kaufhäuser sah, war für ihn die HJ kein Thema mehr. Buchstäblich über Nacht schlug bei ihm die völlige Identifikation mit dieser Organisation ins Gegenteil um; die Ernüchterung kommt noch heute in seinen knappen Sätzen unmißverständ-lich zum Ausdruck: *»Ich hab' mich zurückgezo-gen, und das Ganze hat sich erledigt. (...) Ich sag' bloß, für mich war der ganze Nazikram gestor-ben ... Mir war's am liebsten, wenn ich abhauen hab' können. Ich hab' mich nachher gegraust, ich sag's ohne weiteres, ich hab' mich freiwillig zur Armee gemeldet.«*

Während der Entschluß, die HJ abrupt zu verlassen, von der Neuharlachinger HJ-Führung stillschweigend hingenommen wurde, zeigt ein anderer Fall aus Giesing, daß es nach der Einfüh-rung der Pflicht-HJ durchaus nicht immer so einfach war, dieser Organisation den Rücken zu kehren. Herr B., der damals in der Tegernseer Landstraße gegenüber dem Agfa-Werk wohnte, erinnert sich, daß er 1938 als Zehnjähriger zwar noch »gern« ins Jungvolk gegangen ist, weil dort »eine Blas'n beieinander war (...) und ein bißl Abwechslung geboten war.« Nach dem Eintritt in die HJ 1942 hatte er aber bald die »Nas'n voll gehabt«, weil er den »Drill« nicht mochte. Als Herr B. im Rahmen paramilitärischer Übungen in der Nähe des Vereinsheims an der Stadelheimer Straße durch eine stinkende Kloake robben mußte, beschloß er, an den Treffen der HJ künftig nicht mehr teilzunehmen. Auf die Frage, ob damit diese Angelegenheit für ihn erledigt gewesen war, antwortete Herr B.: *»Nein, nein! Nach einiger*

Giesinger Hitlerjungen im Zeltlager (Privatfoto).

Zeit dann sind s' gekommen von der HJ, und dann hab' ich auch gesagt, ›Nein, da geh' ich nicht mehr hin! Weil es geht nicht, daß mein Gwand so kaputt gemacht wird.‹ Ja, und dann bin ich nicht mehr hingegangen. Dann ist so eine Zeit vergangen, dann ist ein Schreiben gekommen: So, ich bin jetzt in der Pflicht-HJ.«

Da sich Herr B. davon allerdings wenig beeindrucken ließ und den Treffen der HJ nach wie vor fernblieb, wurde er eines Abends von zwei Polizeibeamten abgeholt und zum Heimabend begleitet. Dieses Vorgehen der Polizei war im Rahmen der »zweiten Durchführungsverordnung zum Gesetz über die Hitlerjugend« vom 25.3.1939 möglich, weil darin festgelegt war, daß »Jugendliche durch die zuständige Ortspolizeibehörde angehalten werden (können), den Pflichten nachzukommen, die ihnen auf Grund dieser Verord-

nung (…) auferlegt worden sind«.[15] Da man Herrn B. als Strafe für sein eigenmächtiges Fernbleiben für den kommenden Heimabend Strafexerzieren ankündigte, ließ er es auf eine erneute Konfrontation ankommen, weil er nach eigenen Worten »halt ein sturer Hund war«.

Also schwänzte er auch dieses Treffen. Abermals wurde er von der Polizei geholt, unter anderem mit den Worten: »Du Saubua, du drekkiger, warum gehst du denn da nicht hin?« Diese Prozedur wiederholte sich mehrmals. Zur Strafe wurde er schließlich von der HJ-Führung an vier Wochenenden zum Holzhacken verdonnert. Die ständigen Auseinandersetzungen waren erst zu Ende, als Herr B. mit seinen Eltern 1942 nach Pasing zog, da ihre Wohnung ausgebombt worden war. Die scharfe Reaktion der Giesinger HJ-Führung hing in diesem Fall nicht nur mit der notwendigen Aufrechthaltung der Disziplin ihrer Mitglieder zusammen, sondern wohl auch damit, daß Herr B. bekanntermaßen aus einem kommunistischen Elternhaus stammte. Herr B. konnte sich aber nicht entsinnen, wegen seiner politischen Einstellung von den HJ-Führern weit mehr als die anderen gegängelt oder benachteiligt worden zu sein. Sicher war es für die HJ-Oberen schon eine Genugtuung an sich, daß ein Jugendlicher mit kommunistischer Überzeugung gezwungen war, den Dienst und die damit verbundene Indoktrinierung in einer NS-Jugendorganisation über sich ergehen zu lassen. Dem Vater von Herrn B. blieb nichts anderes übrig, als die Teilnahme seines Sohnes im Jungvolk und später in der HJ zu akzeptieren. Schließlich war er nach den Worten seines Sohnes bei den Nationalsozialisten im Viertel »schlecht angeschrieben, weil er Kommunist war.« Seinem Sohn womöglich den Eintritt in das Jungvolk zu verweigern, konnte er sich gar nicht leisten, da ihm die Obergiesinger Ortsgruppe bereits mehrmals angedroht hatte, ihn in das KZ Dachau zu bringen.

Fußnoten

1 Zitiert nach Klönne, Jugend, S. 71.
2 Ebd. S. 7.
3 Ebd. S. 34.
4 Die folgenden Aussagen beruhen auf 20 Zeitzeugenbefragungen, die vom Verfasser zwischen 1991 und 1993 zu dieser Problematik geführt worden sind.
5 Eberhard, Schule, S. 112.
6 Ebd.
7 Heute: Bonifatiusstraße.
8 Jahnke, Deutsche Jugend, S. 76.
9 Das SA-Heim, in dem die Ortsgruppen Alpenplatz, Walchenseeplatz und Schlierseeplatz der Giesinger NSDAP untergebracht waren, wurde 1937 nach Anton Heigl benannt, der zu den ersten Gefolgsleuten Hitlers in der Frühzeit der NSDAP zählte.
10 Jahnke, Deutsche Jugend, S. 112.
11 Klönne, Jugend, S. 61.
12 Ebd., S. 56.
13 Jahnke, Deutsche Jugend, S. 112.
14 Klönne, Jugend, S. 134 f.
15 Ebd., S. 37.

Hildegard Adam

Neue Wege aus der Wohnungsmisere

Die Giesinger Siedlung am Walchenseeplatz und die Flachbausiedlung Am hohen Weg als Beispiele für den entstehenden kommunalen Wohnungsbau in den 20er Jahren

»Sonne, Luft und Garten erzeugen Frohsinn und Lebensmut...« Dieser Satz des Münchner Oberbaurats Karl Meitinger von 1928 kennzeichnet knapp die Programmatik, die dem staatlich geförderten Wohnungsbau in den 20er Jahren zugrunde lag. Es sollte zum einen möglichst viel Wohnraum geschaffen werden, zum anderen lagen den Planern auch gesundheitliche und soziale Aspekte am Herzen. Die von der Gemeinnützigen Wohnungsfürsorge A. G. errichteten Großsiedlungen am Giesinger Walchenseeplatz und Am hohen Weg in Neuharlaching sind ein Ergebnis der Bemühungen der Stadtväter, die große Wohnungsnot jener Jahre zu bekämpfen. Zwar konnte das umfangreiche Bauprogramm der Stadt die Misere auf dem Wohnungsmarkt nur mindern, nicht aber beseitigen; doch bieten die beiden Siedlungen bis heute einigen tausend Menschen in Giesing und Neuharlaching Wohnraum von hoher baulicher Qualität. Die Neuartigkeit der beiden Wohnanlagen läßt sich aber nur vor dem Hintergrund der historischen Entwicklung im Münchner Wohnungswesen verstehen. Aus diesem Blickwinkel sind sie mustergültige Beispiele für den seit Ende des Ersten Weltkriegs entstehenden kommunalen Wohnungsbau und der ihm zugrunde liegenden ideologischen Konzepte.

Die Wohnungsnot in München

Wegen der großen Wohnungsnot war nach dem Ersten Weltkrieg ein von öffentlicher Hand geförderter Wohnungsbau unumgänglich geworden. Bereits vor der Jahrhundertwende war die Lage auf dem Münchner Wohnungsmarkt äußerst angespannt gewesen; denn im Zuge der Industrialisierung drängten viele Arbeitskräfte vom Land in die Stadt. Es fehlten auch in Giesing vor allem abgeschlossene Kleinwohnungen für kinderreiche Familien. Die Bauherren investierten eher in große Wohnungen, da sie sowohl kostengünstiger zu erbauen wie nach der Fertigstellung auch vorteilhafter zu vermieten waren. Schließlich konnte man eine Wohnung als Teilwohnung durchaus an mehrere Familien vergeben, die jeweils nur ein oder zwei Zimmer zur Verfügung hatten und sich Küche, WC und andere Einrichtungen wie Speisekammer etc. mit den anderen Mitbewohnern teilen mußten.[1]

Als der Erste Weltkrieg ausbrach, trat auf dem Münchner Wohnungsmarkt – wie auch in anderen Städten des Deutschen Reiches – zunächst eine Entspannung ein. Allerdings kehrte sich diese Entwicklung noch während des Krieges wieder ins Gegenteil um: Durch die Arbeitsplätze in der expandierenden Kriegsindustrie kam es erneut zu einem starken Zuzug ländlicher Arbeitskräfte, mit der Folge, daß sich aus der Wohnungsknappheit bald eine allgemeine Wohnungsnot entwickelte. Hinzu kam, daß die Bautätigkeit fast völlig brachlag, da private Investoren wegen der gestiegenen Baukosten, der Geldentwertung und der neu eingeführten gesetzlichen Mietpreisbindung nur wenig Interesse am Wohnungsbau zeigten.[2]

Nach dem Kriegsende spitzte sich die Lage auf dem Wohnungsmarkt noch mehr zu. Dazu trugen nicht zuletzt die vielen Eheschließungen in

München bei. So wurden 1919 und 1920 etwa doppelt so viele wie vor dem Krieg registriert. Gegen Ende des Jahres 1920 zählte man allein in München über 17 000 Wohnungssuchende. Wegen dieser prekären Situation sah sich die Stadt bereits 1918 dazu gezwungen, der Wohnungsnot mit sofortigen Notstandsmaßnahmen zu begegnen. Die städtischen Behörden requirierten unter anderem Hotelzimmer oder richteten Kabinenwohnungen in großen öffentlichen Sälen ein, um auf diese Weise möglichst schnell Massenquartiere bereitstellen zu können. Gleichzeitig begann die Stadt, nach neuen Wegen aus der Wohnungsmisere zu suchen, die einen langfristigen Erfolg versprachen. Einen wirksamen Weg glaubte man zunächst in der Förderung des Wohnungsbaus mit öffentlichen Mitteln gefunden zu haben. Tatsächlich konnten mit Hilfe städtischer Zuschüsse bis 1923 2697 Wohnungen fertiggestellt werden. Der neu geschaffene Wohnraum deckte allerdings den Bedarf bei weitem nicht ab. Entscheidend für die Stagnation im Wohnungsbau war die fortschreitende Geldentwertung, die 1923 ihren Höhepunkt erreichte. Erst mit der Stabilisierung der Mark war eine solide Finanzierungsgrundlage für die städtischen Bauprogramme gegeben. Seither verabschiedete der Stadtrat jedes Jahr im Frühjahr und im Herbst ein Wohnungsbauprogramm. Die »Früchte« dieser Bemühungen blieben nicht aus: Über 9000 Wohnungen wurden von 1924 bis 1927 in München neu errichtet. Doch auch damit war die Wohnungsnot bei weitem noch nicht beseitigt.

Bemerkenswert ist, daß von den insgesamt 11 866 Wohnungen, die zwischen 1919 und 1927 in München gebaut wurden, fast zwei Drittel von gemeinnützigen Gesellschaften errichtet worden sind. Sie waren in den 20er Jahren die eigentlichen Träger des Wohnungsbaus in München. Das herausragende Kennzeichen der gemeinnützigen Bautätigkeit im Gegensatz zur privat-gewerbsmäßigen war der Verzicht, aus dem Kleinwohnungsbau Profit zu schlagen. Ihre Träger konnten genossenschaftlich, vereinsmäßig, als Aktiengesellschaft oder GmbH organisiert sein. Als gemeinnützig durften sich nach dem zuständigen »Reichsstempelsteuergesetz« jedoch nur solche Bauvereinigungen bezeichnen, die durch die Errichtung von Kleinwohnungen der »Förderung minderbemittelter Volksklassen« dienten und in deren Satzung festgelegt war, daß der Reingewinn »auf eine höchstens 5 %ige Verzinsung der Kapitalsanlage beschränkt ist«.[3] Sollte sich eine Genossenschaft auflösen, mußte das Vermögen für einen gemeinnützigen Zweck verwendet werden. Noch vor dem Ersten Weltkrieg hatten die gemeinnützigen Baugenossenschaften wenig staatliche Unterstützung erhalten; oft waren sie von konservativen und vor allem von liberalen Politikern bekämpft und in ihrer Entstehung behindert worden, da sie unerwünschte Konkurrenzunternehmen auf dem gewinnbringenden Mietwohnungsmarkt waren. Jetzt aber griff man auch von staatlicher Seite auf diese Organisationen zurück, da ihre Konzepte vielversprechende Lösungen zur Bekämpfung der Wohnungsnot boten.

Die Entwicklung der gemeinnützigen Baugenossenschaften

Die Baugenossenschaften entstanden ab der Mitte des letzten Jahrhunderts als Selbsthilfeeinrichtungen zur Schaffung von solide gebauten und zugleich erschwinglichen Kleinwohnungen. Mit der voranschreitenden Industrialisierung waren immer mehr Arbeitskräfte in die großen Städte gezogen, in denen jedoch der notwendige Wohnraum fehlte. Die ständig zunehmende Wohnungsnot führte dazu, daß einerseits die Mieten stark anstiegen und sich andererseits die hygienischen und sozialen Verhältnisse durch Überbelegung der Wohnungen drastisch verschlechterten. Hinzu kam, daß es einen gesetzlichen Kündigungs- und Mieterschutz noch nicht gab. Deshalb gründeten Arbeitervereine und sonstige Interessenverbände gemeinnützige Wohnungsunternehmen nach dem Vorbild der etwa ab der Mitte des letzten Jahrhunderts entstandenen Konsum- und

Produktivgenossenschaften, um in eigener Regie kostengünstig Wohnblöcke und Eigenheime für ihre Mitglieder zu errichten. Da die Wohnungsbaugenossenschaften auch Ziele wie Unkündbarkeit der Mieter, gute Wohnqualität und angemessene Miethöhe verfolgten und auch verwirklichten, glichen sie damit – zumindest im kleinen Rahmen – das fehlende Engagement des Staates im Wohnungswesen aus.[4]

Große Probleme gab es zunächst in rechtlicher wie in finanzieller Hinsicht, da die gesetzlichen Voraussetzungen für diese Zusammenschlüsse fehlten und sich nur wenige geeignete Geldgeber fanden. Darüber hinaus war bis zur Einführung der beschränkten Haftpflicht im Jahr 1889 das Risiko der einzelnen Mitglieder sehr hoch, weil sie mit ihrem gesamten Privatvermögen für die Genossenschaft hafteten. Deshalb wurden erst um die Jahrhundertwende – nach einigen zögerlichen Anfängen – in München verschiedene Baugenossenschaften gegründet. So auch in Giesing, wo am 18. Juni 1910 einige engagierte Männer

beim Schweizerwirt den Bauverein ins Leben riefen, der sich bald zu einer erfolgreichen Unternehmung entwickeln sollte. Trotz anfänglicher Schwierigkeiten hatte man bereits drei Jahre nach der Gründung in Untergiesing zwölf Wohnhäuser an der Teutoburger- und Gerhardstraße errichtet. Neben den 187 Wohnungen umfaßte dieser Bauabschnitt eine Gastwirtschaft, einen Metzger-, Obst- und Gemüseladen, eine Bäckerei, einen Milch- und einen Kolonialwarenladen, einen Schuhmacher, eine Bücherei und einen Schreibwarenladen. Auch ein Spielplatz, ein Jugendheim und eine Werkstätte wurden eingerichtet, so daß quasi ein kleines Dorf auf dem ringsum noch weitgehend unbebauten Gelände entstand.[5]

Trotzdem konnten solche Unternehmungen die zunehmende Wohnungsnot nur lindern, aber nicht beseitigen. Nach 1918 gab es für die Baugenossenschaften einen neuen Aufschwung. Allerdings veränderte sich ihre Struktur grundlegend; waren sie bisher private Selbsthilfeorganisationen gewesen, so wurden sie nun zu den Trägern einer

Häuserzeile des Bauvereins Giesing an der Gerhardstraße nach der Fertigstellung, 1913 (Bauverein Giesing).

beginnenden staatlichen und kommunalen Wohnungspolitik. Der Staat gab die Zuschüsse, überließ aber die Initiative und Ausführung den Städten. Diese wiederum zogen die Baugenossenschaften für den öffentlichen Wohnungsbau heran, weil sie sich deren Erfahrungen zunutze machen wollten und sich davon ein rasches und unbürokratisches Bauen versprachen. Um die Bauvereinigungen für die eigenen Ziele in Anspruch nehmen zu können, rief die Stadt München 1918 die »Gemeinnützige Wohnstättengesellschaft München G.m.b.H.« ins Leben, die nun als Dachorganisation die Bauvorhaben und die Immobilienverwaltung der Genossenschaften zu prüfen und zu überwachen hatte.[6] Dafür wurde jetzt die Finanzierung des gemeinnützigen Wohnungsbaus zum großen Teil mit öffentlichen Mitteln bestritten und nicht mehr wie bisher mit dem Eigenkapital der Genossenschaften. Damit ergab sich mehr und mehr ein Zusammenwirken von Selbsthilfe und städtischer Sozialpolitik, wie es ja grundsätzlich von den sozialdemokratischen Stadträten gefordert worden war. Allerdings führte dies innerhalb der Genossenschaften zu einem einschneidenden Strukturwandel: Festangestellte Fachleute, die sich in den komplizierten Bestimmungen auskannten, verdrängten die früher nur ehrenamtlich tätigen Leiter der Genossenschaften, da nun der Zwang zu optimaler Wirtschaftlichkeit bestand.

Um große Wohnungsbauprojekte, wie beispielsweise die Walchenseesiedlung, durchführen zu können, mußte die Stadt eine noch leistungsfähigere Gesellschaft gründen. Denn bei dem Umfang der geplanten Bauvorhaben war es mit den üblichen Zuschüssen für den Wohnungsbau nicht mehr getan; so mußte die städtische Sparkasse, die der Stadtverwaltung unterstand, zusätzlich hohe Hypotheken übernehmen und umfangreiche Bürgschaften leisten. Deshalb gründete man auf Initiative des engagierten Wohnungsreferenten und Stadtrats Karl Preis als eigene kommunale Gesellschaft die »Gemeinnützige Wohnungsfürsorge A. G.« (Gewofag). Sie wurde von der Stadt-

verwaltung kontrolliert, die zugleich die Richtlinien für den Wohnungsbau vorgab. Nach der Fertigstellung der Gebäude sollten diese von der Gewofag verwaltet werden; die Höhe der Mieten legte die Stadt fest. Den Statuten zufolge durften Gewinne nur bis zu fünf Prozent als Dividende ausgeschüttet werden; der Rest war einem Reservefond zuzuführen, auf den nur die Stadt Zugriff hatte. Im Fall einer Auflösung der Gesellschaft sollte deren Vermögen die Stadt erhalten, während den Aktionären nur ihre eingezahlten Beiträge zustanden. Weiterhin war in den Satzungen festgelegt, daß die Gesellschaft innerhalb von 30 Jahren ihren gesamten Besitz an die Stadt abzugeben hatte, sofern die Kommunalverwaltung dies beschließen würde. Damit sollte sichergestellt sein, daß die Vermögenswerte der Allgemeinheit erhalten blieben.[7] Die Gesellschaft hatte vor allem die Aufgabe, die großen städtischen Bauprogramme durchzuführen. Dem statistischen Amt der Stadt zufolge fehlten 1927 in München etwa 12 000 Wohnungen; gleichzeitig rechnete man mit einem jährlichen Mehrbedarf von weiteren 1500 bis 2000.[8]

Das große städtische Bauprogramm von 1928 bis 1930

Um die fehlenden Wohnungen in möglichst kurzer Zeit errichten zu können, beschloß die Stadt München noch Ende 1927 ein großes dreijähriges Bauprogramm für die Jahre 1928 bis 1930. Das Ziel war, innerhalb dieser Zeit 12 000 Wohnungen zu bauen. Da vor allem Kleinwohnungen fehlten, sollte die Hälfte der Wohnungen nur über 50 m^2 und etwa 30 % über 60 m^2 Wohnfläche verfügen. Eine weitere Vorgabe war ein möglichst niedriges Mietniveau, da die neuen Wohnungen für einkommensschwache Schichten der Münchner Bevölkerung bestimmt waren. Zugleich erfüllten die Baumaßnahmen einen weiteren Zweck: Sie waren wegen der hohen Erwerbslosigkeit Ende der 20er Jahre auch als wichtige Arbeitsbeschaffungsmaßnahme gedacht.[9]

Das Gesamtkonzept sah eine grundsätzliche Zweiteilung vor: Man unterschied zwischen dem Bauprogramm und dem sogenannten Sonderbauprogramm. Ersteres galt wie bisher der Förderung von genossenschaftlichen Bauvereinigungen und Privatunternehmen, die 4900 Wohnungen errichten sollten. Die Mittel aus dem Sonderbauprogramm wurden größtenteils der Gewofag zugewiesen, die damit weitere 7100 Wohnungen zu bauen hatte.[10] Das benötigte Baugelände stellte ihr die Stadt in Erbpacht zur Verfügung.[11] Das gesamte Bauprogramm finanzierte man über Darlehen und Bauzuschüsse des Landes und des Reiches für den Bau von Kleinwohnungen, wobei in Bayern die für den Wohnungsbau vorgesehenen öffentlichen Gelder aus den Erträgen der Mietzinssteuer und der Wohnungsbauabgabe stammten; diese erhob der Staat als Zuschlag zur bayerischen Haussteuer. Ein gesetzlich festgelegter Anteil an der Mietzinssteuer, der etwa ein Drittel des örtlichen Aufkommens umfaßte, wurde an die Gemeinde abgeführt, während der Rest und die Wohnungsbauabgabe dem Staat für Bauvorhaben und allgemeine Haushaltszwecke zur Verfügung stand.[12]

Das bayerische Staatsministerium für soziale Fürsorge hatte verlangt, daß ein möglichst großer Teil der staatlichen Baudarlehen zur Errichtung von Flachbauten mit nicht mehr als zwei Obergeschossen verwendet werden sollten, da diese »in gesundheitlicher und sittlicher Hinsicht« als bevorzugte Lösung galten. Die Bewohner lebten nicht so eng zusammen wie in den großen Miethäusern, die Sonneneinstrahlung in den einzelnen Wohnungen war weit eher gewährleistet, und meist schlossen sich kleine Gärten an. Dennoch waren im gesamten Bauprogramm nur 18,5 % Flachbauten vorgesehen, da die Kosten dafür wesentlich höher lagen. Bereits seit dem letzten Jahrhundert wurden in der Regel Miethäuser mit mehreren Wohneinheiten errichtet, da diese in den Städten für die Vermieter die kostengünstigste und gewinnbringendste Wohnform darstellten. Jedoch baute man nicht nach Kriterien der

Wohnqualität, sondern stellte kommerzielle Interessen in den Vordergrund, wie dies der städtische Oberbaurat Karl Meitinger auch noch in den 20er Jahren beklagte: *Leider war diese Zeit im Wohnungsbau größtenteils von der Tätigkeit des Bauspekulantentums ausgefüllt. Man strebte vielfach danach, nicht etwa allein zweckmäßige und gesunde Wohnungen zu schaffen, sondern tat sich etwas darauf zugute, wenn das Grundstück nach dem höchstzulässigen Maß der Überbauung ausgenutzt war. Das war die sogenannte Gründerzeit, in der man die Wohnungen in Seitengebäuden, Flügelbauten und Rückgebäuden einzwängte, alle Dachgeschosse bis zur höchstzulässigen Grenze ausbaute und durch Austüftelung der Grundrisse ohne Rücksicht auf die Sonnenlage einen möglichst großen Gewinn aus dem Anwesen erzwang. Die Folge war eine gewaltige Steigerung der Grund- und Bodenpreise, die wiederum die bestmögliche Ausnutzung der Grundstücke erheischte.*[13] Deshalb wurde jetzt auch von städtischer Seite gefordert, das »Massenmietshaus als volkswirtschaftlich wichtigste Wohnform« per Gesetz vor der »Ausbeutungslust der Spekulanten« zu schützen.[14] Flachbauten waren allerdings weitaus teurer, da man erheblich mehr Baugrund benötigte; zudem gab es große zusammenhängende Bauplätze nur in verkehrstechnisch noch nicht erschlossenen städtischen Randzonen wie in Harlaching oder Berg am Laim, in denen außerdem die nötige Infrastruktur fehlte.

Nach dem Ersten Weltkrieg entwickelten die Stadtplaner und Architekten neue Konzepte für den Wohnungsbau. Sie stützten sich dabei zum Teil auf Ideologien und Ideen der Lebens- und Wohn-Reformbewegungen des ausgehenden 19. Jahrhunderts. Außerdem wurden sie durch die einschneidende Erfahrung des Krieges und seiner Folgen beeinflußt. Der einsetzende Umbruch erfolgte nicht nur im öffentlich-politischen Bereich durch das Ende der Monarchie, sondern auch im privat-familiären, da traditionelle Lebensweisen und Gewohnheiten durch die zunehmende Auflösung der Großfamilien, die beginnende Emanzipation der Frauen und die Veränderungen in der Arbeitswelt mehr und mehr in Frage gestellt wurden. Die dadurch ausgelöste Suche nach neuen zeitgemäßen Wohn- und Lebensformen fand ihren Ausdruck in einer Fülle von Publikationen, die in den 20er Jahren von Architekten und Städtplanern über »das neue Wohnen und Bauen« verfaßt worden waren. »Licht und Luft« für alle Wohnungen war ein darin häufig verwendetes Schlagwort. Seitenflügel an den Wohnblöcken oder Rückgebäude in den Innenhöfen galten nun als unzeitgemäß, vielmehr forderte man klare Grundrisse. Stadtbaurat Karl Meitinger schrieb dazu: »*Unsere Wohnstätten sollen dem Bewohner Schutz und Schirm bieten und einen Ruhepunkt in der Hast des Lebens geben. Die Wohnung soll der Ort sein, wo jeder für den Daseinskampf neue Kräfte sammeln kann. Nach solchen Gesichtspunkten richtet sich auch die Ausstattung der Wohnung. Einfachheit, Schlichtheit und Sachlichkeit sind die Forderungen der Zeit, die wir auch an unsere Wohnräume stellen. Wohnkultur zeigt sich nicht in der Menge der aufgewendeten Mittel, sondern in der Art ihrer Anwendung.*«[15] Daneben legten die zuständigen städtischen Planer besonderen Wert darauf, daß die bereits erwähnten gesundheitlichen und sozialen Nachteile vieler aus reinen Profitgründen errichteten Stockwerkswohnungen nicht wiederholt wurden. Umgesetzt und realisiert werden sollten diese Ideen im Rahmen des Sonderbauprogramms durch die Gemeinnützige Wohnungsfürsorge A. G. (Gewofag).

Die neuen Bauten der Gemeinnützigen Wohnungsfürsorge A. G. in Giesing und Harlaching im Zuge des großen Bauprogramms

Das Sonderbauprogramm sah vor, daß die Gewofag innerhalb von drei Jahren sechs große Siedlungen errichten sollte: Die mehrstöckigen Siedlungen am Ostbahnhof, in Neuhausen und am Walchenseeplatz und die Flachbausiedlung in Neu-Harlaching sowie die Kleinhaussiedlungen an der Inderstorfer Straße und südlich von Berg am Laim. Die etwa 6000 Wohnungen waren für 30 000 Menschen gedacht. Die ideellen Ansprüche, die umzusetzen waren, hatte man zuvor deutlich formuliert: »*Die Wohnungen werden in Größe und Ausstattung den Lebensbedingungen des arbeitenden Menschen von heute und seinen berechtigten körperlichen, seelischen und kulturellen Bedürfnissen entsprechen. In ruhigen, freundlichen, praktisch eingeteilten, lichten und sonnigen Wohnungen soll man ungestört und unbeengt mit der Familie leben können und nach des Tages Müh' und Plag' Erholung finden. Große Gartenhöfe mit Lauben werden zu einer Feierstunde einladen, während die Kinder sich auf den in den Höfen verteilten Spielplätzen, Sand- und Planschbecken tummeln können, ferngehal-*

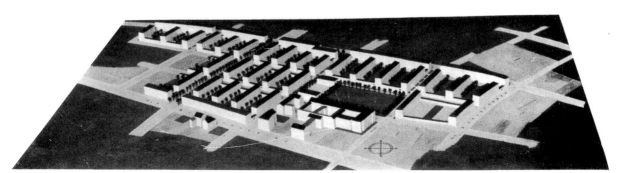

Die Siedlung am Walchenseeplatz. Modellaufnahme der Gesamtanlage (Gewofag).

Wohnblöcke in der Großsiedlung am Walchenseeplatz (Gewofag).

ten von den Gefahren der Straße. In den Flachbausiedlungen werden die den Kleinhäusern beigegebenen Familiengärten Liebe zu Heim und Scholle wecken und vertiefen.«[16]

Um Kosten zu sparen, sah das Programm modellmäßiges Bauen, das heißt eine weitgehende Typisierung der einzelnen Wohnblöcke innerhalb einer Siedlung vor: »*Das Wirtschaftliche unseres Wohnungsbaues soll nicht in wesentlicher Vereinfachung, nicht in einer Herabsetzung der Ansprüche an Güte der Ausführung liegen, sondern in einer Zusammenfassung der verfügbaren* *Mittel auf wenige Großbaustellen unter weitgehender Anwendung des Typenbaues. Denn auch beim Bauen ist in Wahrheit das beste auch das billigste, weil die hohen Anschaffungskosten durch erhebliche Senkung der Unterhaltungskosten mehr als wettgemacht werden. (...) Serie, Raumbeschränkung und Raumausnutzung sollen es ermöglichen, den Preis für die Erstellung einer Wohnung auf das mögliche herabzudrücken.*«[17] Trotz der geforderten Sparsamkeit konnte so eine hohe bauliche Qualität ermöglicht werden.

Fassadenbemalung von Louis Gruber und seiner Mal-
klasse (Gewofag).

Brunnen in der Siedlung am Walchenseeplatz
(Gewofag).

Die Großsiedlung am Walchenseeplatz

Auf dem elf Hektar großen Gelände um den
Walchenseeplatz war der Bau von 1170 Wohnungen geplant. Als besonderer Vorzug dieses Stand-
orts galt die Anbindung an die Linien 7, 12, 17
und 25 der Straßenbahn. Für diese Siedlung
wurde, wie auch für die beiden anderen Stock-
werkssiedlungen, zur Vorgabe gemacht, daß
durchgängige Reihenhäuser mit drei Geschossen
und zwei Wohnungen je Stockwerk entstehen
sollten. Nur nach Osten hin sah der Generalbaulinienplan eine Senkung der Stockwerkszahl vor.
Weiterhin war geplant, daß alle Zimmer vom
Gang her zugänglich sein sollten, um Durch-
gangszimmer zu vermeiden. Zudem mußten alle

Wohnungstypen unter 80 m² eine Wohnküche
besitzen. Ein Bad war – abgesehen von den
kleinsten Wohneinheiten – für alle vorgesehen.
Eine weitere Bedingung war, daß die Mehrzahl
der Wohnungen zweimal täglich Sonne erhielt.

Diese von der Gewofag ausgearbeiteten Vorga-
ben waren die Richtlinien für den zu erstellenden
Bauplan. Dafür wurde ein auf einige Münchner
Architekten beschränkter Wettbewerb ausge-
schrieben. Unter den eingegangenen Arbeiten
wählte man schließlich den Entwurf von Johanna
Loev aus, die als Regierungsbaumeisterin bei der
Oberpostdirektion beschäftigt war. Gemeinsam
mit dem Münchner Professor Carl Jäger, dem
man die Oberleitung übertrug, konzipierte sie die
Anlage noch einmal um, wobei auch die einzelnen
Wohnhaustypen festgelegt wurden. Die detaillierte Planung der einzelnen Gebäude vergab man
an verschiedene Münchner Architekten.[18] Der
Walchenseeplatz, der an seiner Nordseite bereits
bebaut war, sollte das Zentrum der neuen Anlage
bilden. Zur Deisenhofener Straße einerseits und
zur Perlacher Straße andererseits wurde die Siedlung durch langgestreckte viergeschossige Blöcke
abgeschirmt. Die ebenfalls viergeschossigen Zei-
lenbauten im Innern der Siedlung sind in Nord-

Süd-Richtung gestellt. Dies galt als optimale städtebauliche Lösung, da die Wohnungen nach Ost-West ausgerichtet werden konnten und somit vormittags und nachmittags Sonne erhielten. Zudem ergeben sich durch diese Anordnung große verkehrsberuhigte Höfe mit Plätzen zum Spielen und zum Trocknen der Wäsche. Sie werden zusätzlich durch eingeschossige Zwischenbauten an den beiden Enden der Häuserzeilen abgeschirmt, in denen sich Läden und Werkstätten befinden. Durchbrochen werden die niedrigen Querbauten von breiten Durchfahrten, die in die begrünten Innenplätze führen. Diese wiederum sind mindestens 25 bis 30 Meter breit, damit die Wohnungen genügend Licht erhalten.

Da die Vorgaben eine weitgehende Normierung der Siedlungsbauten vorsahen, blieb den Architekten wenig Raum für eine individuelle Gestaltung der einzelnen Häuserzeilen. Den verfügbaren Spielraum nutzten sie zur Variierung der Fassadengliederungen mit unterschiedlichen Fensterlösungen, Loggien- und Treppenhausachsen. Außerdem verzierte man einige Fassaden mit Gußsteinreliefs und großflächigen Sgraffitomalereien, die von Professor Lois Gruber und einigen seiner Schüler angefertigt wurden. Als zusätzlicher Schmuck sind zwei Brunnen in der Siedlung aufgestellt: Das »Brunnenbuberl« am Walchenseeplatz von Walther von Hattingberg und der »Pinguinbrunnen« an der Perlacher Straße von Adolf Giesin.

Der Walchenseeplatz bildet nicht nur räumlich, sondern auch funktional das Zentrum der Siedlung. Deswegen sollte hier ein Kinderheim mit Unterrichtsräumen und Werkstätten errichtet werden sowie ein Musik- und Vorführungsraum, eine Bücherei und Lesestuben. Daneben waren auf dem Platz – neben dem Brunnen – ein Zeitungsstand und ein Milchhäuschen geplant. Auch die Zentralwäscherei fand hier ihren Platz. Darin konnten die Anwohner ihre Wäsche in den aufgestellten Maschinen waschen oder zum Waschen geben. Die dafür notwendige Warmwasseraufbereitungsanlage wurde gleichzeitig für die Wan-

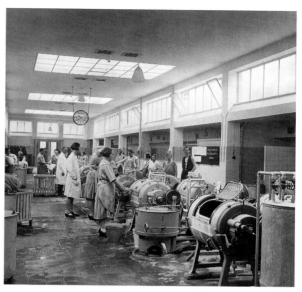

Die Zentralwäscherei der Siedlung am Walchenseeplatz (Gewofag).

nen- und Brausebäder genutzt; die Badeanlagen waren notwendig, da nicht alle Wohnungen mit Bädern ausgestattet waren.

Die Wohnungen wurden in vier Größen ausgeführt: Vorwiegend mit 50 und 60 m² sowie mit 75 und einige mit 100 m² Wohnfläche. Die Größe I, der in etwas größeren Abmessungen die Größe II entspricht, hat als Hauptraum eine geräumige Wohnküche mit Kochnische. Sie ist ausgestattet mit einem kombinierten Herd mit Kohle- und Gasfeuerung, Spül- und Arbeitstisch und einem belüftbaren Speiseschrank in der Fensternische. Jede dieser Wohnungen besitzt eine Loggia. Neben der Kochnische liegt die Toilette, davor ist ein Waschraum mit einem Waschbecken untergebracht. Weiterhin umfaßt die Wohnung zwei Wohn- bzw. Schlafräume mit breiten dreiteiligen Fenstern und einer Ofenheizung, einen geräumigen Vorplatz und einen Abstellraum. Größe III und IV haben drei bzw. vier Zimmer, Küche, Bad und Kammer; hier sind die Räume mit einer Warmwasserheizung ausgestattet.

Als »Möblierungsdemonstration« wurde 1929 eine Musterwohnung von den Münchner Mei-

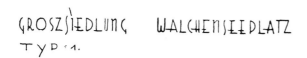

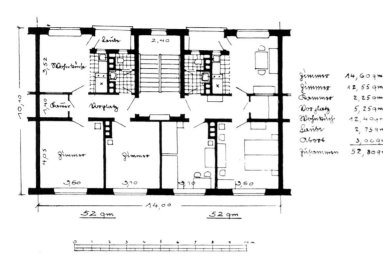

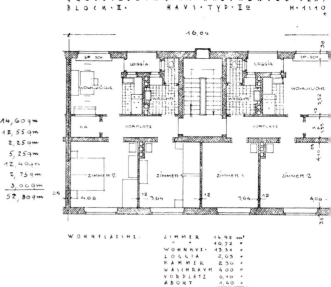

Großsiedlung am Walchenseeplatz: Wohnungsgrundriß Typ I (Gewofag).

Großsiedlung am Walchenseeplatz: Wohnungsgrundriß Typ II (Gewofag).

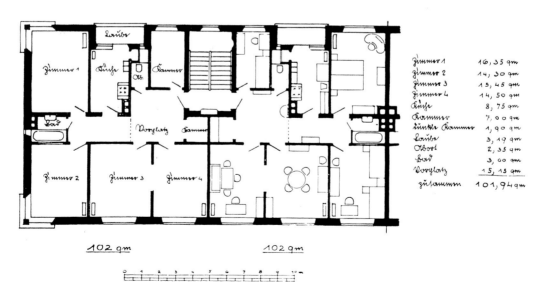

Großsiedlung am Walchenseeplatz: Wohnungsgrundriß Typ IV (Gewofag).

Wohnküche in der Walchenseesiedlung mit Kombi-Herd für Kohlen- und Gasfeuerung (Gewofag).

sterwerkstätten für Heimgestaltung eingerichtet. Die Entwürfe dafür stammten von Professor Hacker. Die Bemühungen um eine sinnvolle Einrichtung hingen mit der allgemeinen Umbruchsituation der damaligen Zeit zusammen, die eine Neuorientierung der Lebens- und Wohnverhältnisse notwendig machte. So wurde beispielsweise gefordert, die Hausarbeit zu rationalisieren: *»Macht Euch endlich frei von der Haushalts-Sklaverei! Der vereinfachte Haushalt und wie man ihn zeitgemäß führt. Hausfrauen! Der halbe Tag gehört Euch!«* Ein damals sehr verbreitetes Buch hatte diese Parole zum Titel.[19] 1928 forderte Professor Otto Kurz in einer Schrift für die Ausstellung »Heim und Technik« in München: *»Eine Küche soll nichts enthalten, was nicht not-*

wendig ist. Jeder Gegenstand soll zweckmäßig an seinem Platze stehen, d. h. also, die Aufstellung der Möbel und die Anordnung der darin befindlichen Gegenstände müssen dem Arbeitsvorgang beim Kochen entsprechen und eine gesunde, natürliche Körperhaltung für den Kochenden gewährleisten. (...) Bei kleinen Wohnungen hat sich die Wohnküche mit Herd und Spülausguß, Arbeitstisch in einer Nische bewährt. In dem anschließenden Raum können Geschirrschrank und Eßtisch stehen. Während die Mutter in der Nische kocht, können die Kinder, von ihr betreut, im größeren Raum spielen.«[20] Die Entwürfe der Musterküchen in der Walchenseesiedlung richten sich nach diesen Forderungen. »Klarheit, Helligkeit und Reinheit« sind die neuen architektoni-

Musterwohnung an der Untersbergstraße: Wohnküche nach einem Entwurf von Prof. Hacker (Gewofag).

schen Ideale – bewußte Kontrapunkte zu den ornamentreichen Bauten und Innenausstattungen der bürgerlichen Wohnungen aus der Gründerzeit. *»Die meisten Menschen haben viel zu viele Sachen in ihren Wohnungen aufgestellt. Man muß den Mut haben, überflüssiges Zeug und gar Bazarware, Nippgegenstände, Schweinchen mit Kleeblatt im Maul, Köpfe berühmter Männer als Tintengefäß, staubhaltende Plüschvorhänge, Papierblumen usw. wegzuwerfen.«*[21] Statt dessen forderte Professor Kurz eine klare Sachlichkeit bei der Einrichtung der Wohnungen: *»Heute hat in der Wohnungsfrage, wie gesagt, das große*

Reinemachen begonnen. Man will schmucklose Wände, einfachste Möbel, man will Raum und Licht.«[22] Vielfach wurde diesen Vertretern der Moderne deshalb vorgehalten, sie strebten »willkürliche Leere und Ödigkeit« an. Über Geschmack läßt sich bekanntlich nicht streiten. Doch eines zeigt sich am Beispiel der Walchenseesiedlung sehr deutlich: Die hier verwirklichten Ideale der Moderne sind bis heute aktuell geblieben; lediglich die Wohnungsgrundrisse gelten als zu gering bemessen.

Wegen der weltweiten Wirtschaftskrise Ende der 20er Jahre, die auch München sehr hart traf, konnten von den geplanten 1170 Wohnungen bis 1930 nur 862 fertiggestellt werden. Erst Mitte der 30er Jahre führte man noch einige der ursprünglichen Bauvorhaben aus.

Die Flachbausiedlung Am hohen Weg in Harlaching

Einen ganz anderen Siedlungstyp stellen die Flachbaugroßsiedlungen dar. Sie galten in den 20er Jahren als die idealen Siedlungsformen der Zukunft. Nicht nur, daß sie die Möglichkeit boten, Wohnen und Naturnähe zu verbinden; auch die gefürchteten gesundheitlichen und »sittlichen« Gefährdungen der Mietskasernen schienen auf diese Weise endgültig gebannt zu sein: »Möglichst wenig Wohnungen an einem Treppenhaus, Licht, Luft und Garten« – so lauteten die Devisen der städtischen Planer, mit der sie den Fehlern früherer Jahrzehnte begegnen wollten. Zu dem neuen Wohnideal gehörte vor allem auch eine bezahlbare Miete: *»Denn dies scheint das Wichtigste zu sein: Viele Wohnungen zu schaffen mit Mietpreisen, die erschwinglich sind. Es ist immer noch besser, in einer modern ausgestatteten Kleinstwohnung mit 50 qm allein zu hausen, als in Untermiete in einer größeren Wohnung. Was nützen uns die Wohnungen, die von den vielen Armen und arm gewordenen Leuten und bescheiden Besoldeten nicht bezahlt werden können, so daß die Mieter immer wieder gezwungen sind Untermieter aufzunehmen und in der Küche zu schlafen. Die Siedlung Harlaching will die Untermiete nicht zur Bedingung machen!«*[23] In der Flachbausiedlung »Am hohen Weg« sollten die neuen Ideale in die Realität umgesetzt werden.

Da die Neuharlachinger Siedlung auf einem noch weitgehend unbebauten Gelände errichtet werden sollte, in dessen Umfeld jegliche Infrastruktur fehlte, plante man, nach deren Fertigstellung öffentliche Einrichtungen wie Post, Kino, Feuerwehrhaus, Volksbibliothek, Lesestuben und Schulen zu bauen. Damit sollte gewährleistet werden, daß eine möglichst geschlossene Sied-

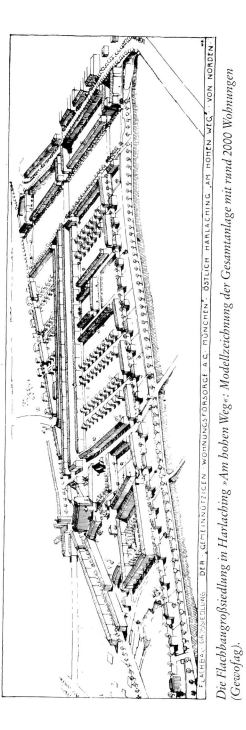

Die Flachbaugroßsiedlung in Harlaching »Am hohen Weg«: Modellzeichnung der Gesamtanlage mit rund 2000 Wohnungen (Gewofag).

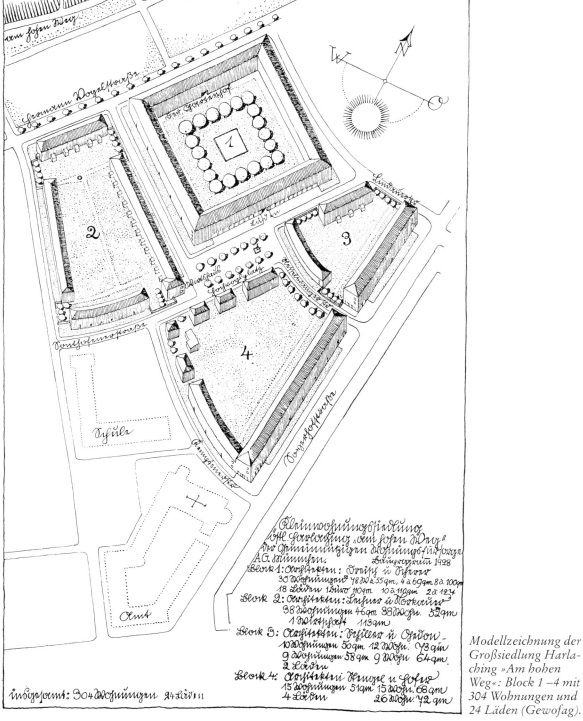

Modellzeichnung der Großsiedlung Harlaching »Am hohen Weg«: Block 1–4 mit 304 Wohnungen und 24 Läden (Gewofag).

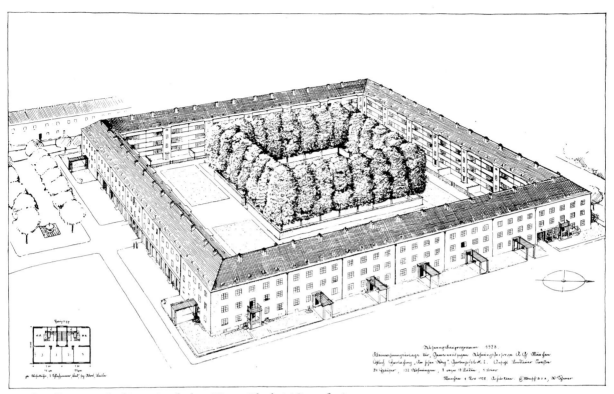

Großsiedlung Harlaching »Am hohen Weg«, Block 1 (Gewofag).

lungseinheit entstehen konnte, die ihren Bewohnern eine ideale Wohn- und Lebensform bot. Wie wichtig den Planern der Siedlung die Verwirklichung neuer Wohnformen war, zeigt auch folgende Beschreibung des Architekten Max Schoen: »*In der Einsicht, daß eine Kleinstwohnung nicht nur durch einen kleinen Garten vergrößert werden kann, sondern auch dadurch, daß die Hausfrau die Kinder in einen Kindergarten oder Kinderhort geben kann, ist die Anlage einer vorbildlichen ›Kleinen Welt‹ nach dem Vorbild der Ausstellung ›Heim und Technik‹ inmitten eines Spielplatzes und Grünanlagen geplant.*«

Um die Siedlung an die Stadt anzubinden, sollte eine neue Straßenbahnlinie gebaut werden. Zugleich hoffte man, damit den Widerstand vieler Münchner überwinden zu können, aus dem Innenstadtbereich, in dem viele ihren Arbeitsplatz hatten, in dieses neue Wohngebiet am Rand der Stadt zu ziehen. Daneben lockten die städtischen Planer mit den Vorteilen einer günstigen Wohnung im Grünen: »*Wie schön wird es sein, in diesen zwar bescheidenen, fünfzig bis fünfundsiebzig Quadratmeter Wohnfläche fassenden Wohnungen zu leben, die in nieder gehaltenen Quartieren und freundlichen Gärten eine selten günstige Wohnmöglichkeit bieten. Stille Wohnstraßen sind so gelegt, daß der Verkehr durch besondere Verkehrsstraßen geleitet wird und jenes idyllische Wohnen ermöglicht, das die Nähe der Dreiviertelmillionenstadt nicht ahnen läßt.*«

Für die Harlachinger Flachbausiedlung wählte man das etwa 400 000 m² große Gelände zwischen der Hermann-Vogel-Straße, der Oberbiberger- und der Säbener Straße aus.[24] Wegen seiner Lage nahe den großen Grünflächen Perlacher Forst und Isartal galt es als besonders vorteilhaft. Der Entwurf für die neue Siedlung stammte von den

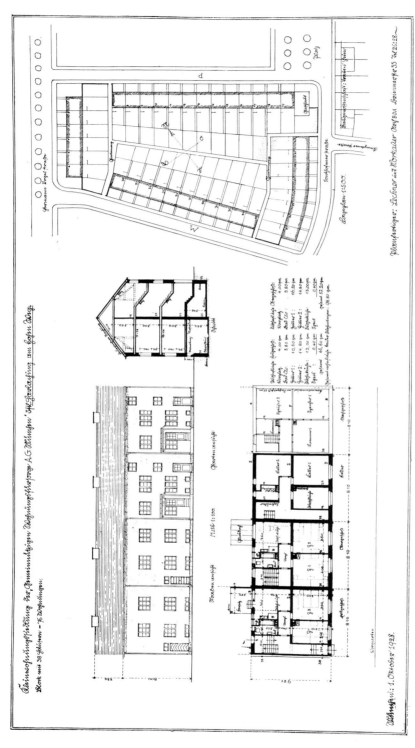

Auf- und Grundrißzeichnung mit Lageplan des Häuserblocks zwischen der Sonthofener (heute: Rotdornstraße) und Hermann-Vogel-Straße (heute: Rotbuchenstraße) (Gewofag).

fünf Architekten Dreisch, Köhler, Lechner, Norkauer und Scherer, die den Wettbewerb für sich entscheiden konnten. Ihre Aufteilung der Siedlung mit 2000 Wohnungen sah an den Verkehrsstraßen (Naupliastraße, Oberbiberger und Säbener Straße) zur Abschirmung Häuserzeilen mit zwei Stockwerken vor; auf Dachwohnungen wurde verzichtet. Die übrigen Häuser plante man mit nur einem Stockwerk. Von diesen niedrigeren Häusern gab es drei verschiedene Ausführungen: eine Wohnung im Erd- und eine Wohnung im Obergeschoß, beide mit Gartenanteil in zusammenhängenden Häuserzeilen; ein anderer Teil ist als Einfamilienhausanlage mit Gartenteil in zusammenhängenden Zeilen, ein dritter Teil als Einfamilienhaus im Garten freistehend ausgeführt. Verschiedenste Wohnhaustypen sind hier also vertreten. Um die Siedlung wurde ein breiter Grüngürtel angelegt mit Kinderspielplätzen, Ruhebänken usw.; daran schlossen sich die Baumschule vor dem Perlacher Forst, der Universitätssportplatz und der unbebaute Hang entlang der Straße Am hohen Weg an.

Die ausführenden Architekten wählten einen einzigen Fenstertyp sowie gleiche Stockwerks- und Dachhöhen für die jeweiligen Bauabschnitte als sinnvollste Möglichkeiten aus, die Einheitlichkeit des Baustils hervorzuheben. Trotzdem sollten die Bauten nicht nüchtern oder langweilig wirken; besondere Sorgfalt verwandte man deshalb auf die Bepflanzung.

Die kleinsten Wohnungen umfaßten zwei Zimmer, eine Wohnküche und ein Bad mit WC mit insgesamt etwa 50 m² Wohnfläche. Zwei dieser Wohnungen liegen übereinander in einem Haus, zu dem zwei Gärten gehörten. Somit bestand die Möglichkeit, daß eine Familie im Erdgeschoß mit den Großeltern im Obergeschoß wie in einem Reihenhaus zu erschwinglicher Miete wohnen konnte. Aber auch große Wohneinheiten mit drei, vier und fünf Zimmern wurden gebaut. Besonderen Wert legte man darauf, daß auch die kleinsten Zimmer mindestens eine Länge von 4,10 m hatten, damit darin zwei Betten Platz

fanden. Die dreiflügeligen Einheitsfenster wurden so groß bemessen, daß eine ausreichende Belüftung und ein genügender Lichteinfall in die Zimmer gewährleistet waren.

Anspruch und Realität

Ziel der Stadtplaner war es gewesen, in diesen Siedlungen möglichst viele solide gebaute und den neuen Wohnkriterien entsprechende Kleinwohnungen zu schaffen. Dabei sollten die Kosten so gering wie möglich sein, um auf diese Weise die Wohnungen zu erschwinglichen Mietpreisen vergeben zu können. Schließlich waren die neuen Wohnanlagen vor allem für die »minderbemittelten Bevölkerungsklassen« geplant. Besonders die vielen Kleinstwohnungen mit etwa 50 m² Wohnfläche waren für schlechter verdienende Familien gedacht, die sich sonst abgeschlossene Wohnungen nicht leisten konnten. Zwischen 65 und 90 Pfennige pro Quadratmeter, je nach Lage und Ausstattung, verlangte die Stadt an Miete für die mit öffentlichen Geldern finanzierten Wohnungen.[25] Um eine Wohnung oder ein Einfamilienhaus konnte sich jeder Bürger bei der Gewofag bewerben, sofern er bereits seit etwa zwei Jahren im städtischen Wohnungsamt vorgemerkt war oder aber diesem seine alte Wohnung zur Verfügung stellen konnte. Bei der Auswahl, die das Wohnungsamt traf, sollten »Kinderreiche, Kriegsdienstbeschädigte und Kranke« bevorzugt werden.[26] Wer zog nun tatsächlich in diese Wohnungen ein? Ein Blick in das Stadtadreßbuch von 1930 zeigt die Berufe der ersten Mieter der gerade fertiggestellten Walchenseesiedlung: Auffallend viele städtische Angestellte und Beamte zählten zu den neuen Bewohnern, so vor allem Straßenbahnschaffner oder Angestellte der Stadtsparkasse, aber auch andere öffentliche Bedienstete wie Justiz- und Polizeibeamte, Postschaffner und Verwaltungsangestellte wohnten hier. Daneben finden sich Angehörige verschiedenster Berufe, vornehmlich jedoch aus der Baubranche. Hilfsarbeiter und Tagelöhner wohnten dagegen kaum in

Häuserzeile mit Gartenanteil (Gewofag).

der Siedlung. Diese Verteilung läßt vermuten, daß bei der Vergabe der neuen Wohnungen vor allem die Geldgeber – das Reich, das Land Bayern und die Stadt München – und deren Bedienstete berücksichtigt wurden.

Es gab nicht nur positive Reaktionen auf die neuen Siedlungen. Beispielsweise brachte der bekannte Architekt Max Schoen in der Architekturzeitschrift »Der Baumeister« kurz nach der Fertigstellung der Häuser einige Kritikpunkte an.[27] Er bemängelte vor allem die seiner Ansicht nach zu konservativ gestalteten Grundrisse der einzelnen Wohnungen. Auch sei der Gang so eng, daß er als Stellfläche für einen Schrank oder auch nur

für den Kinderwagen nicht zu nutzen ist. Ferner kritisierte er die fehlenden windgeschützten Sonnensitzplätze bzw. die zu tief liegenden Fensterbrüstungen. Auch kleinere Annehmlichkeiten wie Haustelefone mit Anschluß an das öffentliche Telefonnetz und ähnliches hätten nach seiner Ansicht ohne große Mehrkosten eingebaut werden können. Vor allem aber hatte er die Befürchtung, daß die engen Wohnungen dazu führen könnten, die Zahl der Kinder zu beschränken. Abgesehen von diesen sachlichen Einwänden wurden die neuen Siedlungen jedoch übereinstimmend von vielen Seiten als wichtiger Markstein in städtebaulicher und sozialer Hinsicht gewertet. Innerhalb weniger Jahre waren in Giesing und Harlaching Hunderte neuer Wohnungen entstanden, die in ihrer Konzeption und Bauweise wegweisend für die Zukunft waren.

Fußnoten

1 Zu den Wohnverhältnissen in Giesing: Neumeier, Sozialstruktur, sowie Adam, Wohnen.
2 Preis, Wohnungsnot, S. 151–168.
3 Wortlaut des Reichsstempelsteuergesetzes in der Fassung vom 26. Juli 1918. Körner, Bautätigkeit, S. 54 f.
4 Koehne, Baugenossenschaft, S. 7–52; Körner, Bautätigkeit, sowie Dörschel/Kornacher/Stiglbrunner/Staebe, Wohnungsreform, S. 119–123.
5 Adam, Bauverein, S. 136.
6 Bloessner, Entwicklung, S. 169.
7 Siedlungen der Gewofag, S. 5.
8 Morgenroth, Wohnungsstatistik, S. 186 f.; Schoen, Bauprogramm, S. 54.
9 Schoen, Wohnungsbauprogramm 1927, S. 178.
10 Ebd., S. 54.
11 Bloessner, Städtebauliche Entwicklung, S. 169.
12 Preis, Wohnungsnot, S. 153.
13 Meitinger, Münchner Wohnhaus, S. 134 f.
14 Schoen, Wohnungsbauprogramm 1927, S. 183.
15 Meitinger, Münchner Wohnhaus, S. 137 f.
16 Siedlungen der Gewofag, S. 5 f.
17 Meitinger, Münchner Wohnhaus, S. 144 f.
18 Siedlungen der Gewofag, S. 24 f.
19 Aicher/Drepper, Vorhoelzer, S. 246.
20 Kurz, Ideales Heim, S. 14 f.
21 Ebd., S. 9 f.
22 Ebd., S. 11 f.
23 Siedlungen der Gewofag, S. 32.
24 Zum folgenden: Siedlungen der Gewofag, S. 32–41.
25 Meitinger, Münchner Wohnhaus, S. 140.
26 Siedlungen der Gewofag, S. 6.
27 Schoen, Bauprogramm, S. 56 f.

Thomas Guttmann

»Heut' ist ganz München wieder Groß-Hadern!«[1]
Beflaggung in Giesing

Dem Monatsbericht der Bayerischen Politischen Polizei zur Stimmungslage der Bevölkerung läßt sich für den 1. Februar 1936 entnehmen, daß der *»3. Jahrestag der Machtergreifung durch den Nationalsozialismus überall festlich begangen und in Stadt und Land durch reichlichen Flaggenschmuck der Verbundenheit von Volk und Staat Ausdruck gegeben* (wurde)*«.* In bezug auf den ersten Jahrestag der Rückgabe des Saarlandes an Deutschland kommt der Bericht allerdings zu dem Schluß, daß die »Arbeiterviertel der Großstädte eine äußerst spärliche Beflaggung aufwiesen«.[2]

Es liegt auf der Hand, daß sich gerade die Arbeiterschaft weigerte, die Fahnen des verhaßten Regimes an ihren Fenstern aufzuhängen; schließlich waren deren Organisationen verboten worden, ihre Vertreter waren verhaftet oder wurden verfolgt. Mit wenig Phantasie kann man sich den Groll über die Demütigung eines Arbeiters

Mit der Hakenkreuzfahne beflaggte Fenster in der Tegernseer Landstraße während eines Schäfflertanzes (Verein Freunde Giesings).

oder eines überzeugten Anhängers der BVP aus-
malen, wenn sie die roten Hakenkreuzfahnen –
oft auf Druck der Ortsgruppe – an ihren Fenstern
anbringen mußten. Diesem Zwang konnten sich
nach Auskunft von Giesinger Zeitzeugen freilich
nur die wenigsten entziehen. Frau D. aus der
Oefelestraße erinnert sich an einen Kommunisten
in ihrer Nachbarschaft, der es wagte, an einem
dieser Staatsfeiertage die rote Fahne mit Hammer
und Sichel zu hissen. Diese Provokation blieb der
Untergiesinger Ortsgruppe der NSDAP, die sich
damals in der Humboldtstraße 3 traf, natürlich
nicht verborgen. Der Vorfall wurde an die
Reichsleitung der NSDAP in der Tegernseer
Landstraße gemeldet, die daraufhin dem renitenten Untergiesinger telefonisch Konsequenzen androhte, sollte er das noch einmal wagen.

Ähnlich erging es Herrn H. aus der Unteren
Weidenstraße, der es sich nicht nehmen lassen
wollte, die seiner Überzeugung entsprechende
schwarz-weiß-rote Fahne des Deutschen Reiches
zu hissen. Auch er wurde von der Giesinger SA
gezwungen, diese Fahne abzunehmen. Beim
nächsten feierlichen Anlaß hing auch bei Herrn
H. die Hakenkreuzfahne vor seinem Fenster.
Wenngleich es Herr G. aus der Sommerstraße für
unmöglich hält, daß damals jemand sein Fenster
nicht beflaggte, hat es dennoch immer wieder
Personen gegeben, die sich diesem lästigen Zwang
entzogen. So kam beispielsweise Herr K., in den
30er Jahren Kaplan der Untergiesinger Pfarrei St.
Franziskus, während eines Interviews auf eine
sehr gläubige Giesinger Familie aus der Gerhardstraße zu sprechen. Sie weigerte sich strikt, an den
Feiertagen des Dritten Reiches, wie etwa Hitlers
Geburtstag, die Hakenkreuzfahne anzubringen.
Statt dessen stellte Frau R. ein Herz-Jesu- oder
Marienbild in ihr Fenster – und das nicht nur
einmal. Gegen diese Provokation war die Untergiesinger NSDAP machtlos, weil Frau R. als
Mutter von neun Kindern mit dem sogenannten
Mutterkreuz ausgezeichnet worden war; man
konnte sie deshalb nicht belangen oder gar verhaf-
ten. Sie selbst vertrat – so Kaplan K. – lediglich die

Ansicht, daß es den Nationalsozialisten auch
»nicht schaden« würde, »sich wieder Jesus und
Maria« zuzuwenden. So blieb Frau R. mit ihrer
entwaffnenden Naivität vor weiteren Nachstellungen der Giesinger NSDAP verschont.

Hingegen berichten andere Zeitzeugen von
Fällen, in denen von der Ortsgruppe, ja selbst von
Nachbarn, die überzeugte Anhänger des Regimes
waren, hinsichtlich der Beflaggung Druck ausgeübt worden war. Nach den Worten von Frau B.,
damals in der Bonifatiusstraße wohnhaft, ist
einem »nichts anderes übriggeblieben, man hat's
machen müssen. Da hat's kein Pardon gegeben«.
Auch in der Nachbarschaft hielt man sich nach
ihrer Erinnerung weitgehend an die Anordnungen der Nationalsozialisten. »Man ist halt still
gewesen und hat's raufgemacht, damit Ruhe gewesen ist.« Allerdings seien die Hakenkreuzfähn-
lein, für die an den Fensterstöcken entsprechende
Halterungen angebracht werden mußten, zumindest von ihren Eltern *mit keinen guten Wün-
schen da rausgekommen, und der größte Schwur
von der Mutter war, daß sie, wenn alles mal
vorbei ist, wieder eine weiß-blaue Fahne kauft*.
Auch der Vater von Frau L., ein entschiedener
Gegner des Nationalsozialismus war zunächst
nicht bereit, die Fenster seiner Wohnung in der
Aignerstraße mit der Hakenkreuzfahne zu
schmücken. Statt dessen hißte er die verbotene
weiß-blaue Fahne.

Ebenso weigerte sich der in unmittelbarer
Nachbarschaft wohnende Vater von Frau V. be-
harrlich, die Hakenkreuzfahne an den Fenstern
aufzuhängen – obwohl er nach Auskunft seiner
Tochter genau wußte, das dies schlimme Folgen
haben konnte. Allerdings lagen die Fenster nicht
zur Straßenseite, so daß das Fehlen der Hakenkreuzfahne an den Staatsfeiertagen nicht gar so
stark ins Gewicht fiel. Lediglich sein Nachbar –
zwar ein überzeugter Nazi, ihm aber dennoch
wohlgesonnen – machte ihn mehrmals darauf
aufmerksam, daß dies nicht ungefährlich sei. Die
gutgemeinten Ratschläge konnten Herrn V. aber
nicht umstimmen; eine Hakenkreuzfahne kam

ihm nicht ins Haus. Und tatsächlich blieben in diesem Fall Konsequenzen aus.

Hätte Herr V. in der nur wenige Meter entfernten Hefnerstraße gewohnt, hätte er womöglich andere Erfahrungen gemacht. Ein weiterer Zeitzeuge, Herr B., erinnert sich nämlich, daß in dieser Straße vor der Machtergreifung nur die roten Fahnen der Arbeiterbewegung hingen; danach war auffälligerweise fast jedes Fenster mit einer Hakenkreuzfahne »geschmückt«. Da sich das Büro der Ortsgruppe in der nahegelegenen Gietlstraße befand, ist anzunehmen, daß sich deren Mitglieder wohl persönlich für die Beflaggung der einstmals »roten« Hefnerstraße eingesetzt hatten. Denn nach dem Krieg waren – so Herr B. – dort wieder »die roten Fahnen heraußen gehängt, und da hat man noch das Feld vom Hakenkreuz gesehen, das runde, das verschossen war«.

Fußnoten

1 »Hadern« bezieht sich in diesem Zeitzeugenzitat abfällig auf die NS-Fahnen im Sinne von »Lumpen«.

2 Hauptstaatsarchiv München, MA 10687.

»Als Siedler kommen nur Erwerbslose oder Kurzarbeiter in Frage…«

Vorgeschichte, Aufbau und Anfangsjahre der Reichskleinsiedlung Am Perlacher Forst

Seit nunmehr sechs Jahrzehnten besteht das aus der ehemaligen Reichskleinsiedlung Am Perlacher Forst hervorgegangene Siedlungsgebiet – heute von einer selbst Autobahnmaße übertreffenden »Tegernseer Landstraße« im Westen, dem erweiterten Friedhof am Perlacher Forst im Osten, der in den fünfziger Jahren entstandenen »Amerikanischen Siedlung« im Süden und schließlich von der Strafanstalt Stadelheim im Norden begrenzt. Aus einer planerisch normierten »vorstädtischen Kleinsiedlung« des Jahres 1932 ist eine den heutigen Baumöglichkeiten entsprechende Wohngegend entstanden. Dennoch sind die Grundstrukturen aus der Entstehungszeit nach wie vor erkennbar, sei es in Form annähernd erhalten gebliebener Haustypen oder aufgrund der überwiegend beibehaltenen Anlage von Straßen und Grundstücken. Nachfolgend wird nicht der – insbesondere in den fünfziger und siebziger Jahren stattfindende – Wandel beschrieben, es wird vielmehr dargestellt, warum und vor allem wie sich hier 96 Familien mit staatlicher und städtischer Unterstützung 1932/33 eine neue Existenzgrundlage schaffen konnten.

Niemand blieb von der katastrophalen Wirtschaftskrise Ende der zwanziger, Anfang der dreißiger Jahre unberührt. Mit am schwersten traf es diejenigen, die nicht mehr in der Lage waren, aus eigener Leistung ihren Lebensunterhalt zu finanzieren: die Arbeitslosen. Auch diejenigen, die noch Arbeit hatten, mußten immer öfter kurzarbeiten. Es fällt schwer, jene Situation anschaulich zu machen, in der sich die Betroffenen und ihre Familien befanden. Für die meisten war das Leben schlicht ein gnadenloser Existenzkampf, ein oftmals erbärmliches »Durchfretten« von Woche zu Woche, von Tag zu Tag, in dem jegliche Hoffnung und jeglicher Mut, nicht selten auch jegliche Menschlichkeit untergingen. Arbeitslos zu sein[1] bedeutete jedoch nicht für jeden dasselbe. Offiziell gab es für Arbeitslose die reguläre Arbeitslosenunterstützung (AlU), ihr folgte die Krisenunterstützung (KrU) und dann kam als letztes »Auffangnetz« die Wohlfahrtsunterstützung (WU), zahllose Arbeitslose konnten allerdings nicht einmal damit rechnen. Über zwei Drittel der durch die WU unterstützten Arbeitslosen waren »Ausgesteuerte«, also aus der Depression hervorgegangene Langzeitarbeitslose, beinahe ein Fünftel der Betroffenen, vielfach junge Leute, hatten aufgrund des Arbeitsmangels noch gar keinen Leistungsanspruch erwerben können.

Daß auch München und seine Bewohner von der Depression zusehends betroffen waren, konnte nicht verwundern.[2] Zum Teil drastische Rückgänge an Aufträgen und damit an Produktivität ließen in den Betrieben die Kurzarbeit, vielfach aber auch die Entlassungen in die Höhe schnellen. Zwischen Juni 1929 und Dezember 1932 stieg die Zahl der Münchner Wohlfahrtserwerbslosen von 1404 auf 46 118, Ende 1931 entfielen auf 1000 Einwohner in München 95, ein Jahr später bereits 104 unterstützte Erwerbslose. Die Zahl der insgesamt Betroffenen lag weit höher, fast *»jeder vierte Münchner dürfte im*

Laufe des Jahres 1932 mit der öffentlichen Fürsorge in Berührung gekommen sein.« Auch der überwiegende Teil der späteren 96 Siedler am Perlacher Forst war in den Jahren 1930 und 1931 bereits so lange arbeitslos geblieben, daß er auf die KrU oder die WU angewiesen war; erst seit kurzem arbeitslos waren die wenigsten der Betroffenen. Noch ärger traf es zehn spätere Siedler: Die Hälfte von ihnen war seit dem wirtschaftlichen Niedergang im Jahre 1929, die andere Hälfte bereits seit Mitte der zwanziger Jahre ohne Arbeit. Weitere sieben der späteren Siedler waren aufgrund kriegs- oder unfallbedingter Invalidität oder einfach aufgrund ihres Alters im regulären Arbeitsprozeß nicht mehr »vermittelbar«.[3]

Für die Betroffenen und ihre Familien bedeutete dies geringe finanzielle Unterstützung, mit der man die benötigten, oder wohl zutreffender, die erschwinglichen Dinge des täglichen Bedarfs zu decken hatte. Regelmäßige und ausgewogene Ernährung in Form von eiweißhaltiger und vitaminreicher Kost – Fleisch, Fisch, Gemüse, Salate – war insbesondere für auf Unterstützung angewiesene Familien unmöglich. Nicht selten wurden Ersatzkaffee, Kartoffeln, Brot und Marmelade zur »Hauptnahrung«; immer seltener und wenn, dann von minderer Qualität, konnte man diese mit anderen Lebensmitteln ergänzen. Konnte man beim Essen noch »sparen«, so verblieben weiterhin die relativ unveränderten Mietkosten. Am Beispiel einer späteren Siedlerfamilie wird es deutlicher: Der Mann erhielt eine wöchentliche KrU in Höhe von 12,30 RM, also eine monatliche Unterstützung von insgesamt 49,20 RM. Bei einer Monatsmiete von 25 RM verblieb der vierköpfigen Familie mit einem »Alleinverdiener« ein Restbetrag für den sonstigen Bedarf von 24,20 RM, zum täglichen Leben blieben also für jedes Familienmitglied rund 20 Pfennige übrig. Das Rechnen in Pfennigbeträgen war also keine übertriebene Sparsamkeit, es war schlicht existentiell notwendig.

Für viele Menschen entwickelte sich ihr Leben zusehends von der Bescheidenheit zum Mangel; andauernde Arbeitslosigkeit beschleunigte oftmals den Niedergang vom Mangel zur Armut nur noch deutlicher. Immer öfter wohnungslos, nicht selten in primitiven Notbauten hausend und zwischen den Arbeitsämtern, den Fürsorgestellen und den Suppenküchen der Stadt vegetierend, stieg ihre Zahl beständig an. Handlungsbedarf war in der Tat angesagt, eine der zahlreichen Notverordnungen beinhaltete daher folgerichtig auch Maßnahmen zur Unterstützung der Arbeitslosen. Laut der Verordnung vom 6. Oktober 1931[4] sollte durch die Schaffung sogenannter vorstädtischer Kleinsiedlungen und durch die Bereitstellung von Kleingärten zumindest ein Teil von ihnen berücksichtigt werden. Die Siedlung bot den Betroffenen die Möglichkeit, neben einer einfachen und vor allem finanzierbaren Unterkunft sich selbst und ihren Familien durch die gartenbaumäßige Nutzung des zur Verfügung gestellten Bodens und durch die Haltung von Kleintieren eine spürbare Ergänzung des Lebensbedarfs zu erarbeiten.

Wohnungspolitik in Form des Kleinsiedlungsbaus war also als indirekte Arbeitsbeschaffungsmaßnahme gedacht, längerfristig Arbeitslosen neben einer gesicherten Unterkunft auch die Möglichkeit zum Nebenerwerb zu eröffnen.[5] Es war also schlicht ein Versuch, in den von der Depression besonders betroffenen Großstädten und Industrieregionen Arbeitsmöglichkeiten zu schaffen und gleichzeitig auf eine krisenmildernde Folgewirkung zu setzen. Zu diesem Zweck stellte die Reichsregierung zunächst von November 1931 bis Ende April 1932 monatlich rund acht Millionen Reichsmark zur Verfügung; Anträge auf Beteiligung sollten möglichst rasch durch die betroffenen Kommunen über ihre jeweiligen Länderstellen eingereicht werden. Entsprechende Vorschläge und Anträge hatten geringste Kostenverursachung zu beachten, also insbesondere für den Grunderwerb, die Aufschließung und den Bau der Siedlungen; auch sonstige Nebenkosten waren auf das unbedingt Notwendige zu minimieren.

Im Münchner Stadtrat wurde Ende Oktober 1931 diese Siedlungskonzeption eher zurückhaltend aufgenommen.[6] Dieses Zögern beruhte einerseits auf der Notwendigkeit, geeignete städtische Grundstücke zur Verfügung zu stellen, andererseits auf dem nicht unberechtigten Vorbehalt, ob Nebenerwerb in Form von Gartenbau und Kleintierzucht tatsächlich zu einer spürbaren Entlastung beitragen würde. Auch wenn Karl Sebastian Preis als zuständiger Wohnungsreferent – nicht nur aufgrund erst jüngst vorgelegter eigener Vorstellungen zum Kleinwohnungs- und Siedlungsbau in München – dem gesamten Projekt der Reichskleinsiedlungen eher skeptisch gegenüberstand[7], so legte er doch bereits am 8. Dezember 1931 eine detaillierte Denkschrift vor, deren Grundzüge die weitere Entwicklung in München maßgebend beeinflußten und in der er gleich zu Beginn darauf verwies, daß nur bei entsprechendem Einsatz der städtischen Stellen und durch pragmatische Auswahl und Organisation der etwaigen Siedler Konstruktives geleistet werden könne. Für das Gesamtprojekt standen der Stadt 1,25 Millionen RM zur Verfügung, geeignetes Siedlungsgelände müsse umgehend ausgewiesen werden. Mit der Ausarbeitung entsprechender Pläne für das Gelände und zweier Haustypen, verbunden mit einem ausführlichen Finanzierungsplan, sollte sofort begonnen werden. Die Pläne für die Häuser hatten sowohl Wirtschaftlichkeit und Brauchbarkeit zu berücksichtigen wie auch genügendes Platzangebot; ebenso sollte die Möglichkeit zum weitgehenden selbständigen Ausbau gegeben sein. Pro Siedlerstelle durften 3000 RM an Gesamtentstehungskosten nicht überschritten werden. Sie setzten sich zusammen aus der freiwillig zu leistenden und entsprechend anzurechnenden Arbeit der in Frage kommenden Siedler sowie dem maximal zur Verfügung stehenden Reichsdarlehen in Höhe von 2500 RM. Siedlungsgelände und zu errichtende Gebäude blieben Eigentum der Stadt. Zunächst sollten sie auf drei Jahre verpachtet bzw. vermietet werden, wobei die monatliche Belastung für die Familien 15 RM nicht übersteigen sollte. Nach bewiesener Eignung war vorgesehen, sie den Siedlern auf 45 Jahre zu Erbbaurecht zu übertragen. Lediglich Erwerbslose und Kurzarbeiter kamen in Frage; freiwillige und zeitlich festgelegte Mitarbeit bei der Aufschließung, den Bauarbeiten und weiteren Erschließungsarbeiten im Selbsthilfe- und Gemeinschaftsverfahren waren Grundvoraussetzung. Nach Bezug der Siedlerstelle sollten die Bewerber die anfallenden Abgaben übernehmen und insbesondere die Instand- und Unterhaltungskosten tragen.

Gerade der Auswahl der Bewerber widmete Preis sein besonderes Augenmerk. Diese hatten sich unterschriftlich und unwiderruflich zu verpflichten, bei allen im Laufe des Projekts anstehenden Arbeiten nicht nur ordnungsgemäß, sondern vor allem auch regelmäßig, entsprechend ihrer jeweiligen Fähigkeiten und Kenntnisse, mitzuarbeiten. Die Bewerber, überhaupt der gesamte in Frage kommende Familienverband, sollte nach Alter und Geschlecht, nach Herkunft, Ausbildung und Beruf, nach Verdienst bzw. Unterstützung, erfaßt werden. Vor allem um die Fähigkeiten und die Bereitschaft der sich Bewerbenden ging es, d.h. welche handwerklichen und auch landwirtschaftlichen Erfahrungen sie vorweisen konnten. Ausdrücklich wurde auch nach den Fähigkeiten der Ehefrau im Bereich Gartenbau und Kleintierhaltung und auch nach der Bereitschaft der Kinder zur Mitarbeit gefragt. Praktisches Verhalten, besondere Fähigkeiten und Leistungen, handwerkliches Geschick, offenes oder eher isoliertes Verhalten gegenüber Dritten, Bereitschaft zur gegenseitigen Hilfe, schließlich ersichtliche Freude und erkennbares Interesse an einer, wenn auch einfachen, so doch eigenen Heimstätte waren von Bedeutung. Auch »durch ein psychologisches Gespräch« und durch »Recherchen« wurde nach »besonderen Neigungen« und »Schwächen« der Bewerber gesucht und geachtet. Ein Beispiel: *Ist die Wohnung sauber und der Haushalt ordentlich?*« Die Frage wurde

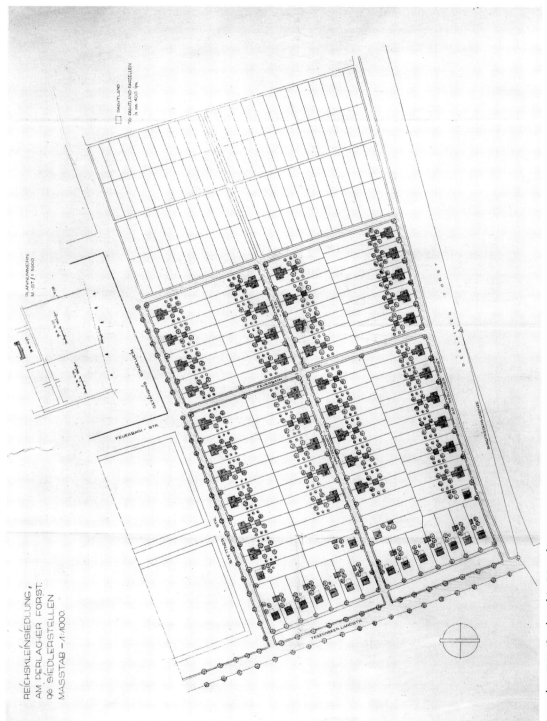

Lageplan 1932 (Stadtarchiv München).

202

dann im Frühjahr 1932 dadurch beantwortet, daß Mitarbeiter der Bezirkswohlfahrtsämter unangekündigt in den Wohnungen der Bewerber erschienen: *»Der ist einfach durch die Zimmer gegangen, hat d'Schränk' aufgemacht, d'Wäsch' angeschaut und nicht nur nach Staub gesucht.«* So erinnern sich zahlreiche Zeitzeugen aus den Siedlungen. Ein benotetes Gutachten wurde erstellt, dem Wohnungsreferat zur Prüfung vorgelegt und erst aufgrund einer persönlichen Unterredung des Bewerbers mit keinem geringeren als dem städtischen Wohnungsreferenten Karl Sebastian Preis selbst kam es zur endgültigen Entscheidung. Diesen Vorgaben Preis' zur weiteren Vorgehensweise stimmte der Münchner Stadtrat am 17. Dezember 1931 zu. Man wollte also Reichskleinsiedlungen errichten, ausdrücklich aber unter der Vorbedingung, keinerlei Lasten außer verwaltungstechnischen Ausgaben zu übernehmen, weder jetzt noch in Zukunft.

Es ist nicht nur aus der Rückschau heraus zulässig, das weitere Vorgehen einiger städtischer Stellen als verzögernd, gar behindernd zu bezeichnen. Die schleppende Behandlung der Angelegenheit in den nächsten Wochen und Monaten war angesichts der angebotenen Reichsmittel geradezu fahrlässig, immer deutlichere Hinweise auf Beschleunigung des Verfahrens seitens des zuständigen Staatsministeriums nur konsequent.[8] Ein ohnehin um die notwendige Koordination ringender Karl Sebastian Preis wurde durch die anderen Referate nur unzureichend unterstützt; ausgewiesene Fachleute im Hochbauamt wie Fritz Beblo und Karl Meitinger, die ein Maximum aus Minimalvorgaben herausholten, sahen sich mit nicht selten selbsternannten »Bauexperten« konfrontiert. Die in einer dramatischen Wirtschaftskrise erforderlichen, auch aktive und risikobereite Vorgehensweise erkennende und nicht nur pragmatisch denkende Bürgermeister und Stadträte wie Hans Küfner und Thomas Wimmer waren rar. Um die Ergebnisse für München zusammenzufassen: Insgesamt wurden für 400 Siedlerstellen die nötigen Bau- und Finanzierungs-

pläne ausgearbeitet und beschlossen, drei Projekte wurden dann seit dem Frühjahr 1932 verwirklicht: Die Reichskleinsiedlungen im eben erst eingemeindeten Freimann (193 Stellen), an der alten Zamdorfer Straße (111 Stellen) und am Perlacher Forst (96 Stellen). Während in den beiden erstgenannten ausschließlich Einzelhäuser in Riegelwerkkonstruktion errichtet wurden, kamen am Perlacher Forst sowohl ein Einzel- als auch ein Doppelhaustyp zur Ausführung.

Das Doppelhaus – im Grunde genommen zwei aneinander gebaute Einzelhäuser – hatte im Erdgeschoß eine unterkellerte Wohnküche und einen oder zwei Schlafräume; in einem Anbau befanden sich der Trockenabort und der Kleintierstall. Im Obergeschoß konnten zwei mansardierte Räume ausgebaut werden. Das Haus war massiv gemauert, lediglich der Anbau wurde in Riegelwerkkonstruktion ausgeführt. Das Einzelhaus hatte nahezu die identische Aufteilung, Abortanlage und Stallbereich befanden sich jedoch im eigentlichen Haus; dieser Bereich wurde ebenfalls in Riegelwerkkonstruktion erstellt. Das Riegelwerk wurde ausgemauert und mit einer Holzverschalung versehen. Grundsätzlich bleibt festzuhalten, daß die gewählte Hausform nicht nur wirtschaftlich war, Steildächer waren zudem vorgeschrieben, da einfacher herzustellen. Außerdem boten sie »Dachraum auf Vorrat«[9], der auch zu einem späteren Zeitpunkt noch ausgebaut werden konnte. Die Wohnflächen waren nahezu identisch, vorteilhaft war im Doppelhaus sicherlich die von vornherein festgelegte Separierung von Abort und Stall im Anbau. Die 96 Siedlerstellen am Perlacher Forst bestanden aus 18 Einzel- und 39 Doppelhäusern. Das ursprünglich für die Erweiterung des Friedhofes vorgesehene Gelände umfaßte etwa 76 542 qm Bau- und Nutzland; das kleinste Grundstück hatte 697 qm, das größte 982 qm, die Durchschnittsfläche der Grundstücke lag also bei etwa 797 qm. Der Pacht- bzw. der Erbbauzins wurde unter Zugrundelegung eines Bodenwertes von drei Reichsmark auf 2%, das waren sechs Reichspfennige, für den Quadratme-

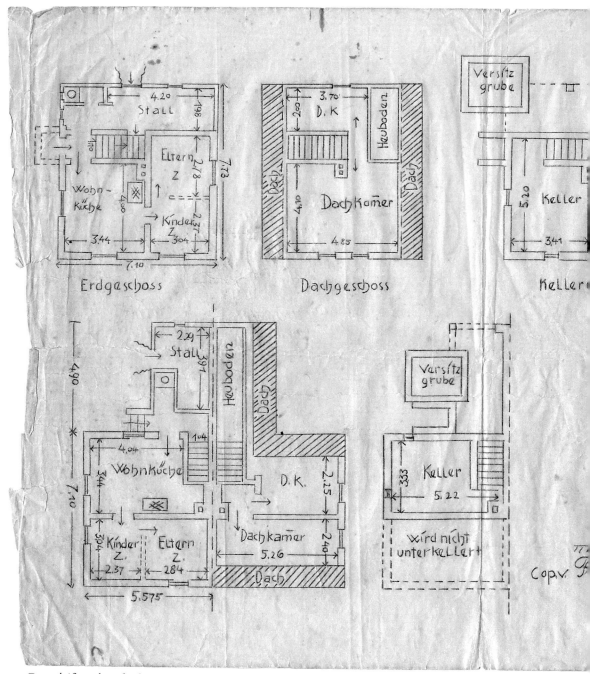

Grundriß und Aufteilung eines Einzel- bzw. Doppelhauses (Siedlerverein Perlacher Forst).

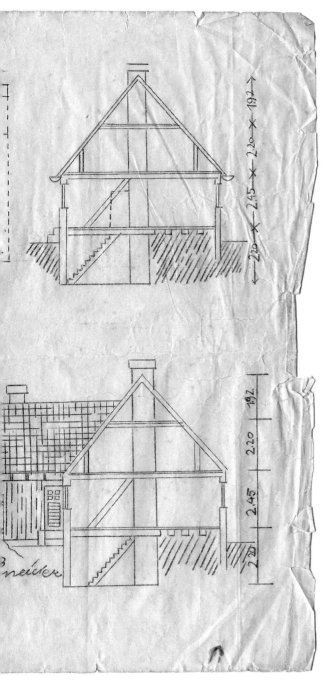

ter nutzbarer Fläche festgelegt. Eine Kanalisation der Siedlungen kam aus Kostengründen nicht in Frage, einfachste Wasserzuleitung und Straßenausführung waren vorgegeben, die Stromversorgung erfolgte über ein Freileitungsnetz. Das Hochbauamt übernahm im Einvernehmen mit dem Wohnungsreferat die bautechnische Oberleitung, die Baubeaufsichtigung arbeitslose freie Architekten. Für die Gemeinschaftskosten – also für den Straßen- und Wasserleitungsbau, für Einfriedungen und Versicherungen, für lebendes und totes Inventar – kalkulierte man 595 RM ein, für den Bau des eigentlichen Hauses verblieben somit 1905 RM. Die Siedler wurden ihren Kenntnissen entsprechend Baufirmen zur unentgeltlichen Arbeitsleistung zugewiesen, die jeweiligen »Ausbauarbeiten wurden an das ortsansässige Baunebengewerbe vergeben«. Den Firmen war vorgeschrieben, alle eigenen, zur Siedlungsarbeit benötigten Arbeiter vom Arbeitsamt zu beziehen. Die Siedler konnten sich nach Genehmigung durch geeignete Ersatzleute zeitweise ablösen lassen. Gleich welche handwerkliche Ausbildung sie hatten, zu jeder anfallenden Arbeitsleistung waren sie verpflichtet. Die 48-Stunden-Woche war maßgebend, wöchentliche Beschäftigungslisten zur Überprüfung ihrer Arbeitsleistung mußten durch die Firmen geführt werden.[10]

Nachdem die Gelände-, Bau- und Finanzierungspläne eingereicht und bewilligt waren und Anfang Mai 1932 zwischen der Stadt München und der Deutschen Bau- und Bodenbank in Berlin ein Darlehensvertrag unterzeichnet war, standen für den Bau und die Einrichtung von 96 Reichskleinsiedlerstellen am Perlacher Forst 240 000 RM zur Verfügung. Auch die Auswahl der Bewerber hatte zwischenzeitlich begonnen.[11] Das Wohnungsreferat bat am 2. Februar 1932 in einem Rundschreiben die Gewerkschaften und mehrere Interessenverbände um Mitarbeit; die Antwortschreiben bis Mitte des Monats zeigten reges Interesse. Am 1. März 1932 hatte Preis die Auswahlkriterien noch einmal zusammengefaßt: *»Als Siedler kommen nur Erwerbslose oder Kurz-*

arbeiter in Frage, die sich freiwillig melden und verpflichten von Anfang an, d. h. vom Zeitpunkt der Herrichtung des Baugeländes, der Anlage der Straßen, der Wasserversorgung usw. bis zur vollständigen Herstellung der Siedlung freiwillig mitzuarbeiten.« Erst nach Beendigung der Arbeiten sollten die Stellen an die Anwärter verlost werden. Von Beginn an war den Interessenten deutlich zu machen, daß sie keinerlei Vergütung erhalten. Ihre Unterstützung liefe zwar weiter, doch müsse darauf hingewiesen werden, daß die öffentlichen Fürsorgemaßnahmen etwaigen Kürzungen unterworfen sein könnten. Auch der Anfang März veröffentlichte Aufruf zur Mitarbeit an den Siedlungen verwies darauf; dennoch Interessierte hatten ihre Bewerbung bis spätestens 15. März abzuliefern. Insgesamt waren 1214 Bewerbungen für die Reichskleinsiedlungen eingegangen; »aus dieser Überzahl von Bewerbern eine gerechte und alle Anfechtungen ausschließende Auswahl zu treffen«, war sicherlich nicht einfach.[12] Die Herkunft der 400 ausgewählten Siedlerehepaare ist zumindest grob nachvollziehbar: 258 Frauen (64,5 %) und 256 Männer (64 %) stammten vom Land oder waren in Städten mit weniger als 10 000 Einwohnern geboren, aus Gemeinden darüber stammten lediglich je 27 Frauen und Männer (je 6,75 %). Geborene Münchnerinnen und Münchner waren 115 (28,75 %) bzw. 117 (29,25 %) von ihnen. Bei 92 der ursprünglich 96 Siedler am Perlacher Forst war ihr Beruf noch feststellbar: Elf der 96 »Ursiedler« waren Maurer, je zehn Schreiner oder Hilfsarbeiter, je sechs Zimmerleute oder Bauarbeiter, je fünf Schlosser oder Kaufleute. Vier waren Bauhilfsarbeiter, je drei Spengler, Installateure, Maschinisten oder Maler, jeweils zwei waren Schuhmacher, Bäcker, Buchdrucker oder Elektromonteure. Jeweils einmal lassen sich folgende Berufe festhalten: Sattler, Maschinenschlosser, Bildhauer, Setzer, Monteur, Elektromeister, Gerber, Einsteller, Gärtner, Dachdecker, Küfer, Packer, Reitbursche, Werkmeister und Stukateur. Deren spätere Leistungen hätten – laut Preis – ihre Auswahl bestätigt[13]; ein

Aufruf!

Erwerbslosensiedlungen!

Die Stadt München erhält von der Deutschen Reichsregierung Mittel um geeigneten Erwerbslosen und Kurzarbeitern zur Erleichterung ihres Lebensunterhaltes eine Ansiedlung im Vorstadtgebiete zu ermöglichen.

Die einzelne Siedlerstelle wird von der Stadt zunächst im Pachtverhältnis, nach einigen Jahren im Erbbaurecht zur Verfügung gestellt. Die Stadt wird den Siedlern mit Rat und Tat an die Hand gehen. Voraussetzung ist, daß sich der Siedler den Erfordernissen des Ganzen unterordnet und selbst nach besten Kräften mitarbeitet. Die Siedler müssen gegenseitig auf einander Rücksicht nehmen, sie müssen beim Aufbau der Siedlung freiwillig zusammenarbeiten, in ihrem eigenen Interesse Gemeinschaftsarbeit, Nachbarhilfe leisten. Es wird ausdrücklich bemerkt, daß diese Mitarbeit bei Fortdauer der Erwerbslosenunterstützung unentgeltlich zu erfolgen hat und daß bei vorzeitiger Beendigung und zwar sowohl bei freiwilligem Rücktritt, wie bei einem etwaigen Ausschluß eine Vergütung für die geleistete Arbeit nicht beansprucht werden kann.

Wer sich für geeignet hält und hiernach Lust und Liebe hat sich zu melden, verschaffe sich einen Fragebogen, der wahrheitsgetreu auszufüllen und bis längstens 15. März 1932 wieder abzuliefern ist. Die Entscheidung über die Zuteilung einer Siedlerstelle wird sodann erfolgen. Persönliche Rückfragen im Rathaus wollen unterlassen werden. Diejenigen, die einen Fragebogen einreichen, werden seinerzeit entsprechend verständigt.

Am 3. März 1932.

Stadtrat München.

J. B.
gez. Preis.

Fragebogen werden hier abgegeben!

Aufruf zur Meldung zum Siedlungsbau, März 1932 (Stadtarchiv München).

anderer Beobachter meinte gar, die »*Anordnung des Siedlungsreferates* [es war das Wohnungsreferat, das »Siedlungsreferat« gab es in einer Zeit, auf die noch einzugehen sein wird, Anm. d. Verf.], *sich die Auswahl der Siedler vorzubehalten, hat sich beim Aufbau der Siedlung bewährt und sie vor den üblichen Verunstaltungen späterer Jahre bewahrt.*«

Spätestens zu dem Zeitpunkt, als man den Arbeitsausweis in Händen hielt, wußte man, daß man als »Anwärter auf eine Siedlerstelle« galt. Auf dem Ausweis wurde die Verwendungsmöglichkeit des Siedlers angegeben, auf der Rückseite der etwaige Ersatzmann mit seinen handwerklichen Qualifikationen vermerkt. Zwei Fälle, in denen ein Ersatzmann einspringen mußte, sind dokumentiert: In dem einen Fall führte ein arbeitsloser Zimmermann die Arbeit eines Sieдlers aus, der kurzfristig wieder eine Anstellung bekommen hatte; im zweiten Fall übernahm der Bruder einer Siedlerin die Arbeitsleistung ihres während der Bauzeit verstorbenen Mannes. Per Postkarte vom 14. Mai 1932 benachrichtigte dann das Hochbauamt die 96 Anwärter: *»Wir teilen Ihnen mit, daß mit den Arbeiten der Siedlung Perlacher Forst begonnen wird am Mittwoch, den 18. Mai 1932, vormittags ½ 9 Uhr. Sie werden ersucht, mit Ihrem Ausweis pünktlich zu erscheinen, Werkzeug wird bauseits gestellt. Sie werden zunächst den Straßenbauarbeiten/Wasserleitungsarbeiten zugeteilt.«* Gleich zu Beginn der Arbeit wählten die 96 Siedler die vorgesehenen Obmänner, drei von ihnen vertraten bis zur Gründung der Genossenschaft im November 1932 die Interessen der Siedleranwärter; zusätzlich wurden sie unterstützt durch die aus Eigeninitiative hervorgegangene »Arbeitsgemeinschaft der Reichskleinsiedlungen Freimann, Perlach & Zamdorf«.

Auf der Baustelle wurden zunächst die benötigten Bauhütten aufgestellt sowie die Laufdielen und Gleisanlagen für die Rollwägen verlegt. Ein früher Zeitungsbericht[14] hielt den Arbeitsbeginn der insgesamt 289 Anwärter – auch in Freimann war am 18. Mai begonnen worden – fest und schilderte die Situation acht Tage danach. Nach einer kurzen Ansprache von Karl Meitinger war mit den Arbeiten begonnen worden; die Siedler brauchten nicht mehr zu stempeln, ihre Unterstützung erhielten sie auf der Baustelle ausbezahlt. Der gezeigte Fleiß der Betroffenen und der zügige Arbeitsfortschritt wurden besonders hervorgehoben, seien sie doch vielfach *»durch Kummer und Sorgen, durch Hunger und Arbeitsentwöhnung eigentlich nicht die kräftigsten für diese schwere Arbeit«.* Einzelgespräche zeigten, daß die Aussicht auf ein bescheidenes, so doch lebenswertes neues Zuhause motivierend wirkte, wenngleich man sich über die noch zu leistenden

Arbeitsausweis, Frühjahr 1932 (Privatfoto).

Arbeiten durchaus im klaren war. Es war vorteilhaft, *»daß sich unter diesen Männern nur solche befinden, die aus einem schweren Schicksalsringen mit praktischen und brauchbaren Anschauungen hervorgegangen sind«.* Dies war auch nötig, denn sowohl die Straßen- als auch die Wasserleitungsarbeiten forderten in den nächsten Wochen den Siedlern vieles ab. Durchschnittlich waren für die fünf Meter breiten und insgesamt etwa 1500–1600 Meter langen Fahrbahnen zunächst 40 cm Mutterboden auszuheben, dann wurde mit Kies aufgefüllt, dieser eingewalzt und schließlich aufgesandet. Sowohl Kies als auch Sand wurden an Ort und Stelle gewonnen. Die Wasserleitung, eine rund 2600 Meter lange Art Ringleitung durch das Siedlungsgebiet, wurde bereits am 29. Juni fertiggestellt. Dabei ist auf die Hauptleistung beim Straßen- und Wasserleitungsbau zu verweisen: Sowohl der Aushub wie das Auffüllen war ohne Maschinenkraft zu bewältigen, die hierbei bewegten Mengen waren enorm und belasteten die körperliche Leistungsfähigkeit der Einzelnen auf das Äußerste. Nach dem weitgehenden Abschluß dieser Maßnahmen wurden dann auch die Aushübe für die Keller und Fundamente der Häuser eigenhändig getätigt.

Eines wurde aber rasch deutlich: Mit den bisherigen Kräften, d. h. also ausschließlich mit den 96 Siedlern, war *»es nicht möglich, die Bauten in diesem Jahre zu Ende zu führen«.*[15] Auch deshalb ging man auf ein mehr als günstiges Angebot ein: die Heranziehung des freiwilligen Arbeitsdienstes zur Mitarbeit beim Bau der drei Reichskleinsiedlungen. Das Angebot, etwa 500 bis 600 Arbeitsdienstwillige zur Verfügung zu stellen, war durch den »Volksbund für Arbeitsdienst in Bayern« und den »Sozialen Hilfsdienst« erfolgt. Kosten entstanden der Stadt hierbei nicht, da die Vergütung von täglich zwei Reichsmark pro Arbeitskraft an Stelle der Arbeitslosenunterstützung aus Reichsmitteln finanziert wurde. Nicht nur Preis betonte, nur eine sofortige Beteiligung des Arbeitsdienstes könne die rechtzeitige Fertigstellung der Projekte bis zum Herbst sicherstellen, außerdem entstünden ja keinerlei zusätzliche Kosten für die Stadt. Mit dem freiwilligen Arbeitsdienst[16] sollten vor allem Jugendliche, die nach dem Schulabschluß keine Arbeit fanden, erreicht werden. Die Arbeiten mußten gemeinnützigen Zwecken dienen und durften nicht zu einer Verringerung der übrigen Arbeitsmöglichkeiten auf dem offenen Markt beitragen. In einem Zeitraum von zwei Jahren konnten maximal 20 Wochen dieser Förderung gewährt werden, in Ausnahmefällen – bei als »volkswirtschaftlich wertvoll« anerkannten Projekten wie den vorstädtischen Reichskleinsiedlungen – war es möglich, die Förderungsspanne auf maximal 40 Wochen auszudehnen. Bis zum Herbst 1932 waren in München rund 4000 Menschen bereit, am freiwilligen Arbeitsdienst teilzunehmen; bis zu einem Viertel von ihnen arbeitete ab dem Sommer zeitweise an den drei Siedlungen mit. Die einzigen Mehrkosten, die für die Stadt durch den Bau der Siedlungen entstanden, ergaben sich durch die verbilligte Abgabe von Mittagessen auf den Baustellen. Die Siedler bekamen es um acht Pfennige, für mithelfende Familienmitglieder war es umsonst, andere freiwillige Helfer – also auch der Arbeitsdienst – erhielten ihr Essen zu 15 Pfennigen.

Am 21. Juli 1932 hatten sich dann die 96 Ehepaare der künftigen Siedlung am Perlacher Forst im technischen Rathaus einzufinden, um ein insgesamt 15 Seiten umfassendes Vertragswerk zu unterzeichnen. In zwölf Paragraphen legte es vor allem ihre Pflichten fest, Rechte hatte im Siedlungsvertrag nur die Trägerin der Siedlungen, die Stadt München.[17] Die zu leistende Arbeitszeit wurde festgelegt, Anspruch auf eine Stelle bestand nur, wenn alle Arbeiten weisungs- und ordnungsgemäß ausgeführt wurden. Bestimmungen zu Pacht- und Erbbaurechtsfragen, vor allem die fortan zu leistenden Pacht- und Hypothekenzinsen für das Grundstück und das Reichsdarlehen waren darin fixiert. Richtlinien zum künftigen Unterhalt der Stellen, Änderungen hieran und etwaige Vermietung bedurften der Zustimmung der Stadt. Einen Monat später stellte das Wohnungsreferat trocken und in der Tat zutreffend fest: »Nach dem Vertrag hat der Siedler bei genügender Arbeitsleistung Anwartschaft – nicht Recht – auf eine Siedlerstelle.«

Für Oskar Maria Graf war »der damalige Sommer Anno 1932 [...] jeden Tag goldsonnig und wolkenlos, ein richtiger Feriensommer. In uns aber rumorte noch immer die quälende Unruhe über die drohenden politischen Ereignisse im ganzen Reich«.[18] Wie die Siedler und ihre Helfer diesen in der Tat heißen Sommer »[z]wischen dem hoffnungsgrünen Perlacher Forst und den schweigenden Gefängnismauern Stadelheims« verbrachten, was, vor allem wo es bei ihnen rumorte, verdeutlicht ein Bericht der Münchener Post Mitte August dieses Jahres[19]. Der erste Eindruck vom Gelände wurde bestimmt durch »[s]chnurgerade frische Straßen über aufgewühlte[n] Wiesen, Kieshügel und Betonmauern, dazwischen Gruppen von Arbeitenden, ältere, zielbewußte Leute neben jungen Menschen mit braungebranntem, nacktem Oberkörper – und über dieses schattenlose weite Feld die brütende Hitze tropischer Tage«. Das seit Mitte Mai Geschaffene sei erstaunlich; nahezu alle Baugruben seien inzwischen ausgehoben, 42 Keller der künftigen Häuser bereits fertig betoniert. Diese Leistungen seien um so hervorhebenswerter, wenn man bedenkt, »daß es sich hier um Stempelproleten und Wohlfahrtserwerbslose handelt, von denen jeder samt

Vor der Baukantine, Sommer 1932 (Siedlerverein Perlacher Forst).

Familie lausige 12 Mark pro Woche erhält, um Menschen also, die kaum das Notdürftigste an Kleidung und Essen haben, was doch für jede Art von Arbeit, zumal für diese Schwerarbeit die Vorbedingung ist«. Überall mangele es an einschlägiger Unterstützung, das Essen aus der entfernten »Suppenschule« bilde wohl das Hauptproblem. Oder anders: »Wies Essen schmeckt? Essen S' nur gleich mit. Sie können eahna selber überzeug'n. Gnua kriang ma net, aber zwoa Portiona kannt ma net nunterbringa, weil's dementsprechend zamkocht is. Wenn S' von mein Strohpflanzl was vakosten mög'n. Bitt schön. I glaub, daß sie drenta da Mauer wos Bessers kriang...« Man wisse um die Mittelknappheit der Stadt, erwarte nun wahrlich nicht ein Luxusmenü, aber allein die Zeitverzögerung zwischen dem Kochen und der Ausgabe des Essens in der Baukantine hätte schon nachhaltige Konsequenzen für Qualität und Geschmack. Auch die

Jugendlichen vom freiwilligen Arbeitsdienst beklagten die zu geringen Essensrationen, eine zusätzliche Brotzeit würde auf 32 Pfennige kommen: »Drei Brot san a Zehnerl, Zwölf kost' d' Wurscht. Und a Zehnerl d'Limonad.« Grundsätzlich hielt man fest, daß sowohl die älteren Siedler als auch die jungen Helfer »an der in jeder Weise unzulänglichen Kost« leiden. Für die jungen Mitarbeiter wurden die neben der 36stündigen Arbeitszeit vorgeschriebenen vier Pflichtstunden Sport eher zur Belastung. Die Zusammenarbeit zwischen den beiden doch recht verschiedenen Gruppen funktioniere ganz gut, unterschiedlicher Arbeitseifer sei verständlich. Hauptproblem seien wohl die kaum vorhandenen handwerklichen Fähigkeiten der rund 200 Jugendlichen, bei den Erdarbeiten hätte man sie gebraucht, jetzt wären 30 Baufacharbeiter hilfreicher. Inwieweit dieser Aufruf dazu beitrug, den Siedlern und ihren Helfern ab Ende August

Einzel- und Doppelhaus im Rohbau, spätere Stettner Straße, im Hintergrund links die Strafanstalt Stadelheim (Stadtarchiv München).

»die doppelte Portion Mittagessen und 1 Stück Brot zu 100 g um den Preis von 15 Rpf zu verabfolgen«, ist nicht nachweisbar.[20]

Am 3. September war es zu einer Aktion gekommen, die eigentlich nicht hätte stattfinden dürfen: die Verlosung der 96 Stellen an die Siedler am Perlacher Forst. Bekanntlich sollte die Verlosung erst nach Fertigstellung der Siedlung erfolgen; ob nun die 96 Siedler einfach selbst die Initiative ergriffen oder die Verlosung durch die zuständigen Stellen genehmigt worden war, sei dahingestellt. Tatsache ist, daß Mitte des Monats das Ergebnis durch das Wohnungsreferat bestätigt und als verbindlich anerkannt wurde. Motivierend war die Verlosung sicherlich, und Motivation war nach beinahe vier Monaten auch nötig. Nun wußte man wenigstens, welche Stelle künftig das eigene Heim darstellen würde. Ende Oktober waren dann bereits 77 Häuser im Innenausbau begriffen und 19 bezugsfertig, jedoch noch ohne die Wasserzuleitung ins Haus. Die hierzu nötigen Leistungen der Siedler und ihrer Helfer wurden Mitte November in einem Zeitungsbericht gewürdigt.[21] Die Grundidee der Reichskleinsiedlungen, *»Erwerbslosen eine ins Gewicht fallende Mietzinsentlastung, durch Gartenbewirtschaftung und Kleintierzucht eine Beihilfe zur Lebenshaltung und durch das Selbstinteresse an gesicherter Unterkunft und der Freude an der Entwicklung schon gewissermaßen eigener Scholle den Arbeitswillen, ja vielfach überhaupt den Lebenswillen in einem immer zweckloser erscheinenden Dasein zu stärken«*, habe hier *»ihre glänzende Rechtfertigung gefunden«*. Zutreffend wurde auf die enormen Belastungen durch die nötigen Aushubarbeiten – *»schwere und allerschwerste Erdarbeit in kolossalem Ausmaße«* – verwiesen, die oftmals trotz mangelnder körperlicher Konstitution und noch dazu mit unzureichender Ernährung ausgeführt wurden. Daß die Arbeitsleistungen zurückgingen, Erschöpfung sich zeigte und viele der Siedler schlicht ausgepumpt waren, konnte unter diesen Umständen nicht verwundern. Vor allem der verspätete Einsatz des freiwilligen Arbeitsdienstes

Einzelhäuser parallel zur Tegernseer Landstraße, spätere Gartenseite im Rohbau (Stadtarchiv München).

hatte die Arbeiten an den Gesamtanlagen verzögert. Man fürchtete, die Häuser könnten nur teilweise noch rechtzeitig vor der schlechten Jahreszeit bezugsfertig werden. Viele räumungspflichtige, zum Teil schon obdachlose Siedler warteten schon auf den Einzug in ihre Stellen, weshalb viele nach Feierabend und auch am Sonntag auf den Baustellen weiterarbeiteten. Die von Anfang an Mitarbeitenden bezifferten ihre Verminderung an Leistungsfähigkeit an die 40 %, möglicherweise auch ein *»Grund, daß der anfänglich verblüffende Fortschritt der Aufschließungs- und Hochbauarbeiten einer gewissen Erschlaffung Platz gemacht hat«*. Denn eines sollte man nicht vergessen: Auch nach dem Einzug in die Häuser verblieb noch genügend Arbeit; so waren *»immer noch Berge von Aushub zu versetzen und zu ebnen«*, doch hätte man dann wenigstens ein gesichertes Dach über dem Kopf. Eine glücklichere Planung im Arbeitsablauf hätte dazu beigetragen, *»aus den Arbeitswilligsten nicht das Äußerste herausholen zu müssen«*!

Mitte Oktober berichtete Karl Sebastian Preis anläßlich der Besichtigung der drei Siedlungen durch Mitglieder des Stadtrates, bei den Siedlern zeige *»sich durchwegs große Freude an ihrem Heim«*. Das künftige Miteinander *»in den Siedlungen wird sich hauptsächlich auf die Einsicht und das gutnachbarliche Zusammenarbeiten aufbauen müssen«*. Aus diesem Grunde und *»zur Förderung und Stärkung ihrer wirtschaftlichen Interessen«* werden die Siedler noch in gemeinnützige Siedlergenossenschaften zusammengeschlossen, *»weitere behördliche Einflußnahme darüber hinaus ist dann nicht mehr geplant«*.[22] Am 15. November 1932 kam es im Münchner Rathaus zur Gründung der Genossenschaften. Je neun Siedler aus den Siedlungen hatten sich eingefunden, um durch die Annahme der Genossenschaftssatzung und durch ihre jeweilige einmütige Zustimmung zu diesen Verpflichtungen die erforderlichen Genossenschaften zu gründen. So entstand auch die *»Gemeinnützige Reichskleinsiedlungsgenossenschaft München – Perlacher Forst

Anbau für Abortanlage und Kleintierstall an ein Doppelhaus im Rohbau (Stadtarchiv München).

e.G.m.b.H.«, deren Aufgabe im wesentlichen *»die Förderung aller siedlungswirtschaftlichen Interessen der Mitglieder auf gemeinnütziger Grundlage«* betraf. Für die jeweiligen Vorstände und Aufsichtsräte war in den ersten Jahren der Siedlung die Vertretung der Genossenschaft eine schwierige, oftmals auch undankbare Aufgabe. Die Genossenschaft hatte fortan die Pacht- und Hypothekenzinsen sowie die Beträge für die Strom- und Wasserversorgung der Siedlung einzufordern. Die ordnungsgemäße Abführung der Gelder wie auch die Führung der Genossenschaftsgeschäfte unterlag der regelmäßigen Prüfung seitens der Behörden; der aus den Wahlen in den jeweiligen Generalversammlungen hervorgegangene Vorstand und Aufsichtsrat bedurfte der Zustimmung des Wohnungsreferats.

Im Dezember 1932 waren die Hauptarbeiten an den Häusern noch immer nicht abgeschlossen. Erschwerend für die Siedler kam hinzu, daß die Helfer des freiwilligen Arbeitsdienstes immer weniger wurden, nicht zuletzt deshalb, da man ihnen bei gleichgebliebenen Anforderungen ihre täglichen Förderungssätze auf 1,90 RM gekürzt hatte. Zahlreiche Familien, und das betraf alle drei Siedlungen, bezogen ihre Siedlerstellen im noch unfertigen Zustand. Am Perlacher Forst waren von den 40 annähernd fertiggestellten Häusern 39 bereits bezogen. Der verspätete Baubeginn, nicht zuletzt bedingt durch die Verzögerungen des Stadtrates, machte sich nun negativ bemerkbar. In vielen Häusern hatte der Putz noch nicht angezogen, teilweise fehlten die Böden oder der Herd als einziger Wärmequelle im Haus.[23] Die Bauleitung war vielfach gezwungen, den Einzug zu unterbinden, *»um dauernden Schädigungen der Häuser durch Schwammbildung und gesundheitlichen Schädigungen der Hausinwohner vorzubeugen.«* Unter welchen Umständen auch immer, zu Weihnachten 1932 waren am Perlacher Forst bereits 55 Familien eingezogen, die übrigen folgten unmittelbar danach. Mitte April 1933 konnte Karl Meitinger dann festhalten, daß die Arbeiten an den drei Reichskleinsiedlungen im Frühjahr abge-

Doppelhäuser im Rohbau, Straßenansicht (Stadtarchiv München).

schlossen werden. Überwiegend seien lediglich nur noch die Fassadenputzarbeiten und weitere Innenausbauten der Dachgeschosse durchzuführen. Am Perlacher Forst waren alle Häuser bezugsfertig, 89 bereits bezogen. Die Wasserversorgung war abgeschlossen, der Straßenbau zu 95 %, die Umzäunungen teilweise ausgeführt. Für die weitere Entwicklung der Siedlung war auch folgendes nicht unbedeutend: *»An Lieferungen sind in letzter Zeit bestellt und teilweise bereits erfolgt: totes und lebendes Inventar, und zwar Geräte zur Bearbeitung des Gartenlandes, Geflügel, Kaninchen, Ferkel, Ziegen, ferner Saatkartoffel, Sämereien, Obstbäume, Beerensträucher, Kunstdünger.«* Offiziell waren die Siedlerstellen am Perlacher Forst den Familien zum 1. Mai 1933 übergeben worden.[24] Die unmittelbare Umgebung war alles andere als städtisch, vielleicht nicht einmal vorstädtisch. Wald, Wiesen und Äcker prägten das Bild. Zwar war dies landschaftlich gesehen zweifellos reizvoll, doch lagen die nächsten Geschäfte weit entfernt. Ebenso war die Verkehrs-

verbindung schlecht; die nächste Bushaltestelle lag am Hochvogelplatz, die der Trambahn am St.-Martins-Platz. Auch die Kinder der Siedlung sollten die Nachteile der abseitigen Lage bereits im neuen Schuljahr 1933/34 zu spüren bekommen: Der Weg zur Schule an der Ichostraße erforderte gut und gerne einen einfachen Fußmarsch von nahezu einer dreiviertel Stunde.

Für etwa 350 Menschen waren am Perlacher Forst neue Wohnungen entstanden, ermöglicht durch die eigene Leistung, die Unterstützung durch den freiwilligen Arbeitsdienst und die engagierte Arbeit einiger städtischer Stellen – vor allem des Wohnungsreferats und des Hochbauamts – sowie nicht zuletzt durch das Reichsdarlehen. Pro Siedlerstelle betrug die Wohnfläche zwischen 60 und 67 qm. Insgesamt standen also maximal rund 6432 qm Wohnfläche zur Verfügung.[25] Der Wert des Geländes belief sich auf etwa 230 000 RM, die Erstellungskosten – Erschließungs-, Bau- und sämtliche Nebenkosten – erreichten nahezu die gleiche Höhe, waren also durch das Reichsdarlehen abgedeckt und finanzierbar. Der verbliebene Restbetrag wurde dann in den kommenden Jahren für anfallende Ausgaben benutzt. Was nun die monatlichen Belastungen anbelangt, so ergaben sich für die Siedlung am Perlacher Forst etwa folgende Beträge[26]: Vom Bezug der Stelle bis Ende 1933 lag die monatliche Belastung bei etwa 13 RM. Das war zum einen die Zahlung des 2%igen Pachtzinses an die Stadt – pro Quadratmeter bekanntlich sechs Pfennige –, fixe Gebührenzahlungen, allgemeine Verbrauchsgebühren sowie etwaige Zahlungen für Zusatzpachtland. Zwischen Januar 1934 und Dezember 1936 stieg dann die Belastung auf etwa 19 RM monatlich, ab 1937 auf etwa 24 RM. Die Belastungen lagen also durchaus im Rahmen dessen, was man ursprünglich geplant hatte. Entscheidend aber ist, daß die 1932 entstandenen Kosten der Siedlung am Perlacher Forst, wie die folgenden Jahre bewiesen, durch ihre Bewohner nicht nur getragen, sondern vor allem auch bezahlt worden sind.

In München entschied der – für viele Jahre letzte aus freien Wahlen hervorgegangene – Stadtrat im Wohnungsausschuß zu Jahresbeginn 1933, trotz der positiven Erfahrungen, die man bereits jetzt aus den noch im Bau befindlichen Reichskleinsiedlungen ziehen konnte, fortan derartige Projekte nicht mehr durchzuführen.[27] Für die Nationalsozialisten bedeutete ihre vormalige Kritik am Reichskleinsiedlungsbau – »primitive Hütten für Volksgenossen« – nun keineswegs die Abkehr vom Programm der »Systemzeit«, ganz im Gegenteil: Zum einen aufgrund nicht vorhandener eigener Konzepte, andererseits nicht zuletzt aufgrund der Wirksamkeit der Maßnahmen wurde das Programm fortgesetzt. Arbeitsbeschaffung, geringe Investitionskosten, entsprechende Wohnraumbeschaffung, vor allem auch, da »die völlige Annahme dieser Maßnahme seitens der betroffenen Bevölkerung [...] eine Abkehr von dieser Politik«[28] geradezu verbot. Schon Ende April wurden neue Finanzmittel zur Verfügung gestellt. Dabei entfielen auf Bayern rund 4,7

Millionen RM; zudem waren, auch in München, bereits Pläne zur Erweiterung der bisherigen Siedlungen vorhanden. Auch wenn diese Planungen nicht zur Ausführung gelangten – die weiteren Münchner Reichskleinsiedlungen entstanden in den folgenden Jahren überwiegend im Norden der Stadt –, zog die sich etablierende Diktatur den Nutzen aus den Vorarbeiten und Erfahrungen der Republik[29]. Erst jüngst wurde zutreffend darauf verwiesen, »daß der Siedlungsbau, obwohl noch von einer demokratischen Regierung ins Leben gerufen, häufig mit nationalsozialistischen Arbeitsbeschaffungsplänen in Verbindung gebracht wurde und wird«.

Welche »Kriterien« die Nationalsozialisten bei der Auswahl der Siedler etwa im Vergleich zu denen eines Karl Sebastian Preis bestimmten, muß hier nicht beurteilt werden. Wichtig ist vielmehr die weitere Behandlung der schon »Angesiedelten« in der NS-Zeit. Ein Erlaß vom 16. November 1934 beschäftigte sich mit der »Entfernung ungeeigneter Siedler von den Siedlerstellen«, die »in vielen Fällen noch immer erhebliche Schwierigkeiten« bereite.[30] Im bestehenden Siedlungsvertrag wurde eine einmonatige Kündigungsklausel aufgenommen, um Siedlern zu kündigen, »wenn ein wichtiger Grund vorliegt, insbesondere auch, wenn der Siedler sich als offensichtlich ungeeignet erwiesen hat«; bei Widerspruch seitens der Betroffenen sollte unter Ausschluß des Rechtsweges abschließend entschieden werden. Gerade die Bewährungszeit der Siedlerfamilien in den ersten Jahren müsse zeigen, »ob das Vertrauen, welches durch die Zuteilung der Stelle in sie gesetzt ist, auch gerechtfertigt war«. Konnte man dies noch als eine deutliche Verschärfung der Bestimmungen des Siedlungsvertrags werten, so zeichnete sich im weiteren Verlauf die wohl tatsächlich intendierte Absicht ab: Die Entfernung von Menschen aus den Siedlungen, die aus den verschiedensten Gründen den Vorstellungen der Nationalsozialisten nicht entsprachen.[31] Zum Jahresende 1935 beschäftigte die »politische Zuverlässigkeit« der bisherigen Sied-

214

ler auch das Münchner Wohnungsreferat. Aus dem Innenministerium – konkreter der »siedlungspolitischen Abteilung« – kamen Verweise auf die vielen immer noch vorhandenen »verkappte[n] Kommunisten« in den Siedlungen. Im Referat war man zwar anderer Meinung, doch traute man ihr wohl nicht ganz, denn es empfahl *sich hier nähere Feststellung in geeigneter Weise und ohne für den Siedler lästige Schnüffeleien und Belästigungen«.* Deutlicher wurde man in einem Beschluß des Oberbürgermeisters und der Beiräte vom 18. Juni 1936. Fortan sollten *»als Ersatzsiedler nur aktive Kämpfer der nationalen Bewegung«* in Frage kommen. Beabsichtigt war, *»diese während der Systemzeit entstandenen Erwerbslosensiedlungen, deren Siedler zum großen Teil vor der Machtübernahme aktiv in den Reihen der Linksparteien gestanden sind, allmählich mit wirklichen Nationalsozialisten zu durchsetzen [...]«.* Eine am 14. Dezember 1936 vom »Deutschen Siedlerbund« im Münchner Kreuzbräu abgehaltene Kundgebung über die »Aufgaben des Siedlers im Vierjahresplan« zeigte zumindest zweierlei auf. Einerseits wurde der schlechte Besuch der Veranstaltung kritisiert – von den 400 Siedlern der drei ersten Münchner Reichskleinsiedlungen waren ganze zwei anwesend, von der Siedlung am Perlacher Forst war sogar überhaupt niemand erschienen. Zum anderen verdeutlichte der zuständige Gaugruppenleiter in seinen Ausführungen wohl nicht nur die Vorbehalte des Siedlerbundes: Gerade *»[b]ei den in der Systemzeit entstandenen Reichskleinsiedlungen habe der Siedlerbund vor allem darauf zu achten und dafür zu sorgen, daß auch hier nationalsozialistischer Geist eingepflanzt wird und daß das Pflichtbewußtsein gerade dieser Siedler gehoben wird; denn das seinerzeitige Regim [!], dem die meisten ihre Siedlerstelle verdanken, hat die guten Eigenschaften von einem Siedler nicht verlangt, wie sie heute bedingt sind«.* Im November des folgenden Jahres hielt man fest – auf den Anlaß wird noch einzugehen sein –, daß es sich bei den *»politisch nicht einwandfreien Siedlern«* zumeist um Perso-

nen handle, die *»während der Räteregierung aktiv bei den roten Truppen beteiligt waren oder vor der Machtübernahme in den Reihen der SPD oder KPD oder einer dieser Partei angegliederten Organisation gestanden sind«.* Als Siedler kämen sie heute natürlich nicht mehr in Frage, gleichzeitig mußte man aber auch festhalten, daß dies nicht ausreiche, *»um einen evt. Kündigungsprozeß zu einem für die Stadt erfolgreichen Ende durchzuführen«.* Um es für unser Thema gleich vorwegzunehmen: Weder gelang es am Perlacher Forst, *»wirkliche Nationalsozialisten«* durchzusetzen, noch den Familien den entsprechenden *»Geist einzupflanzen«.* Eher bleibt festzuhalten, daß die seit der Bauzeit – nicht zuletzt aufgrund der gemeinsamen Arbeit – sich trotz mancher, auch politischer Gegensätze untereinander entwickelnde Zusammengehörigkeit auch oder gerade in den Jahren der Diktatur dazu beigetragen hat, vieles zu überstehen und zu vermeiden, was in ähnlich geschlossenen Wohnbereichen Giesings und anderer Stadtviertel durchaus nicht immer gelang.

Bereits im Sommer 1933 setzten jene Arbeitsabläufe ein, die fortan das Leben der 96 Familien bestimmen sollten: Arbeiten an den Häusern, den Gärten und dem Kleintierbestand. Häufig wurden Anbauten errichtet, sei es, um den Stall aus dem Haus bzw. dem Anbau zu entfernen, oder eine dringend benötigte Waschküche, ein bescheidenes Bad und vielleicht eine kleine Werkstatt einzurichten. Dazu gehörten auch Ausbauten im Dachgeschoß, schützende Vorbauten an den Eingangsbereichen – wie überhaupt Maßnahmen, um den Hausbereich vorteilhafter zu gestalten und insbesondere um das Platzangebot zu erweitern.[32] Manch planerische Vorgabe geriet dadurch ins Wanken und hatte entsprechende Abmahnungen seitens der Behörden zur Folge. Aber vor allem wurde deutlich, daß der von den Planern erwünschte Identifikationsprozeß der Siedler mit ihrem neuen Zuhause eingesetzt hatte. Ein weiterer Schwerpunkt war die Gestaltung der Gärten. Die Anlage der nötigen Beete, die Pflege der mindestens fünf zu setzenden Obstbäume und der die Grundstücke an allen Seiten umgebenden Beerensträucher gehörten zu den ersten Aufgaben. Viele versuchten, durch Düngung – wie vorgesehen durch die Reststoffe aus den Versitzgruben, aber auch durch aufbereiteten Klärschlamm aus Großlappen – die überwiegend humusarmen und über Jahre hin ausgemergelten Böden im Bereich der Siedlung zu verbessern und so eine Steigerung der Anbauergebnisse zu erzielen. Eigenes Ziehen der Pflanzen, Frühbeete, Kompostierung und Nutzung des Regenwassers war eine Selbstverständlichkeit; letzteres nicht nur aus Sparsamkeitsgründen. Der geringe Druck in der lediglich ein halb Zoll starken Wasserleitung konnte vor allem im Sommer den Bedarf nicht immer zur Verfügung stellen, weshalb eine rechtzeitige Absprache und zeitliche Einteilung der Bewässerung notwendig waren. War für die Futterversorgung einer geringen Zahl von Kleintieren das dazugehörige Grundstück noch ausreichend, so erforderte deren Haltung im größeren Umfang zusätzliche Anbauflächen. Hier bewährte sich die kluge Vorausplanung der zuständigen städtischen Beamten, mit dem rund 38 000 qm großen Gelände zwischen der Siedlung und dem Friedhof Zusatzpachtland zur Verfügung stellen zu können – ein Angebot, das von den Siedlern nachhaltig genutzt wurde. Den zunehmenden Tierbestand verdeutlicht am besten die rasch ansteigende Flächenzahl der Ställe: Schon im Sommer 1934 war sie gegenüber dem ursprünglichen Stand um gut zwei Drittel angestiegen. Gänse, Schweine, Ziegen, Enten und vor allem Hasen und Hühner wurden gehalten. Gartenbau und Kleintierzucht trugen wesentlich zur Nahrungsbeschaffung bei, was ja auch vorgesehen und vor allem vorgeschrieben war und deshalb regelmäßig überprüft wurde; Familien mit »Ziergärten« oder »Eigenheimen mit umgebender Rasenfläche« hatten keine Chance.

Die ersten Jahre waren für die Siedler verständlicherweise auch mit Rückschlägen verbunden; doch die Erfahrungen hieraus wurden konsequent umgesetzt. Wann immer man konnte, arbeitete man an den Stellen, anfänglich dadurch »begünstigt«, da die Zeit der Arbeitslosigkeit oder der Kurzarbeit noch keineswegs vorüber war.[33] Ende 1933 waren drei Viertel der Siedler weiterhin oder erneut arbeitslos, im Jahr darauf annähernd ein Drittel. Die weitsichtige Grundkonzeption der Siedlungen bewies erneut ihre Wirksamkeit, denn noch im Oktober 1935 wurde festgestellt, daß sich die »allgemeinen wirtschaftlichen Verhältnisse der Siedler der Reichskleinsiedlungen Freimann, Perlacher Forst [und] Zamdorfer Straße [...] im Laufe des Jahres 1935 etwas gebessert haben, doch nicht derart, daß sie bereits nach längeren Jahren der Erwerbslosigkeit wieder völlig in wohlgeordnete wirtschaftliche Verhältnisse gekommen sind.« Im Frühjahr 1936 wurden die drei ersten Münchner Reichskleinsiedlungen durch Mitarbeiter des Wohnungsreferats und des Hochbauamts eingehend besichtigt.[34] Dabei wurden die Siedlerstellen unter anderem sogar benotet; Kriterien dafür waren vor allem die pflegliche Behandlung der Wohnungen wie auch ihr allgemeiner Zustand. Sehr gut, fast sehr gut, gut, noch gut und unsauber waren die Abstufungen. Bis auf eine sind für alle Siedlerstellen am Perlacher Forst die »Noten« nachweisbar. Über ein Drittel wurde mit »1«, über ein Fünftel mit »1–2« und deutlich mehr als ein Drittel der Stellen mit »2« bewertet. Lediglich sechs Stellen erhielten mit »2–3« und »3« eine weniger positive Beurteilung – insgesamt also ein weiterer, deutlicher Beweis der bisherigen Leistungen der Familien. Möglicherweise diente diese Untersuchung auch der Festlegung, welche Siedler ihre Stellen verlassen mußten, da sie während der Probe- und Bewährungszeit etwa die Bestimmungen des Siedlungsvertrags nicht eingehalten hatten. Am Perlacher Forst waren hiervon lediglich vier Familien betroffen.

Im Wohnungsreferat stellte sich die Frage, die Stellen den Siedlern wie ursprünglich geplant zu Erbbaurecht auf 45 Jahre oder zu Eigentum unter den Bedingungen der Heimstätte zu übertragen. Letztere Möglichkeit wurde durch die die Sied-

Gartenansicht und Doppelhäuser, im Hintergrund der Perlacher Forst, vermutlich Sommer 1933 (Stadtarchiv München).

lungen seit Januar 1936 verwaltende »Gemeinnützige Wohnstätten- und Siedlungsgesellschaft m. b. H.« favorisiert, außerdem hatten sich rund 80 % der Familien für diese Regelung ausgesprochen. Neben dem weiterhin zu entrichtenden 2%igen Bodenzins für die Grundstücke sollten die betroffenen Siedler fortan – je nach ihrer Leistungsfähigkeit und dem Wert ihrer Siedlerstellen – diese mit zuzüglich 3 bis 5 % tilgen, die monatliche Belastung mit etwa 24 bis 25 RM – ohne die sonstigen Ausgaben – würde sich somit der untersten Grenze einer Kleinstwohnung annähern. Mit Entscheid vom 26. November 1936 wurde dann die Übertragung der 400 Siedlerstellen an die Familien zu Eigentum als Heimstätte grundsätzlich genehmigt.[35] Auch eine Zusam

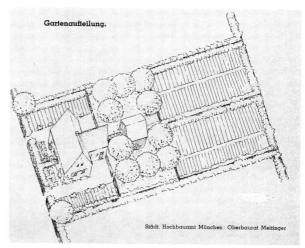

Vorschlag zur Gartenaufteilung beim Doppelhaus (Gut, Reichskleinsiedlungen).

Einzelhäuser parallel zur Tegernseer Landstraße, vermutlich Sommer 1933 (Stadtarchiv München).

menkunft zwischen der GWG und Genossenschaftsvertretern im Juli 1937 verdeutlichte noch einmal, daß die Mehrheit der Betroffenen die Übertragung in Form der Heimstätte wünschte. Viele Familien waren bereits ungeduldig, ein baldiger Vertragsabschluß war deshalb nur wünschenswert, denn aus dem Siedlungsvertrag ergab sich seit 1. Januar 1937 der Anspruch auf die endgültige Regelung ihrer Besitzverhältnisse. Darüber hinaus machte man sich Ende November im Wohnungsdezernat Gedanken darüber, genauer, man erachtete es als zweckmäßig, vor der endgültigen Übergabe der Stellen zu Eigentum als Reichsheimstätte *»für jeden einzelnen Siedler die Strafliste sowie das politische Gutachten der Kreisleitung und der Geheimen Staatspolizei einzuholen um nicht evt. Gefahr zu laufen, auch solchen*

Siedlern die Siedlerstelle zu übertragen, welche sich während der dreijährigen Probezeit etwas zuschulden kommen ließen«. Auch sollten durch das Hochbauamt eigenmächtige Anbauten oder Änderungen an den Stellen überprüft und festgestellt werden. Um auf die Siedlung am Perlacher Forst zurückzukommen: Zahlreiche »unzulässige Bauwerke« wurden festgestellt, deren Beseitigung als Mitvoraussetzung für die Übertragung der Stellen galt. Bei dreizehn Familien lag *»hinsichtlich ihres Leumundes oder ihrer politischen Einstellung etwas«* vor. Man erklärte sich zwar damit einverstanden, daß *»von der Entfernung aus den Siedlerstellen Abstand genommen wird, die Genannten sind jedoch vor Übergabe der Siedlerstelle zu Eigentum durch den Prüfungsausschuß persönlich noch darauf hinzuweisen, daß sie* sich auch hiefür künftig würdig zeigen und ihre *Verpflichtungen als Siedler striktest einhalten*«. Die dreizehn betroffenen Ehepaare wurden vorgeladen. Über den Inhalt dieses Gesprächs läßt sich nur vermuten – 1942/43 wurde es dann nachweisbar so gehandhabt –, daß ihnen die »Vorwürfe« bekanntgegeben wurden und die »Bewährungsfrist« um ein Jahr verlängert wurde, um ihre »Eignung« als Siedler noch einmal unter Beweis zu stellen. In den »Gutachten« des Jahres 1937 wurde man erfaßt aufgrund früherer Mitgliedschaft in der SPD oder KPD, als Angehöriger der »Roten Armee« des Jahres 1919, als ehemaliges Mitglied des Reichsbanners Schwarz-Rot-Gold, als Epileptiker – laut nationalsozialistischer Vorstellung »erbbiologisch verdächtig« –, als Mensch, der das Grüß Gott dem Heil Hitler vorzog. Es bleibt hier nur anzumerken, daß allerdings keine der betroffenen Familien die Siedlung aufgrund der erhobenen Einwände tatsächlich verlassen mußte. Auch sie bekamen in den folgenden Jahren ihre Stellen zu Eigentum in Form der Reichsheimstätte übertragen, wie dies bei den ersten 83 Familien der Siedlung ab 1938 der Fall war.[36]

Zu diesem Zeitpunkt, also Ende der dreißiger Jahre, lebten laut einem Untersuchungsbericht 403 Menschen in der Siedlung. In den 96 Häusern gab es inzwischen 104 Haushalte, davon einen einzigen mit nur einer Person und lediglich 19 mit zwei Personen. Drei und vier Personen machten mit 28 bzw. 26 mehr als die Hälfte der Haushalte aus.[37] Die höchste Anzahl an Bewohnern erreichten die Haushalte mit fünf und mehr Personen; insgesamt waren dies 30. Die »Haushaltsvorstände« teilten sich in folgende Berufsgruppen auf: Zwei Selbständige, ein Beamter, elf Angestellte, 76 Arbeiter und vierzehn sogenannte »Selbständige Berufslose«, also die Rentner der Siedlung. Erwerbstätig waren 156 Personen, darunter 36 Frauen und 120 Männer. Interessant ist hier vor allem die Lage ihrer Arbeitsstätten. So konnte ein Viertel (39) von ihnen in der näheren Umgebung der Siedlung arbeiten, in der Stadt-

mitte ein gutes Drittel (58). Im Norden Münchens waren 21 beschäftigt, im doch schon eher weit entfernten Westen fünf. Im Süden der Stadt waren es 25, im relativ nahen Osten dagegen nur sieben, und nur ein Mann war außerhalb Münchens tätig. Hier bleibt festzuhalten: Während über 30 % der Giesinger im eigenen Viertel – oder genauer, in den Grenzen des damaligen 17. Stadtbezirks – ihre Arbeitsstätte hatten, waren es von den Erwerbstätigen in der Siedlung gerade 15 %. Zur eigentlichen Arbeitszeit kam also die – zumeist mit dem Fahrrad bewältigte – oftmals längere Strecke zur Arbeitsstätte hinzu, so daß die Arbeit in der Siedlung zunehmend durch die »nicht Erwerbstätigen« ausgeführt werden mußte, und das waren mehrheitlich die Siedlerinnen. Die Belastung der Männer beim Bau der Siedlerstellen wurde mit Sicherheit durch die zu deren Erhalt nötigen Leistungen der Frauen mehr als nur ausgeglichen.

Die Situation dieser Menschen in den Jahren seit Kriegsbeginn kann hier nicht annähernd geschildert werden.[38] Festhalten kann man aber, daß die Bewohner der Siedlung mehr denn je auf die Erzeugnisse des Gartens und den Kleintierbestand zurückgriffen und so zumindest die Lebensmittelversorgung nachhaltig ergänzen konnten – ohne Zweifel deutlich mehr als das etwa durch Lebensmittelmarken Beziehbare. Auch für Tauschgeschäfte reichte es. Mit den im nahen Forst eingesetzten russischen Zwangsarbeitern tauschte man bei günstiger Gelegenheit mitgenommene Holzabschnitte gegen Lebensmittel ein – eine für beide Seiten trotz der geringen Mengen nicht ungefährliche Vorgehensweise. Von den gegen Kriegsende zunehmenden Luftangriffen auf München blieb das Siedlungsgebiet bis zum Frühjahr 1944 verschont. An zwei Julitagen aber traf es auch die »vorstädtische« Kleinsiedlung, zum Teil mit schwerwiegenden Folgen. Waren bei einem Angriff vom 12. Juli 1944 keine Personen- und lediglich geringe Sachschäden zu verzeichnen, so war am 31. Juli ein Toter zu beklagen, zahlreiche der eben erst einigermaßen ausge-

Tegernseer Landstraße / Am Perlacher Forst, vermutlich Sommer 1933 (Stadtarchiv München).

bauten Stellen wurden schwer getroffen. Verursacht durch den Notabwurf eines aus Westen anfliegenden Bombers, der, von der Eisenbahnflak an der Bahnlinie Giesing–Deisenhofen getroffen, auf das Pachtgelände stürzte. Beiderseits der Holtzendorffstraße entstanden vor allem durch die Spreng- und Brandbomben schwerste Schäden an den Häusern; die Wirkung einer Luftmine tat ein übriges. Ein Siedlersohn wurde durch eine Brandbombe tödlich verletzt. Die entstandenen Schäden konnten meist nur mehr notdürftig behoben werden, so daß oftmals ein Anbau aus vergangenen Jahren zur längerfristigen Unterkunft wurde. Wie viele Bewohner der Siedlung während des Krieges eingezogen waren, ließ

sich nicht ermitteln. Festzuhalten bleibt, daß dreizehn von ihnen – ausschließlich Söhne der Siedler – gefallen waren oder vermißt blieben. Am 1. Mai 1945 erreichten amerikanische Truppen dann auch die Siedlung Am Perlacher Forst. Es war dabei zu keinen Kampfhandlungen gekommen; lediglich kurzfristige Einquartierungen mußten hingenommen werden. Aber damit begann für die Siedlung und ihre Bewohner bereits der zweite, nicht weniger bedeutende Abschnitt ihrer Geschichte. Für den vorhergehenden bleibt eines festzuhalten: Diese Menschen hatten die einmalige Chance, aus eigener Kraft etwas Bleibendes zu schaffen. Die meisten haben sie genutzt.

Fußnoten

1 Münchener Jahrbuch, S. 254, insbesondere Winkler, Katastrophe, S. 19–41.
2 Grundlegend hierzu Rudloff, Notjahre, S. 363–367, das Zitat auf S. 365. Nachfolgend Verwaltungsbericht, S. 157–159 u. Münchener Wirtschafts- und Verwaltungs-Blatt 8 (1932/33), S. 42.
3 Stadtarchiv München, Planungsreferat 399.
4 Stadtarchiv München, Baureferat 165 u. 194.
5 Henn, Mustersiedlung, S. 32 f. u. S. 77–79 sowie Peltz-Dreckmann, Siedlungsbau, S. 80.
6 Münchener Gemeinde-Zeitung 60 (1931), S. 804–811 u. S. 859–866.
7 Henn, Mustersiedlung, S. 65, nachfolgend Preis, Anlage.
8 Stadtarchiv München, Baureferat 165 u. 194 sowie Münchener Gemeinde-Zeitung 61 (1932), S. 142–152 u. S. 180–199.
9 Henn, Mustersiedlung, S. 70, bes. S. 71 f.
10 Stadtarchiv München, Baureferat 165 u. Planungsreferat 398.
11 Stadtarchiv München, Baureferat 165.
12 Verwaltungsbericht, S. 154; nachfolgend Stadtarchiv München, Baureferat 165, 171 u. 194.
13 Preis, Reichskleinsiedlungen, S. 120 u. Kempf, Kleinwohnstätten, S. 35.
14 »Münchner Erwerbslose bauen sich ein Heim.« Fischer, Perlacher Forst, S. 11 u. 13.
15 Münchener Gemeinde-Zeitung 61 (1932), S. 489–492.
16 Münchener Jahrbuch, S. 255 f., zum Münchner Hintergrund Brunner, Arbeitslosigkeit, S. 207–210.
17 Stadtarchiv München, Baureferat 165, zum Vertrag Klotz, Rückblick, S. 60–64.
18 Graf, Gelächter, S. 487.
19 Bei den Siedlern am Perlacher Forst, Münchener Post v. 19. August 1932.
20 Stadtarchiv München, Baureferat 165, nachfolgend Fischer, Perlacher Forst, S. 13 u. 15.
21 »Arbeitsleistungen wie nie – weil nicht ganz glücklich die Regie«. Fischer, Perlacher Forst, S. 15 u. 19.
22 Stadtarchiv München, Baureferat 175 u. 194.
23 Stadtarchiv München, Baureferat 165 u. 175 sowie Münchener Gemeinde-Zeitung 61 (1932), S. 859 f.
24 Fischer, Perlacher Forst, S. 21.
25 Stadtarchiv München, Planungsreferat 398 u. Baureferat 165.
26 Als Richtschnur die Angaben in Stadtarchiv München, Baureferat 194.
27 Münchener Gemeinde-Zeitung 62 (1933), S. 17–24 u. Noch einmal Reichskleinsiedlungen, Münchener Zeitung v. 19. Januar 1933.
28 Peltz-Dreckmann, Siedlungsbau, S. 101.
29 Vorstädtische Kleinsiedlung in Bayern, Bayerische Staatszeitung v. 26. April 1933 u. Stadtarchiv München, Baureferat 165; das Zitat bei Brunner, Arbeitslosigkeit, S. 201.
30 Völkischer Beobachter – Amtlicher Teil Bayerischer Regierungsanzeiger v. 16. November 1934.
31 Stadtarchiv München, Baureferat 165, 171 u. 172.
32 Schmalhofer, Feststellungen, S. 9–17. Stadtarchiv München, Baureferat 194.
33 Stadtarchiv München, Planungsreferat 399.
34 Stadtarchiv München, Baureferat 165.
35 Stadtarchiv München, Baureferat 171 u. 172; Walter, GWG, S. 80–84.
36 Zum Vertrag mit der GWG Klotz, Rückblick, S. 106 f.
37 Sieber, Siedlungen, S. 105–108 u. S. 231.
38 Fischer, Perlacher Forst, S. 22 f.

»Königin des Friedens«
Ein Kirchenbau im Dritten Reich

Königin des Friedens (Pfarrarchiv Königin des Friedens).

Robert Vorhoelzer, links im Bild, mit Walter Schetelig (Pfarrarchiv Königin des Friedens).

Wer vom Tegernseer Platz die Werinherstraße stadtauswärts geht, stößt im Abstand von wenigen hundert Metern auf die beiden bedeutendsten Baudenkmäler Giesings aus unserem Jahrhundert, nämlich die »Telapost« und die katholische Kirche »Königin des Friedens«. Der glatte weiße Kubus des Postgebäudes und die wuchtigen, pla-stisch gegliederten Natursteinmassen der Kirche haben auf den ersten Blick nichts gemeinsam. Um so mehr erstaunt es, daß beide Bauwerke inner-halb von nur acht Jahren von demselben Archi-tekten errichtet wurden – freilich unter völlig verschiedenen Voraussetzungen.

Robert Vorhoelzer leitete, als er 1929 die »Tela-post« baute, eines der größten, produktivsten und modernsten Planungsbüros in Deutschland, die Bauabteilung der Bayerischen Postverwaltung. Knapp 200 Architekten entwarfen dort in weni-gen Jahren rund 500 Amtsgebäude für Bayern und die Pfalz.[1] Vorhoelzer, »sensibel, ideenreich, impulsiv und entschlußfreudig«[2], war Inspirator und Organisator dieses großen Stabs. Sechs Jahre später stand er als freier Architekt völlig allein da und zeichnete eigenhändig die ersten Entwürfe zur »Königin des Friedens«. Das Dritte Reich hatte für Vorhoelzer schon 1933 die Wende seines persönlichen Schicksals herbeigeführt.

Als Leiter der Post-Bauabteilung hatte Vorhoelzer konsequent die Richtung des »Neuen Bauens« eingeschlagen und sich damit internationalen Ruhm erworben. Er galt als führender Architekt der Moderne in Bayern. 1930 war er als Professor an die Technische Hochschule München berufen worden. Doch bereits kurz nach der nationalsozialistischen Machtergreifung wurde er wegen seiner künstlerischen Haltung des »Baubolschewismus« bezichtigt und es begann ein Intrigenspiel von Kollegen, an deren Spitze sich der Blutordensträger Karl Lösche stellte. Zunächst schien Vorhoelzer als EK-I-dekorierter Weltkriegsoffizier und Mitkämpfer der »Weißen« im Bürgerkrieg von 1919 politisch nicht angreifbar. Allerdings hatte er sich stets deutlich gegen nationalistische und reaktionäre Strömungen in der Architektur gewandt. 1931, nach einem polemischen Vortrag des »Blut-und-Boden«-Architekten Schultze-Naumburg an der Technischen Hochschule in München, hatte Vorhoelzer zu einem Kollegen höchst erregt gesagt: »Dieser Richtung Kampf bis aufs Messer!« Die Äußerung wurde kolportiert und diente Vorhoelzers Gegnern als Beweis für seine politische Unzuverlässigkeit. Ein Relegationsverfahren war die Folge. Karl Lösche wurde sogar bei Hitler persönlich vorstellig. »Wenn das so ist, daß die Jugend sozusagen vergiftet wird, dann muß durchgegriffen werden«, soll Hitler auf Lösches Darlegungen zu Vorhoelzers Bau- und Lehrtätigkeit angeordnet haben. Die Münchner Behörden reagieren prompt: Der 49jährige Vorhoelzer wird im Oktober 1933 als erster Münchner Hochschullehrer in den einstweiligen Ruhestand versetzt.[3]

Die nächsten Jahre verbringt er hauptsächlich mit Spaziergängen im Englischen Garten. Endlich ergibt sich 1935 durch den Auftrag zur »Königin des Friedens« eine neue Betätigungsmöglichkeit für den dynamischen Architekten, die er mit Feuereifer ergreift.

Wieso ausgerechnet Vorhoelzer, der nie zuvor für die Kirche tätig war, den Auftrag zum größten Münchner Kirchenbau der 30er Jahre erhielt, liegt

Vorentwurf Königin des Friedens, Februar 1935 (Pfarrarchiv Königin des Friedens).

im Dunkeln. Möglicherweise stellten Freunde, der Architekt Hermann Leitenstorfer und der Bildhauer Karl Knappe, die Verbindung zum Ordinariat her.

Wie mit der »Telapost«, so suchte Robert Vorhoelzer auch in seinem ersten Entwurf für die »Königin des Friedens« den Anschluß an die internationale Architektur der Moderne. Eine spröde, offensichtlich von Vorhoelzer eigenhändig gezeichnete Außenperspektive, die einzige erhaltene Zeichnung von diesem Projekt[4], zeigt auf einem erhöhten und durch niedrige Mauern umfriedeten Kirchplatz ein breitgelagertes Langhaus mit flachem Satteldach. Neben der Eingangsseite steht zur Straßenkreuzung hin ein kubischer Turm mit flachem Dach. Glatte Mauerflächen bestimmen die gesamte Erscheinung. Außer einem umlaufenden, profilierten Gesims als oberem Abschluß haben die Baukörper keinerlei Gliederung oder Schmuck. In der völlig glatten Giebelfassade ist der Haupteingang durch sein Natursteingewände hervorgehoben.

Über dem Portal steht in übergroßen Buchstaben das Wort »FRIEDE«. »Ein Wort, eine Mahnung an alle Welt, Buchstaben als Symbol in aller Macht gemeißelt über dem hohen Portal, gleich

Königin des Friedens, Handzeichnung Robert Vorhoelzer, Zwischenentwurf, Perspektive (Pfarrarchiv Königin des Friedens).

Königin des Friedens, Handzeichnung Robert Vorhoelzer, endgültiger Entwurf (Pfarrarchiv Königin des Friedens).

den Fanfaren vor dem Thron des Allmächtigen.«[5] So schreibt Robert Vorhoelzer am Beginn eines Textes, den er seiner ersten Planung als Erläuterung beigefügt hat. Eine spätere Passage vermittelt einen Eindruck des geplanten Kirchenraumes: »Du trittst durch das Portal. – Ein dämmeriger Vorraum umgibt dich und du schaust durch ihn in die wogende Helle des Heiligtums. Keine Säulenreihe stört den Blick zum Altar, dem beherrschenden Mittelpunkt der ganzen Kirche. Mächtig bietet sich hier über dem Altar in strahlender Helligkeit und Freudigkeit das Bild der göttlichen Mutter mit dem Gottessohn inmitten des Gottesgartens voll lauter Blumen und Getieren. Und der strahlende Glanz geht gleichsam vom Tisch des Herrn aus und bestrahlt das mächtige Bild. Die Welt ist entrückt, kein Fenster mahnt dich an sie, alles Menschentum verschwindet und das göttliche Licht zwingt dich in freudiger Andacht in die Knie.«

Soweit man aus Vorhoelzers Beschreibung schließen kann, plante er einen einheitlichen Saalraum, ausgerichtet auf den Hochaltar. Genaue Vorstellungen hatte Vorhoelzer bereits in diesem frühen Planungsstadium vom Licht, das, indirekt

einfallend, den Weg vom dämmerigen Eingangsbereich hin zum strahlend hellen Altarraum gegenüber markieren sollte. Über Raumgliederung, Material, Farbe und Ausschmückung ist dem Text nichts zu entnehmen. Die Architektursprache der Außenperspektive läßt darauf schließen, daß Vorhoelzer sich einen schlichten, modern gestalteten Innenraum ohne historisierende Anklänge vorgestellt hat. Dieses Vorprojekt zur »Königin des Friedens« ist konzeptionell und formal zweifellos Vorhoelzers anspruchsvollster und fortschrittlichster Beitrag zum Kirchenbau und hätte den Grund zu Münchens damals modernster Kirche gelegt. Im Dritten Reich, darüber hinaus für einen erzkonservativen Bauherrn wie die Münchner katholische Kirche unter Kardinal Faulhaber, ließ sich ein solches Konzept nicht durchsetzen. Vorhoelzer mußte umplanen – verblüffend ist allerdings, wie radikal er das tat.

Sein zweiter Vorschlag hat nämlich mit dem ersten fast nichts mehr gemeinsam, sondern zeigt eine dreischiffige Basilika in mittelalterlichen Formen. Eine Erklärung für diese überraschende Wende mag darin liegen, daß sich Verhoelzer beim Entwerfen sehr stark von »Typus-Vorstellungen« leiten ließ, so z. B. vom Typus »Schloß« für das Gebäude der Oberpostdirektion, »Marstall« für das Paketzustellamt, »Ehrenhof« für das Postamt an der Tegernseer Landstraße.

Der zweite Entwurf entspricht dem Typus »mittelalterliche Basilika«. Möglicherweise kam die Basilika auch einem Bauherrnwunsch entgegen, war sie doch gängiges Vorbild für Münchner Kirchenbauten der 20er und 30er Jahre.[6] Vorhoelzer übernimmt nicht nur die Raumanlage der Basilika, sondern auch Maßordnungen[7] mittelalterlicher Bauformen – insgesamt ein seltsam altertümelnder Entwurf.

Kurz nach der Planung der Basilika entsteht im Mai 1935 ein drittes Projekt, von dem sich zwei von Vorhoelzer eigenhändig gezeichnete und signierte Perspektivskizzen erhalten haben.[8] Dieser Vorschlag enthält Ansätze aus dem ersten und dem zweiten Entwurf und wird zur Grundlage für die Bauausführung.

Hervorstechende Qualitätsmerkmale sind hier, wie bei allen Bauten Vorhoelzers, der sichere Blick für die städtebauliche Ordnung und die souveräne Disposition der Baumassen. In einem damals noch kaum bebauten Areal am östlichen Rand Giesings – unmittelbar benachbart dem neubarocken Martinspital[9] und in Sichtbezug zur neoklassizistischen Aussegnungshalle des Ostfriedhofs[10] – bildete der freistehende, weithin sichtbare Kirchenbau einen Markstein für die weitere Entwicklung des Stadtviertels. Der 44 m hohe Turm, neben das Langhaus an die Hauptverkehrsstraße gestellt, ist noch heute, trotz dichter Bebauung der Umgebung, von großer Fernwirkung.

Der Gesamtkomplex erstreckt sich über eine Fläche von ca. 100×50 m und besteht aus zwei Baugruppen, die durch einen offenen, überdeckten Gang verbunden sind: die Kirche mit der dreiseitig um den Ostchor angelagerten Sakristei und die L-förmig aneinandergefügten Bauten des zweigeschossigen Pfarrhauses und der erdgeschossigen Gemeinderäume. Dazwischen liegt ein langgestreckter, mit zwei Baumreihen be-

pflanzter Hof, der zur Straße hin von einer hohen Mauer mit Torbogen abgeschlossen ist. Dieser sechs Stufen über das Straßenniveau angehobene »heilige Bezirk« strahlt die Atmosphäre eines stillen Klosterhofes aus. Das gesamte Umfeld der Kirche liegt höher als die benachbarten Straßen und ist durch niedrige Mauern von ihnen abgegrenzt. So entsteht ein klar definierter Kirchplatz.

Mit der Wucht eines romanischen Westwerks erhebt sich die Eingangsfassade, ernst und düster durch ihre Verkleidung aus grauem Nagelfluh. In der Mitte der Giebelseite öffnet sich eine bis zum Boden reichende 18 Meter hohe und 7 Meter

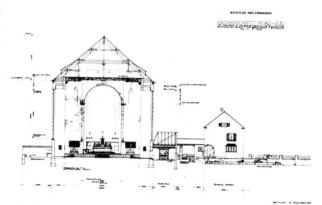

Königin des Friedens: Schnittzeichnung (Pfarrarchiv Königin des Friedens).

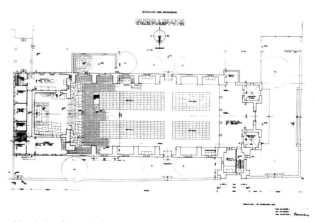

Königin des Friedens: Grundrißzeichnung (Pfarrarchiv Königin des Friedens).

225

Richtfest, Königin des Friedens 1936. Robert Vorhoelzer 3. v. l. (Pfarrarchiv Königin des Friedens).

breite Rundbogennische. Die Seitenteile und der steile Giebel bilden eine riesige glatte Wandfläche, die nur von zwei Nebeneingängen, kleinen Biforien darüber und einer winzigen Öffnung im Dachraum durchbrochen wird. Das beherrschende Bogenmotiv bildet den monumentalen Rahmen für das Hauptportal. Über diesem hat der Bildhauer Karl Knappe eine doppelt lebensgroße Verkündigungsgruppe als Flachrelief in den grauen Stein gemeißelt.[11] Etwas über der halben Höhe teilt ein Strebebogen die Nische. Oben, dicht unter dem Rundbogen, sitzt ein Radfenster mit Maßwerk. Dieses Fenster sollte ursprünglich Glasmalereien nach einem Entwurf Knappes erhalten, der jedoch Vorhoelzer absolut nicht zusagte. Die künstlerische Meinungsverschiedenheit zwischen beiden führte zum menschlichen Zerwürfnis. »Leider hat mir die

Kirche den Dissens mit Knappe gebracht. Wenn zwei Menschen sich so wenig mehr verstehen, dann gehören sie nicht mehr zusammen.«[12]

Drei Meter von der Westfassade zurückversetzt schließt sich nach Norden der ebenfalls einheitlich mit Nagelfluh verkleidete Kirchturm an. Er ist mit seinen in vier Geschossen leicht zurückspringenden Strebepfeilern, den Blendbögen und romanisierenden Biforien der signifikanteste, aber auch antiquierteste Bauteil der Kirche. Wie ein nicht fertig gewordener mittelalterlicher Turm ist er durch ein flaches Zeltdach abgedeckt.[13] Bezeichnenderweise stammt der Turmentwurf aus dem historisierenden »Basilika-Projekt«.

Turm und Westfassade bilden eine monolithische Baugruppe, die in ihrer schweren Masse an die »Gottesburgen« der Romanik erinnert.

Eine Überraschung erlebt, wer sich nun den Längsseiten der Kirche zuwendet. Zwar faßt ein steiles Satteldach mit durchlaufendem First den ganzen Bau straff zusammen, aber Chor und Langhaus setzen sich durch ihre geschlämmten Ziegelwände deutlich vom Westwerk ab. An den Nahtstellen ergibt eine unregelmäßige Verzahnung mit dem Nagelfluh einen lebendigen Übergang zwischen beiden Materialien. Die einzelnen Steine, die sich beim Sichtmauerwerk zu einem Ganzen zusammenfügen, symbolisierten für Vorhoelzer den Aufbau der Christengemeinde, ebenso der unter der Traufe durchlaufende Fries aus einer Reihung im Mauerwerk ausgesparter Kreuze.[14] Sieben[15] schmale, hohe Fenster mit filigraner Teilung durchbrechen jede Langhauswand, je drei[16] hochliegende, dicht nebeneinandergesetzte Fenster in der nördlichen und südlichen Chorwand belichten den Altarraum. Die östliche Giebelwand ist bis auf eine kleine Öffnung im Dachraum völlig geschlossen und trägt in der Mitte ein aus dem Buchstaben »M« gestaltetes graphisches Zeichen. Dieses Mariensymbol, das an allen Gebäuden der Pfarrei auftaucht und auch das Pfarrsiegel schmückt, hat Vorhoelzer als Signum für die Gemeinde entworfen.

Betritt man das Kircheninnere, so wird sofort greifbar, daß das Raumkonzept weitgehend aus Vorhoelzers erstem Projekt entwickelt ist. Aber auch vom »Basilika-Projekt« übernimmt Vorhoelzer Wesentliches: Raumhöhen, Anzahl und Abmessungen der Joche, den Chor und die flache Holzdecke. Der gesamte Raum mißt vom Haupteingang bis zur östlichen Chorwand 57 Meter, von Pfeiler zu Pfeiler in der Breite 17 Meter, von Außenwand zu Außenwand 21 Meter und in der Höhe 18 Meter. »Königin des Friedens« ist mit St. Gabriel[17] der größte kirchliche Neubau Münchens zwischen den beiden Weltkriegen.

Aus dem niedrigen und dunklen Bereich unter der Westempore blickt man in das monumentale, durch kahle, geschlämmte Mauerpfeiler[18] und darüberliegende, schwere Holzbinder strukturierte Langhaus. Helles Tageslicht fällt ein, ohne

Innenraum (Pfarrarchiv Königin des Friedens).

daß man ein einziges Fenster sieht. Der rhythmische Wechsel von reflektierenden und verschatteten Flächen belebt die Wände. Zwischen den Wandpfeilern liegen auf jeder Seite sieben um eine Stufe erhöhte Nischen. Die beiden vorderen der Südseite öffnen sich zu einer niedrigen, intimen Andachtskapelle, die den ursprünglichen Taufstein und bereits 1937 einen Volksaltar »versus populum« enthielt, den ersten und einzigen in München vor dem Zweiten Weltkrieg.

Die zwölf Wandpfeiler des Langhauses versinnbildlichen die Apostel und tragen auf grauen Natursteinplatten deren Namen und Symbole. Auch die Balkenverstärkungen der Decke sind symbolisch ausgedeutet: Tiere, Pflanzen und Musikinstrumente nach eigenhändigen Entwürfen Vorhoelzers stellen Grundtugenden des christlichen Glaubens dar.[19] Durch einen Triumphbogen vom Langhaus geschieden und um sieben Stufen erhöht, zieht der Chor mit dem raumhohen Fresko an der Ostwand den Blick auf sich.

Die Raumwirkung steigert ein fein abgestimmter Dreiklang der Farben: strahlendes Weiß der Wände, helles kühles Grau des Fußbodens und aller anderen Natursteinteile, warmer Holzton der Balkendecke und des Kirchengestühls. Auch das Altarbild baut auf dieser Farbskala auf und erweitert sie mit zarten Rot- und Grüntönen. Der Maler Albert Burkart hat in diesem seinem Hauptwerk eine monumentale thronende »Königin des Friedens« dargestellt. In der Bittprozession darunter ist, zwischen Pfarrer Beer – dem Bauherrn der Kirche – und Burkart stehend, auch Vorhoelzer mit seinem charakteristischen runden Hut abgebildet.

Mit Ausnahme des Altarbildes ordnen sich die Ausstattungsstücke der dominanten Raumstruktur unter. Dessen ungeachtet ist auch das kleinste Detail mit unglaublicher Hingabe geplant. Das Pfarrarchiv der »Königin des Friedens« birgt an die 500 exzellent gezeichnete Pläne von der Hand Walter Scheteligs, Vorhoelzers Mitarbeiter schon beim »Basilika-Projekt«. Schetelig, ein künstlerisch und zeichnerisch hochbegabter Architekt, war nicht etwa nur Vorhoelzers Bauzeichner, sondern Mitgestalter der Kirche. Die architektonische Durchbildung des Baus und seiner Ausstattung ist weitgehend ihm zu verdanken. Freilich verraten manche Details einen Hang zum Kunstgewerblichen. Nach Abschluß der »Königin des Friedens« arbeitete Schetelig bei Roderich Fick, einem Stararchitekten des Dritten Reichs, der unter anderem Hitlers Bauten am Obersalzberg plante. Schetelig konnte in Ficks Büro nicht Fuß fassen, da einflußreiche Kollegen gegen ihn intrigierten. Fick stellte ihn daher zum Kriegsdienst ab, und Schetelig fiel in Rußland. Vorhoelzer, der Schetelig außerordentlich schätzte, war entsetzt. »Fick ist ein Verbrecher, er hat den besten Architekten in den Tod geschickt« äußerte

Innenraum (Pfarrarchiv Königin des Friedens).

er sich gegenüber Bekannten. Darüber hinaus unterstützte er Scheteligs Familie mit monatlichen Zahlungen.[20] Vorhoelzer selbst ging 1939 als Leiter der Architekturabteilung an die Akademie der Schönen Künste in Istanbul.

Nur sieben Jahre nach ihrer Einweihung wurde die »Königin des Friedens« am 13. Juli 1944 ein Opfer des Krieges. Zwei Sprengbomben und ungezählte Brandbomben legten den Bau in Schutt und Asche, nur die Außenmauern blieben dank ihres stabilen Wandpfeilersystems erhalten. Vorhoelzer, seit 1945 wieder Professor an der Technischen Hochschule München, setzte sich unmittelbar nach dem Krieg mit aller Kraft für den Wiederaufbau der Kirche ein. »Sie waren der getreue Mentor bei den Sorgen des Wiederaufbaus. Sie haben gerade bei den schwierigsten, anscheinend ausweglosen Verhältnissen immer

Wiederaufbau (Pfarrarchiv Königin des Friedens).

wieder einen Ausweg gefunden, immer wieder die Sache vorangetrieben, immer wieder das scheinbar Unmögliche möglich gemacht. Ich weiß nicht, wie ich Ihnen danken soll«, schreibt Pfarrer Beer 1946 an Vorhoelzer.[21] Bezeichnenderweise macht Vorhoelzer beim Wiederaufbau seiner Kirche nicht, wie beispielsweise Hans Döllgast in gleicher Situation, den Versuch einer Verbesserung oder Umgestaltung, sondern rekonstruiert möglichst genau den Zustand von 1937.[22] Er muß seinen ersten Kirchenbau auch unter gewandelten Verhältnissen für in allen Teilen geglückt und exemplarisch angesehen haben. Noch in den 50er Jahren hat Vorhoelzer Pläne für die »Königin des Friedens« in seinem Lehrsaal in der Technischen Hochschule ausgehängt.[23] Sein zweiter Kirchenbau, St. Josef in Dingolfing, 1954–57, mutet fast wie eine Kopie an.

Schon zur Erbauungszeit hatte Vorhoelzers Kirche bei Kollegen großen Anklang gefunden. Der berühmte Architekt Theodor Fischer äußerte anläßlich eines Besuchs der Baustelle, die Kirche habe ihm »außerordentlich gefallen«[24], und Georg Lill[25] behauptete sogar, sie sei »eines der schönsten Bauwerke Bayerns, das in den letzten drei Jahrzehnten gebaut wurde.«[26]

Zweifellos ist sie heute der bedeutendste und stilreinste Münchner Kirchenbau der 30er Jahre. Hervorzuheben ist in diesem Zusammenhang die Einfühlsamkeit, mit der bei der letzten Renovierung 1987 störende Zutaten aus den 60er Jahren entfernt und Ergänzungen nach Plänen Vorhoelzers vorgenommen worden sind.[27] Architektonisch gesehen ist die Kirche »Königin des Friedens« ein unverzichtbarer städtebaulicher Akzent für das östliche Obergiesing. Darüber hinaus wurde sie, 1937 als letzte Kirche vor dem Zweiten Weltkrieg fertiggestellt, durch ihr Patrozinium, das Schicksal ihrer Erbauer, durch Zerstörung und Wiederaufbau zum eindrucksvollen Monument der Zeitgeschichte in unserem Stadtviertel.

Fußnoten

1 Vorhoelzer, S. 168 ff. und S. 280 ff.
2 So Vorhoelzers Mitarbeiter Walther Schmidt in einem Vortrag an der TH München am 29. Nov. 1984.
3 Vorhoelzer, S. 110 ff.
4 Pfarrarchiv »Königin des Friedens«, München.
5 Text vom 28.2.1935, von Vorhoelzer unterzeichnet; Pfarrarchiv »Königin des Friedens«, München.
6 z. B. St. Martin in Moosach, 1922–24, Architekt Hermann Leitenstorfer und St. Gabriel in Haidhausen, 1925–26, Architekt Otto Orlando Kurz.
7 Im Grundriß ist die Triangulatur eingezeichnet.
8 Pfarrarchiv »Königin des Friedens«, München.
9 Erbaut 1892–94 von Karl Hocheder, bei dem Vorhoelzer 1911 Assistent an der TH war.
10 Erbaut 1894–1900 von Hans Grässel.
11 Für das Motiv der Giebelfassade mit Rundbogennische gibt es in München einen unmittelbaren Vorläufer: St. Martin in Moosach, 1922–24 erbaut von Hermann Leitenstorfer.
12 Nicht datierter Brief aus dem Jahr 1937 von Vorhoelzer an Kurat Beer, den Bauherrn und künftigen Stadtpfarrer der Kirche, Pfarrarchiv »Königin des Friedens«, München. In einem Postskriptum warnt Vorhoelzer den Kurat vor Knappe: »Im nötigen Fall ist Knappe *sehr* geschäftstüchtig und rücksichtslos bei Durchführung seines Willens, und ich befürchte, er wird Ihnen Leiden machen können. Herrn Prälat [Vertreter des Ordinariats, d. Verf.] habe ich für alle Fälle verständigt. Er findet es als selbstverständlich, daß in allen künstlerischen Dingen *ich* zu befinden habe.«

13 Mögliche Vorbilder sind der Turm der Danziger Marienkirche 1343–1502 und der Jakobsturm in Wasserburg/Inn 1410–1478.
14 Nach Mitteilung von Heinz Stegmayr, zur Erbauungszeit Gemeindemitglied von »Königin des Friedens«.
15 Anzahl der Sakramente.
16 Symbol der Trinitas.
17 S. Anm. 6.
18 Ähnliche Wandpfeilerkonstruktionen waren in der Spätgotik weit verbreitet, vgl. z. B. die Frauenkirche in München.
19 Zeichnungen im Pfarrarchiv »Königin des Friedens«, München.
20 Ernst Hürlimann und Ernst M. Lang im Gespräch mit Florian Aicher und Uwe Drepper, 11. 10.1988.
21 Brief vom 20. Nov. 1946; Pfarrarchiv »Königin des Friedens«, München.
22 Ausgeführt wurden nur unwesentliche Änderungen, z. B. eine neue Orgel nach einem Entwurf von Hans Döllgast.
23 Nach Mitteilung von Franz Kießling.
24 Bautagebuch von Pfarrer Beer, 3. September 1937; Pfarrarchiv »Königin des Friedens«, München.
25 Direktor des Bayerischen Landesamtes für Kunst und Denkmalpflege.
26 Unbezeichneter Zeitungsausschnitt im Nachlaß Vorhoelzer, Germanisches Nationalmuseum, Nürnberg.
27 Festschrift, S. 39 ff., Kunstführer, S. 3 f.

Teile dieses Beitrags wurden dem Katalog zur Ausstellung »Robert Vorhoelzer – Die klassische Moderne der Post« entnommen. Wir danken den Herausgebern Florian Aicher und Uwe Drepper.

MANFRED DÖBEREINER

Stadtplanung für Giesing

Die Verkehrsentwicklung am Beispiel des ehemaligen Münchner Vororts und heutigen Stadtteils

Wer heutzutage in Giesing auf der Brücke der Grünwalder Straße steht, die die Tegernseer Landstraße überspannt, und dabei auf den ständig tosenden Verkehr dieses Teilstücks des Mittleren Rings hinabblickt, wer die hohe Verkehrsdichte auf der Grünwalder und Martin-Luther-Straße kritisch beobachtet, mag kaum glauben, daß er nahe der Ortsmitte des ehemaligen Bauerndorfs Obergiesing steht.

Dabei ist erst in den beiden Jahrzehnten nach dem Zweiten Weltkrieg die Voraussetzung dafür geschaffen worden, daß diese Fahrzeugmassen tagtäglich durch Giesings Mitte fahren: mit dem Bau des Mittleren Rings und des Candidtunnels und dem Ausbau der Tegernseer Landstraße als Autobahnzubringer. Noch im Jahr 1965 hatten die Stadtplaner sogar eine Autobahn neben dem Mittleren Ring quer durch München und Giesing geplant. Bereits in der Zwischenkriegszeit waren vom Münchner Tiefbauamt in Giesing Straßen für den wachsenden Autoverkehr gebaut worden: Der Giesinger Berg wurde erheblich verbreitert und die Schneise der Martin-Luther-Straße durch das Giesinger Ortszentrum gebrochen (1934/35).

Vor dem Ersten Weltkrieg war der Unterschied zwischen Planung und Baudurchführung für Ober- und Untergiesing sehr deutlich. Während das Giesinger Unterfeld – Falkenau, Lohe, Birkenau – rasch bebaut und für den Verkehr erschlossen wurde – schon 1883 verband eine Pferdetram die Untergiesinger mit München –, legten die Stadtplaner für das Oberfeld zwar prächtige Baulinienpläne vor, in größerem Umfang gebaut wurde tatsächlich jedoch erst zum Ende der

Weimarer Republik. Dabei lagen die Hauptbebauungsrichtungen in Giesing, wie besonders der Staffelbauplan von 1908 ausweist, entlang der wichtigsten Giesinger Verkehrswege: Tegernseer Landstraße, Grünwalder Straße, Deisenhofener Bahnlinie. Daß sich Giesing trotz umfangreicher Planungen und Stadterweiterungsprojekte – Alignement- und Staffelbaupläne – so spät entwickelte, lag weitgehend an der schwierigen Verkehrssituation, welche die beiden Giesinger »Berge« schufen. Erst ihre Regulierungen brachten kräftige Schübe für den Wohnungsbau und die Verkehrserschließung des Oberfeldes. Somit wird verständlich, warum sich Obergiesing noch im 19. Jahrhundert kaum veränderte, obwohl es räumlich sehr nahe bei München liegt. Im Vergleich zu anderen Vororten der Landeshauptstadt wie die Au, Haidhausen, Thalkirchen, Sendling u. a. setzte in Giesing das Wachstum später ein. In der folgenden Darstellung wird versucht, all die Probleme und Lösungsmöglichkeiten der räumlichen Planung im kommunalen Bereich zu skizzieren und dabei einen kurzen Abriß von Giesings Entwicklungsgeschichte im Verkehrsbereich nachzuzeichnen.

Giesings Straßen und Wege in der Frühneuzeit

Giesings Straßen- und Wegenetz hatte sich jahrhundertelang nicht verändert. Vergleichen wir die frühesten Pläne[1], die Münchens Umgebung beschreiben, mit den ersten topographischen Karten des 19. Jahrhunderts, so ist keinerlei Entwicklung zu erkennen.

Luftbildaufnahme »Giesinger Ortskern, Untergiesing und Au« 1918 (Stadtarchiv München).

Zurückzuführen ist dieser überraschende Umstand auf die Isar mit ihren überaus steilen Talhängen: für Kutschen, Gespanne oder gar Fuhrwerke ein Verkehrshindernis ersten Ranges. Nur an wenigen Stellen waren damals die Steilhänge für den nach oder von München Reisenden überwindbar, so am Giesinger Berg, am Nockherberg und vor allem am Gasteig bzw. Rosenheimer Berg bei Haidhausen.

Der Giesinger Berg und der benachbarte Nockherberg waren mit ihren 11 % Steigung noch im letzten Jahrhundert von schweren Fuhr-

werken nur mühselig und nach sorgfältiger Vorbereitung zu befahren. Die Fuhrhilfsdienste der Giesinger Bauern legen dafür ein beredtes Zeugnis ab. Von den wichtigen Fernstraßen im Münchner Osten lief nur die Tegernseer Landstraße über die beiden Giesinger »Berge« auf die Isarbrücke zu. Die von Reichenhall über Wasserburg herankommende Salzstraße, über Jahrhunderte die wichtigste Handelsstraße Oberbaierns, überwand wie die meisten anderen Verkehrswege den Talhang zur Isarbrücke bei Haidhausen am weniger steilen Gasteig bzw. Rosenheimer Berg.

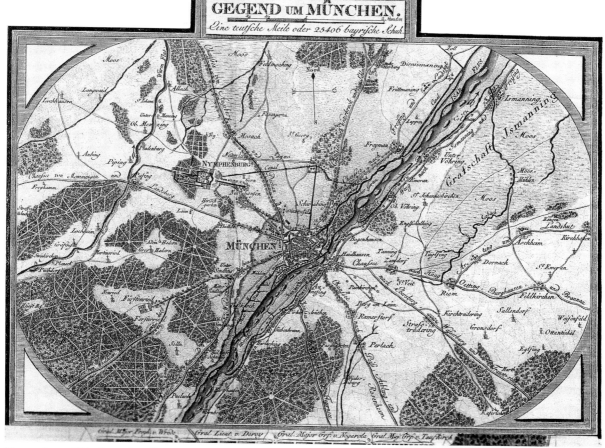

Gegend um München. Landkarte von 1780 (Wolff, Cartograhia Bavariae).

An der Westseite der Salzbrücke – heute Ludwigsbrücke genannt – wuchs, gefördert von den Wittelsbachern, sehr rasch die spätere Landeshauptstadt München heran; auf der Ostseite entstand die Ortschaft Au.

Besondere Privilegien der Herzöge und Könige für München erstickten seit dem Spätmittelalter jeden Ansatz einer Veränderung der Verkehrssituation. Das angesprochene Verkehrsproblem bestand in besonderem Maße für die Bewohner des Giesinger Oberfeldes. Bereits der früheste Stadtplan für München, von Tobias Volckmer im Jahr 1613[2] gezeichnet, hebt sehr klar die schwierige Verkehrssituation an Giesings steilen Isarhängen hervor, da er die Steilheit der Hänge mit Schraffen betont. Wer von Obergiesing mit einem Fuhrwerk nach München wollte, mußte entweder die Tegernseer Landstraße weiterziehen und den Rosenheimer Berg hinab zur Isarbrücke, oder doch über die beschwerlicheren Bergstraßen, den Giesinger- oder Nockherberg, hinunter durch die Au zur Brücke fahren. Allerdings waren wegen der Hochwasser die Straßen und Wege in der Au jedes Jahr für einige Zeit unpassierbar.

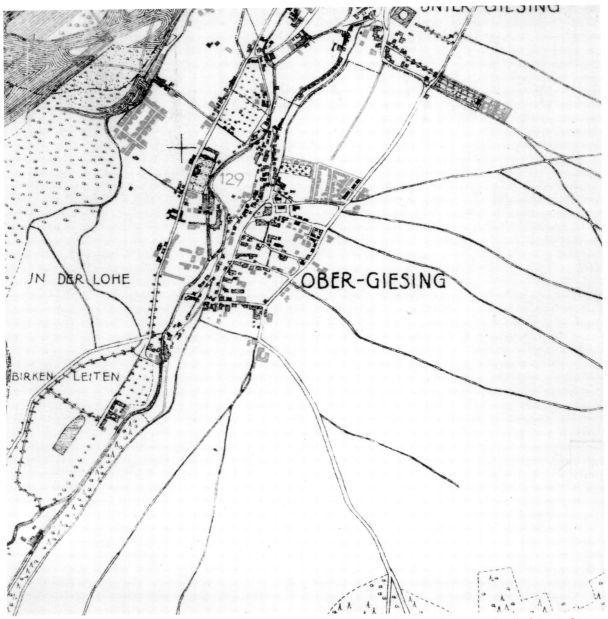

Der Kartenausschnitt zeigt das Bauerndorf Obergiesing, seiner Siedlungsform nach ein Haufendorf, im Gebiet zwischen der heutigen Icho-, Wirt- und Tegernseer Landstraße, 1833 (Megele).

Giesings Altstraßen

Die Tegernseer Landstraße und die Grünwalder Straße sind Altstraßen.[3] Darunter versteht man jene überregionalen Verkehrswege des Mittelalters und auch der Frühneuzeit, die Handelszentren und Hauptorte der Staaten und Landschaften miteinander verbanden.

Die Bergstraße ist ein weiterer Altweg Giesings, der jedoch nicht die Bedeutung der beiden anderen besaß. Sie führte als öffentlicher Weg vom Giesinger Berg aus am Hauserhof vorbei, lief nach der Wirtstraße als Harlachinger Straße auf der Höhe des Steilufers nahe der Hangkante entlang und traf bei Harlaching auf die Hochleite und die Abzweigung nach Grünwald. Die Hochleite führte am Isarhang weiter über die Menterschwaige (ehemals Harthausen) zur Großhesseloher Eisenbahnbrücke, auf der beiderseits der Gleise Fußwege über die Isar führten. In entgegengesetzter Richtung läuft die Bergstraße an der Kirche und dem erweiterten Friedhof vorbei zum Nockherberg bzw. dem Weiler Untergiesing.

Die Sicherung der Wege und die Befestigung der Hangwand wurde von den jeweiligen Besitzern gefordert, wie beispielsweise im Jahr 1872 vom Besitzer der Hochleite, Baron von Hirsch. Auch mußte zur gleichen Zeit in der Südwestecke Giesings der Steig hinab ins Isartal zur Bäckermühle, der heutige Schrafnagelweg, aus Sicherheitsgründen reguliert werden, denn König Ludwig II. benützte ihn öfter auf seinen Fahrten nach Grünwald.[4]

Weil letztlich alle wichtigen Verkehrswege Giesings auf die Ludwigsbrücke zielten und die beiden Giesinger »Berge« für den wachsenden Verkehr im 19. Jahrhundert als zu gefährlich angesehen wurden, forderten Polizei und Kollegien im Münchener Rathaus nachdrücklich eine Regulierung der »Berge« auf etwa 4 % Steigung. So hatte beispielsweise im Jahr 1840 der Fabrikant Joseph von Utzschneider auf dem Giesinger Berg mit seiner Kutsche einen schweren Verkehrsunfall erlitten, an dessen Folgen er zwei Tage später starb. Aus dem Jahr 1887 ist überliefert, daß nun endlich am Giesinger Berg eine kleine Wachstation stand, deren Mannschaft den Fuhrleuten eine Sperrkette übergeben mußte, mit der die Abfahrt zusätzlich gesichert wurde. Die Verminderung der Steigung wurde von den Giesinger Bauern unter anderem als Ausgleich für den hohen Bahndamm gefordert, der das Giesinger Unter- und Oberfeld durchschnitt und die Bauernhöfe von alten Weidegebieten an der Isar trennte. Bald darauf baute man über den Herbergen der Lohe hohe Stützmauern, und im Jahr 1892 konnte man die nun regulierte Bergstraße für den Verkehr wieder freigeben.[5]

Mit der Regulierung des Nockherberges beabsichtigte die Stadt, auch die zweite Giesinger Hauptverbindung nach München durchgreifend zu verbessern. Wegen des Widerstandes und der allzu hohen Forderungen der Grundstücksbesitzer – der Krebsbauer widersetzte sich besonders hartnäckig –, kam das Nockherbergprojekt nicht über das Planungsstadium hinaus. Erst im Jahr 1902 konnte die Regulierung nach dem Erwerb und Abbruch des Krebsbauernhofes durchgeführt und 1904 beendet werden. Zur selben Zeit sollte die Verbindung des Dorfsüdteils ins Isartal weiter verbessert werden. Dabei strebte man an, die Steigung des Schrafnagelbergs zu vermindern und bemühte sich, einen gelungen Anschluß an die Wirtstraße zu finden. Mehr landschaftspflegerischen Charakter besaß die Maßnahme, die Harlachinger Straße für den Verkehr zu sperren und den Hang mit einem Bauverbot zu belegen.[6]

Die neuen Isarbrücken

Zu einem großen Problem entwickelte sich im 19. Jahrhundert, daß sämtliche Hauptverkehrswege in Münchens Umgebung zur Ludwigsbrücke geführt werden mußten. Wegen des ständig wachsenden Verkehrs erwies sich diese einzige Isarbrücke bald als Nadelöhr. Es mußten endlich neue Brücken über die Isar gebaut werden. Dazu zwang den Magistrat auch das starke

Bevölkerungswachstum Münchens. Das Vorhaben der Stadt, außerhalb des ehemaligen Befestigungsrings im Überschwemmungsgebiet zwischen Stadt und Isar eine Vorstadt – die Isarvorstadt – anzulegen und städtebaulich zu erschließen, bot dann die Gelegenheit dazu.[7]

So kam es, daß im Zug der Erstellung des Generalbauplans für die Isarvorstadt im Jahr 1827 eine neue Brücke projektiert wurde: die Reichenbachbrücke. Es war vorgesehen, die Fraunhoferstraße vom Angertor ausgehend über die Brücke bis in die Au zu verlängern (Ohlmüllerstraße) und mit der Nockherbergauffahrt zu verbinden. Damit war seit 1831, dem Einweihungsjahr der Reichenbachbrücke, eine der östlichen Hauptausfallstraßen und der Weiler Untergiesing direkt mit dem Südteil der Münchner Altstadt verbunden.

In den 70er Jahren wurde Giesings erste Isarbrücke gebaut: die Wittelsbacher Brücke (1875). Endlich hatte man auch den Giesinger Berg und damit Obergiesing direkt durch eine eigene Brücke an München angebunden. Vom Kolumbusplatz am Fuß des Giesinger Berges ausgehend, führte nun für die Giesinger der Weg nach München über die Humboldtstraße zur Wittelsbacher Brücke, und danach vom Baldeplatz aus am Südlichen Friedhof entlang zum Sendlinger Torplatz. Der Brückenbau zog einen Antrag auf die Erstellung eines Baulinienplans für die rechts der Isar angrenzenden Gebiete nach sich. Aber noch in diesen Jahren wurden die Antragsteller vom Magistrat belehrt, daß nur jene Flächen überplant werden sollten, bei denen eine Bebauung in Kürze zu erwarten war. Erst in den 80er Jahren bezog das Stadtbauamt unter Baurat Arnold von Zenetti die eingemeindeten Ortschaften stärker in die Baulinienplanung ein und erstellte erstmals für die einzelnen Viertel Stadterweiterungspläne (Alignementpläne).[8]

Weitere Isarbrücken erhielten Giesing und die Au erst zu Beginn des 20. Jahrhunderts nach der Hochwasserkatastrophe von 1899. Zwar waren »nur« die Prinzregenten- und die Max-Joseph-Brücke zerstört worden, die anderen Brücken – auch die vielgeschmähte hölzerne Reichenbachbrücke – hatten das Hochwasser überstanden. Trotzdem wurden ein großes Brückenbauprogramm – Wiederaufbau und Neubau – und eine umfassende Isarregulierung in Angriff genommen.[9]

Nachdem die zerstörten Brücken wieder errichtet waren, wurde unterhalb des Deutschen Museums die Corneliusbrücke (1902/03) über die Isar gebaut, die die Schwaigerstraße zum Mariahilfplatz und von dort die Gebsattelstraße als Einschnittstraße unter der Hochstraße hindurch zur Franziskanerstraße hinaufführt. Danach erhielten die Thalkirchner eine Brücke (1903/04), die nördlich des späteren Tierparks Hellabrunn (1911) die Isar querte und mit der Untergiesinger Schönstraße die beiden bisher durch die Isar getrennten Vororte Thalkirchen und Giesing verband. Nach Siebenbrunn wurde kurz darauf von der Brücke aus durch die Isarauen eine neue Straße gebaut. Die letzte große Brücke in Giesing wurde errichtet, nachdem man die Holzkonstruktion der Reichenbachbrücke durch eine breitere Steinbrücke (1902/03) ersetzt hatte. Dabei wurde die Eisenkonstruktion der Wittelsbacher Brücke abgebaut (1904) und die eisernen Brückenteile in der Höhe des Candidplatzes, Sendling und Giesing verbindend, als Brudermühlbrücke wieder aufgebaut (1904). Nach dem Ersten Weltkrieg errichtete man noch die Marienklauser Fußgängerbrücke an der Südspitze des Tierparkgeländes (1919/20), nur wenige Jahre vor der Schließung des Tierparks (1922).[10]

Mit dem Brückenbauprogramm einher ging die Regulierung der Isar, die seit dem Hochwasser von 1899 mit Nachdruck vorangetrieben wurde. Statt der Dämme zog man nun im bebauten Stadtgebiet Uferschutzmauern hoch. Zusätzlich wurde von 1906–1912 die Flußstrecke zwischen Kohleninsel (heute Museumsinsel) und Großhesselohe nach dem Plan von Baurat Hermann Frauenholz umgestaltet und damit die Isar gebändigt. Außerdem trug der Bau eines breiten Werkkanals für das Kraftwerk vor Hinterbrühl zur Minderung der Hochwassergefahr bei.[11]

Der letzte große Brückenbau ergab sich mit dem Ausbau des Mittleren Rings nach dem Zweiten Weltkrieg. Dabei mußte die Brudermühlbrücke verbreitert und der Isarhang Obergiesings nordwestlich des 60er-Stadions durch die neue Straßenführung völlig umgestaltet werden, um den Mittleren Ring am Schnittpunkt von Grünwalder Straße und Tegernseer Landstraße kreuzungsfrei ausbauen zu können. Die Tegernseer Landstraße wurde in einen Trog gelegt, die Candidstraße unter der Grünwalder Straße (Candidtunnel und Brücke) hindurchgeführt und mit einem Bogen an die Grünwalder Straße angebunden (1967/69).[12]

Zenettis Alignement-Entwurf für Giesing

Lag der Straßen- und Wegebau sowie die Bauplanung jahrhundertelang in den Händen der Giesinger Bürger, so ändert sich dies mit der Eingemeindung nach München (1854). Jetzt genügte es nicht mehr, nur den Bebauungsplan bei der Lokalbaukommission vorzulegen – wie es noch bei der Errichtung der Feldmüllersiedlung und der Birkenau möglich war (1840). Nun wurde der Vorort Giesing wie auch die Au und Haidhausen direkt in die Stadtplanung des Münchner Stadtbauamtes einbezogen. Doch immer nur für die zur Bebauung schon freigegebenen Flächen erstellte die Stadt gemäß den gültigen Bauordnungen einen Baulinienplan, in dem Straßenführung und Straßenbreite bestimmt sowie die Haupt- und Nebenstraßen festgelegt wurden.[13]

Unter Baurat Zenetti wurden in der zweiten Hälfte der 70er Jahre erstmals für den Burgfriedensbereich der Residenzstadt Stadtentwicklungspläne gezeichnet. Dabei zogen die Planungsbehörden für den zukünftigen Ausbau die Baulinien und legten die Bebauungsformen fest – auch für die eingemeindeten Vororte, die von nun an nach Münchner Bedürfnissen gestaltet wurden. Nicht mehr Schritt für Schritt sollte das Land bebaut werden, sondern nur noch nach den von den Alignementplänen vorgegebenen Richtlinien, wobei Pariser Boulevards und Sternplätze als Vorbilder dienten.[14]

Allerdings waren die Pläne nur am Reißbrett mit Zirkel und Lineal entworfen worden. Sie waren nach geometrischen Gesichtspunkten gestaltet, nach einem starren symmetrischen Rasterschema, das den Vororten eine gewisse Monotonie verliehen hätte, wie entsprechende Vororte der Metropolen Berlin, Wien und Hamburg noch heute zeigen. Nach diesem klassizistischen Muster entworfene Straßenzüge finden sich in Giesing nur um den St.-Martins-Platz südlich des Ostfriedhofs: Die Überreste eines Zenetti-Planes für Giesing. Sonst gibt es in Haidhausen das Franzosenviertel, in der Isarvorstadt das Gärtnerplatzviertel und große Teile der Maxvorstadt als nach geometrischem Grundriß gestaltete Vorstadtviertel.[15]

Der Entwurf Zenettis für Giesing (1877)[16] erwies sich als nicht praktikabel, da das Verkehrsnetz keinerlei Entsprechungen zu den vorhandenen Besitzverhältnissen und Grundstücksgrenzen aufwies. Die alten Straßen und Flurwege waren nicht in das entworfene Wegenetz einbezogen. Und selbst die Tegernseer Landstraße, Giesings wichtigste Radiale, gäbe es nicht mehr. Da Ring- und Radialstraßen nicht vorgesehen waren, könnte ein Verkehr heutigen Ausmaßes von einem derart gestalteten Straßennetz mit seinen vielen Plätzen und gleichberechtigten Nebenstraßen nicht bewältigt werden. Vor allem machte das Fehlen eines kommunalen Enteignungsrechtes die Durchführung von Planideen dieser Art undurchführbar. Die Stadt war an den guten Willen der Grundeigentümer gebunden, denn die meisten Eigentümer hätten von der Stadt aufgekauft oder auf dem Tauschwege entschädigt werden müssen. Der Einspruch eines einzigen Grundbesitzers hätte ganze Projekte gestoppt oder eine Neuplanung erfordert. Der Krebsbauer hatte, als er sich weigerte, seinen Hof zu verkaufen, die Nockherberg-Regulierung leicht um zehn Jahre

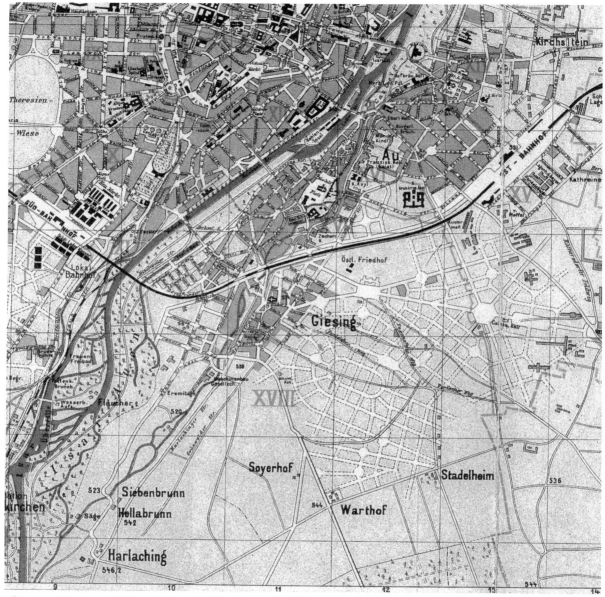

Plan von München (1891) mit Zenetti-Alignement für Giesing (Stadtarchiv München).

verzögern können. Nur wenn ein einzelner Grundeigentümer den Boden besessen hätte, wäre eine einheitliche und zügige Planung durchführbar gewesen – wie im Franzosenviertel vor dem Ostbahnhof, dessen Grund zum größten Teil dem Baron von Eichthal gehörte.[17]

Zenettis Pläne wurden jedoch nicht nur im Magistrat abgelehnt, Ferdinand von Miller bedauerte gar die zukünftigen Generationen, die in einer solcherart bebauten Stadt leben müßten. Auch die Fachleute wie Baurat Wilhelm Rettig und besonders Theodor Fischer bemängelten über das oben gesagte hinaus, daß die Entwürfe des »Geometerstädtebauers« den gestiegenen Anforderungen im modernen Städtebau nicht genügten. Vor allem der Verkehrsproblematik, der Gewerbe- und Industrieansiedlung und dem rasanten Bevölkerungsanstieg wurden nach ihrer Meinung diese Planideen nicht gerecht.

Die Bauordnung von 1876/77[18] ist dagegen ein Beitrag Zenettis zur Stadtentwicklung, der positiv zu bewerten ist. Er setzte mit dieser Ordnung die offene Bauweise durch. Damit mußte nun in Nord-Süd-Straßen, in Straßen unter 14 m Breite, in kleinen Baublöcken und in der Umgebung von Krankenhäusern und Friedhöfen in offener Bauweise gebaut werden. Die offene Bauweise besagt, daß der Zwischenraum bei zweigeschossigen Häusern etwa sechs Meter beträgt, bei drei Obergeschossen aber mindestens 7–9 m verlangt werden. Mehr als drei Obergeschosse dürfen die Häuser nicht besitzen. Eine spätere Überbauung ist ausdrücklich nicht erlaubt. Blieb also von Zenettis stadtplanerischem Wirken in Giesing nur wenig, so war sein eigentliches Erbe die Projektierung und der Bau der Münchner Kanalisation und der Wasserleitung, die auch heute noch vorzüglich funktionieren.[19] Anzumerken wäre zu diesem Punkt, daß die Verlegung der großen Wasserleitungsrohre durch Baugebiete und unter Straßen auf die Gestaltung der Alignementpläne oder den Staffelbauplan nicht geringen Einfluß nahm.

Um auch diese Schwierigkeiten abzumildern und um die von den Städtebauern Joseph Stübben, Reinhard Baumeister und Camillo Sitte formulierten neuen Erfordernisse der Stadtplanung einzubeziehen, schrieb die Stadt München im Jahr 1892 einen Stadterweiterungs-Wettbewerb aus. An diesem Wettbewerb sollten sich – ungewöhnlich genug – außer Bauingenieuren und Architekten auch die zu dieser Zeit neuen Berufe der Stadtplaner oder Stadtbauer beteiligen.

Der Stadterweiterungs-Wettbewerb

Zu jener Zeit – 1893 – war im Südosten Münchens kaum eine Bautätigkeit zu registrieren; Giesings Felder waren noch unbebaut, die Regulierung des Giesinger Bergs soeben abgeschlossen, Menterschwaige und Harlaching lagen noch völlig abseits im Perlacher Forst. Weder gab es für die weite Fläche des Giesinger Oberfeldes eine gültige Baulinienplanung, noch wurden neue Verkehrswege erschlossen; lediglich um den Ostfriedhof legte man die Straßen zum Teil nach Zenettis Plänen an.

Die Bedeutung der Verkehrswege für die Stadterweiterung wurde in dem Gutachten zum Stadterweiterungs-Wettbewerb von August Voit, dem Leiter der Münchner Lokalbaukommission, besonders herausgehoben.[20] Er forderte, Straßen und Bahnen »zusammenzubinden« und das Verkehrsnetz um Radialstraßen, Ringstraßen und Ringbahnen zu ergänzen. Im Ausschreibungstext wird dies nochmals sehr deutlich formuliert.

Tatsächlich hatten drei der vier preisgekrönten Entwürfe die Alignements der alten Art zur Grundlage genommen und diese lediglich um Radial- und Ringstraßen bzw. Ringbahnen ergänzt.[21] Nur der Entwurf Carl Henricis nahm Camillo Sittes Ideen auf. Er schuf in besonderem Maße eigenständige Stadtteile mit architektonisch auffälligen Stadtteilzentren, vergaß aber nach Meinung der Preisrichter Verkehrs- und Wohnstraßen zu projektieren.[22]

Allein Henricis Entwurf wäre der heutigen Baulinienführung und Bebauungsstruktur Giesings nahegekommen, hätte aber die Eigenständigkeit des Vororts betont, dem Stadtteil sogar ein gewisses Maß an Individualität gegeben, was besonders die architektonisch betonte Platzgestaltung heraushebt.[23] Gerhard Aengeneydts Plan[24] bringt dagegen den ausführlichsten Verkehrslinienentwurf, der jedoch das Zentrum Obergiesings noch krasser zerschnitten hätte als es später die Martin-Luther-Straße tatsächlich tat.

Weder die vier preisgekrönten Pläne noch die beiden besonders gewürdigten Entwürfe wurden in die Tat umgesetzt, sondern lediglich für eine endgültige Konzeption als Ideenlieferanten herangezogen. Stadtbaumeister Wilhelm Rettig unterschied bereits damals zwischen einem Bebauungsplan für detaillierte Einzelobjekte und dem Generalbaulinienplan für den Gesamtentwurf, den allein die Verwaltung als bindend für die spätere Bebauung ansah. Rettig hatte also bereits damals ein – nach heutiger Terminologie – Flächennutzungskonzept angestrebt.[25]

Um nun diese Ideen der Stadt dienlich zu machen, schlug er die Gründung eines Stadterweiterungs-Referats vor. Nachdrücklich betrieb er die Berufung Theodor Fischers in das Amt des Referatsleiters.[26] Nur dieser Architekt bot für ihn die Gewähr, die Vorstellungen Sittes und Henricis in die Realität umzusetzen.

Für Giesing war entscheidend, daß Fischer neben vier anderen Stadtbereichen – Bogenhausen, Schwabing, Sendling, Neuhausen – auch diesen Stadtteil neu plante. Dabei orientierte er die Verkehrsführung pragmatisch an Feldwegen und Besitzgrenzen, brachte aber auch ästhetische und künstlerische Aspekte ein, besonders bei den Platzgestaltungen. Die damals erstellten Pläne entwarfen weitgehend die heutige Linienführung der Straßen und Wege.[27] Der Staffelbauplan von 1904/12 zeigt dann endgültig das städtebauliche Bild der angestrebten Erweiterung des Stadtteils Giesing.

Die Staffelbauordnung von 1904/12

Auch Stadtbaurat Rettig hatte sich – wie vor ihm Zenetti – bereits mit den Verkehrsproblemen Giesings beschäftigt: mit der Planung des St.-Martins-Platzes (1892) und mit der Regulierung des Giesinger Berges (1893).[28] In weit umfangreicherem Maße plante Theodor Fischer, seit 1893 Leiter des »Stadterweiterungsbureaus«, die Bebauung des Giesinger Oberfeldes. Sein Entwurf von 1900 läßt erkennen, daß er für Giesing zu-

mindest zwei Vorschläge Henricis[29] aus dem Wettbewerbsbeitrag zur Anwendung brachte: Zum einen wurden die naturräumlichen oder künstlichen Barrieren wie Isar, Isarhänge, Brücken, Bahnlinien und Friedhof zur Gliederung der sich erweiternden Vororte in eigenständige Stadtteile genutzt. Neue übergreifende Straßenverbindungen – Ringstraßen, Radialen und Diagonalen – fehlten hingegen in diesem Entwurf fast völlig, obwohl ein vollkommen neues Straßennetz entworfen werden mußte. Zum anderen verließ er die schablonenhaften Alignements und zeichnete ein auf bestehende Grundbesitzverhältnisse anwendbares unregelmäßiges Straßennetz. Die Hauptentwicklungslinien Giesings lagen dabei an den alten Radialen – Grünwalder Straße, Tegernseer Landstraße – und entlang der Bahnlinie nach Deisenhofen; an diesen Linien setzte sich auch die geschlossene Bauweise des Giesinger Zentrums in abgestufter Dichte gemäß den Baustaffeln fort.

Den dritten Vorschlag setzte er in Giesing nicht um, da ein derartiger Gedanke mit den vorherrschenden Zentralitätsbestrebungen nicht vereinbar war. Kaum jemand dachte daran, die entstehenden Stadtteile – oftmals wie Giesing alte Zentralorte eines ländlichen Bereiches – als Bezirkszentren auszubauen und die Marktplätze mit öffentlichen Gebäuden auszustatten. Nur einige Plätze wurden weitgehend in der von Fischer vorgeschlagenen Form und baulichen Ausgestaltung ausgeführt. Wäre man Henricis Vorschlägen gefolgt, so hätte sich der heute überbordende Pendlerverkehr weitgehend vermeiden lassen, weil sein polyzentrisches Stadterweiterungskonzept durch die öffentlichen und wirtschaftlichen Einrichtungen in den einzelnen Stadtteilen den Publikumsverkehr in die »Zentralstadt« nicht in dem Maße erforderlich gemacht hätte.[30]

Jedenfalls gehen viele Straßen und Straßenabschnitte Giesings um den Wettersteinplatz und im Bereich Tegernseer Landstraße, Ostfriedhof, Bahnlinie Deisenhofen und Perlacher Forst auf Fischers Wirken zurück. Seine Planungen fanden in dem Staffelbauplan und der Münchner Bauord-

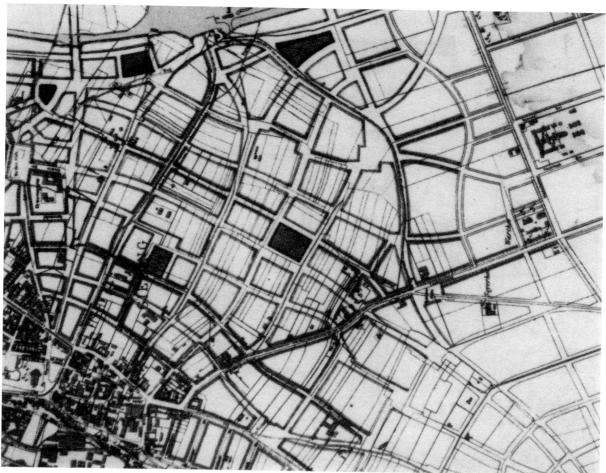

Fischer-Plan für Obergiesing, 1900 (Fisch, Stadtplanung).

nung ihren Niederschlag, in der seine städtebaulichen, architektonischen und hygienischen Vorstellungen formuliert sowie die Belegungsdichten
festgelegt waren. Die Grundstücke wurden –
durch Flächen-, Höhen- und Abstandsregel vorgegeben – nach einer für die vorgeschriebene
jeweilige Staffelung definierten Dichte bebaut.
Die Nachfolger Theodor Fischers – Wilhelm
Bertsch und August Blössner – haben in seinem
Sinne im Stadterweiterungsbüro gewirkt und
seine Ideen umgesetzt. Der Staffelbauplan galt bis
in die 70er Jahre des 20. Jahrhunderts als Grundlage für die Bebauung Münchens und Giesings.[31]

Giesings Straßenbahnnetz

In die Zeit der Entwicklung und Diskussion der
Staffelbauordnung (1894–1904/12) fiel auch der
rasche Ausbau des Straßenbahnnetzes in München. Dazu wurde im Jahre 1898 ein Generalstra-
ßenbahnplan erstellt, den der Magistrat jedoch
erst 1904 veröffentlichen ließ, um Bodenspekula-
tionen vorzubeugen.[32]

Zuerst kam nur die Au in den Genuß dieses
neuen Verkehrsmittels. Zwischen Isarvorstadt
und dem Mariahilfplatz wurde über die Frauen-
hoferstraße und die Reichenbachbrücke erstmals

Linie 12 am Giesinger Berg, fotografiert während der Bauarbeiten 1934 (Stadtarchiv München).

1882 eine Pferdetram eröffnet. Kurz darauf erweiterte man die Strecke in Richtung Untergiesing (1893) von der Ohlmüllerstraße entlang der Pilgersheimer Straße bis zur Freibadstraße. Obergiesing erhielt nach der aufwendigen Regulierung des Giesinger Berges (1893) eine Straßenbahnanbindung. Eine nun schon elektrische Tram – Linie 12 – kam vom Kolumbusplatz den Giesinger Berg herauf und fuhr durchs Obergiesinger Zentrum über Silberhornstraße und Tegernseer Landstraße zur Endhaltestelle am Ostfriedhof (Emmeramstraße). Erst 1902 wurde Obergiesings kurze Straßenbahnstrecke verlängert, allerdings nicht in den Giesinger Süden nach Harlaching, sondern nach Haidhausen, und zwar über die Tegernseer Landstraße hinaus bis zum Rosenheimer Platz.

Die zweite Bergverbindung zum Ostfriedhof kam nach der Regulierung des Nockherberges zustande (1905). Dabei wurde die Strecke von der Ohlmüllerstraße (ab Falkenstraße) bis zur Tegernseer Landstraße geführt (Emmeramstraße) und zwei Jahre später (1907) bis zum St.-Martins-Platz verlängert. Im Jahr darauf (1908) wurde in Untergiesing die Linie 5 von der Freibadstraße auf der Pilgersheimerstraße bis zum Candidplatz weitergeführt. Im gleichen Jahr erhielt der 1898 errichtete Giesinger Bahnhof die Anbindung ans Straßenbahnnetz mit dem Bau der Strecke St.-Martins-Platz–Eintrachtstraße–Schlierseestraße–Giesinger Bahnhof (Linie 27). In der Schlierseestraße wurde 1912/13 ein Straßenbahnhof mit Werkstätten errichtet, die man 1926/27 durch

Straßenbahn-waggon im Straßenbahndepot an der Ständler-straße mit Wahl-aufruf der NSDAP für die Reichstagswah-len 1936 (Stadt-archiv Mün-chen).

Straßenbahnde-pot an der Ständ-lerstraße, 1936 (Stadtarchiv München).

weitere Werkstätten und eine Wagenhalle sowie ein Kehrrichtsilo (1930) erweiterte. Im Jahr 1980 wurden die Anlagen abgebrochen und auf diesem Terrain das Anton-Fingerle-Bildungszentrum (1984) gebaut.

Erst im Jahr 1910 wurde auch Giesings Süden – Harlaching, Menterschwaige, Großhesselohe, Geiselgasteig und sogar Grünwald – an das Tramnetz angebunden, also jene Strecke eröffnet (Tramlinie 25 und 35), die auch heute noch als wichtige öffentliche Verbindung nach Grünwald viel befahren wird (Linie 25). 1911 erhielt Giesing die Spange zwischen Nockherberg und Tegernseer Landstraße, die die über den Berg heraufkommende Tram durch die Edelweißstraße führte und an die Strecke nach Grünwald anschloß. Dazu kam 1912 die Stichstrecke der Karolingerstraße zur Harlachinger Straße und dem St.-Anna-Kirchlein.

Weitere Strecken erhielt Giesing nach dem Ersten Weltkrieg, als 1921 die Linie zur Ständlerstraße vom Giesinger Bahnhof aus durch die Schwansee-, Chiemgau- und Aschauerstraße verlängert wurde, wo 1922–24 die neue Straßenbahnhauptwerkstätte entstand. Im Jahre 1936 kam ein Streckenabschnitt (Linie 27) in Neuharlaching hinzu – zwischen Chiemseestraße und Schwanseeplatz –, der die Verbindung zum Friedhof am Perlacher Forst herstellte. Die Erweiterungen der Straßenbahnlinien waren damit in Giesing abgeschlossen.[33]

Giesing in den 20er Jahren

In Giesing und Harlaching waren trotz umfangreicher Vorplanungen große Areale noch Anfang der 30er Jahre nicht bebaut. Erst gegen Ende der 20er und in den 30er Jahren setzte hier eine rege Bautätigkeit der Wohnungsbaugesellschaften ein. Maßgeblich blieb dabei der Staffelbauplan, der für das ganze östliche Gebiet Giesings die Baulinien festlegte. Für Münchens Bauamt wurde die Schaffung von Wohnungen zur wichtigsten Aufgabe, da sich die Wohnungsprobleme nach dem Ersten

Weltkrieg außerordentlich verschärft hatten. Aufgrund einer Denkschrift des Wohnungsreferenten Karl S. Preis (1927) leitete die Stadt München schließlich ein Gesamtbauprogramm von 12 000 Wohnungen für die Jahre 1928–1933 in die Wege, das größtenteils von der »Gemeinnützigen Wohnungsfürsorge A. G.« umgesetzt wurde. Damit entwickelten sich die in den 20er Jahren errichteten Siedlungen zu einheitlichen Wohnbauschöpfungen. Sie wurden zu Kristallisationspunkten für die weitere Entwicklung der einzelnen Stadtgebiete, die das städtebauliche Gesicht in günstiger Weise beeinflußten.[34]

Während der Weimarer Zeit entstanden in Giesing und Neuharlaching folgende Siedlungen: 1928/29 in Neuharlaching die Flachbausiedlung »Am hohen Weg« der Gemeinnützigen Wohnungsfürsorge A..G an der Nauplia-, Rotbuchen- und Soyerhofstraße sowie der erste Bauabschnitt der Großsiedlung um den Walchenseeplatz, ebenfalls in den Jahren 1928/29 erbaut. Die Reichskleinsiedlung am Perlacher Forst, eine reduzierte Form einer Gartenstadtsiedlung, entstand in den Jahren 1932/33 für und unter der Mitarbeit meist arbeitsloser Arbeiter.[35]

Der Nutzungsplan wurde 1930 nochmals geändert und dabei Industrie- und Wohngebiete bezeichnet, aber auch Geschoß- und Familienhaussiedlungen klar getrennt. Dieser neue Plan regelte als Generalbaulinienplan die veränderten Vorgaben des Verkehrs, weil erkannt worden war, daß in Zukunft der Kraftfahrzeugverkehr wesentlich stärker wachsen würde. Erstmals tauchte der Gedanke auf, dem Automobilverkehr eigene Straßen mit Über- und Unterführungen zu geben, was aber wegen finanzieller Probleme von den Gemeinden und der Regierung nicht angenommen wurde.[36]

Giesing in der Nazizeit

Giesings Verkehrswege unterlagen in der Nazizeit einer neuen Gewichtung. Wegen des ständig zunehmenden Automobilverkehrs mußten auch

Einweihung der Martin-Luther-Straße 1935 mit einigen Parteigrößen in der Bildmitte: v.l.n.r.: Danzer, Fiehler, Wagner, Weber, Zöberlein (Privatfoto).

in Giesing die Straßen neu konzipiert werden. Vor allem wurde die Umlenkung des Last- und Schwerverkehrs auf die Ringstraßen neben der Verbesserung der allgemeinen Verkehrsverhältnisse notwendig. 1935 wurde deshalb der Giesinger Berg verbreitert und die Martin-Luther-Straße mitten durch das alte Giesing gelegt, um einen direkten Anschluß an die große Ausfallstraße Giesings herzustellen: die Tegernseer Landstraße. Diese bildete außerdem die direkte Verbindung für die Giesinger zur Reichsautobahn nach Salzburg. Konsequenterweise bauten die Nazis an dieser wichtigen Straße 1935/36 das riesige Verwaltungsgebäude der Reichszeugmeisterei mit den daneben angelegten weitläufigen Versorgungsanlagen, in denen der Autozug Bayern und weitere Hilfszüge stationiert waren.

Außerdem versuchte man, bei der Verkehrserschließung die Neubausiedlungen an die überörtlichen Verkehrsachsen anzubinden. Vor allem die in dieser Zeit in Alt- und Neuharlaching zwischen Säbener Straße, der Bahnlinie nach Deisenhofen, südlich Obergiesings und des Ostfriedhofs sowie tangential zum Perlacher Forst entstandenen Neubausiedlungen. Später auch das Gebiet südlich des Hohen Weges, das erst nach einem Wettbewerb (1927) erschlossen worden war. Weiterhin wurde in dichter Folge um den Miesbacher Platz, nahe Stadelheim, zwischen Nauplia- und Oberbiberger Straße – um nur einige Beispiele zu nennen – gebaut.[37]

Hielt sich die bisher vorgestellte Bau- und Verkehrsplanung im üblichen Rahmen, so hätte der Ausbau Münchens zur repräsentativen

Blick auf die Martin-Luther-Straße vor der Erweiterung 1933 (Verein Freunde Giesings).

Blick auf die Martin-Luther-Straße während der Bauarbeiten 1934 (Verein Freunde Giesings).

Blick auf die Martin-Luther-Straße nach der Fertigstellung (Verein Freunde Giesings).

»Hauptstadt der Bewegung« völlig neue und zwar monumentale städtebauliche Akzente gesetzt – vergleichbar nur mit den Planungen am Nürnberger Dutzendteich, wo die Überreste der Monumentalbauten des Dritten Reiches noch heute zu besichtigen sind. Die Planungen hätten vor allem Giesings Osten verändert, wo die Nazis noch in der Kriegszeit innerhalb eines großangelegten Konzeptes die wahrscheinlich von Generalbaurat Hermann Giesler entworfene »Neue Südstadt« vorsahen. Danach sollte München eine vom Gasteig in südöstliche Richtung führende Prachtstraße erhalten, die beim Fasangarten den Anschluß an die Autobahn Salzburg hergestellt hätte. Sie wäre in das damals kaum bebaute Gelände zwischen Ramersdorf und Obergiesing eingefügt worden.[38]

Giesing in den 50er und 60er Jahren

Statt einer Zusammenfassung sei kurz Giesings Bau- und Verkehrsentwicklung nach dem Zweiten Weltkrieg skizziert, um zumindest die wichtigsten Veränderungen vorzustellen. Giesings freie Flächen waren erst nach dem Zweiten Weltkrieg während des rapiden Wachstums der Stadt München (Flüchtlinge und Vertriebene) weitgehend bebaut worden. München und somit auch Giesing bekam in den Nachkriegsjahren die von den Planern nachdrücklich geforderten Ringstraßen. Noch im Gesamtentwicklungsplan von 1963 galt als Leitgedanke: »Die Innenstadt bleibt wirtschaftlicher, politischer und kultureller Mittelpunkt der Stadt, Ort höchster baulicher Dichte und der Konzentration der zentralen Funktionen von Wirtschaft, Handel und Verwaltung.« Nach dem Krieg war deshalb konsequent in den 50er und verstärkt in den 60er Jahren der Ausbau der Straßen vorangetrieben worden: Verbreiterung der Ausfallstraßen (in Giesing z. B. die Tegernseer Landstraße), Anlage der Ringstraßen (Mittlerer Ring am Candidberg), Bau neuer Autobahnanschlüsse (für Giesing bei Unterhaching und Ramersdorf) und Entwurf eines Autobahnrings.

Der durch Giesing geführte Mittlere Ring brachte in den 50er Jahren nochmals einschneidende Veränderungen mit sich: Der Ring wurde in der Giesinger Gemarkung weiter vervollständigt, indem die Chiemgaustraße und die Candidstraße mit der Hangauffahrt zur Grünwalder Straße als Teilstrecken des Mittleren Rings ausgebaut wurden.

Die unter Theodor Fischer nur halbherzig in Angriff genommene Aufwertung der Stadtteile durch öffentliche Verkehrsmittel führte nach dem Zweiten Weltkrieg für Münchens City zu einer katastrophalen Situation. Da alle Verkehrswege monozentral angelegt waren, stießen die bestehenden bzw. wiederaufgebauten Verkehrsnetze bald an ihre Belastungsgrenzen. Die Struktur mußte von Grund auf verändert werden. Auch die Straßenbahn war an die Grenzen ihrer Beförderungsleistung gestoßen. Zwar leitete der Gesamtverkehrsplan von 1963[39] eine Wende ein, aber eine Aufwertung der Vororte zu Stadtteilzentren, die einen Teil des Verkehrs hätten binden können, fand dennoch nicht statt. Dies hing damit zusammen, daß sich hochbewertete Arbeitsplätze von Wirtschaft – Handel, Banken, Verkehr, Versicherung – und Regierung in der Innenstadt summierten. Zwar trugen noch in den 60er Jahren Straßenbahn und Buslinien (in Stadtteilen mit geringer Wohndichte) den Hauptteil des öffentlichen Verkehrsaufkommens. Doch brachte das stark wachsende Verkehrsvolumen der Kraftfahrzeuge – Arbeits- und Bildungspendler – in den Verkehrsspitzenzeiten massive gegenseitige Behinderungen mit sich. Erst die 60er Jahre brachten eine Veränderung: Man baute wieder mehr auf Schienenfahrzeuge mit eigenem Gleiskörper, da der Bus und die Straßenbahn im Verkehr ebenso steckenbleibt wie das Auto. München begann mit dem Bau von U-Bahnen und löste darüber hinaus den regionalen Schienenverkehr der Bundesbahn durch Schnellbahnsysteme ab. Giesings erster U-Bahnhof am Kolumbusplatz wurde 1980 eröffnet und der Giesinger Bahnhof erhielt eine Aufwertung zum S- und U-Bahn-Kreuzungspunkt.

Bau der Candidauffahrt, 1956 (Verein Freunde Giesings).

1956

251

Der Stadtentwicklungsplan einschließlich Gesamtverkehrsplan von 1963 legte dann den prinzipiellen Straßennetzplan fest, der in den folgenden Jahrzehnten als Planungsgrundlage galt. Dabei war vordringlich, das radiale Straßennetz durch Tangenten zu ergänzen und zu Ringen zusammenzuschließen. Deshalb wurde in Untergiesing in den Jahren 1964–1966 für den Mittleren Ring die Candidauffahrt kreuzungsfrei ausgebaut und der Candidberg in den darauffolgenden Jahren (1967–69) mit Unterführung und Brücke umgebaut: Bau des Candid-Tunnels und der Überführung in Untergiesing und die Tieferlegung der Tegernseer Landstraße in Obergiesing und ihr Ausbau zum Autobahnzubringer in Neuharlaching.

Fußnoten

1 Beispiele in Cartographia Bavariae; Straßenkarten Bayerns: S. 215–219, 258, 341, 347; Umgebungskarten von München: S. 151, 304, 310, 312, 314.
2 Cartographia Bavariae, S. 300 f.
3 Sandberger, Straßensystem, S. 287–293.
4 Blössner, Verhandlungen, S. 19.
5 Blössner, Verhandlungen, S. 36 f.
6 Ebd., S. 88.
7 Wiedenhofer, Entwicklung Münchens, S. 98 f.
8 Fisch, Stadtplanung, S. 193 f.; Blössner, Verhandlungen, S. 19 f.
9 Blössner, Verhandlungen, S. 99 ff.
10 Megele, Atlas, S. 34 ff.
11 Megele, Atlas, Beilage: Entwicklungsplan 1883–1908; Blössner, Verhandlungen, S. 100 f.
12 Falter, Mittlerer Ring, S. 31; Haarpaintner, Verkehrsausbau, S. 14.
13 Wiedenhofer, Entwicklung Münchens, S. 102; Selig, Stadterweiterungen, S. 42; Fisch, Stadtplanung, S. 187.
14 Fisch, Stadtplanung, S. 192–197.
15 Selig, Stadterweiterungen, S. 34 f. u. 39.
16 Stadtarchiv München, Planungsreferat, Abgabe 90/2a, Nr. 67.
17 Fisch, Stadtplanung, S. 195 f.; zeitgenössische Zitate sind auf der Seite 196 abgedruckt; Selig, Stadterweiterungen, S. 16 f.
18 Wiedenhofer, Entwicklung Münchens, S. 135–140; zur offenen Bauweise Fisch, Stadtplanung, S. 175 f.
19 Fisch, Stadtplanung, S. 169 ff.; Blössner, Verhandlungen, S. 44.
20 Fisch, Stadtplanung, S. 204.
21 Albers, Theodor Fischer, S. 130–137.
22 Selig, Stadterweiterungen, S. 97–100.
23 Albers, Theodor Fischer, S. 131 f. und Anm. 3.
24 Abdruck und Besprechung des Plans bei: Weber, Stadtentwicklung, Nr. 50, S. 305–308.
25 Fisch, Stadtplanung, S. 215.
26 Ders., Stadtplanung, S. 215 f.; Selig, Stadterweiterungen, S. 101 f.
27 Fischers Giesing-Plan (1900) ist abgedruckt bei Fisch, Stadtplanung, S. 236; Original liegt im: Stadtarchiv München, LBK 203/III.
28 Fisch, Stadtplanung, S. 203 u. 217.
29 Henrici, Konkurrenz-Entwurf, S. 12 ff.
30 Selig, Stadterweiterungen, S. 104 ff., und Henrici, Konkurrenz-Entwurf, S. 13–15, sowie Heilmann, München, S. 26.
31 Selig, Stadterweiterungen, S. 117–123; Fisch, Stadtplanung, S. 262–268; Blössner, Verhandlungen, S. 111–115; Albers, Theodor Fischer, S. 145 ff.
32 Vgl. Blössner, Verhandlungen, S. 107 f.; Münchener Straßenbahn, S. 46.
33 Megele, Atlas, S. 112–118; Plan zur »Entwicklung des Straßenbahnnetzes 1876–1946«; 50 Jahre Münchener Straßenbahn, 1876–1926.
34 Blössner, Verhandlungen, S. 169 f.
35 Megele, Atlas, S. 109 f. u. Beilage: Karte 1908–1933; Weigl, 1200 Jahre Giesing, S. 45 f.
36 Blössner, Verhandlungen, S. 182 f.
37 Aufzählung bei: Weigl, 1200 Jahre Giesing, S. 46; 7. Rundgang, S. 272–278.
38 Rasp, Stadt für tausend Jahre, S. 65.
39 Stadtentwicklungsplan München.

Literaturverzeichnis

Adam, Hildegard, *Die alten Flurnamen – (fast) vergessene Erinnerungen aus der dörflichen Vergangenheit Giesings,* in: Giesing. Vom Dorf zum Stadtteil. Beiträge zur Geschichte und Gegenwart Giesings und Harlachings, hg. v. Thomas Guttmann, München 1990, S. 57–71.

Adam, Hildegard, *Wohnen in der »guten, alten Zeit«,* in: Giesing – Vom Dorf zum Stadtteil. Beiträge zur Geschichte und Gegenwart Giesings und Harlachings, hg. v. Thomas Guttmann, München 1990, S. 91–97.

Adam, Hildegard, *Wohnungsnot, hohe Mieten – was tun?* Die Entstehung genossenschaftlicher Selbsthilfeorganisationen am Beispiel des Bauvereins Giesing, in: Giesing – Vom Dorf zum Stadtteil. Beiträge zur Geschichte und Gegenwart Giesings und Harlachings, hg. v. Thomas Guttmann, München 1990, S. 125–138.

Akten Kardinal Michael von Faulhabers 1917–1945, II 1935–1945, bearb. von Ludwig Volk (Veröffentlichungen der Kommission für Zeitgeschichte Reihe A: Quellen. Band 26) Mainz 1978.

Albers, Gerd, *Theodor Fischer und die Münchner Stadtentwicklung bis zur Mitte unseres Jahrhunderts,* in: Jahrbuch Technische Universität München (1981), S. 127–156.

Alt, Karl, *Todeskandidaten.* Erlebnisse eines Seelsorgers im Gefängnis München-Stadelheim mit zahlreichen im Hitlerreich zum Tode verurteilten Männern und Frauen, München 1946.

Asgodom, Sabine (Hg.), *»Halts Maul – sonst kommst nach Dachau!«* Frauen und Männer aus der Arbeiterbewegung berichten über Widerstand und Verfolgung unter dem Nationalsozialismus, Köln 1983.

Barkai, Avraham, *Vom Boykott zur Entjudung.* Der wirtschaftliche Existenzkampf der Juden im Dritten Reich 1933–1943, Frankfurt/Main 1988.

Bauer, Richard (Hg.), Zu Gast im alten München, München 1989.

Bayerische Politische Polizei (Hg.), *Die kommunistische Bewegung in Bayern seit der nationalen Revolution!,* München 1933.

Becker-Trier, Heinz, *Es war Mord, meine Herren Richter!* Der Fall Penzberg, Frankfurt/Main 1958.

Bez, Ulrike, *Zeitzeugen der Räterepublik in München 1918/19.* Typoskript von Videointerviews, München 1988 (unveröffentlicht).

Blau, Bruno, *Das Ausnahmerecht für die Juden in Deutschland. 1933–45,* Düsseldorf ²1954.

Bloessner, August, *Verhandlungen und Planungen zur städtebaulichen Entwicklung der Stadt München von 1871–1933,* München 1949.

Bretschneider, Heike, *Der Widerstand gegen den Nationalsozialismus in München 1933 bis 1945* (Miscellanea Bavarica Monacensia Heft 4), München 1968.

Brunner, Claudia, *Arbeitslosigkeit in München 1927 bis 1933.* Kommunalpolitik in der Krise, München 1992.

Dandl, Herbert, *Rote Hochburg und weißer Terror.* Giesing in den Wirren der Revolutions- und Rätezeit 1918/19, in: Giesing – Vom Dorf zum Stadtteil. Beiträge zur Geschichte und Gegenwart Giesings und Harlachings, hg. v. Thomas Guttmann, München 1990, S. 152–180.

Die Flachbausiedlung östlich Harlaching »Am hohen Weg«, in: Die Siedlungen der Gemeinnützigen Wohnungsfürsorge A. G. München, hg. v. d. Gewofag München, München 1928, Neudruck 1993, S. 32–41.

Die Großsiedlung am Walchenseeplatz, in: Die Siedlungen der Gemeinnützigen Wohnungsfürsorge A. G. München, hg. v. d. Gewofag München, München 1928, Neudruck 1993, S. 24–31.

Diehl-Thiele, Peter, *Partei und Staat im Dritten Reich.* Untersuchungen zum Verhältnis von NSDAP und allgemeiner innerer Staatsverwaltung, München 1969.

Diepolder, Gertrud, *Die mittelalterliche Besiedlung des Raumes um München,* in: Bayerischer Geschichtsatlas, hg. v. Max Spindler, München 1967, S. 60 f.

Die Siedlungen der Gemeinnützigen Wohnungsfürsorge A. G. München, hg. v. d. Gewofag, München 1928, Neudruck 1993.

Die Weiße Rose. Ausstellung über den Widerstand von Studenten gegen Hitler in München 1942/43 (Begleitband zur Ausstellung in der Ludwig-Maximilians-Universität München), zusammengestellt v. d. Weiße Rose Stiftung e. V., München 1993.

Dörschel, Ruth/Kornacher, Martin/Stiglbrunner, Ursula/Staebe, Sabine, *Wohnungsreform – mehr als Licht, Luft und Sonne,* in: München – Musenstadt mit Hinterhöfen. Die Prinzregentenzeit 1886 bis 1912, hg. v. Friedrich Prinz u. Marita Krauss, München 1988, S. 119–123.

Eberhard, Frohmut Hans, *Schule im Dritten Reich,* in: Verdunkeltes München, Geschichtswettbewerb 1985/1986 (Die nationalsozialistische Gewaltherrschaft, ihr Ende und ihre Folgen), hg. v. d. Landeshauptstadt München, München 1987, S. 111–114.

Empor zum Licht. Arbeitersänger und Arbeitersportler in München vor 1933. Begleitbuch zur Ausstellung vom 11. April–5. Juni 1987 in der Kassenhalle des Münchner Rathauses, hg. v. Kulturreferat der Landeshauptstadt München, München 1987.

Falter, Reinhard, *Harlaching: Stadterweiterung und Naturschutz im Isartal,* in: Giesing. Vom Dorf zum Stadtteil. Beiträge zur Geschichte und Gegenwart Giesings und Harlachings, hg. v. Thomas Guttmann, München 1990, S. 210–228.

Falter, Reinhard, *Der Mittlere Ring in München,* in: Olympiastadt München, Straßen- und Verkehrsausbau eines Jahrzehnts, Bonn-Bad Godesberg 1972, S. 28–33.

Fischer, Peter, *50 Jahre Siedlung am Perlacher Forst 1932–1982.* Festschrift, München 1982.

Fisch, Stefan, *Stadtplanung im 19. Jahrhundert*. Das Beispiel München bis zur Ära Theodor Fischer, München 1988.

Fraenkel, Ernst, *Der Doppelstaat*, Frankfurt-Köln 1974.

Frank, Walter, *Franz Ritter von Epp*. Der Weg eines deutschen Soldaten, Hamburg 1934.

Frei, Friedrich, *Nationalsozialistische Verfolgungen katholischer Geistlicher im Erzbistum München und Freising*, in: Das Erzbistum München und Freising in der Zeit der nationalsozialistischen Herrschaft, Bd. 1, hg. v. Georg Schwaiger, München 1984, S. 402–489.

Fröhlich, Elke, *Zwei Münchener Kommunisten*, in: Dies., Die Herausforderung des Einzelnen. Geschichten über Widerstand und Verfolgung, München/Wien 1983 (Bayern in der NS-Zeit VI., hg. v. Martin Broszat und Elke Fröhlich), S. 23–51.

50 Jahre Königin des Friedens, hg. v. Pfarramt Königin des Friedens, München 1987.

Fünfzig Jahre Münchener Straßenbahn, 1876–1926, Denkschrift, hg. v. d. Direktion d. Städtischen Straßenbahnen, München 1926.

Gasteiger, Michael, *Die Not in München*. Einige Tatsachen. Nach amtlichen Zahlen zusammengestellt, München 1923.

Gerstl, Max, *Die Münchener Räte-Republik*, München 1919.

Graf, Oskar Maria, *Gelächter von außen*. Aus meinem Leben 1918–1933, München 1983.

Gritschneder, Otto, *Bewährungsfrist für den Terroristen Adolf H.* Der Hitler-Putsch und die bayerische Justiz, München 1990.

Gut, Albert, Die vorstädtischen Reichskleinsiedlungen in München, In: Siedlung und Wirtschaft 16 (1934), S. 245–254.

Guttmann, Thomas (Hg.), *Giesing – Vom Dorf zum Stadtteil*. Beiträge zur Geschichte und Gegenwart Giesings und Harlachings, München 1990.

Guttmann, Thomas, *Interviews zur Geschichte Giesings*. Typoskript von Tonbandmitschnitten, München 1991 ff. (unveröffentlicht).

Haarpaintner, F., *Verkehrsausbau in München 1952–1972*, in: Olympiastadt München. Straßen- und Verkehrsausbau eines Jahrzehnts, Bonn-Bad Godesberg 1972, S. 13–18.

Hanke, Peter, *Zur Geschichte der Juden in München zwischen 1933 und 1945*, München 1967.

Hanseder, Willi, *Von der Reichszeugmeisterei zur McGraw-Kaserne*, in: Giesing. Vom Dorf zum Stadtteil. Beiträge zur Geschichte und Gegenwart Giesings und Harlachings, hg. v. Thomas Guttmann, München 1990, S. 181–196.

Heilmann, Jakob, *München in seiner baulichen Entwicklung*. Ein Bick in deren Vergangenheit, Gegenwart und Zukunft, München 1881.

Henn, Ursula, *Die Mustersiedlung Ramersdorf in München*. Ein Siedlungskonzept zwischen Tradition und Moderne, München 1987.

Henrici, Carl, *Preisgekrönter Konkurrenz-Entwurf zur Stadterweiterung Münchens*, München 1893.

Herbert, Ulrich, *Fremdarbeiter*. Politik und Praxis des »Ausländer-Einsatzes« in der Kriegswirtschaft des Dritten Reiches, Berlin/Bonn 1985.

Herz, Rudolf/Halfbrodt, Dirk, *Revolution und Fotografie*. München 1918/19, Berlin 1988.

Heusler, Andreas, *Zwangsarbeit in der Münchner Kriegswirtschaft 1939–1945*, München 1991.

Hitler, Adolf, *Monologe im Führerhauptquartier 1941–1944*. Die Aufzeichnungen Heinrich Heims, hg. v. Werner Jochmann, Hamburg 1980.

Hoegner, Wilhelm, *Der schwierige Außenseiter*, Erinnerungen eines Abgeordneten, Emigranten und Ministerpräsidenten, München 1959.

Hoegner, Wilhelm, *Flucht vor Hitler*. Erinnerungen an die Kapitulation der ersten deutschen Republik 1933, München 1977.

Humoristischer Wegweiser durch die Wirtschaften, Kaffeehäuser, Weinhandlungen und Hotels von München und Umgebung, ges. u. hg. v. J. Fortner, München o. J.

Jäckel, Eberhard, *Hitlers Weltanschauung:* Entwurf einer Herrschaft, Stuttgart 1981.

Jahnke, Karl Heinz, *Deutsche Jugend: 1933–45*, Hamburg, 1989.

Jens, Inge (Hg.), *Hans Scholl, Sophie Scholl*. Briefe und Aufzeichnungen, Frankfurt/Main 1984.

Kahn, Julius, *Münchens Großindustrie und Großhandel*, München 1913.

Kempf, Julius, *Kleinwohnstätten der Gegenwart*. Ihr konstruktiver Auf- und Ausbau und ihre wohnliche Ausstattung, München 1950.

Kleinöder, Eva-Maria, *Der Kampf um die katholische Schule in Bayern in der NS-Zeit*, in: Das Erzbistum München und Freising in der Zeit der nationalsozialistischen Herrschaft, Bd. 1, hg. v. Georg Schwaiger, München 1984, S. 596–639.

Kleßmann, Christoph/Pingel, Falk (Hg.) *Gegner des Nationalsozialismus*. Wissenschaftler und Widerstandskämpfer auf der Suche nach historischer Wirklichkeit, Frankfurt/New York 1980.

Klönne, Arno, *Jugend im Dritten Reich:* Die Hitlerjugend und ihre Gegner, Düsseldorf [2]1990.

Klotz, Alexander Markus (Hg.), *60 Jahre im Rückblick*. Siedlergenossenschaft München-Freimann eG 1932–1992. Festschrift, München 1992.

Knoeringen, Waldemar von, *Die Sozialdemokratie im Widerstand*, in: Hundert Jahre Sozialdemokraten in München. Festschrift des SPD-Unterbezirks München, München 1969, S. 11–13.

Knoop-Graf, Anneliese/Jens, Walter (Hg.), *Willi Graf*. Briefe und Aufzeichnungen, Frankfurt/Main 1988.

Koehne, Carl, *Die Baugenossenschaften*, in: Städtebauliche Vorträge, hg. v. J. Brix und F. Genzmer, Berlin 1912, S. 7–52.

Körner, Alfred, *Die gemeinnützige Bautätigkeit in München*, München 1929.

Kurz, Otto, *Das ideale Heim*, in: Die kleine Wohnung in der Ausstellung Heim und Technik, München 1928.

Lamm, Hans, *Von Juden in München*, München 1959.

Megele, Max, *Baugeschichtlicher Atlas der Landeshauptstadt München*, Bd. 1 (Neue Schriftenreihe des Stadarchivs München, Bd. 3.1), München 1951.

Mehringer, Hartmut, *Die KPD in Bayern 1919–1945*. Vorgeschichte, Verfolgung und Widerstand, in: Bayern in der NS-Zeit V, hg. v. Martin Broszat und Hartmut Mehringer, München/Wien 1983, S. 1–286.

Mehringer, Hartmut, *Die bayerische Sozialdemokratie bis zum Ende des NS-Regimes*. Vorgeschichte, Verfolgung und Widerstand, in: Bayern in der NS-Zeit V, hg. v. Martin Broszat und Hartmut Mehringer, München/Wien 1983, S. 287–432.

Mehringer, Hartmut (Hg.), *Von der Klassenbewegung zur Volkspartei*. Wegmarken der bayerischen Sozialdemokraten 1892–1992 (Schriftenreihe der Georg-von-Vollmar-Akademie, Band 5) München u. a. 1992.

Meitinger, Karl, *Grundriß und Gestaltung des Münchner Wohnhauses nach dem Weltkriege*, in: Das Wohnungswesen der Stadt München, hg. v. A. Gut, München, 1928, S. 131–150.

Meitinger, Karl, *Das neue München*. Vorschläge zum Wiederaufbau, München 1946.

Morgenroth, Wilhelm, *Ausschnitte aus der Münchner Wohnungsstatistik*, in: Das Wohnungswesen der Stadt München, hg. v. A. Gut, München 1928, S. 171–187.

Müller-Schönhausen, Rudolf, *Köpfe aus der Gefolgschaft des Führers*. Alte Kämpfer, (Deutsche Meisteraufnahmen Bd. 5), München 1937

Münchener Jahrbuch 1933. Ein Hand- und Nachschlagebuch für Büro, Kontor und Haus, nebst Kalender. 44. Jahrgang, München 1933.

Neumeier, Gerhard, *Sozialstruktur und Wohnen um die Jahrhundertwende*, in: Giesing – Vom Dorf zum Stadtteil. Beiträge zur Geschichte und Gegenwart Giesings und Harlachings, hg. v. Thomas Guttmann, München 1990, S. 98–104.

Peltz-Dreckmann, Ute, *Nationalsozialistischer Siedlungsbau*. Versuch einer Analyse der die Siedlungspolitik bestimmenden Faktoren am Beispiel des Nationalsozialismus, München 1978.

Preis, Karl Sebastian, *Die Anlage von Reichs-Kleinsiedlungen und Kleingärten in München*, Masch. Manuskript vom 8. Dezember 1931.

Preis, Karl Sebastian, *Die Beseitigung der Wohnungsnot in München*, in: Das Wohnungswesen der Stadt München, hg. v. A. Gut, München 1928, S. 151–168.

Preis, Karl Sebastian, *Die Reichskleinsiedlungen in München*, in: Münchener Wirtschafts- und Verwaltungs-Blatt 7 (1931/32), S. 119–121.

Rank, Joseph, *München auf dem Weg zur Millionenstadt*, München 1928.

Rasp, Hans-Peter, *Eine Stadt für tausend Jahre*. München – Bauten und Projekte für die Hauptstadt der Bewegung, München 1981.

Rehle, Albert, *Das Schulwesen*, in: Spindler Max (Hg.), Handbuch der bayerischen Geschichte, Band IV, Das neue Bayern, II, S. 950–985.

Reich, Albert, *Vom 9. November 1918 zum 9. November 1923*. Die Entstehung der deutschen Freiheitsbewegung, München 1933.

Robert Vorhoelzer – Ein Architektenleben. Die klassische Moderne der Post, hg. v. F. Aicher und U. Drepper (Katalog zur Ausstellung), München 1990.

Rudloff, Wilfried, *Notjahre. Stadtpolitik in Krieg, Inflation und Weltwirtschaftskrise 1914 bis 1933*, in: Richard Bauer (Hg.), Geschichte der Stadt München, München 1992, S. 336–368 u. S. 476–483.

Rüter-Ehlermann, Adelheid/Rüter, Carl Friedrich (Hg.), *Justiz und NS-Verbrechen*. Sammlung deutscher Strafurteile wegen nationalsozialistischer Tötungsverbrechen 1945–1966, Band III, Amsterdam 1969.

Rundgänge, in: Giesing. Vom Dorf zum Stadtteil. Beiträge zur Geschichte und Gegenwart Giesings und Harlachings, hg. v. Thomas Guttmann, München 1990, S. 241–286.

Sandberger, A., *Römisches Straßensystem und bairische Siedlung im Osten von München* (Schriftenreihe zur bayerischen Landesgeschichte, Bd. 62), München 1962, S. 287–293.

Schellenberger, Barbara, *Katholische Jugend und Drittes Reich*. Eine Geschichte des Katholischen Jungmännerverbandes 1933 bis 1939 unter besonderer Berücksichtigung der Rheinprovinz, Mainz 1975.

Schmalhofer, Fritz, *Sozialhygienische Festellungen in der Reichs-Kleinsiedlung am Perlacher Forst*, Pfaffenhofen 1936.

Schmuck, Alfred, *München und seine Verkehrswege im Jahr der Olympischen Sommerspiele 1972*, in: Olympiastadt Sommerspiele 1972, in: Olympiastadt München. Straßen- und Verkehrsausbau eines Jahrzehnts, Bonn-Bad Godesberg 1972, S. 5–13.

Schneider, Michael/Süß, Winfried, *Keine Volksgenossen*. Studentischer Widerstand der Weißen Rose, hg. v. Rektoratskollegium der Ludwig-Maximilians-Universität München, München 1993.

Schnell, Hugo, *Maria Königin des Friedens*, Kunstführer Nr. 253, München, Zürich[3] 1990.

Schoen, Max, *Das große Bauprogramm 1928–1930 der Gemeinnützigen Wohnungsfürsorge A.-G. München*, in: Der Baumeister 27, Heft 2 (1929), S. 54–57.

Scholl, Inge, *Die Weiße Rose*, Frankfurt/Main 1955, Neuausgabe 1993.

Schuhmann, Andreas, *Plausch* im ›Giesinger Weinbauern‹ Archiv des Vereins Freunde Giesings e. V. o. J.

Schulchronik der Rotbuchenschule (Hans-Schemm-Schule) in München, 1935.

Selig, Heinz Jürgen, *Münchener Stadterweiterungen von 1860 bis 1910*. Stadtgestalt und Stadtbaukunst, Diss., München 1978.

Selig, Wolfram, *Richard Seligmann. Ein jüdisches Schicksal*. Zur Geschichte der Judenverfolgung in München während des Dritten Reiches, München 1983.

Sieber, Josef, *Bevölkerungsaufbau und Sozialstruktur Münchener Siedlungen*, München 1941.

255

Sonnenberger, Franz, *Der neue »Kulturkampf«. Die Gemeinschaftsschule und ihre historischen Voraussetzungen,* in: Bayern in der NS-Zeit III, Herrschaft und Gesellschaft im Konflikt Teil B, hg. v. Martin Broszat, Elke Fröhlich, Anton Grossmann, München 1981, S. 235–327.

Verwaltungsbericht der Landeshauptstadt München 1930–1932, 1. April 1930 bis 31. März 1933. Bearb. vom Statistischen Amt der Stadt München, München 1933.

Volk, Ludwig, *Kirchliche Akten über die Reichskonkordatsverhandlungen 1933,* Mainz 1969.

Wagner, Dieter, *München '45 zwischen Ende und Anfang,* München 1970.

Walk, Joseph (Hg.) *Das Sonderrecht für die Juden im NS-Staat.* Eine Sammlung der gesetzlichen Maßnahmen und Richtlinien – Inhalt und Bedeutung, Heidelberg 1981.

Walter, Uli, *Sozialer Wohnungsbau in München.* Die Geschichte der GWG (1918–1993), München 1993.

Weber, Carl, *München und seine Stadterweiterung,* in: Deutsche Bauzeitung (1893), Heft Nr. 50, S. 305–308, Nr. 54, S. 329–331, Nr. 56, S. 341–346, Nr. 64, S. 389–391, Nr. 65, S. 397–399, Nr. 66, S. 401–404.

Weigl, Johann Peter, *Kyesinga. Das Dorf Giesing,* in: Giesing, Au, Haidhausen. Seit 125 Jahren bei München 1854–1979, hg. v. d. Bezirksausschüssen, München 1979, S. 30–50.

Weigl, Johann Peter, *Untergiesing-Harlaching,* in: Giesing, Au, Haidhausen. Seit 125 Jahren bei München 1854–1979, hg. v. d. Bezirksausschüssen, München 1979, S. 51–65.

Weigl, Johann Peter, *1200 Jahre Giesing,* in: Giesing. Vom Dorf zum Stadtteil. Beiträge zur Geschichte und Gegenwart Giesings und Harlachings, hg. v. Thomas Guttmann, München 1990, S. 16–48.

Weyerer, Benedikt, *München zu Fuß.* 20 Stadtteilrundgänge durch Geschichte und Gegenwart, Hamburg 1988.

Wiedenhofer, Joseph, *Die bauliche Entwicklung Münchens vom Mittelalter bis in die neueste Zeit im Lichte der Wandlungen des Baupolizeirechts,* München 1916.

Wilhelm, Hans, *Giesinger Weinbauer.* Martin-Luther-Kapelle – Gemeindehaus der Lutherkirche. Kleine Chronik eines Giesinger Anwesens (unveröffentlicht), Archiv des »Vereins Freunde Giesings e. V.«

Wilhelm, Hermann, *Haidhausen.* Münchner Vorstadt im Lauf der Zeit, München 1991.

Winkler, Heinrich August, *Der Weg in die Katastrophe.* Arbeiter und Arbeiterbewegung in der Weimarer Republik 1930 bis 1933, Berlin/Bonn 1987.

Wolff, Hans, *Cartographia Bavariae.* Bayern im Bild der Karte (Bayerische Staatsbibliothek. Ausstellungskataloge, Bd. 44), Weißenhorn in Bayern 1988.

Wünschmann, Arnfried/Hirsch, Fritz, *München . . . und sein Tierpark,* in: Giesing, Au, Haidhausen. Seit 125 Jahren bei München 1854–1979, hg. v. d. Bezirksausschüssen, München 1979, S. 77–79.

Zierer, Otto, *Die Abenteuer der vielgeliebten Stadt München,* München ²1958.

Zöberlein, Hans, *Der Befehl des Gewissens.* Ein Roman von den Wirren der Nachkriegszeit und der ersten Erhebung, München 1937.